爱迪亚丛书

中国建筑企业
国际化之路

—— 破解国际工程企业
"走出去"困境的策略与方法

杨海林　著

中国建筑工业出版社

图书在版编目（CIP）数据

中国建筑企业国际化之路：破解国际工程企业"走出去"困境的策略与方法 / 杨海林著 . — 北京：中国建筑工业出版社，2019.11
爱迪亚丛书
ISBN 978-7-112-24165-1

Ⅰ . ①中⋯　Ⅱ . ①杨⋯　Ⅲ . ①建筑企业-国际化-企业发展战略-研究-中国　Ⅳ . ① F426.9

中国版本图书馆 CIP 数据核字（2019）第 202292 号

责任编辑：毕凤鸣　封　毅
责任校对：赵听雨

爱迪亚丛书
中国建筑企业国际化之路
——破解国际工程企业"走出去"困境的策略与方法
杨海林　著
＊
中国建筑工业出版社出版、发行（北京海淀三里河路9号）
各地新华书店、建筑书店经销
北京建筑工业印刷厂制版
天津翔远印刷有限公司印刷
＊
开本：787×960毫米　1/16　印张：25¾　字数：443千字
2019年11月第一版　　2019年11月第一次印刷
定价：**88.00**元
ISBN 978-7-112-24165-1
　　（34702）

🏛 杨海林

河北行唐县人，北京爱迪亚国际工程咨询有限公司创始人，从事国际工程项目管理和企业管理 26 年，具有丰富的国际工程市场开发和管理经验。目前任北京爱迪亚国际工程咨询有限公司总经理，主要从事国际工程培训、国际工程咨询以及项目管理承包等业务，致力于帮助中国建筑企业更好更顺利地走向国际化之路！

🎓 教育及工作经历

1993 年 7 月 毕业于西南交通大学工业与民用建筑专业。同年被分配到原铁道部建厂局（中铁建工集团前身）工作，任助理结构工程师。

1995 年 8 月 被铁道部建厂局派往坦桑尼亚公司工作，担任工程翻译兼结构工程师。

1996 年 3 月 开始从事中铁建工集团坦桑尼亚公司的市场经营和项目管理工作。

1999 年 4 月 担任坦桑尼亚社保基金会高级公寓项目经理，项目的成功实施为中铁建工集团坦桑尼亚公司后来快速发展打下了坚实的基础。

2000 年 6 月 担任坦桑尼亚社保基金会马比波大学学生公寓项目经理，为中国企业在坦桑尼亚市场争得了荣誉。

2002 年 5 月 参加中国人民大学与美国布法罗大学合办 EMBA 学习。

2003 年 3 月 调任铁道部京沪高铁筹备组工作，负责京沪高铁项目管理与信息化建设。

2004 年 9 月 担任中铁建工集团坦桑尼亚公司副总经理兼坦桑尼亚议会大厦项目经理。

2007 年 3 月 担任中铁建工集团坦桑尼亚公司总经理，负责公司的全面经营管理。

2008 年 4 月 担任中铁建工集团国际部部长。

2008 年 10 月 担任中铁建工集团国际工程公司总经理。

2018 年 3 月 调任中国化学工程集团，担任中国化学工程集团中东公司总经理。

2018 年 12 月 创办北京爱迪亚国际工程咨询有限公司，致力于帮助中国建筑企业更好更顺利地实现国际化之路。

推 荐 序 1

我与海林初识于 2003 年的北京。当时，铁道部高速铁路公司筹备组刚刚成立不久，我从昆明铁路局调来北京，任筹备组副组长，与海林几乎同一时间到筹备组工作。高铁公司筹备组是铁道部要打响高铁建设大潮前成立的第一个筹备组，其使命是筹备建设京沪高速铁路。出于工程的浩大与使命的光荣，铁道部从全路的运营和建设单位抽调精兵强将，组成了 30 多人的铁道部高速铁路公司筹备组。海林当时刚刚归国不久，熟悉工程项目管理，在读中国人民大学 EMBA，英语流利，国际商务经验丰富，给我留下很深的印象。

因筹备组大部分人员都来自全国各地的不同单位，有着不同的工作经历和职业背景，需要大量的学习和磨合，因此大家相互交流得很多，在交往中也逐步了解了海林稳重的性格、严谨的态度和勤奋好学的精神。那时，常常在工作之余能够看到海林沉浸在大部头的英文原版课本中，孜孜不倦求知若渴的身影。

在筹备组期间海林主要负责项目管理工作，主要任务是搭建京沪高速铁路建设的项目管理模式、建立项目管理信息系统。其时，为借鉴发达国家建设高铁以及国内建设特大型项目的技术与管理经验，筹备组组织与德国、法国、日本、韩国高铁企业以及国内三峡总公司进行了多次深入的技术与项目管理经验交流。因海林国际商务和项目管理经验丰富，又有流利的英语基础，与国际高铁项目管理团队的交流任务基本上就落到他的身上。记得当时最为积极的是韩国高铁建设公团，前后派团来北京交流高速铁路项目管理不下五次。另外，与国内三峡总公司的项目管理交流也相当频繁。这些工作基本上也是海林在负责。

后来，受老东家的召唤，海林又奔赴非洲工作。虽然，相隔万里，见面不像以前那么容易，但他每次回国我们都会找机会小聚一下。2007年海林再次返回北京工作后，我们又能经常见面。2008年他担任中铁建工集团国际公司总经理职务后，工作压力渐重，常常看不到海林的身影，但在为数不多的聚会和交流中，仍能够感受到海林充满激情和百折不挠的工作态度，同时也能感觉到他对中国建筑企业"走出去"问题的深入思考。

在从事多年铁路"走出去"工作后，我于2017年离开中国铁路总公司调入一家主要从事国际工程业务的公司工作。海林不久也从中国中铁调到中国化学工程集团工作，也是负责海外项目经营与开发。也许是缘分吧，我们工作地点都在东直门附近，常常能够一起坐坐聊聊，谈起中国企业在海外的摸爬滚打、成长壮大和种种不易。

去年底，得知海林决定辞职后，颇为惊讶，毕竟这么多年的海外项目经营、开发和管理经历，积累了丰富的海外工程项目管理经验，半道停下来实在可惜。但得知他想静下心来，好好总结过往，深思中国建筑企业"走出去"的经验教训，把自己二十多年的国际工程项目经营、开发、管理经验总结成书，我甚感欣慰。

中国建筑企业在几十年的"走出去"过程中，取得了巨大的成绩，为奠定中国经济国际竞争力打下了良好的基础。同时，与其他行业一样，大而不强的问题也一直是困扰中国建筑企业进一步发展壮大的痼疾。海外项目经营管理者素质参差不齐、属地化程度不高、商务法律能力不足、风险管控不到位、对体系建设不重视等经营管理短板很大程度上制约了中国建筑企业进一步做大做强。

海林结合自己二十多年的国际工程管理经验，加上他深入的学习和独立的思考，总结出了本书的六篇内容。从中国建筑企业"走出去"的历史和现状开始，由企业管理到项目管理，系统地分析和归纳了中国企业的管理现状和国际化的管理实践方法。项目管理专题篇围绕中国建筑企业最关心的几个专题进行了详细的论述，内容系统而详实，对于解答国际工程届长期困扰的难题有很大的帮助作用。案例分析篇选用了三个比较典型的国际工程案例，对于理解本书前面内容有较大益处。海林作为一个长期在管理一线的实践者，能够跳出局限、登高望远，归纳总结出这些内容着实难能可贵。本书通过管理实践者的角度对国际工程的各个方面进行了系统总结，也提出了符合科学逻辑的方法论，是国际工程管理的同行们一本难得的学习材料。

随着"一带一路"倡议的大力推进和国家供给侧结构性改革的深入开展，中国建筑企业必将通过强化系统管理能力来解决项目管理的问题。本书顺应时代要求，在建筑企业急需转型升级、提升管理的当下出版，必能为中国建筑企业更好更顺利地"走出去"提供较大帮助，也能为国家"一带一路"倡议的推进贡献力量！

孔琦

2019 年 8 月

推荐序 2

尽管同在中铁建工集团工作，但我与海林真正结识也是到 2011 年，我分管中铁建工集团国际业务之后了。在此之前，我分管中铁建工集团公司华南片区业务，海林在非洲工作十年后回到北京任中铁建工集团国际公司总经理职务，因工作交叉较少，也就谈不上相交过深。根据集团公司领导班子的分工安排，我于 2011 年 3 月起分管集团公司国际业务，从那时起我才真正开始关注海外，了解从事国际业务的兄弟们。

海外市场远离祖国，海外员工撇家舍业也就在所难免。因分管海外业务，我必先深入了解这些从事海外业务的人，他们每个人都有一段故事，每个故事都深深感染着我。无论是在炎热的非洲，还是在冬季酷寒的哈萨克斯坦，或是抢劫常常发生的巴布亚新几内亚，海外员工们没有抱怨和牢骚，默默地为集团公司海外业务的发展坚持着、奋斗着。记得每次到海外项目视察工作，在繁忙的工作之余，我都会情不自禁地与海外的兄弟们满饮几杯，算是对他们的慰问吧！在分管国际业务 6 年时间里，我不但对海外业务产生了深厚的感情，也与海林结下了长久的友谊。

人与人之间从相识到相知，往往要经历一个过程，我与海林的相识相知亦是如此。我常常对他说"海林的优点是实在，缺点是太实在"。然而，国际市场客户对契约精神的要求、对管理细节的重视、对技术与质量的严格，正是造就海外员工"实在"品质的根源。海林从西南交大毕业后就来到中铁建工集团工作，从一个见习生成长为一名领导干部，对企业充满了诚挚的感情。无论在哪个岗位，他都能够全身心地投入工作，刻苦地学习管理知识，为企业的发展朝思暮想，默默耕耘。

坦桑尼亚是中铁建工集团国际业务起步的地方，是中铁建工国际化人才的摇篮。自 1995 年至 2007 年间，海林曾在坦桑尼亚工作十年时间，是他们那一代人把一个仅仅十几个人的小公司发展成为坦桑尼亚第一大建筑承包商，坦桑公司也因此连续三年获得坦桑尼亚"最佳外资承包商"称号。中国中铁股份有限公司的领导多次到坦桑公司视察，无不对中铁建工坦桑公司的发展历程和管理现状赞赏有加。世上没有随随便便的成功，坦桑公司取得的成就无不渗透着那一代海外人辛勤的汗水，也无不透视着他们在那样艰苦的环境下的执着与坚韧。

为了贯彻集团公司海外发展战略，拓展海外市场空间，海林于2008年起开始担任中铁建工集团国际公司总经理职务。已成立6年的国际公司并无稳定的市场和成熟的人才队伍，这在当时也是一个不小的挑战。我始终记得我刚分管海外时，他们还在为市场经营一筹莫展，然而，功夫不负有心人，前几年的艰苦积累终于结出了硕果。国际公司自2011年起合同额每年都能够翻一番，创造了中铁建工国际业务发展史上的辉煌。国际公司从小到大、从弱到强、从游击战到阵地战，建立了稳定了七大区域市场，营业额翻了近20倍。同时，在业务量迅速扩张的情况下，海林紧抓系统建设和管理提升，带头参加各种培训并阅读各类管理书籍，为国际公司建立了一套国际化的项目管理体系。

中国建筑企业在"走出去"的早期，主要从事施工分包、施工总包等业务，市场主要集中在亚非拉地区。因这些地区劳动力能力不足、物资匮乏、制造业落后等原因，中国企业带人、带物资、带设备的项目管理模式就可以完全理解，然而，近十几年来随着中国经济的发展，中国建筑企业的"走出去"必然要向带资金、带技术、带管理的方式转变。在这三者之中，项目管理能力又是控制风险、决定成败的关键。在分管国际业务的六年时间里，我也目睹了中国建筑企业在海外大量的失败案例，说来让人痛心疾首。究其根源，大多皆因项目管理水平不够所导致。

海林勤于学习、善于思考、乐于总结的一贯作风是能够编成本书的主要原因。他结合自己二十几年的国际工程管理经验，以及西方成熟企业的管理实践方法，编成本书的六篇内容。各篇内容自成一体、又相互关联，比较全面而系统地阐述了中国建筑企业"走出去"过程存在的问题以及解决的方法。本书对于已经"走出去"或打算"走出去"的建筑企业领导人员，尤其是项目管理人员，是一本难得的学习教材和工作参考资料。海林长期在一线工作，书中内容都来自他于具体工作中的思考和总结，这也许是本书与其他国际工程书籍最大的区别所在，因此，其于国际工程项目管理中的实用性就更加突出。

在国家大力推进"一带一路"倡议和供给侧结构性改革的时代背景下，中国建筑行业必将迎来更大规模和更高层次的对外开放。建筑企业作为"一带一路"倡议和"互联互通"的主要参与者，其控制项目风险、提升产品质量的能力是实现企业可持续发展的关键要素，而项目综合管理能力的提升才是解决问题的根本方法。本书的出版具有其历史意义，相信一定能够起到抛砖引玉之作用，激发更多的一线管理者们总结经验，传承后人！

穆亦龙

2019 年 8 月 7 日

自　　序

IIIIIIIIIIIIIIIIIIIIII

　　近段时间以来，轰轰烈烈的中美贸易之战跌宕起伏，扣人心弦的美国对华为的打压令国人气愤，这无疑也给中国政府和人民敲了个警钟，其遏制中国发展的阴谋昭然若揭。固然中华民族向来在强敌面前都会团结一致、众志成城，但也让我们再一次明白落后就会挨打、弱小即无话语权的道理。

　　美国打压华为事件暴露了中国基础科学与高科技研究仍有较大差距，也让我们认识到在浮躁不堪的社会里，中国似乎仅有一个孤军奋战的华为。最近网上有一篇文章说的不错，我们要感谢特朗普，因为他在合适的时间给躁动的中国社会泼了一盆冷水，让我们有了清醒的感觉。然而，无数历史经验证明，中华民族每遇危机都会万众一心、救亡图存。

　　华为事件亦让我联想到中国建筑工程企业的"走出去"，为什么美国不打压中国建筑工程企业而选择华为呢？大约是因为中国建筑企业尚不能对他们构成威胁的缘故吧！相反，中国建筑工程企业多年的海外开拓，除了造福当地、建设一方，并没出现像韩国三星建设集团那样与欧美一争高低的国际化建筑企业。相反，因中国建筑企业项目基础管理的差距造成的折戟沉沙案例却屡见不鲜。无数个海外工程项目惨痛的教训应让我们警醒：只有克服浮躁、脚踏实地、强化基础管理，中国才会出现建筑行业的华为！

　　人们能够看到的往往是表面的折戟沉沙，而藏于背后的折戟之根源却很少被人探寻，中国建筑企业海外开拓之路更是如此。在众多国际工程项目惨遭挫败之后，很多海外人变得郁闷和彷徨，无法理解为什么付出辛苦却无功而返，甚至越来越少的人乐于奔赴海外、开辟市场。

　　无论是由于历史的原因，还是传统文化的影响，中国建筑工程项目管理仍与国际市场没有接轨，信息化技术的应用也大多停留在表面，项目管理中的脱节现象造成项目信息无法正常流动，这些也许就是问题产生的罪魁祸首。

然而，只有刨根问底，才能发现藏在问题背后的真实原因，也许浮躁的情绪和骄傲的思想则是造成上述问题的终极根源。思想决定行动，行动决定结果，只有唤醒觉悟，才有成功的希望！

自 26 年前第一次踏上非洲的土地，便注定我与国际工程结下不解之缘。从当初的被人白眼到后来被人赞美，以至到被人仰视，我有过无数海外人相同的经历。凡此种种，绝非靠一人之力，而是因为我们背后有日益强大的祖国。强大的背后都是苦难，没有党的正确领导和中国人民的艰苦卓绝，没有 40 年改革开放取得的伟大历史成就，如何能够成为美国强势打压的头号敌人。

然而，俗话说：谦虚使人进步，骄傲使人落后。在高歌猛进的中国经济面前，浮躁和骄傲竟成了这个时代的符号。国际建筑市场转型升级的不期而至，中国企业项目管理的停滞不前，成为中国建筑工程企业在海外屡屡失败的根源所在。经历过、看到过、听到过的无数个惨痛教训，亦曾让我抑郁和彷徨，中国建筑企业国际化之路在哪里？为何中国建筑行业没有造就一个三星建设，更没有成就一个华为？

历史的发展靠知识的传承、民族的复兴靠文化的积淀，作为一个老海外人我感觉有责任把我 20 多年的经验、教训、所思、所想记录下来，传承下去，希望能为后人提供参考和借鉴。

中美贸易战和"华为事件"正是建筑工程企业的觉醒之机。在你弱小时，他们不屑一顾，到你能够与其争锋时，他们不会手软。中国建筑工程企业从弱小的劳务分包、工程分包、施工总承包、工程总承包到目前的全球并购、"一带一路"，已逼近与西方企业同台竞争的边缘，他们的处心积虑、暗藏杀机也已初见端倪。

此时此刻，只有自强不息，别无他途可循。通过自己的教训获得成长是高人，利用别人的教训得到成功才是人上人。在国家大力推进"一带一路"倡议和供给侧结构性改革的新时代背景下，建筑工程企业唯有放下国内成功的经验、以全新的思维去谋划国际市场、沉下心来提升项目管理能力，才能更好地推进企业的国际化进程和民族复兴之路！

2019 年 6 月 1 日星期六
写于北京

前　言

ııııııııııııııııııııı

自大学时代就苦读英语名著，一直就怀揣出国工作的梦想。承蒙铁道部建厂局设计院前院长金存仁先生多次推荐，我于毕业两年后的 1995 年 8 月即梦想成真、奔赴非洲，自此开始了我的国际工程市场经营与管理的职业生涯。

在非洲工作的 10 年中，我经历了翻译、工程师、商务经理到项目经理等各个基层岗位的磨炼。多年后证明，这 10 年艰苦的锻炼是我人生一段最美好的记忆，也是我日后事业发展的基石。

11 年前，我被调任北京，担任中铁建工国际公司总经理，自此开启了我人生又一个十年的征程。俗话说：十年磨一剑。这是我带领中铁建工国际公司征战商场、建立七大区域市场的十年；是我思想日臻成熟、形成国际工程管理思路的十年；是我在痛苦中成长、思考中不断精进的十年；也是本书概念和内容逐步形成的十年。

20 多年来，我亲历了太多的惊险一刻，也看到和听到了太多的国际工程失败与教训，且随着建筑市场模式的转型升级，失败越来越多，教训越来越大。随之而兴起的便是大量的国际工程风险与管理的书籍和培训讲堂，然而，我从中寻不到我要的答案，也许是因为大多书籍来自于理论研究者的缘故吧！

作为国际工程一线的实践者，我在承受着企业运营压力的同时，也久久思考着企业如何突破困境，真正走向国际化道路。我对鲁迅先生说的"不在沉默中爆发，就在沉默中灭亡"深有感触，国际工程界同仁们承受了太多的指责和非难，又有几人真正理解大家撇家舍业的苦衷，又有几人懂得失败之因是源于我们企业的体制和机制。

使命感的驱使让我毅然放弃了国企领导者的岗位，决定通过总结写书来唤起大家对国际工程从业者的理解，也通过思考来找到中国建筑企业真正的国际化之路。我从不怀疑这项事业的艰辛和曲折，但我也坚信会有很多的共鸣者能够加入其中，涓涓流水必将汇成江河。

本书旨在挖掘国际工程管理中问题的深层次原因，透过现象看本质，其中项目管理的系统性缺陷才是中国企业屡屡折戟的最大祸根。从企业战略研究、市场定位、项目选择到投标管理，从项目策划、项目实施、项目控制到项目收尾，没有系统即没有信息的有效流动，信息缺失造成问题的产生也就在所难免。

由于时间匆忙，本书一定有太多不足之处，但我不会停下总结和研究的脚步，在国际工程管理策略和方法上会不遗余力，勇往直前。也希望读者能从本书找到项目管理的系统方法，不但帮助企业更好更顺利地"走出去"，也能帮助无数个有志者实现自己的梦想，成就一番事业！

目　　录

第3章

企业管理篇

第 5 章

项目管理
专题篇

第 1 章

‖‖‖‖‖‖‖‖‖‖‖‖‖‖‖‖‖‖‖‖‖

开篇的话

1.1 本书写作意图

1.1.1 作者经历介绍

1993 年从西南交通大学工业与民用建筑专业毕业后，我被分配到了铁道部建厂局设计院工作。在设计院工作期间，除了完成好自己的设计任务外，我一直坚持对英语的学习。我曾于 1994 年 1 月被设计院派往深圳蛇口工作 5 个月时间，在深圳我看到了一个满是工地并正在迅速崛起的城市，深圳人忙碌的生活和工作状态深深地感染了我。也许是命运的安排，我的职业生涯注定了与海外事业结下深厚的渊源。由于我热衷英语的学习，设计院领导多次给我机会参与能够使用英语的工作，金存仁院长的一次次推荐让我逐步走出了国门。

1995 年 8 月我被铁道部建厂局派往坦桑尼亚公司担任工程翻译，半年后由于我的工程师背景就被安排开始担任项目经理的职务。从那时起，坦桑尼亚公司的项目部即不再配备翻译岗位。在中国企业"走出去"的早期，生活和工作条件比较艰苦，但中国人不屈不挠的精神和努力是那代海外人最真实的写照。

在大家不懈努力下，坦桑公司终于在 1999 年底得到了第一个较大型工程项目"坦桑尼亚国民基金会高级公寓项目"，我作为项目经理全身心地投入项目管理中，仅仅用了 9 个月即成功地完成了项目，在当时的坦桑尼亚建筑界引起了不小的轰动，因为那时没有一个承包商按时完成过项目。随后，坦桑尼亚国民基金会又一次倾向性地把当年最大的项目"达累斯萨拉姆大学马比波学生公寓项目"交由坦桑尼亚公司来承建。项目于 2000 年 9 月开工，我又一次被业主指定为项目经理，在没有一台塔吊和一个搅拌站的情况下，我们在不到两年的时间内又一次成功地完成了项目，保证了当年大学生的顺利入驻。还记得，在 2002 年 5 月份的项目竣工仪式上，坦桑尼亚总统姆卡帕先生握着我的手说，"Chinese very good"。当时的我无比激动，第一次感受到了为国争光的自豪。

在海外打拼将近 7 年后，我感受到了自己知识的匮乏，我于 2001 年报考了中国人民大学与美国布法罗大学合办的 EMBA 项目并顺利获得录取。在完成了马比波大学学生公寓项目后，我回到北京参加学习。非常有幸的是，铁道部京沪高速铁路筹备组就在当年成立，我又一次得到了中铁建工集团副总经理宁毅的推荐并顺利调入京沪高铁筹备组工作。在京沪高铁筹备组工作期间，我负责项目管理的调研、组织和对外交流，期间先后与日本高铁、韩国高铁、德国高铁、三峡总公司等进行了大量的调研和学习，接触到了超大型项目组织和管理的策略和方法。

2004 年 9 月，我再次被中铁建工集团调回坦桑尼亚工作，担任坦桑尼亚公司副总经理兼坦桑尼亚国家议会大厦项目经理。本项目是当年坦桑尼亚国家重点工程，工期紧、任务重、要求高。作为项目经理我带领团队运用了现代项目管理理论（我于 2002 年获得 PMP 认证），在项目管理中取得了非常好的效果。项目又一次取得巨大的成功，在 2006 年 6 月举行的项目竣工典礼上，我作为总承包商代表受到了坦桑尼亚时任总统基奎特的接见，并给予我在坦桑尼亚议会大厦发表演讲的机会，这是我第二次作为中国人感受到了对伟大祖国的自豪。

2007 年 3 月，我开始担任中铁建工集团坦桑尼亚公司的总经理职务，期间我与公司领导层一起结合现代项目管理理论和企业管理理论梳理并重新编制了公司的各项管理流程和制度，对坦桑尼亚公司的进一步做大做强奠定了基础。

2008 年 4 月，我被调回北京担任中铁建工集团国际部部长，又于同年10 月调任中铁建工集团国际工程公司，担任总经理职务。在随后的 10 年中，我站在中铁建工集团的角度审视和判断国际市场的开拓方式和管理思路，带领国际公司分别开拓了七大区域市场，企业营业额增长了 20 多倍。在管理过程中，我深深地感受到了中国建筑企业"走出去"的困难和存在的问题，通过大量的阅读和学习并结合自己 20 多年的经验，形成了一套国际建筑市场开拓的思路和方法的总结。在这 10 年中，我为自己的经验找到了理论依据，我通过学习也进一步升华了我的思考和经验，为编写本书打下了坚实的基础。

2018 年 3 月，我被调任中国化学工程集团，担任中东公司（总部在迪拜）总经理，在迪拜工作期间我广泛调研了中资企业的管理状况，也近距离了解了韩国三星建设中东公司的管理情况。通过调研我深深感到中国建筑企业在国际化进程中的差距和不足，又一次促使我坚定了写作本书的信念。

2018 年 12 月，我辞掉了中国化学工程集团的所有职务，放弃了在国企 25 年多来的职业生涯，决定投入更大的精力来总结和提炼自己的经验和知识，为中国建筑企业的国际化之路作出更多的贡献。

1.1.2 使命感使然

在 20 多年从事国际市场的开拓和管理过程中，我亲眼目睹了中国企业在海外市场的坎坷和不易，从 90 年代四川国际乌干达欧文电站溃败到前几年中国铁建沙特轻轨的重大损失，无数个中国企业承揽的国际工程项目的失利让我一次次陷入思考。当然，我也亲身经历了中铁建工集团坦桑尼亚公司的崛起，从一个 13 人的小公司逐步成长为坦桑尼亚最大建筑承包商，从没人知道的小企业崛起为连续三年获得最佳外资承包商。也经历了中铁建工集团国际工程公司由原来的"打一枪换一个地方"的游击战术蜕变为拥有七大区域市场的阵地战略。还经历了中国企业在国际市场发生变化而面临着转型升级压力的徘徊与彷徨。

作为一个老海外，我深深地感到国家的改革开放不会止步，中国企业"走出去"的步伐也不会放慢，但我们的企业到了认真反思和理清思路的时候了。"知耻而后勇"才能使众多的教训变成未来的财富。在众多的关于国际工程的书籍中，大部分来自于专家学者的研究，而鲜有身处一线的富有经验的管理者的文字。因此，在国际工程的培训和学习与现场的实践者之间有一道不可逾越的鸿沟，相互之间各说各话，无法做到理论指导实践的目的。

多年从事国际市场管理工作并担任国企主要领导岗位，让我感到自己有责任把自己的经验和教训结合理论与实践总结下来，为中国建筑企业更好更顺利地"走出去"做些努力。

1.1.3 经验的积累和知识传承

企业的发展需要经验和知识的积累,国家和民族的发展更需要经验和知识的传承。在中国企业"走出去"的30多年中,大量的成功和失败案例都应是企业在未来国际化道路上的宝贵财富。无论是企业还是管理者都对积累这些经验和知识有着不可推卸的责任。

我作为建筑工程企业较早"走出去"的一名老海外,不但亲身经历了那些外国人在早期对中国人的白眼和瞧不起,也亲眼目睹了同样的外国人对中国人的赞美和崇敬,这20多年来发生的变化都是因为祖国强大了,中国人民富裕了。而我作为一个从事国际工程企业管理的中国人也为国人在海外项目的损失感到痛心。因此,经过多年的准备和总结,我深深希望自己的经验和知识能够得到传承。虽然我个人的经验和知识是有限的,但我相信未来还会有更多的有识之士把他们的经验和知识分享给后来人,这样的传承和继承有一天必将改变中国企业"走出去"的现状,为中国建筑企业走向国际化谱写华丽的篇章。

1.1.4 帮助建筑企业更好更顺利地"走出去"

受国内传统管理模式的影响,建筑工程企业在开拓国际市场过程中遇到了很多困难和问题,这些困难和问题被很多企业领导者认定为国际市场存在的风险,而企业面对这些"风险"时的逃避或转嫁思维,严重影响了困难和问题的克服与解决。

通过对众多的成功与失败案例的分析和研究发现,国际工程项目中的"风险"大多是由于项目管理能力不足造成的,都是可以通过加强管理而解决的。如果能够把由于管理造成的问题有效克服的话,那就基本可以控制国际工程项目80%以上的风险了。

本书从国际工程的企业管理到项目管理系统性地介绍了应该采取的策略和方法,旨在通过总结管理经验、整理实践方法,为已经"走出去"和即将"走出去"的建筑工程企业和从事国际业务的领导和人员提供参考和帮助。

1.2 本书内容介绍

1.2.1 各个部分内容简介

1. 概述

在国内市场上能够找到的有关国际工程项目管理的书籍大致分为三种：一种是侧重宏观形势分析和研究的有关国际市场机遇与风险的书籍；二是侧重学术理论研究的项目管理书籍；三是侧重具体操作技巧的专业性书籍。这三类书籍虽然各有侧重，但很少发现能够把国际工程市场从宏观到微观、从企业到项目、从理论到实践全面贯通的书籍。众所周知，管理必须是系统性的才能真正解决从上到下、从里到外的沟通和协调问题，也才能通过系统自身的修复功能使得管理越来越完善、漏洞越来越少。

本书通过作者在国际工程市场 20 多年经营和管理的经验，并结合现代企业和项目管理理论，全面梳理了中国建筑企业在"走出去"的过程中存在的问题和不足，参考了发达国家跨国建筑企业的管理实践，为中国建筑企业的国际化进程提出了参考性的解决方案。

全书共分编者序、开篇的话、历史与现状篇、企业管理篇、项目管理篇、项目管理专题篇和案例分析篇几大部分，本书采用层层推进的写作方式让读者通过对前一部分的阅读能够了解下一部分的基本内容，进而使得项目管理从企业到项目真正成为一个系统。项目管理专题篇针对目前中国企业在"走出去"的过程中普遍存在的困惑进行了深入的探讨，这些专题文章是对企业管理和项目管理部分的有效补充，对项目经理和项目管理专业人员更近一步详细学习项目管理的系统知识打下了很好的基础。

2. 开篇的话

作者通过开篇的话介绍了本书写作的意图和目的，从作者本人的经历简介到激发其写作本书的强烈意愿，有使命感的促使，也有渴望找到一条中国建筑企业国际化之路梦想的激励，经过多年的努力，得以本书的成稿。

本部分也简要介绍了书中各个部分的内容和相互关系，并通过读者获益点的介绍让读者能够快速了解阅读本书的重点所在，以免在阅读过程中浪费时间在无益的方面。

3. 历史与现状篇

本部分内容简要回顾了中国工程企业"走出去"的历史；列举了国际工程项目管理中存在的主要问题；对中央政府提出的"一带一路"倡议的背景和机遇进行了分析；对中央政府自 2016 年大力推进的供给侧结构性改革的背景进行了阐述，并提出了建筑企业在面向国际市场时供给侧结构性改革的必要性；针对建筑企业国际工程项目管理中存在的问题和新时代的需要提出了策略和方法的概要。

这部分从历史和现状入手，提出问题和解决的策略，是全书承上启下的部分。只有懂得历史和现状，才能激发我们学习和思考的欲望，以便在未来的管理实践中克服前人犯过的错误，沿着更加科学严谨的道路开拓国际建筑市场。

4. 企业管理篇

本部分内容主要针对建筑工程企业在国际市场开发时应关注的问题，结合目前中国建筑工程企业在"走出去"过程中对战略研究的缺乏以及对市场定位的不足，造成了大量的盲目跟风现象，也严重影响了国际工程企业的可持续发展。

文中也指出了市场定位与项目选择的区别，市场定位需要考虑的是市场的可持续性，而项目选择需要考虑的是项目的可行性，二者是相辅相成的关系但绝对不能相互代替。在目前的建筑工程企业管理实践中，市场定位被严重忽略，甚至没有相应的组织做最基本的保障。同时也指出了国际工程企业在选择项目时的盲目性和随意性，在饥不择食的情况下甚至不把市场的可持续性作为依据。

投标管理本应作为项目管理的一部分归入项目管理篇，但考虑到在建筑工程企业的具体实践中往往把投标责任归入企业的市场经营部门负责，所以作为企业管理与项目管理的结合部分"投标管理"也就暂放入企业管理篇了。投标管理是建筑工程企业在承接项目时最重要的一环，需要战略部门、市场部门、经营部门、技术部门以及其他各职能部门的通力协作，甚至需要调动大量的外部资源，因此企业领导者应高度重视企业投标能力的建设。

5. 项目管理篇

项目管理篇是本书的核心部分，本书谈到的项目管理是指 EPC 工程总承包模式的项目管理，因此书中牵涉的相应的职能管理内容也是针对这种模式的职能管理。

本部分包括：项目策划管理、项目实施管理、项目控制管理、项目职能管理。项目策划的两个主要输出文件为"项目实施计划"和"项目商务计划"。项目实施包括：设计管理、设计与采购的界面管理、设计与施工的界面管理、采购管理、施工管理、收尾管理。本部分系统地把设计、采购和施工有机联系了起来，如果认真贯彻将大大减少三者在项目管理中的矛盾和冲突。项目控制部分是指对时间和成本的计划和控制，这是本书的亮点之一，通过结合现代项目管理理论中"挣得值"法的使用把时间和成本结合起来对项目进行控制，这部分内容对于改善和提高中国建筑工程企业对进度和成本的管理效果会有重大的促进作用。项目职能管理针对项目管理中的职能支持部分进行了描述，便于职能部门找到自己在项目管理中的意义并发挥更好的作用。

6. 项目管理专题篇

本篇内容是针对目前国际工程项目中普遍存在的管理问题的专题文章，其中包括：如何培养国际工程项目经理、如何解决项目管理中的脱节现象、国际工程企业的国际化和属地化、项目管理与项目控制、工作包在项目管理中的应用、如何认识和管理国际工程中的风险、如何建设国际工程企业文化。

困扰中国建筑企业走向海外市场最大的难题是具有国际化视野的复合型项目经理的培养，合格的项目经理是海外项目成功的关键，文章结合作者本人的经历和长期管理国际工程企业的经验比较系统地阐述了培养合格国际工程项目经理的路径和方法，希望对国际工程企业的管理者有借鉴意义。

项目管理各个阶段和环节的脱节现象是造成很多项目失败的重要因素，

无论是企业领导者还是项目管理者都应充分认识到管理脱节造成的信息丢失，进而对项目管理造成伤害的危险和程度。文章结合作者本人亲身的感受指出了存在的问题并提出了解决的策略和方法。

在新的时代背景下，企业的国际化和属地化已经是阻碍中国建筑工程企业开拓国际市场的主要问题之一。在多年领导企业进行国际化和属地化的探索过程中，本人积累了大量的经验和心得，通过指出问题并提出解决思路的方式希望能够为建筑工程企业的领导者和项目管理者提供参考。

项目控制的概念和应用是本书的一个亮点，这是中国建筑工程企业在项目管理上的一个突出弱点，通过"项目管理与项目控制"和"工作包在项目管理中的应用"两篇文章对项目控制的概念进行了阐述，并提出了相应的操作方法。希望项目管理者能够真正领会项目控制在项目管理中的重要意义，并切实解决长期困扰国际工程项目的时间延误和成本超支的老大难问题。

"如何认识和管理国际工程的风险"一文没有罗列其他文章关于国际工程风险管理的教科书逻辑，而是结合作者本人在企业管理中的经历指出了建筑工程企业领导者对待风险的态度和应对策略。通过对"积极应对"和"消极逃避"两种面对风险态度的对比分析，客观地阐述了国际工程项目的"机遇变成风险"和"风险转化成机遇"的过程。企业管理和项目管理能力是风险与机遇相互转换的控制器。

企业的可持续发展能力最终取决于企业的文化建设，中国建筑工程企业多年来的海外拓展依然没有形成比较开放和包容地适应国际市场的文化氛围，这在某种程度上严重影响着中国企业的国际化进程，"如何建设国际工程企业文化"一文结合了作者本人的经历和发达国家建筑工程企业国际化的实践方法，对中国建筑企业的企业文化建设提出了相应的建议。

7. 案例分析篇

本书通过三个国际工程项目的案例分析，有针对性地阐述了这些项目失败和成功的部分原因。前两个案例基本反映了中国企业在"走出去"过程中项目失败的普遍问题，第三个案例展现了国际工程项目成功实施的基本特征。

通过分析会发现一个项目的失败往往会有很多不同的原因，但成功的项目原因都是一样的，那就是项目管理的成功。

1.2.2 各个部分之间的关系

1. 开篇的话和历史与现状篇的作用

读者通过前两章内容的阅读可以对全书内容有了比较全面的了解，不但能够了解到本书的写作来历、写作意图，还可以全面了解本书各个部分的内容概要以及相互之间的逻辑关系。对于读者由浅入深地了解企业管理和项目管理中存在的普遍问题并找到解决方法提供了整体的指引作用。

企业的国际化进程无疑是一个系统工程，头疼医头、脚疼医脚的做法显然是无法解决整体问题的。因此，本书在写作结构上也采用了层层递进的方式，便于读者从整体到局部系统性地理解和掌握项目管理的实质内容。项目管理本身是结构化很强的系统性管理学科，因此，项目经理也必须具备结构化思维才能成为合格的管理者。

2. 企业管理篇与项目管理篇

建筑工程企业的领导人员绝大部分是从工程项目中提拔起来的，因此建筑工程的企业管理在某种程度也属于多项目管理的范畴。企业管理为项目提供的是战略指引和资源保障，项目管理为企业提供的是战略落地和利润来源。

企业管理部分仅仅探讨了国际工程的开发战略、市场定位、项目选择和投标管理四个方面的内容，对于企业管理中的其他很多方面并无涉及，其目的在于突出国际工程项目开发与管理的重点，便于项目管理系统性的理解。其中这四个部分的内容也是紧密联系、互为补充、层层递进的，为项目管理从企业层面过渡到项目层面奠定了基础。

项目管理部分以项目策划为起点，但仍以项目的招投标文件为依据进行补充完善、优化更新。项目计划的有效编制将为项目的高质量实施打下良好的基础，在实施过程中不断地对项目计划更新和补充，将更好地让项目在正确的轨道上实施。项目的设计、采购、施工是项目实施的主要活动，三者之间相互影响、密切相关，是项目成败的关键过程。项目控制是指对项目实施过程的设计、采购和施工的时间及成本的控制，这两个方面是项目管理中的两个最大变量，也是造成大多数项目失败的主要因素。项目职能管理涵盖了项目中的人力、财务、质量、安全、沟通、文件控制等方面，是项目职能支持部门的主要责任。

3. 项目管理专题篇与项目管理篇

项目管理专题篇是对目前国际工程项目管理普遍关注问题的重点阐述，也是对前面项目管理章节相关内容的有力补充。由于时间关系文章对于热点问题的描述不尽完善，但也能起到抛砖引玉的作用，激起读者和管理者思考。这个部分的内容还将在未来得到更多的补充，针对更多热点和读者关注的问题加以修订和完善。

4. 案例分析篇的作用

项目案例分析部分列举了三个案例，对项目的成败原因进行分析，分析的结论也与本书前面章节的内容息息相关，这样非常便于读者对前面内容的理解和掌握。当然，在现实实践中大部分企业都有很多成功和失败的案例，也有不少企业针对这些成功和失败的案例进行了总结和分析，希望本书的内容也能够帮助大家解答很多困惑和疑问，只有把历史的教训变成未来财富的人才是真正有智慧的人。

1.2.3 本书亮点总结

1. 内容来自于理论与实践的结合

经过 30 多年的海外实践，中国工程企业一直在探索国际化发展之路，虽然无数的专家学者为了建筑工程企业的"走出去"付出了大量的努力和汗水，通过国外引进或者内部研究的方式，为企业的海外开拓做了大量的功课并出版了众多的书刊。但鉴于理论研究者缺乏一线实践的经验，因此，目前的实际状况是：理论是理论，实践是实践，理论无法指导实践，实践也无法促进理论的发展。在国内普遍流行的项目管理书籍或培训课堂上，很少能够发现切合实际情况并能够直接指导现实工作的教材。

本书虽然缺乏严密的理论说教，但内容大多来自作者本人多年的管理经验所得，通过深入的思考和实践的总结以及大量的现代项目管理理论的学习，编撰成了真正可以在项目管理实践中落地的理论体系，因此，可以说本书内容是来自科学理论与管理实践相结合的产物。

希望本书可以为国际工程的实践者提供一些工作中的参考，也为有志于从事国际工程开发与管理的人员提供一些理论上的指引。同时，也希望国际工程项目管理的研究人员从中找到理论与实践相结合的契合点，为管理理论有效地指导实践奠定基础。

2. 本书提出了具体实践中的问题

众所周知，发现问题是解决问题的基础，然而，发现的问题是表面现象还是根源所在就决定了是否能够真正解决问题。在广泛阅读项目管理书籍过程中发现，很多关于国际工程管理的书都能够列出问题，但其中列出的这些问题并不是问题本身，而是问题在现实中的表现形式。例如："前期市场调研不足"导致了后期项目问题频出，但"前期市场调研不足"并不是问题的根源，其根源在于企业的组织上就没有对市场调研有足够重视，甚至很多企业没有市场营销部门就去开展这项工作。还比如："投标价格偏低"导致了项目的亏损，其实投标价格低并不是问题的根源，其根源在于企业在进行市场调研和投标管理时缺乏系统性的信息收集方法，对项目所在地区的劳工政策、规范要求、法律法规、计量方法、合同条件等不熟悉所导致的系统性错误，因此，正确的方法应是建立项目管理系统，避免系统性问题的发生，以便在投标时不遗漏或损失项目信息。

本书根据作者多年开发和管理国际工程的经验和教训以及观察和思考，总结出了存在于企业中的根本性问题，虽然说每个企业存在的问题各自不同，企业文化也千差万别，但究其根本仍然摆脱不了书中列举的一系列系统性问题。如果读者或管理者在工程实践中能够有效克服系统性问题的话，那就对项目的管理效果会产生 80% 以上的作用，其他的个性化问题可以通过针对性地纠正来解决。

由于书中内容并非出自专业作者，因此文字功底和理论性较差，但其内容更加易于普通管理者理解和掌握。同时，书中没有引用其他教科书上的理论体系作为依据，大都出自作者本人的管理经验和知识积累，希望能为实际管理者提供借鉴和参考。

3. 提出了针对问题的解决方法

能够提出国际工程项目管理中的问题很难，但找到问题的解决方法更难。在目前市场上众多关于国际工程管理的书籍中，大多集中在宏观层面提出了风险或挑战,但极少有系统性解决问题的思路,这也是大部分企业管理者比较困惑的地方。

本书结合了管理实践中的经验、项目管理理论以及西方成熟公司的管理实践方法,针对性地提出了中国工程企业在国际工程项目管理中的问题和相应的系统性解决思路,至少可以对管理实践者有较高的参考价值。

希望读者通过对本书的学习和思考,能够全面理解并掌握在项目管理中会出现的问题和解决问题的方法。虽然每个企业或项目都不尽相同,但从项目管理的角度讲不会差距太大。本书的主要方面基本涵盖了国际工程项目管理中的大部分问题和解决方法。

4. 本书具有很强的系统性

在目前的市场上关于国际工程市场的书籍大致分为三种类型:第一种是比较宏观的市场形势的论述;第二种是关于项目管理某些方面的专业论述;第三种是现代项目管理的理论书籍。这三类书籍分别针对国际工程市场和项目都有比较专业的描述,各有侧重,但三者之间没有太多的联系,基本算是独立的研究。而作为企业管理的实践者来讲,管理的连续性和逻辑性是至关重要的。试想,第一类书籍适合高层阅读,以便了解国际宏观形势;第二类书籍适合专业从业人员阅读,以便掌握如何操作的方法;第三类书籍适合理论研究人员阅读,以便让理论更完善。这样的情况就造成了企业高层虽能"高屋建瓴",但严重脱离实际情况,高大上的战略口号根本无法落地实施。还存在的一个现象是理论研究者与企业实践者各不相扰,各说各话,根本起不到理论来自实践、理论指导实践的作用。

如上文所述,本书内容来自企业的实践经验的总结,本身就是一个理论与实践相结合的产物。通过作者本人在企业实践中的经验教训、观察思考、理论学习等,对国际工程市场的开发和管理的系统性问题进行了整理,指出了系统性管理的问题和解决思路,对国际工程的企业实践者在克服系统性问题上有很好的参考作用。另外本书采用了国际工程企业在开发和管理项目时通常的步骤层层推进,能够让读者在实践过程中有较强的连续性和逻辑性。本书既适合企业高层理解国际工程项目管理的逻辑,也适合中基层人员掌握职能管理的重要性,还适合理论研究人员如何将理论落地的需要。因此,希望通过本书能够打通各个层面人员对国际工程项目管理的共同认识，企业高层与基层、理论研究与企业实践都应找到共同点才能更好地为国际工程市场的开发与管理服务。

5. 项目控制概念在项目管理中的应用

项目控制在国内建筑工程企业或项目中是很少听到的一个概念，虽然某些工程总承包企业有这样的组织设计，但其应用也没有达到应有效果。国内建筑施工项目大多采用的组织模式是五部一室形式，即工程技术部、经营预算部、财务部、物资机械部、安质部、办公室。在这样的组织模式下，项目对于进度和成本的控制就分列于工程技术部和经营预算部代管，其中也很少去配备专业的进度控制和成本控制人员。因此可以看出，从企业层面到项目层面对时间进度和成本预算的重视程度是不够的。在这样的思维模式和组织模式的影响下，中国工程企业在海外项目也基本采用了类似的组织架构和管理模式，这也就很容易解释为什么很多国际工程企业都折在了工期延误和成本超支上了。

项目控制的概念起源于美国项目管理协会（PMI）编制的项目管理知识体系（PMBOK）以及美国建筑工程企业的管理实践方法。在建筑工程企业或项目上一般都有一个独立的部门，即项目控制部，来专门负责进度和成本的控制。因为项目的进度和成本两大变量是涉及项目的整个生命周期、全过程、各专业的，因此单独成立一个部门，非常利于与其他部门的沟通和协调。同时，进度和成本作为项目管理职能的两个最重要的方面也能够得到企业和项目的高度重视。项目控制部的职能是进度计划编制、更新和控制，成本计划编制、更新和成本报告。项目经理通过紧紧抓住"更新的项目进度计划"和"月度成本报告"来行使对项目的协调和控制，必能产生良好的效果。

本书采用了较大的篇幅对项目控制概念进行讲解和描述，又有两篇专题文章针对项目控制概念和应用进行补充。国际工程管理的实践者完全可以通过学习和领会本部分内容，然后在自己的工作中加以应用，不但要改变组织的架构，还要重塑管理流程，但这样的改变对于企业更好地适应国际建筑市场的需要以及建筑企业的转型升级有着极好的促进作用。

6. 项目管理真正成了一个系统

由于中国建筑行业管理体制的影响，工程项目的开发和建设大多采用

设计 - 招标 - 施工的模式。由于业主单位、设计单位、施工单位以及运营单位的分离常常导致项目生命周期各个阶段的分离，也造成各个专业之间不能有效地协调和配合。因此，在目前国内建筑工程行业，项目管理的系统性较差，常见现象是"铁路警察各管一段"。在这样的体制影响下，中国工程企业在"走出去"过程中也很少能够使用科学、系统的方法对市场开发、投标管理、项目策划、项目实施和项目收尾进行管理，这也是在国际市场出现较多问题的主要原因。

本书通过项目管理理论与项目管理实践相结合，按照项目生命周期各个阶段进行划分并让项目管理过程相互作用，形成了项目全生命周期的系统管理方法和信息的有效流动，项目实践者通过学习可以较全面地理解项目管理的逻辑，并掌握项目各过程之间的联系。

企业在经营和管理过程中最忌出现系统性问题，而中国建筑工程企业在开发和管理国际工程市场时的很多失误大多是由于系统性错误而导致。因此，在"一带一路"倡议大力推进的背景下，建筑企业需要进一步深化供给侧结构性改革，加强项目管理的系统性建设、减少项目管理的系统性问题，才能更好更顺利地实现企业国际化的进程。

1.3 读者获益点

1.3.1 国际工程项目经理

1. 系统地掌握项目经理的责任和义务

项目经理是建筑工程企业中基层组织的主要负责人，对项目的管理负全面责任，也是建筑工程企业领导人员提拔的主要来源。由于国内工程企业缺乏对项目经理的系统性培养，很多项目经理对于本岗位的职责并不是很清楚，常常有项目经理抓不住关键工作、顾此失彼的情况发生。

本书内容对项目的投标、策划、实施、控制和收尾进行了系统的阐述，对于项目经理人员全面理解和掌握项目经理在项目管理中的主要职责和义务有很好的作用。

2. 对 EPC 项目管理有个全面了解

随着中国建筑开发模式逐步与国际接轨，工程总承包模式即将成为中国建筑行业开发的主流模式。由于受传统建筑开发模式的影响，目前在国内外建筑市场严重缺乏合格的工程总承包（EPC）项目经理。

本书内容以工程总承包（EPC）合同模式的项目管理为主比较系统地描述了设计、采购和施工之间的关系，并利用了项目控制的概念详细阐述了项目的进度和成本在设计、采购和施工等各个阶段如何进行有效的控制。因此，可以帮助项目经理系统地理解 EPC 项目管理概念及应用方法，对项目经理能够摆脱自身专业背景限制而抓住项目管理的重点有很好的作用。

3. 深入领会项目控制的概念和应用

项目的进度和成本管控一直是建筑工程企业的焦点问题，也是大多数工程项目出现问题最频繁的方面。国内的工程项目组织架构中对于进度和成本组织的缺失是造成问题出现的表面原因，其真正的根源在于项目经理对项目控制概念的认识不足。

本书对于项目的进度和成本控制的概念有比较深入的叙述，也详细说明了项目控制方法的使用，对于项目经理能够更好地计划和控制项目的进度和成本会有较大的帮助。

4. 学会抓住项目管理中的关键要素

建筑工程项目的活动往往是纷繁复杂、千头万绪，但项目管理中一个非常独特的概念就是"关键路径法"。项目经理作为项目团队的核心必须能够识别出项目关键路径上的关键活动，并集中精力克服关键活动上的障碍，才能使得项目的进展按部就班、有条不紊。在现实实践中，很多项目经理并不能真正做到抓关键路径活动并解决关键问题，常常是头疼医头、脚疼医脚、眉毛胡子一把抓，这就往往造成项目团队成员的无所适从、管理混乱。

本书通过系统地描述项目管理的过程以及过程之间的相互关系，可以帮助项目经理理解项目管理的逻辑，进而抓住关键活动、解决关键问题。

5. 了解项目存在的问题并掌握解决方法

通过结合作者本人在项目管理和企业管理中的经验，本书在每一个章节都列举了建筑工程企业在管理中的问题和不足，并推荐了问题的解决方法。项目经理人员应通过了解前人在管理中的问题以及在工作中的体验来形成自己对存在的问题的理解和看法，通过借鉴好的管理实践方法来丰富自己的管理思想和经验。

从自己的教训中得到提升的项目经理是优秀的人才，从别人的教训中得到提升的项目经理就是卓越的人才了。

1.3.2 建筑企业领导人员

1. 认识战略研究的重要性

一个没有战略的企业的成功往往是短期的，战略引领是企业取得可持续性发展的关键。而在建筑企业走向海外市场的过程中，很多企业没有战略目标和发展方向，导致企业无法突破发展的瓶颈，进而困难重重、裹足不前。

企业领导者首先应认识到战略研究的重要性，从思想上开始重视战略引领的作用，通过战略研究来明确企业发展的方法并切实保障战略的落地。

2. 了解市场定位和项目选择的区别

在国际工程企业的管理实践中，常常把市场定位与项目选择混为一谈，甚至用项目选择来代替市场定位的作用。这是很多建筑工程企业在"走出去"过程中往往沦为"打一枪换一个地方"的游击战术的主要原因。市场定位考虑的是市场的可持续性，而项目选择考虑的是项目的可行性。

本书详细阐述了市场定位与项目选择的区别，希望企业领导人员能够参考书中的观点，引起对市场定位和项目选择的高度重视。

3. 掌握国际工程企业管理的基本逻辑

国际工程企业与国内工程企业的管理有很大的差别，其主要原因是海外市场因素的复杂多变以及管理体制的不同，仅仅套用国内的思维模式和管理方法到海外市场必将导致很多问题的发生。

本书内容涵盖了国际工程企业和项目管理的主要方面，并通过系统的方法把这些方面形成了管理的逻辑。国际工程企业领导人员通过借鉴书中的内容可以了解国际工程项目管理的基本逻辑，为企业在国际市场的可持续发展奠定基础。

4. 掌握项目经理的识别和培养方法

国际工程项目经理的选拔和培养一直是国际工程企业最核心的任务之一，然而国际工程项目的复杂性就决定了选拔和培养合格国际工程项目经理的艰巨性，很多国际工程项目的失败也是由于项目经理的选择和任用的错误而导致。

结合作者本人多年从事国际工程项目管理和培养项目经理的经验，本书形成了选拔和培养国际工程项目经理的基本观点。企业领导者必须切实认识到国际工程项目的管理必须按照国际规则和市场行为运作，来不得半点虚假，因此，任人唯贤的项目经理选择标准是培养合格国际工程项目经理的第一步，进而通过系统的方法对有潜力的人员进行培养就可以逐步达到企业培养人才的目标。

5. 掌握国际工程项目管理中的问题和解决方法

一般来讲，国际工程企业的领导人员来自于项目一线，虽然大多有现场的工作经验，但由于自身专业或工作岗位的性质等原因，导致其并不能全面了解国际工程项目中的问题和解决方法。然而，对国际工程项目的问题和解决方法的预见性是企业领导者必备的素质之一。

本书内容比较系统地阐述了从企业管理到项目管理存在的各类问题和解决思路，对于企业领导者有较强的参考借鉴作用。

1.3.3 国际工程项目管理人员

1. 系统性地掌握项目管理各专业之间的逻辑

国际工程项目涉及的专业和职能众多，专业和职能管理人员往往由于专业性质的限制而不能了解项目管理的全貌，这也是造成专业和职能之间矛盾和冲突的原因之一。

通过系统地全面了解项目管理的各个职能之间的关系，可以帮助项目管理专业人员建立整体概念和大局意识。不但理解本专业和职能的作用，而且熟悉其他专业和职能的重要性，对于项目管理系统的建设极其重要。本书提供了读者了解项目管理整体逻辑的机会，是专业人员入门和提升项目管理知识的有效工具。

2. 充分了解每个专业在项目管理中的作用

员工只有理解自己工作的意义才能更好地激发其工作的激情，反之，会导致工作的乏味和怠惰。项目管理是一个复杂的系统，其中的工作繁琐而庞杂，如果专业管理人员不经过系统地学习，就会出现找不到自己工作意义的情况，从而失去努力工作的兴趣。

专业管理人员通过学习可以在了解项目管理整体逻辑的基础上掌握本专业的作用和重要性，这不但能够促进部门间的沟通协调，也能够大大提升员工本人的工作热情。

3. 了解并掌握项目经理岗位所需的知识

项目管理专业人员是选拔和培养项目经理的源泉，企业通过寻找和发现有潜力的人员进行培养才能不断地为项目经理队伍增加人才储备。

作为项目经理的潜在候选人，专业管理人员应通过学习来了解项目经理应该具备的知识和能力，通过不断地实践才能成为合格的项目经理人选。

4. 铺平职业生涯晋升的通道

项目基层管理人员的职业生涯发展往往是通过晋升为项目经理或者更高层的专业管理人员而实现。在现实实践中，那些能够被提拔的人员往往是那些具有较宽管理视野的人，因为他们在进入更高的岗位时更能够具备整体意识和大局意识。

本书内容系统而全面地阐述了国际工程项目管理的各个方面，对于项目管理专业人员理解项目管理的逻辑和全貌有很好的促进作用，可以说是为项目管理专业人员职业生涯晋升通道提供了工具和方法。

1.3.4　项目管理研究人员

1. 从实践者的视角提供了研究依据

自 21 世纪初，项目管理理论输入中国以后，在知识界和管理界出现了大量的项目管理研究人员。虽然过去了将近 20 年，但西方的项目管理理论并没有在建筑企业的管理实践中生根发芽，这不得不说是一个遗憾。究其原因是理论研究与管理实践的脱节。

本书从管理实践者的角度出发，把项目管理的理论与管理实践方法有效地结合了起来，为理论研究与管理实践的相互作用提供了基础性方法。

2. 为项目管理理论落地提供保障

不能落地执行的理论就不会有现实的价值，同时也是理论研究资源的浪费，管理理论在现实中产生价值是理论研究者的夙愿。

本书内容系统地描述了项目管理的实践方法，是完全可以在项目管理中应用的指导性手册，为项目管理理论在建筑企业项目管理中落地执行提供了保障。

3. 以实践经验丰富理论研究

理论来源于实践，反过来实践又丰富理论。管理理论与现实实践的脱节造成了两者之间各安其位、井水不犯河水，理论无法运用于实践，实践也很难丰富理论。这是现代项目管理理论进入中国 20 年来，其在建筑工程行业管理实践的一个真实写照。

本书内容主要来源于理论与实践的结合，既能帮助管理实践者建立系统思维和管理体系，也非常有助于理论研究者来丰富项目管理理论体系。

4. 使得项目管理的理论研究更加接地气

在中央大力推进"一带一路"倡议和供给侧结构性改革的时代背景下，只有能够落地的项目管理理论才能为项目成功提供帮助，也才能被广大的管理实践者们学习和接受，这是项目管理界同仁们多年来共同的夙愿。

目前，现代项目管理理论在中国更多是在理论研究层面，由于缺乏具体的实践方法而没有在实践中广泛应用，这也就造成了项目管理理论不接地气的局面。本书提供了项目管理理论与管理实践接轨的具体措施和方法，使得项目管理理论研究将更加接地气。

第 2 章

||||||||||||||||||||||||||||

历史与现状篇

2.1 回顾国际工程企业"走出去"历史

2.1.1 20世纪80年代

伴随着国家改革开放的政策，中国的大门也随之向世界开放。中央各部委先后批准成立的一些对外经营企业承担着历史的使命，开始了探索世界之旅。

80年代建筑工程行业的对外经营企业大部分以输送劳务人员为主，虽然也有部分小型的土建工程分包，但限于管理能力的限制也没有形成较大规模。在这一阶段，中国人开始看到了外部世界，也开始了对外部世界的认知。

2.1.2 20世纪90年代

进入90年代后，在仍然从事工程分包业务的基础上，部分建筑工程企业开始施工总承包业务。在这一时期，由于国内平均工资仍然很低，出国工作是很多人员梦寐以求的事情。

活跃在那个年代国际建筑市场的主要是日本、韩国以及欧美建筑企业，他们占有了国际建筑市场的主要份额，而中国企业仅仅能够做他们的工程分包或者做小型施工总承包项目。因此，在建筑工程企业"走出去"的初期，并没有较大亏损项目的出现，相反，大部分企业都赚到了合理的利润，出国工作的员工也相对于国内员工来讲有非常好的收益。

2.1.3 21世纪00年代

中国加入WTO后的经济发展模式无疑将作为世界经济全球化的一部

分，与世界经济密切联系起来。进入 21 世纪后，建筑工程企业"走出去"的步伐也骤然变快，随着中央政府对从事国际贸易的企业许可证制度放开，众多在国内市场发展起来的建筑工程企业纷纷走出国门，国际工程行业一时出现了井喷式的发展。

在这一时期，中国建筑工程企业逐步开始从事较大工程项目的施工总承包，也有少量企业从事工程总承包项目。由于劳工成本优势和施工管理的逐步成熟，中低端国际建筑市场几乎被中国企业包揽，日韩欧美企业在这样的形势下只能选择高端项目和转型升级。而仅仅从事施工总承包业务的欧美日韩企业也就几乎不存在了。

在国际建筑市场体量猛增的形势下，由于管理跟不上而暴露出来的问题层出不穷，因此而造成的大量失败案例也在这一时期大量发生。后面列举的两个失败案例都是在这个阶段签约和实施的。

2.1.4 2010 年代

最近过去的 10 年也是国际建筑市场形势发生变化最快的 10 年，也是中国建筑企业逐步变得成熟的 10 年。

随着石油和资源类商品价格的下跌，施工总承包市场出现了严重的萎缩，国际竞争也变得异常惨烈。在世界经济发展速度放缓的形势下，各国政府都在寻求利用外部资源来建设本国的基础设施，因此，带资总承包、融资总承包、BOT、BT、PPP 等多种需要承包商投融资的项目成为了近几年国际建筑市场的主流模式。

试想而知，中国建筑工程企业仅仅用了二三十年就发展到了与发达国家企业平起平坐的地位，如果是真的能够平起平坐，那无疑就是一个奇迹。但通过大量的案例分析和经验表明，中国建筑工程企业的管理能力和技术能力与发达国家的企业相比还存在较大的差距。大部分中国建筑工程企业重经营而轻管理，这种"头重脚轻"的企业发展方式必将给企业的健康可持续发展带来隐患。

2.2 国际工程企业"走出去"存在的主要问题

2.2.1 市场经营与项目管理不匹配

在国内经济高速发展的背景下，中国建筑工程企业在国际市场的经营模式也在迅速地转型升级。在印度、土耳其、埃及以及众多本地企业逐步崛起的情况下，中国建筑工程企业在国际施工承包市场上的竞争已渐渐失去优势，因此，中国建筑企业的转型升级也成为必然。

越来越多的项目失败案例充分表明，中国建筑企业的经营模式与管理能力的不匹配是问题的主要根源。市场经营模式是由市场和客户决定的，然而企业管理能力却完全取决于企业本身，"没有练就金钢钻就去揽瓷器活"必然导致工程问题频发，项目失败。

没有坚实管理基础的企业就像无源之水、无根之木一样，不可能走得很远，也不会发展得太高。扎实的项目管理能力是建筑工程企业开拓国际市场所需要的最基本能力和要求，只有通过运用上下贯通的项目管理方法，克服项目管理中的脱节现象，才能练就参与国际市场竞争的核心本领。

2.2.2 管理体制与国际市场不接轨

中国目前建筑行业的开发模式依然以传统的设计—招标—施工模式为主，虽然近十几年来国家通过改变发包方式的政策，不断地督促建筑工程企业转型升级，但受传统开发模式的影响，从施工企业或设计院转型成为工程总承包公司的阻力仍然较大，内部动力不足。

国际建筑市场长期受西方发达经济体影响，建筑业开发模式大多以工程总承包（EPC）、BOT、BT、PPP 等模式为主，这些模式对总承包商能力的要求要远高于对施工承包商的要求。正是这两种体制的不同，造成了中国建筑企业在开拓国际市场时的极大不适应，也导致大量工程项目的问题和失败。

2.2.3 项目管理脱节现象严重

受中国建筑行业设计—招标—施工模式的影响，工程项目管理的各个环节被人为地割断开来。通常，业主聘请设计院进行前期研究和设计，然后聘请招标公司负责招投标，再与施工单位签订施工合同，最后由业主或其他单位负责运营。在这样的环境下成长起来的建筑企业思维模式基本是各自为政，严重缺乏项目整体观念。

因此，中国建筑企业在项目管理中的脱节现象比较严重，通常表现为：市场定位与项目投标的脱节；项目投标与项目策划的脱节；项目策划与项目实施的脱节；项目设计与项目采购的脱节；项目设计与施工的脱节；项目实施与项目收尾的脱节。

在众多国际工程失败案例中，项目管理的脱节现象是造成问题产生的最根本原因。因此，通过强化项目的系统性管理来解决脱节现象，将成为有效克服项目管理失败的最重要手段。

2.2.4 建筑企业国际化进程滞后

在中国建筑企业几十年开拓海外市场的过程中，一直沿用"走出去"的思维模式到海外市场发展。顾名思义，"走出去"就是带人、带设备、带物资走出去。而这也正是大多中国建筑企业到海外开拓市场的主流模式。

随着市场经营模式的转型升级，国际建筑市场对承包企业的要求已经不再是带人、带设备、带物资，而需要变成带技术、带管理、带资金。在这样的要求下，企业就不能再沿用"走出去"的管理模式，而应把企业变成市场化和国际化的平台，走企业的国际化发展之路，这也正是西方发达国家开拓国际市场的主要模式。

除少数建筑工程企业在企业国际化方面取得了一些进展外，中国大部分企业仍然处于"走出去"阶段。在新的市场环境下，企业的国际化进程成为了制约建筑工程企业开拓国际市场的主要障碍之一。

2.2.5 中国式思维带到国外去

伴随着国内经济高速发展，建筑工程企业在国内市场取得了巨大的成功，在国内市场的成功也促使很多企业领导急于把中国模式复制到国外市场中去。在这样的思维模式影响下，中国式管理被带到海外市场也就不足为奇了。

尽管中国模式在国内可以取得成功，但到海外市场就不一定奏效。一般来讲，"入乡随俗"是开拓海外市场的最基本要求，只有遵循当地人民的文化习惯和管理实践才能得到本地员工的拥护和支持，也才能做到人力资源的全球化和属地化，企业也才能真正扎根当地，寻求长远的可持续发展。

2.3 中国政府提出的"一带一路"倡议

2.3.1 "一带一路"倡议提出的背景

自改革开放以来，建筑企业响应国家号召通过"引进来"和"走出去"相结合的道路与世界经济取得了密切的联系。在建筑企业"走出去"初期，基本遵循了"摸着石头过河"的策略进行海外市场的探索，国家没有出台太多政策性的引导和方向。自2012年以后，新一届政府提出"国家的改革开放已经进入了深水区"，顶层设计已经成为新时代经济发展的必然要求。在这样的大背景下，习近平主席分别于2013年在哈萨克斯坦和2014在印度尼西亚提出了沿丝绸之路经济带建设和21世纪海上丝绸之路建设的建议，进而向世界各国发出"一带一路"建设的全球性倡议。倡议的提出为中国企业"走出去"提供了战略性指引和方向，为中国企业"走出去"赋予了新的历史使命感，是中国改革开放进程中的一个伟大创举。

经过几十年经济高速发展，国内很多行业产能过剩相当明显，淘汰落后产能也是需要积极面对的现实。通过互联互通和"一带一路"建设来消化国内过剩的产能是与沿线国家获得双赢甚至多赢的开创性举措。

"一带一路"倡议的提出为世界各国合作共赢设定了新的原则和框架，通过亚投行的成立来解决沿线国家的基础设施建设资金问题。这不但提升了中国在世界上的国际地位，也成为世界很多国家争相欢迎和加入的又一个经济共同发展的俱乐部。

2.3.2 "一带一路"倡议带来的机遇

中国政府通过"一带一路"倡议的提出，不但进一步规范了中国企业"走出去"的方向和策略，也向全世界表明了中国改革开放政策的不动摇。这必将更加坚定了国外对中国投资者的信心，同时也更加增强了中国企业对外投资的勇气。

在"倡议"提出后，中国企业对外投资增加迅速，政府间（G to G）项目更是大量涌现。这为中国企业"走出去"不但提供了大量的项目机会，也大大增加了国际市场对中国企业的信任。

在"一带一路"倡议下，很多发达国家也都纷纷声援并加入进来，中国企业的"走出去"已经不仅仅是去到发展中国家，与很多发达国家也展开了广泛合作，这为中国企业进一步提升项目管理能力和国际化水平提供了绝好的机会。

中央政府"一带一路"倡议的战略性思维必将引起中国企业"走出去"的战略性思考，而战略引领是国内成功企业能够顺利走向国际市场的必备条件，通过企业的战略研究一定能够大大减少"走出去"的盲目性，为在国际市场的可持续发展奠定坚实的基础。

2.4 建筑工程企业供给侧结构性改革

2.4.1 供给侧结构性改革提出的背景

经过 30 多年的改革开放，国内经济取得了举世瞩目的成就，中国经济总量已经从落后贫穷的经济体突飞猛进成了世界第二大经济体，人民生活水平也发生了翻天覆地的变化。

在 30 多年的经济发展过程中，以 GDP 规模论英雄是中国经济发展的主格调，这无疑就造成了各级政府和企业重规模、轻质量的发展方式。因此，中国产品一直没有摆脱质量低劣的印象，这不但大大影响了中国产品的国际竞争力，而且也已经远远无法满足国内人民不断提高的对美好生活的需要。

2015 年 11 月 10 日，中央政府第一次提出供给侧结构性改革的概念，随后在 2016 年全国两会的政府工作报告中，李克强总理用了大量的篇幅提出了企业供给侧结构性改革的要求。供给侧结构性改革政策是新一届政府要在保持经济稳定增长的前提下，通过对供给侧的结构性调整来提升发展的质量，改善中国制造的印象，增强中国企业国际竞争力的重大战略部署。

2.4.2 国际工程企业的质量现状

一般来讲，企业在国际市场产品的质量水平决定于本企业在国内产品的质量水平，中国建筑企业在海外市场的工程质量也同样与国内工程质量有密切的相关性。由于在 20 世纪 90 年代大量"豆腐渣"工程的出现，政府把工程质量的安全性作为了头等大事来抓，经过十几年的发展，中国建筑企业在国内外的建筑结构质量有了大幅度的提高，可以说已经接近发达国家水平。

毋庸讳言，中国建筑企业的产品质量到目前为止仍没有得到国际市场的高度认可，这里面主要原因有几个方面：（1）建筑工程企业的管理质量还有较大差距，常常因管理漏洞而出现质量返工；（2）建筑产品的精细化程度不够，做工较差是一个中国建筑企业的通病；（3）质量管理的系统性较差，虽然大部分企业做了 ISO 认证，但真正做到落地执行的很少；（4）建工程中的装饰装修和机电安装的质量不够精细，这是中国企业与西方发达国家企业的最明显差距。

虽然说中国建筑工程在国际市场的口碑已经得到了大幅度的改善，但在海外市场的客户心目中仍然与欧美日韩企业存在着不小差距。这样的印象对中国建筑企业"走出去"也形成了不少障碍，对于一些难度较大的重点工程项目就很难得到业主的信任，也就失去了很多进入高精尖市场的机会。

2.4.3　建筑工程企业供给侧结构性改革方向

在国内外建筑市场的实践中，很多建筑工程企业的产品质量主要依赖于操作工人的手艺水平和项目经理对质量的重视程度，这样的产品质量显然是不可复制的。因此，常常会发现同一个企业由于项目经理或操作班组不同而质量差距很大的情况。

一般来讲，产品质量的高低与管理质量的高低有直接关系，只有通过提升系统性的质量管理能力才能保证产品质量的稳定性。项目管理质量包括项目各个方面的管理质量，质量仅仅是项目其中一项职能，因此，我们可以想象项目管理的其他方面都很糟糕的项目，产品质量肯定也不会非常稳定。

由此可见，建筑工程企业的供给侧结构性改革必须从大力提升项目的管理质量做起，通过改善管理的质量来提升产品和服务的质量才是稳定的、可持续的质量改进策略。

2.5　破解国际工程企业"走出去"的策略和方法

2.5.1　战略研究与战略引领

国际市场与国内市场的不同就在于每个国家的情况千差万别，虽然国际化经营有着共同可以遵循的规律，但针对每个区域市场都需要具体情况具体对待。中国建筑企业倾向于使用国内市场成功经验去开拓海外市场的做法往往导致无功而返。

国内建筑工程企业的发展主要得益于中国经济的高速增长，受计划经济体制的影响，大部分建筑企业缺乏市场经济意识，因此，战略研究在企业中没有得到有效的重视。然而，国际市场的规则就与国内市场规则大相径庭，没有经过准确市场定位和战略研究就常常让企业在走出去的路上盲目投标，无所适从。

建筑工程企业无论是已经"走出去"还是打算"走出去"，都应高度重视战略研究与战略引领，这样才能统一目标和思路，打通上下管理的各个环节，对市场开拓的成功打下基础。

2.5.2　市场定位与项目选择

市场定位作为企业战略研究的一部分应得到国际工程企业的高度重视，市场营销在企业中的作用就相当于美国中央情报局对美国政府的作用一样，对企业的战略选择和项目决策起着至关重要的作用。

受传统建筑行业开发模式的影响，建筑工程企业大多没有市场营销部门或者营销部门没有起到相应的作用。这在国内市场固然可以行得通，甚至在基础设施上和房地产市场异常火爆的情况下，大多建筑企业取得了骄人的业绩，但在国际建筑市场的开拓中就不会如此幸运了，因为国际市场的复杂性是国内市场无法比拟的。

很多建筑企业常常把开拓市场和寻找项目等同起来，这样造成的结果是企业没有可持续发展的市场，打一枪换一个地方。市场定位考虑的是市场的可持续性，而项目选择考虑的是项目的可行性。

因此，国际工程企业在高度重视市场定位的同时，还要把市场定位与项目选择区别开来，这样才能做到企业在国际市场的可持续发展。

2.5.3　项目管理的信息流动

项目的目标都是单一的，最终的项目成果是向客户交付满意的产品或服务。因此，在项目生命周期的各个阶段，所有信息的流动都是为了项目的唯一目标。然而，项目管理中的脱节现象常常造成信息的丢失或错误，进而造成项目的损失或失败。

受中国建筑行业传统开发模式的影响，项目管理各个团队之间各自为政的现象比较严重，职能或专业之间缺乏有效配合，这是造成项目管理脱节现象的根源之一，也是造成项目信息流动不畅或信息丢失的重要因素。

在国际工程众多的失败案例分析中，我们会发现由于项目管理信息流动不畅、遗漏、丢失或错误而导致的项目损失异常巨大，有时也是项目失败的主要原因。

2.5.4 项目实施与项目控制

在项目管理中，时间、成本、质量和安全是四个最重要的指标，由于质量和安全都有相对固定的标准，因此，比较容易控制。而时间和成本却是其中最难控制的变量，也常常是造成项目失败的两个最重要方面。

中国企业的项目管理实践中，管理人员更注重项目实施的活动，而对项目控制活动重视不足，尤其是对项目管理中两个最大的变量（时间和成本）缺乏控制的策略和方法。

在建筑工程企业的项目组织中，我们会发现，对于时间和成本控制这两大职能的组织建设并不健全，大部分项目没有专门设立项目控制部门，甚至都没有相应的时间和成本控制的专业人员。没有组织的保障，就无疑会造成管理的真空或缺失。

2.5.5 设计、采购与施工有效衔接

国内建筑行业的开发以设计—招标—施工模式为主，这样的模式造成的结果是设计与采购和施工往往不是一家单位完成，由于没有形成利益共同体，各单位之间的配合和联系就不太紧密，甚至还形成了利益冲突。

在国际工程实践中，大部分项目都是采用工程总承包（EPC、DB）模式，这样的合同模式就把整个工程的设计、采购和施工都交由一家承包商来负责。业主通过工程总承包模式把项目风险转嫁给了总承包商，由总承包商以固定总价形式向业主交付规定的产品。

受国内建筑承包模式的影响，中国企业在承揽国际工程总承包项目时，往往不能转换角色，把设计、采购和施工进行有效的衔接，而根据工程总承包合同模式，由于设计、采购和施工之间管理的脱节造成的时间延误和成本超支根本无法得到业主的补偿，相反，还会受到业主的惩罚。因此，在各个国际工程总承包项目的案例分析时，总会发现设计、采购和施工三者之间的矛盾与冲突往往是造成项目延误和超支的主要原因。

2.5.6　把项目收尾作为项目管理的目标

启动项目的目的是为了结束项目，这是众所周知的事情。然而在项目管理实践中，我们发现很多项目经理并没有按照结束项目的目标去努力。这主要表现在：（1）项目策划往往不包括项目收尾的策划。（2）在项目实施过程中，项目团队并不知道项目收尾到底需要完成什么工作。（3）管理项目时，项目经理并没有按照项目收尾所需完成的工作去把责任分配给项目团队。（4）工程完工了，项目收尾却要花费很长的时间和精力。

项目的一次性特征决定了任何项目都有始有终，而启动项目的目标就应当是收尾项目。所以，项目经理在项目开始之初，即应明确项目收尾所需完成的各项文件和资料内容，以便工程完工后在规定的时间内把项目结算、合同未决事项以及工程保修等内容全部完成。

在国际工程实践中，很多项目经理由于缺乏工程收尾的概念，在项目过程中不注意收集文件和资料，致使项目的收尾时间拖到几年甚至十几年的情况比比皆是，这不但给企业带来了尾款无法回收的损失，也让项目经理在很长时间内无法开始新一个项目的管理工作。

第 3 章

企业管理篇

3.1 企业"走出去"战略研究

3.1.1 为什么要做战略研究？

1. 中国建筑企业战略研究现状

中国建筑企业的兴起和高速发展得益于中国经济的振兴和蓬勃发展。改革开放后，国家贫穷的经济、落后的基础设施及对住房的庞大需求促成了中国建筑业 20 多年的发展，中国建筑企业一改多年来艰难度日、难以为继的状态，一跃成为中国最蓬勃发展的行业。

政府对建筑市场需求的刺激在给予建筑承包企业大量机会的同时，也使得建筑企业飘飘然起来。难得的发展机遇造成了建筑企业对战略研究、客户需求、供给侧改革等很多方面思考很少。在这种建筑市场环境下生存发展起来的中国的建筑企业严重缺乏市场经济的概念，这是中国建筑企业在"走出去"的过程常常碰壁的根源所在。

而随着国内建筑市场的逐渐饱和，大部分建筑企业纷纷想着到海外市场开辟一片新的发展空间。这本来是无可厚非的想法，问题是市场环境变化了，但我们很多建筑企业已经形成了思维定式，把在国内成功经验完全搬到了国外。同样不进行战略研究、同样不做市场定位，按照国内的方法管理国外项目，导致了大量的建筑企业海外发展的失败，甚至是"一朝被蛇咬，十年怕井绳"，谈虎色变。所以一时间"国际工程的风险与控制"这样类似的培训成了国际工程培训的热门课题。殊不知，所谓的风险是中国建筑企业没有遵循企业的发展规律，没有通过结构化的系统管理加强而造成的，并不是仅仅把 FIDIC 合同研究明白或上几堂风险管理培训的课程就可以把国际工程风险克服了。

2. 战略研究的重要性

如果留心研究一下西方发达国家企业的发展就可以发现，他们非常注重企业的战略研究。在一个公司成立之初，一般企业就要作认真的分析和研究形成很详尽的商业策划书，这个商业策划书就是企业发展的第一个战略文件。在企业发展过程中，公司战略规划部会根据市场形势的变化不断地通过收集市场情报来调整企业的战略方向。在西方国家，企业的战略规划部是非常核心的部门，由企业的董事长直接负责。在中国企业的组织架构中原来没有这个部门的存在，近些年为了适应企业现代管理体制的需要很多企业成立了战略规划部，虽然组织上有了这个部门，但大部分企业的战略规划部仅仅是个摆设，并没有真正起到相应的作用。由于从组织上就弱化了战略部门的重要性，因此战略研究也相应地不被企业领导者所重视了。

3. 中国企业作战略研究的必要性

在 20 世纪 60 年代和改革开放初期，邓小平同志分别提出了"白猫黑猫理论"和"摸着石头过河"做法。在那个阶段中国模式是全新的发展模式，世界上没有成熟的经验可以遵循，所以两个通俗易懂的理论为中国经济的发展注入了强大的活力。

随着中国改革开放的不断深入，从 2012 年起新一届中央政府提出了"改革开放已经进入深水区"的概念。在这个阶段再使用"摸着石头过河"显然已经不再合适，所以中央政府提出了"顶层设计概念"，顶层设计实际就是战略研究，以战略进行引领。

中国建筑企业的发展也是这样的一个规律，以前几十年的发展基本上都是靠"摸着石头过河"和"黑猫白猫理论"。而在新的市场形势下，这样的发展模式也显然不再适应时代的要求了。这就要求建筑企业积极求变，按照中央政府提出的顶层设计要求做好企业发展的战略规划和研究。如果还一味沿着原来成功的模式走下去，成功必将成为失败之母。

战略研究之所以重要是因为通过思考和研究，企业领导者才能够拨开云雾，了解客户，认识自己，观察别人。通过战略研究才能找到企业发展的方向，才能为企业真正创造未来。

3.1.2 战略研究解决什么问题？

1. 战略让领导者理清思路并统一思想

企业达成战略思路的过程也是统一思想的过程，通过关于企业战略的反复研讨，领导者可以把自己的思想传递下去，同时也可以听到下面的声音。所以做战略研究这项活动本身就能够帮助企业统一思想，凝聚共识。

2. 战略让员工知道公司的方向

明晰的战略对一个企业的发展至关重要，不但能够达到统一思想的目的，还能够让员工知道公司的发展目标和方向。在一个企业中，往往优秀的员工并不是特别在乎待遇的多少，而他们非常在乎这个企业的目标和方向。因为优秀的员工都会关注自己未来的发展，他们不会跟一群没有方向的人坐在一个没有方向的车上。

正像杰克韦尔奇说的：我只关注企业中20%的优秀员工，企业领导者要做的最重要的工作就是如何招到并留住那20%的优秀员工。一个没有目标和方向的企业很难留住这样的员工，而仅仅由一群平庸的员工组成的企业根本不可能取得很好的成就。

3. 战略是制定各项制度和政策的纲领

企业的战略是企业的目标和方向，各项制度和政策是实现目标的保证措施和支撑条件。企业的制度和政策要以实现企业的战略目标为目的而编制，如果企业的制度和政策达不到这个目的，那战略目标永远也不会实现。而在现实情况中，很多企业的战略目标与制度和政策两者大部分都做不到相辅相成，甚至是背道而驰。

4. 战略能够把领导思想与员工行动联系起来

一个好的企业战略不但能够统一思想，凝聚共识，还可以让员工的行动与企业的战略目标紧密联系在一起。听过一个故事：有一个老板去一家苹果专卖店买手机，结果发现专卖店的服务员特别专业和敬业，这位老板就萌生了挖走这个员工的想法，但和这个员工谈了很久，这名员工都不同意离职。老板问这个员工为什么不同意走，这位员工说因为"我们在改变世界"！这是一个真实的故事，从中可以看出战略思维不但能够凝聚共识，还能够影响员工的行动。

3.1.3 如何做企业"走出去"发展战略？

企业"走出去"的目的是什么？也就是为什么要走出去？这个问题是必

须要思考的，因为在我看来很多企业根本没有"走出去"的必要，这些企业的领导者可能从来没有认真思考过为什么要"走出去"这个问题。如果一个企业仅仅是为了跟风，别人出去了我也要出去看看，那就没有必要了。如果企业"走出去"是必须的选择，那就要进行下面内容的认真分析和思考了。

1. 企业的核心能力在哪？

在进行"走出去"的战略研究之前，首先要做的是认识自己，往往认识自己比认识别人还难。这就要求企业的领导者要认真地剖析自己的企业，一定要找到自己企业的核心能力是什么？自己企业的哪些方面是超越其他同行的。虽然常常通过这样的分析，让企业的领导者会感到自卑，因为找不到自己的核心优势。但这种分析同样能够使得企业的领导者下定决心，找准方向，去建立企业的核心能力。无论结果如何，企业都要进行这样的剖析，因为只有知己知彼才能百战不殆。

2. 国际市场环境如何？

国际建筑市场在不断变化之中，掌握最新的国际市场环境是企业"走出去"的非常重要的一步。很多企业由于缺乏对海外市场的了解，往往初到一个国家，仅仅凭着基础设施的现状就判断这个国家的发展状况如何，进而拿中国相应时代的发展状况与这些国家作对比，得出的结论是这个国家有很大的市场空间。然而进入市场以后，才发现根本不是想象的那样，不但市场空间不大，各个方面都与中国有着巨大的区别，这就是典型的对国际市场环境不了解造成的结果。国际建筑市场往往跟国际经济政治形势都有着直接的联系，这些信息都有专门的机构进行定期发布，需要及时予以关注。当然，无论环境怎样都有好的企业和差的企业，并不是说经济环境不好就不能"走出去"，也不是环境好"走出去"就肯定能成功。

3. 企业能提供什么？

企业能够提供什么是比较容易回答的问题，但有时你能够提供的不一定是市场需要的。由于现今时代各行各业的竞争都很激烈，如果不进行深入的思考和研究往往很难找到企业的产品或服务的独特性。另外由于建筑市场的不断变化，一个企业能够以传统方式提供的产品或服务或许已经没有市场了。这些因素都要求企业作出相应的调整，去找到自己能够提供的符合市场需要的产品或服务。

4. 企业提供产品或服务的方法是什么?

企业要拓展海外市场就需要以海外市场的思维去思考海外业务。很多企业简单地把国内提供产品或服务的方法复制到国外市场去,这是非常不可取的做法。

每个国家或地区都有其特殊性,提供同样产品或服务的方法差异很大。企业要到海外谋发展就必须要按照当地的要求、规定和常规实践来提供相应的服务和产品。

通过对提供产品或服务方法的分析就比较容易知道企业是否有能力到海外发展,是否有能力在某个国家或地区的特殊条件下提供这样的服务或产品。

5. 企业的客户在哪里?

通过上述分析后企业要进行市场的定位,国际市场包括除了中国大陆以外的所有地区,这就要求企业根据自己企业的特点和优势选择相应的市场,找到自己的客户。在选择市场时必须要考虑市场的可持续性,市场定位和项目选择要区别开来。

6. 竞争对手是谁?

一般来讲,建筑工程企业在一个市场上都会有大量的竞争对手,这就需要作详细的 SWOT 分析来确定自己的企业是否能够在这个市场占有一席之地。通过竞争对手的分析有时可以找到夹缝市场,或者进行差异化经营来寻求其中的空间。

通过上面的分析可以得出如下结论:(1)企业应不应该走出去,应该去哪里。(2)从事哪些方面的业务,采取什么方法和手段来提供产品和服务。(3)参与市场竞争的策略是什么。(4)需要的资源支持和政策保障。

3.1.4 战略在企业中的应用

1. 公司子战略的引领

一个企业的发展战略还需要各个部门和分子公司作出相应的子战略,这些子战略必须以企业的总体战略为纲领来分解目标,规划过程,达成结果。子战略的目标达成都是为了企业总体目标的实现。

战略制定过程一般是从上往下进行，而不应当是从下往上汇总。在很多建筑企业的管理实践中，自下而上汇总战略的居多，这样编制的战略往往得不到企业最高领导者的认可和支持，企业的战略也就失去了应有的意义。

2. 阶段性目标制定的指导性文件

企业的总体战略目标需要分成阶段性目标来分步实现。例如：短期目标有三个月、半年和一年目标。长期目标有三年目标、五年目标和十年规划等，这些目标的分解应以企业的长远战略目标为指导性文件。

在现实管理实践中，大多建筑公司非常注重短期目标的制定和落实，而对于三年以上的长期目标是常常忽略的。这样造成的结果就是企业过于关注短期利益，而忽略长远发展，甚至在市场发生变化时没有应对危机的能力。因此，企业对于中长期战略目标的规划和分解才能为企业创造可持续发展的未来。

3. 流程、制度和政策编制的依据

企业的战略目标需要靠企业的政策、制度和流程来保障落地，因此，在编制和研讨过程中，首先要考虑这些制度和政策是不是符合企业的发展战略。在一个没有明确战略目标的企业中，常常会发现其制定的制度和政策也没有方向感，甚至相互之间存在很多的冲突和矛盾。

由于企业制定政策和制度的目的是为了保障战略目标的实现，因此，可以用最简单的制度和流程就能达成结果时，就没有必要使用复杂难懂的制度和流程。很多企业的管理部门把流程和制度搞得非常复杂，员工很难看懂也很难操作，不但没有帮助企业提高效率，反而成为了企业的负担，这样的流程和制度就失去了意义。

4. 企业领导者与各级员工沟通交流的载体

通过战略制定和目标分解企业就有了要发展的方向和需要达成的结果，同时也就有了企业政策和制度编制的依据。在一个企业发展战略和管理制度完备的企业，领导者在与下级沟通时就可以按照统一的思路向下级传递信息。在企业的战略目标和政策与制度没有修改之前，领导者不应随便改变传递的信息，否则下级员工将无所适从，每天都需要猜领导者每次讲话的意思。

企业领导者对企业战略目标坚定的信念是战略目标实现的最重要保障，

不可想象，一个连领导自己都不相信的事业会获得员工的支持和拥护，所以领导者无论是在什么情况下都应传递对企业战略自信的信息，并且要为了保障战略目标实现所需的资源和政策做出最大的努力。

企业的战略制定是企业的头等大事，必须要由企业一把手亲自抓。清晰的战略不但能够理清企业领导者的思路，也会让各级员工感到方向清晰，目标明确，工作有奔头。公开发布的企业战略也能够统一领导者的思想和员工的行动。

总之，企业在国际化发展进程中务必要通过战略研究来拨开云雾，破除迷惑，找到最适合自己的方向。

3.2 市场定位

3.2.1 为什么要进行市场定位？

1. 市场定位的重要性

中国经济高速发展的 30 年也是中国建筑企业高速发展的 30 年，旺盛的市场需求使得中国建筑企业同质化发展情况严重，从国企到民企，从中央到地方，建筑企业的运作模式基本雷同。而就是在这样的情况下，庞大的政府对基础设施的投资和房地产开发市场蓬勃发展仍然保证了大部分的建筑企业的营业额的高速增长。

虽然建筑市场的高速发展给大部分的建筑企业带来了每年都接近 30% 甚至翻倍的营业收入增加，也大大提振了建筑从业人员的自豪感和幸福感，但某种程度上也给建筑企业的长远发展埋下了较多的隐患，这种隐患就是建筑企业严重脱离了市场经济的规律，对市场研究的投入相对很少。

市场营销的概念是在 20 世纪 90 年代由外企进入中国带来的，在商品销售市场应用的较好，而在大部分建筑企业中几乎没有真正的应用。很多的建筑企业并没有市场营销的概念，基本是把市场营销与产品销售等同起来，也就是把市场定位与项目投标等同起来，企业中的市场部就成为了攻关部或者投标报价部，因此，市场定位工作也就无从谈起了。

随着中国经济发展模式从增量到提质的转变，从投资拉动到刺激消费的转变，建筑市场已经开始逐渐饱和并有了下降的趋势，其供给侧改革也迫在眉睫，这就让建筑企业在激烈的市场竞争中不得不按照市场经济规律办事，逐步回到市场的基本面，去认真研究市场，找到并建立企业能够生存发展的核心优势，只有这样企业才能够在大浪淘沙的洗牌过程中脱颖而出，立于不败之地。

市场定位是制定企业战略的重要组成部分，其决定了客户在哪里？企业做什么？如何做？如何产生竞争优势？如何通过变革来适应客户需求的变化？等内容。企业市场定位决定企业发展的方向，而项目经营投标是企业进行了项目选择后而进行的投标报价工作。这是两项完全不同的工作，在建筑企业中两者都有举足轻重的地位，一个是企业战略层面，一个是在企业项目层面。

市场营销报告是企业战略报告的一项重要内容，也是进行项目选择的重要依据之一。市场部门定期地对市场营销报告的更新会对企业的战略目标和发展方向产生积极而重要的影响。

2. 市场定位解决什么问题？

市场部门是进行市场研究的部门，并不是投标报价的部门，所以市场部的工作的成果应该是定期更新的市场营销报告。营销报告要回答的问题就是企业的市场定位问题。应大致包括如下内容：

（1）建筑市场的环境分析。对国内外建筑市场的宏观环境分析能够使企业决策者高屋建瓴，看清形势，把握企业发展的方向。

（2）目标市场的环境分析。大部分建筑企业都有自己的目标市场，对目标市场环境分析要能够让企业决策者对这个市场的发展趋势有比较详尽的了解，以便对本市场的开发作出正确的判断。

（3）本企业产品或服务在市场中的需求程度。由于竞争者的不断加入或者替代品的出现，有些产品或服务就出现饱和或竞争白热化的情况，如何通过产品或服务升级来避开红海而找到蓝海是企业决策者应掌握的重要信息。

（4）企业应深耕市场还是要转型升级。一个企业要维持或增长在目标市场的份额，一般是通过两个途径来实现，一个是做精做细企业的产品或服务，超越竞争对手的服务水平，增加客户的黏度，深耕目标市场。另一个就是通过产品或服务的转型升级来实现，而往往转型升级需要的时间较长，成本代价较高，企业决策者需要进行前瞻性的思想准备和资源准备。

（5）目标市场的竞争对手分析。竞争对手包括既有的竞争者和潜在的进入者，对竞争对手的客观分析可以看到他们的优势和不足，也能够找到自己可以突破的地方。在进行市场研究时，除了对客户的研究外更重要的就是对竞争对手的分析，发现竞争者的优势和劣势，采取差异化经营，为客户提供竞争对手无法提供的价值服务才能够在市场中争得一席之地。

（6）对企业战略调整的建议。通过上述的分析要能够得出对企业战略方向如何调整的建议，市场营销部门相当于企业的情报部门，市场营销报告应该是企业决策者需要充分研究的最重要的报告之一。

3.2.2 国际工程企业如何进行市场定位？

1. 企业性质分析

一般来说，企业在创立时的属性就相当于企业的基因一样根植在企业中，尤其是已经存在多年的企业这种基因发挥的作用更是根深蒂固。中国的建筑企业大致分为：综合施工承包企业、设计企业、专业施工承包企业、材料供应企业、房地产开发企业等。

在进行企业的市场定位时一定要搞清楚本企业的性质是什么，因为这个企业的基因是决定企业能干什么的重要因素。虽然在近些年很多企业希望通过跨界来扩大自己企业的业务范围，但在企业领导者没有对市场有充足的认识之前而进行的跨界往往成功的不多，而失败的不少。例如，很多施工承包企业转型做工程总承包，转型做房地产开发商；设计院转型做工程总承包，转型做房地产开发商；材料供应商转型做施工承包商、做房地产开发商等情况。如果进行一下统计你会发现这些从施工、设计或材料供应企业转型升级为房地产开发商的企业大多没有发展起来，甚至在房地产市场最好的时候都没有抓住机遇，这就是企业的基因对转型升级产生的潜在影响。

企业要想争得市场空间必须要对自己进行全面的分析，从企业的基因开始剖析，只有知道了我是谁，才能知道我要到哪里去。

2. 目标市场环境分析

对于目标市场的环境分析一般通过几个途径可以掌握一些基本信息，但要想深入了解一个市场的真实情况往往需要较多的时间和成本才能得到。

在进行海外目标市场环境分析时，一般通过如下手段：一是通过商务部的市场信息报告来掌握这个市场的基本概括，通过大使和参赞了解他们眼中的目标市场的现状和发展趋势；二是通过拜访当地的中资企业而得到一些企业层面面临的困难和问题；三是通过专业咨询公司的专业咨询而得到相对完善的资料和信息；四是通过设立办事处在当地收集情报而深入了解当地的情况。

虽然通过上述的方法可以得到大量的目标市场环境分析内容，但仍然会有大量的困难和问题会出现在市场开发和企业经营过程中，企业领导者要有充足的思想准备。

3. 企业在目标市场的优劣势分析

企业在目标市场的优劣势分析一般通过 SWOT 分析法来进行。在进行 SWOT 分析时要使用企业收集到的真实的数据进行分析，要得出客观真实的结论。由于 SWOT 分析法在很多书中都有详细的讲解，在这里不再赘述。

4. 市场营销报告

通过对目标市场的分析，市场部门可以定期形成市场营销报告，报告一般要回答如下内容：

（1）目标市场的建筑环境和市场变化趋势；

（2）传统客户对产品或服务的需求变化情况；

（3）潜在客户需求分析；

（4）既有和潜在的竞争对手分析；

（5）本企业的核心竞争力分析；

（6）对企业管理的建议。

在市场经济条件下，不是你企业固有的产品或服务决定企业的管理方向，而是你的客户需求决定企业如何进行管理，因此企业领导者应高度重视市场营销报告中关于管理建议的内容，真正让企业的"以产品为中心"转变为"以客户为中心"。随着市场竞争环境的变化，建筑企业的领导者要改变原来的"百年老店，以不变应万变"的思维模式，积极顺应市场变化，实现企业转型升级的突破。

3.2.3 如何从量变到质变——深耕市场与转型升级

1. 从量变到质变

经济规模的增长代表的就是企业规模的增长，随着中国经济规模的大幅度增长，中国企业的规模也实现了大幅度的增长。事实上，中国建筑企业的规模增长有可能会超过其他行业的增长速度，这主要得益于中国政府对基础设施的投资拉动和房地产市场的火爆。但在这几十年的发展过程中，建筑企业更多考虑了规模，也就是量的增长而忽视了经营质量的提升。很多建筑企业多年前就提出了转型升级，提质增效的口号，但时间过去了多年仍然发现这些企业同质化的分子公司增加了不少，规模确实扩大了很多，但企业在转型升级，提质增效上似乎无所建树。这就充分表明一个企业在发展过程中经营体量的增长是比较容易的，而经营质量的提升是相对困难的。

建筑企业在"走出去"的过程中也面临着同样的问题，中国建筑企业从 20 世纪八九十年代开始走出国门从事劳务输出或施工分包业务，那时由于处在建筑产业链的末端，面临的风险并不大，项目失败的案例鲜有发生。而到了 90 年代后期，中国部分建筑企业开始在非洲等不发达地区开始从事施工总承包业务，这就相对于施工分包或劳务分包来讲有了较大的风险。在这一时期比较著名的失败案例就是四川国际承揽的乌干达欧文电站项目，这个项目大致在 1994 年左右出现问题，就这一个项目的失败就导致了四川国际的全面瓦解。由于这种承包模式仍然是风险较小的合同模式，虽然有部分项目失败的案例，但大部分施工承包项目是比较成功的，施工企业在国际市场也获得了利润。

施工总承包模式大约在 2004～2014 年的十年时间里得到了快速发展，基本达到了顶峰，这主要归功于中国施工承包企业在国际建筑市场的施工经验已经相对成熟，另外就是这十年间国际油价的大幅度上涨给资源型国家的基础设施市场产生了较大的刺激作用。在同一时期，中国部分企业开始在海外从事建筑工程总承包（EPC）业务，工程总承包业务相对于施工总承包来讲就具有更大的风险，因为工程总承包商要以总价包干的形式对项目除不可抗力外的所有风险负责，这就对建筑企业的能力提出了更高的要求。工程总承包企业在这一时期的失败案例就大幅度增加，亏损的额度也异常惊人，最瞩目的就是中国铁建的沙特轻轨项目和中国中铁的波兰 A2 高速公路项目。在 2014 年以后随着国际油价的大幅度下跌和国际建筑市场形势的变化，施工承包项目体量骤然下降，市场竞争达到了白热化程度，中国建筑企业开始从事海外投资或带资承包项目，这就使得中国建筑企业走向海外的风险成倍地增加。在目前的市场情况下，如果没有相应项目管理能力的升级作为基础和支撑，那有着巨大风险的投融资项目将面临更大的失败或亏损。

从上可以看出，中国建筑企业这些年"走出去"的过程中主要是施工承包业务的规模有了成倍增长，但企业的经营和管理并没有真正做到转型升级，提质增效，所以在项目管理仍处于较低管理水平的情况下，转而去做工程总承包或投资型承包业务就难免有巨大的风险存在。

因此，在中央政府大力推进供给侧改革的时代背景下，建筑企业应切实实现从量变到质变的过程。仅仅企业规模的增长只能代表企业做大了，并不代表企业做强了，更不代表企业做优了，一个大而不强、大而不优的企业在快速变化的市场背景下必将积重难返，逐步衰退。所以目前建筑企业最紧迫的任务应该是根据新的市场经营模式，加快企业管理能力的升级，否则企业将面临更多更大的风险。

2. 提质增效，深耕市场

建筑企业要实现量变到质变的过程，相对容易的一个策略就是提质增效，深耕市场。一般来讲传统业务模式的消亡是需要较长时间的，因此，传统建筑设计或施工企业依然要依托传统业务模式赖以生存，伺机发展。而在建筑市场竞争形势进入了白热化的情况下，企业要想能够抢占市场生存下来，就必须真正做到提质增效，深耕传统市场。提质增效的字面意思是提升质量，增加效率，增加效率包含的意思就包括提升效率以降低成本。中建总公司在中国建筑市场挤压其他建筑企业的策略就是他们基本做到了这一点。

3. 顺应市场，转型升级

2018 年中央经济工作会议又一次强调大力推进供给侧改革任务的艰巨

性和紧迫性，这又是一个要求企业提质增效，改量增为提质的强烈信号。近些年来国内外建筑市场都发生了较大的变化，国内两个比较突出的特点就是建筑业的承发包方式由施工总承包向工程总承包方式的转变，由原来政府对基础设施直接投资的方式向（PPP）公私合营方式转变。这就意味着施工承包企业必须先转型升级成为工程总承包商，进而向投资运营承包商转变。

国际建筑市场近些年的突出变化是施工承包业务模式的竞争愈加激烈，微利或者亏损已经成为项目的常态。工程总承包模式是在国际市场运用比较成熟的模式，工程总承包商的 EPC 项目管理能力也成为衡量企业是否具备承接大型复杂项目的最基本要求。

在目前国际市场比较常见的 BOT，BT，PPP，BTL 等合同模式中，虽然根据投融资模式的不同，合同模式会有较大变化，但无论合同模式如何变化，在这些项目中最核心的管理要求仍然是项目的 EPC 项目管理能力。

如此看来，施工承包或者设计企业要转型升级为更高层次的承包商，其第一步必须首先转型成为工程总承包商，然后组合投融资及运营职能进而向投资型承包商升级。

3.2.4 市场营销报告的应用

1. 市场营销报告是企业战略的重要组成部分

面对快速变化的市场形势，已经 "走出去" 和即将 "走出去" 的建筑企业都需要进行国际化经营的战略研究。市场营销报告将作为研究客户和竞争对手的内容而成为战略研究报告的重要组成部分，将对企业的经营和管理方向有着举足轻重的影响。

2. 市场营销报告是项目选择的依据

项目是市场形成的一部分，但一个项目并不能形成市场。企业是一个持续运营的实体，因此需要可持续的市场才能维持企业的可持续运营。在进行项目选择时应把目标市场的营销报告作为重要的参考依据，如果仅仅为了做项目而进行项目选择就会把有限的资源分散开来，无法形成一个拳头，从而浪费大量的机会成本。

3. 市场营销报告是决定企业管理模式的依据

市场营销报告是研究客户需求的报告，客户需求就决定了企业的经营模式，而经营模式必须有相应的管理模式来匹配。因此，市场营销报告也将是决定企业管理模式的重要依据。

3.3　如何进行项目选择

3.3.1　市场营销与项目选择

项目选择是企业经营工作的一个重要环节，也是影响企业经营工作是否高效的一个关键因素，但切记选项目与做市场是两个不同的概念，一个是执行层面，一个是战略层面，两者承上启下，相辅相成。市场定位主要考虑市场的可持续性，而项目选择重点考虑项目的可行性。只有抓住市场定位和项目选择在企业经营工作中各自应该发挥的关键作用，形成两者的有效统一，企业才能真正做到高效经营。

经营人员根据市场营销报告和企业战略报告在进行项目选择时应把重点放在项目的可行性研究上，而项目的可行性应重点考虑如下几个方面：1. 项目本身的可行性分析；2. 企业承接项目的能力分析；3. 项目承接对企业的市场开发和战略执行的意义。

在分析项目的可行性时，首先，要保证项目本身的管理模式、合同模式、财务模式对于本企业是可行的，如果其中存在企业无法克服的障碍和困难时，就应及时停止项目的追踪和投入。其次，考虑项目是否可行的另外一个重要因素就是企业承接并能够交付项目的综合能力，这个能力包括企业自身能力加上外部可以整合的资源能力。在很多情况下，建筑企业为了合同额的需要不顾项目招标文件的各项要求和自身能力的判断，盲目承接项目，最终由于自身能力无法掌控项目全局而导致项目的全面溃败。因此，项目选择本身就需要使用科学的管理手段去进行正确地决策，绝不应仅仅由经营人员或主管领导者为了年度绩效考核的一己之私而为企业酿成难以弥补的损失。

在企业的市场定位和战略选择的总体框架内，经过科学的判断和认真的分析，如果企业自身的管理能力加上外部可以整合的资源能力，基本可以满足业主要求的各项目标时，就可以大胆跟踪并做好承接项目的准备。如果发现项目的各项要求和企业综合能力相差太远，况且这种差距在短时间内很难弥补时，企业就要学会放弃，把有限的精力投入到更为可行的项目上去。

在进行项目选择之前一般需要付出的成本较少，投入的精力也不是太大，但项目选择之后可能企业就要投入较大的成本和精力去跟踪和参加投标，这就要求企业领导者进行项目选择时绝不应主观臆断，草率行事，毕竟企业经营的最终目的是获得利润。因此，不必要的财力、物力和人力的投入能够避免时应尽量避免，同时应知道选择这个项目就等于放弃其他项目机会，从而产生了机会成本。只有在项目选择时采取稳、准、狠的策略才能为企业赢得更多时间和资源去攻克和完成能够为企业带来更多效益的任务。

3.3.2 项目信息筛选

1. 项目信息来源

国际工程项目的信息来源大致可以分为这样几种情况：

（1）企业的传统客户的项目信息；

（2）本地政府采购项目信息或招标公告；

（3）在本地市场的项目中间人介绍；

（4）朋友推荐项目信息；

（5）咨询公司推荐项目信息。

项目信息的来源是项目是否可行的一个重要判断标准，也是企业是否需要进行跟踪和大量投入的一个直观认识。在很多情况下，建筑企业每天都会收到大量的项目信息，如果对这些信息没有一个正确的分类和甄选，企业的经营人员甚至主要领导者就会疲于奔命，忙于应付大量根本不可行的项目信息，而宝贵的时间和精力就浪费在这些无效的所谓经营工作中了。一个有效的管理者必须能够把自己大部分时间用在有效的经营和管理上，如果企业的管理者大部分时间用在无效的经营和管理上，那这个企业的管理肯定是效率不高的。

2. 项目信息分类

项目信息可以进行两种分类，一是按照项目信息来源分类，二是按照项目性质分类。

项目信息按照上文的分类可以列出优先级，根据笔者的经验可以进行如下的优先级考虑。企业传统客户的项目信息要列为 A 级，因为传统客户是已经有过项目合作的客户，相互之间有信任的基础，项目一般比较可靠，运作模式也相互比较熟悉，这类项目最容易成功。本地政府采购项目或招标公告项目可以列为 B 级，这类项目一般是真实的项目，业主已经做好了招标准备，如果你的企业在本地有较好的口碑和实力，并积极参与投标就比较容易成功。本地市场的中间人介绍项目可以列为 C 级，每个国家都会有大量的项目中间人，他们的主要工作是收集项目信息，做业主关系攻关，为承包企业提供信息服务。有的情况下，如果中间人对项目有较大的影响力，项目成功的可能性也比较大，但企业要对中间人的能力和影响要有正确的判断。朋友介绍的信息和信息咨询公司推荐的信息可以列为 D 级，由于项目的介绍人或信息咨询公司一般对项目性质本身不够深入了解，他们对企业能力了解更少，因此大部分这样的信息捕风捉影的多，契合度不高，不建议作为企业的重点信息跟踪。

按照项目性质分类可以大致分为如下几类：

（1）专业分包类项目；

（2）施工总承包类项目；

（3）工程总承包类项目；

（4）带资承包类项目；

（5）口行优惠贷款项目；

（6）口行优惠买方信贷项目；

（7）商业买方信贷项目；

（8）商业卖方信贷项目；

（9）商业开发项目；

（10）政府 PPP 项目等。

这些不同性质的项目操作的难度和需要运作的时间差别很大，企业一定要根据自己的业务性质和战略定位去选择不同类型的项目进行跟踪，绝不应该投入太多精力在自己无力承担的项目上去，这就要求企业首先做好战略选择和市场定位。

根据以上对项目的两种分类，企业经营人员要能够站在企业战略的高度及时地进行项目信息筛选，通过筛选让经营人员和企业领导层能够迅速摆脱那些希望渺茫、虚无缥缈的经营活动，从而集中精力研究实实在在的可以落地的项目信息。在国际建筑市场竞争异常激烈的情况下，承包企业对项目信息趋之若鹜，盲目跟踪，造成很多不必要的时间和精力的浪费。因此企业的经营人员一定要目标明确，学会拒绝，这样不但节省了自己的时间也节省了信息提供者的时间。

3. 项目信息甄选

企业的经营人员在收到不同的项目信息时应及时进行项目分类，列出项目的优先级和对项目跟踪的建议。在经过与主管经营的领导汇报沟通后便可采取相应的跟踪活动。项目信息甄选需要经营人员具备相应的知识和经验，而这些知识和经验是完全可以通过培训和学习而得到。关于经营人员项目信息筛选的培训主要集中在两个方面，一个是对不同性质项目的运作模式、合同模式、财务模式、项目管理模式等方面的培训；另一个是对本企业承接项目的综合能力的培训。很多企业领导者把市场经营看作是毫无技术含量的工作，往往安排没有专业背景也没有经过培训的员工去做，这是错误的观念。经营的龙头地位是建筑企业领导者常常放在嘴边的，而在龙头的位置应该安排最有能力的员工并对员工进行大量的培训投入，这样经营工作才称得上其龙头地位。常言道：磨刀不误砍柴工。训练有素并具有专业素养的经营人员不但能够取得很好的经营业绩，而且他们可以为企业领导者节省大量的时间和精力。

3.3.3 项目信息跟踪

1. 组织保障

一旦进行了项目选择的决策，企业就需要对项目的跟踪建立相应的组织保障。组织的基本特点是层级结构明确，组织分工清晰，只有这样的组织，工作起来才会取得较好的效果。虽然有些情况下项目跟踪组织是临时性机构，人员多从其他部门抽调而来，但项目跟踪组织跟企业中其他组织一样，需要严格的制度来激励和约束员工，况且要解决这些员工的后顾之忧。

2. 管理保障

项目跟踪跟其他工作一样，也需要相应的管理流程来保障信息的准确性和完整性，跟踪组织中的成员要根据职责分工，收集整理跟踪过程中得到的信息并汇总成相应的跟踪报告。定期的项目跟踪碰头会是组织成员之间交流信息并更新进展的有效手段，会议内容及时更新到跟踪报告中会对领导者的决策有积极的影响。

3. 资源保障

项目跟踪阶段与信息筛选阶段很大的不同是，跟踪阶段需要企业投入较多的人力、物力和财力，这就需要在决策项目跟踪时明确项目跟踪的预算，其中包括人员工资、车辆和办公设施等。

4. 信息跟踪报告

项目跟踪报告需要根据项目的规模、性质、跟踪时长确定报告的周期，大型项目的跟踪可能需要几年甚至更长，中小型项目可能需要半年到一年。在这种情况下，根据项目特点可以确定跟踪报告的周期并及时向公司领导层进行汇报，以便领导层进行相应决策或采取措施。信息跟踪报告中一个很重要的内容是经营人员对下一步决策的建议，这是判断一个经营团队是否胜任并创造性地工作的一个重要标准。

3.3.4 项目投标选择

1. 投标汇报会

一般来讲，项目跟踪阶段结束的标志是项目投标开始或项目合同签订。项目投标将是业主邀约与承包商承诺的正式阶段，企业在此阶段的成果将产生合同责任和法律责任，投标管理的内容将在后面详细介绍。因此，在决定投标阶段开始之前，项目跟踪阶段结束之后，跟踪团队需要向企业领导层进行一次全面的汇报，以便让领导者对项目的整体情况有全面深入的了解，为投标决策做好充足的准备。

2. 标前评审

标前评审是投标前的部门评审，其中包括合同及法务部门的评审意见。这在大部分国有企业或大型民营企业中都是必走的流程，也是进行项目投标决策前的一项重要工作。在这个评审中，各个部门会侧重于自己分管的职能对项目的可行性分别提出不同的意见，这些意见对企业决策者来讲是防范风险、投标决策的重要参考。

3. 投标决策

在投标开始前企业领导层需要根据项目跟踪报告信息、标前评审意见、企业战略目标等内容进行投标决策。一旦对项目作出决定投标的决策，投标组织将需要马上建立并进入到投标管理过程中。投标过程是更加严肃的过程，将涉及合同、法律以及企业的信誉，也将对中标后的项目实施产生深远影响，因此要更加重视项目的投标管理。

3.4 国际工程投标管理

3.4.1 投标概述

投标过程一般来讲是项目签约前的必备过程，但根据项目的性质不同业主有时会采取议标方式，但无论是投标还是议标，对于承包商来说这个过程大体相同。

投标是业主和承包商进入实质性邀约和承诺的过程，在这个阶段无论是业主还是要参与投标的承包商，都应做好一旦签约就要承担各自的义务并履行各自责任的准备。这个过程不同于投标之前的信息筛选和信息跟踪过程，往往招投标双方都要为此付出比较高昂的成本以及人力物力的投入，在某种程度上还会有机会成本的丧失。由此可见，作出投标选择是一个非常严肃的事情，因为这个过程不但要付出相当大的成本代价，还会牵涉企业法律责任以及商业信誉等。

项目的特点是其有始有终，具有独特性和一次性的特征，因此项目本身是有其生命周期的，而项目在不同的生命周期所承载的信息都是相互影响相互联系在一起的。招投标过程是一个项目前期跟踪信息的汇总，并往下进行信息流动的正式开始，也就是说，这个阶段的信息掌握是否正确、是否全面，将对后续项目的实施和收尾产生巨大的影响。

因此，在这个过程中，投标人需要从组织、管理和资源三个方面做好充足的准备，应以中标后如何实施项目为原则进行投标管理的各项活动。鉴于此，投标组织的建立和人员安排格外重要，投标小组成员的能力和素质应是企业中最优秀的资源，他们不但需要实施项目的经验也需要组织规划和编制标书的能力，往往需要这些成员能够站在更高的层次审视项目的规划和实施安排，也能够根据其个人或者组织以往的经验教训挖掘出本项目存在的风险，并在投标文件中进行合理的规避。

投标质量的好坏也决定于投标管理水平的高低，科学严谨的投标管理流程是克服信息流动不畅、信息遗漏或不完整、投标决策失误的有效途径。因此，企业领导者应高度重视投标流程的建设和严格执行，并且要严肃对待投标各阶段的审查和审批，以便能够通过提问的方式去发现供决策的信息中存在的问题。

投标过程不同于项目跟踪过程，将会有更多的资源需求，其中包括人力、物力和财力的准备。根据项目的大小和复杂程度投标花费的成本将有很大的不同，有些大型复杂项目的投标过程会花费上千万美元的资金，也会耗费大量的人力和物力。因此企业领导者在进行投标决策时，务必根据本企业项目中标的可能性和实施项目的综合能力作出理性的判断，绝不应感情用事，盲目决策，给企业造成不可估量损失的同时，也会丧失很多的机会成本。

投标质量的高低也是影响项目后续实施过程是否顺利的关键阶段，在投标阶段对招标文件的理解程度、对项目风险的识别程度、对项目实施计划的完善程度将对项目的策划、实施与控制产生重大的影响。因此，只有把投标过程当成项目实施过程的预演，组织企业内外部最优质的资源，运用科学有效的管理流程，并严格执行企业奖惩制度对投标人员进行激励和约束，才会大大提高投标过程的成功率。

投标过程是企业经营工作最重要的过程之一，应得到企业领导者最高度的重视，从管理学的角度来讲就是要进行管理前移，也就是说管理的内容越靠前企业运营就越良好，越靠后就越被动。试想，纠正投标过程中存在的错误所付出的代价肯定要比纠正项目实施过程出现的错误所付出的代价小得多，这就证明管理越靠前企业造成损失的可能性就越小。因此，企业在投标阶段一定要实事求是，认真研读招标文件要求，真实地反映企业的综合能力，而不应拼凑信息，弄虚作假，随便承诺，这往往会给后期项目实施埋下很多被动的因素。

项目管理的开始应该是投标过程的开始，很多企业认为只有中标了才能叫项目，中标之前的项目没有得到更高的重视。投标管理过程原则上务必做到信息完整和有效，信息流动顺畅，用真实完整的信息作为领导者决策的依据。因此，要确保投标成员对招标文件的充分理解并形成针对性的响应标书文件；要形成技术标和经济标的有效互动；也要形成整个投标文件的完美搭配，只有这样形成的投标成果才会得到项目实施团队的尊重和认可，也才能有效地为企业识别风险、防范风险。

典型的 EPC 工程总承包项目投标文件主要包括三个部分：设计标、技术标和经济标（财务标）。这三个部分的内容的逻辑关系是：设计标是根据业主招标文件的详细要求做出的充分响应业主要求的概念设计和初步设计文件，技术标是根据设计文件而编制的项目管理方案和实施方案，经济标是根据设计文件和技术标文件而测算的项目综合成本和利润测算。在编制投标文件时，把投标文件各个部分之间的逻辑关系弄明白是保证信息完整性和信息有效流动的前提条件。应特别注意的是，技术标的项目管理方案是业主评价投标人是否有能力完成本项目的一个重要标准，项目实施方案是针对项目的技术问题而编写的技术方案，从中可以看出投标人是否具备相应的技术能力来实施本项目。经济标应重点关注项目的风险识别和应对方案，这部分内容是除了正常的成本测算以外的风险储备金计算的依据，对有效控制风险有着非常重要的作用。

投标过程需要科学的管理逻辑，是经营工作最为重要的环节，拍脑袋和盲目决策的管理方法是造成项目失败的重要因素之一。建筑企业在从事国际市场开发过程中必须从盲动回归理性，回归项目管理的基本面，这样才能在企业"走出去"的路上迈好第一步，为企业成功实施国际工程项目打下坚实的基础。

投标过程通常是将书面的标书递交业主，然后由投标人向业主做一个投标演示后作为投标活动的正式结束。当一个潜在的业主作出授标决策后，投标小组的成员应对投标结果进行评审，并通过收集其他投标人的投标信息或情报来进行分析，以便提升本企业对未来项目的投标能力。

投标过程一般包括如下几个阶段：

（1）招标文件分析；

（2）机会评估以及投标／放弃投标决策；

（3）成立投标小组；

（4）确定中标策略；

（5）投标规划；

（6）标书制作；

（7）标书审查、修订和管理层审批；

（8）标后跟踪（根据业主要求进行投标演示或团队面试等）；

（9）投标收尾。

3.4.2　投标决策

跟踪项目的分公司（经营部）领导层通过与公司总部协商来进行投标决策。投标决策的过程涉及如下内容：

（1）对项目业主进行评估和评价；

（2）分析招标文件；

（3）明确项目的工程范围、所需的资源以及与合同相关的事宜；

（4）针对本项目的业主评估本企业所处的竞争优势；

（5）针对参与投标的竞争对手评估，分析本企业的竞争优势、劣势和差异因素；

（6）准备一份业主关键目标分析；

（7）估算投标成本；

（8）估算项目利润。

通过与总部协商一旦决定参与项目的投标，并且对投标成本进行了估算，分公司应对投标所需的费用支出做出准备。

3.4.3 投标组织与分工

通常在进行国际项目投标时应根据需要建立投标组织并分工如下：

1. 经营部门人员

（1）对投标工作负责。

（2）提供关于业主和竞争对手的情报信息。

（3）指导整个投标的策略，并保证项目实施的策略和差异化因素能够解答招标文件中业主的关键目标和问题。

2. 投标经理（最好为拟定项目经理）

（1）对整个投标过程负责协调，与公司的经营部门、市场部门以及项目本地人员密切配合，识别出并组织投标需要的各种资源。

（2）经济有效地管理整个投标过程的资源使用，由于投标活动常常花费很高，密切地监督是非常必要的。

（3）负责拜访业主并领导团队编制项目实施计划，并负责项目团队成员选择。

（4）与公司管理层以及经营部门密切配合来编制投标的商务条款。

3. 市场营销人员

（1）为技术标的编制提供配合人员，包括图表、文字处理和标书打印等服务。

（2）如有必要安排一名投标专家来提供投标规划、标书内容编写的支持。

（3）保存过去投标的文件资料档案，包括业绩列表、项目情况、人员履历、图表等标准化的内容。

（4）负责标书的打印和分发。

（5）如果必要，提供翻译服务。

4. 项目所在区域办公室

对投标和投标演示提供人员、成本估算、定价以及技术方面的支持。

3.4.4　投标规划

投标经理和公司管理层要负责分析招标文件并确保对业主要求有全面的理解，并明确完成投标所需的所有任务。

1. 投标团队

投标经理和投标团队应找到响应投标文件要求的必要的其他成员。在协调其他成员要与相关部门经理进行协调并达成一致，尽量不要对现有的工作造成影响。在人员到位后，投标经理要把招标文件的相应部分分发给投标团队成员。

2. 业主关键目标分析

业主对在招标文件中用来进行承包商选择的关键因素需要针对性的响应，投标团队应当研究业主的关键目标并进行透彻的分析。其目的是识别出 5～10 个业主用来选择承包商的关键要素，对这些要素分配权重，并对本公司以及竞争对手进行打分。应对这个分析报告进行认真审查，并作为整个投标策略的指导原则，以便满足业主的要求。

3. 投标启动会的准备

在准备投标启动会时，应当准备如下的信息：

（1）工程范围和承包商责任；

（2）初始的中标策略／关键目标分析；

（3）招标文件要求的《投标文件组成清单》；

（4）初始的投标计划；

（5）投标时间表；

（6）投标组织机构和团队；

（7）投标团队成员列表和责任分工；

（8）业主和竞争对手背景分析；

（9）投标预算。

4. 投标预算批准

投标经理负责获得投标预算的审批，审批程序由投标分公司管理层负责。

5. 法律审查

应对投标文件以及合同问题进行法律审查。通常，对业主提出的法律和合同问题需要及时回应。法律审查必须与经营人员和分公司管理层进行协调。

6. 投标规划和编标人员安排

投标经理和支持人员要完成投标规划并为整个投标文件的每一部分分配责任。也将以投标时间表的形式建立一个工作计划。

3.4.5　投标实施

在经过了足够的信息收集和恰当地分析，分公司管理层批准了投标预算之后，投标经理应主持召开正式的投标启动会。

1. 投标启动会

（1）对所有团队成员介绍整个投标计划和要完成的任务，为每项工作安排责任人。

（2）由投标经理和经营人员主持会议，讨论项目的中标策略以及本公司的竞争优势。

（3）在重点讨论商务内容的同时，要进一步细化项目实施策略和项目实施细节。

（4）建立一个投标时间以保证及时收到所需的信息，包括人员简历、材料价格等。

（5）投标详细规划。

（6）制定针对投标书的每一分项和子项的关键问题投标人需要传递的主题思想。

（7）按照业主的要求要全面响应《投标文件组成清单》。如果必要的话，在投标书中可以包括一个对照检索表来向业主说明标书的具体哪些内容是响应业主哪些要求的。

（8）根据投标成员的经验和知识来选择每一分项的负责人。

2. 标书编写

（1）向投标书的每一分项的负责人提供需要编写的主题内容并将工作

进行分配。

（2）提供一个概述，先使用简短的两三句话的总说明开始介绍这部分内容的核心观点，然后简要介绍是如何来支持核心观点的。

（3）每一部分的主体内容要对每个分项的具体问题有明确的解决思路，并加入那些对业主有益的支持性信息。

（4）最后，在文本中要加入图表展示来进一步阐明投标人的主题思想。

3. 建立投标展示板

把每个分项的子项的投标规划与业主的招标文件要求以及本企业的中标策略张贴在展示板上。投标团队在编写标书的每个阶段都可以对展示内容提出评论和策略。

4. 业主评标办法

随着投标进展，经常回顾业主的招标要求清单以及业主关键目标分析是很重要的，以确保投标书内容充分响应业主要求。经营人员应通过向业主进一步确认对关键目标和评标办法的理解来对投标工作提供帮助。招标文件中被隐藏的内容或新增内容必须被识别出来并包括在投标书和投标演示中。

5. 成本测算和进度计划

项目控制部门与投标团队共同负责编制项目进度计划和成本测算。通常进度计划和成本测算是评标过程的重要内容，在整体的商务内容和中标策略的审查过程中应当重点考虑。

6. 商务策略

投标的关键决策因素是商务策略。在投标过程中尽早开始编制这些资料，编制时应使用本企业的定价策略和商务评估办法。

7. 审查与审批

每个标书在递交业主之前都要获得负责投标的分公司管理层的批准，其他层面的审批将通过与本企业总部的协商确定。

3.4.6　投标成本测算审查

投标成本估算审查应当根据具体的标准进行系统的审查。下面介绍的成本估算审查的三个步骤包括了技术层面审查、工程范围层面审查和战略层面的审查。

这三个步骤的审查通常按照技术层面审查、工程范围层面审查和战略层面审查的顺序依次进行。

1. 技术层面审查

这个审查应当由项目控制经理、分公司项目控制部经理、负责投标的预算主管和预算人员共同完成。应对成本估算的要素从技术层面进行审查，涉及内容如下：

（1）成本估算是否与工程范围以及项目合同要求相符？

（2）成本估算的详细程度、估算的方法和估算类型上是否满足要达到的目的？

（3）是否使用了恰当的劳工定额和企业定额等参考文件？

（4）成本估算是否与项目进度计划一致？

（5）成本估算的依据是否完整且能满足下一层次审查的要求？

（6）成本估算的算数计算是否正确，估算的汇总是否正确？

（7）成本估算中的"不确定"部分是否已经列出以备下次评审？

（8）成本估算所参照/比照的项目是哪些项目？这些项目的信息是否已经被制成表格以备后续评审使用？

（9）使用的生产效率指标是否与历史生产效率数据一致，是否可以记录保存？

（10）需要分包的工作包是否进行了完整的解释和成本估算（如存在分包工程）？

（11）投标定价是否能够解释清楚并进行存档？

（12）成本估算是否与项目的 WBS 和成本编码一致，是否符合行业标准编码？业主是否有特殊要求？

（13）成本估算的支持性文件是否可以追溯并能够解释？

（14）对物价可能上涨的因素计算是否符合逻辑？

（15）是否在成本估算中考虑了执照费、税费、许可证以及特殊问题？

2. 工程范围层面审查

这个层面的审查应当由项目经理、项目控制经理或预算负责人以及项目团队的主要人员共同进行。评审的目的是让项目团队成员共同对成本估算的结果负责并通过考虑如下问题来核实成本估算的准确性：

（1）工程规范文件是否进行了正确的解释？

（2）成本估算是否与项目的工程范围和项目实施计划相匹配？

（3）成本估算是否与进度计划一致？

（4）工程数量是否经过了设计（或技术）部门的核实，设计是否与这些数量一致？

（5）工程数量中包含了多少设计容差？

（6）机电人员是否核实了设备列表中的构件和数量？

（7）采购部门是否核实了投标价格，关于材料的原产地、货币兑换比率和运输等方面是否与采购计划一致？

（8）施工人员是否核实了人工时数量和间接费用计划并承诺按照计划实施？

（9）团队成员是否已经评审并批准了额外费用、宽限费用以及资质证书？

（10）团队成员是否参与评估了项目风险内容并对"风险区域"进行了成本估算？

（11）是否项目团队成员做好了各自费用管理的准备（例如时间和旅行费用）？

（12）成本估算是否符合合同条款和条件？

（13）所有团队人员是否都对涨价风险考虑的计算持一致意见？

3. 战略层面评审

这个层面评审的目的是让公司管理层对上述内容进行审查以确保递交业主的成本估算是响应业主要求的，并要加入公司管理层的判断。这个评审要包括项目经理和其团队成员以及公司的领导层。评审应当包括如下内容：

（1）根据报价的商务条款对照核实公司运营利润和项目利润以及所有费用组成的计算。

（2）是否包括项目激励计划，如果有的话。

（3）风险因素以及对风险因素考虑的费用。

（4）为了公司战略目标，对成本估算偏离实际的情况进行批准。

（5）项目风险评估的评审或修订，包括平均价率、风险储备金以及降低风险的备选方案。

（6）评审项目无法记账的费用。

（7）设立管理储备金。

（8）最终核实是否符合合同要求。

（9）根据历史数据进行审查（本项目业主或相似项目）。

（10）对可见的和被隐藏的一些费用考虑的最终审批。

（11）是否有类似项目（例如同一业主或相同项目类型）可以进行报价一致性的审查？

（12）是否会对公司其他单位造成商务方面的影响，或受到其他单位的影响？

（13）成本估算使用的模板是否经过批准，以保证敏感的或具有专利性质的信息不太明显或以能够接受的方式出现。

（14）市场涨价风险是否可接受／已说明并有降低风险的措施／或者可以防范／或者能够进行调整（例如钢筋价格可调）？

在完成上述这些审查之后，成本估算可能会因为技术问题，项目工程范围或者战略因素而需要修订。最终的结果应当是绝对有竞争力的，具有挑战性但可以达到的，不能感情用事。对成本估算的修订和变更应当汇总并向项目主要成员进行通报，以便他们能够了解成本估算变化的影响。

3.4.7　投标后活动

在业主完成本项目的投标决策后，投标团队的主要成员应当对投标结果进行审核，并利用收集的情报信息来提升企业未来的中标能力。投标经理应当把经验教训总结分发给恰当的人员。

1. 投标演示

在标书递交后，业主可能会要求投标人进行投标演示，书面澄清和团队面试。

拟项目经理应作为演示经理进行投标演示，投标人管理层要对投标演示安排好适当的角色，目的是针对项目目标和范围的理解给业主留下更深刻的印象。

投标演示策略,在准备投标演示材料时应进行如下的几项活动:

(1)信息情报收集

1)经营人员应通过与业主的沟通侧面了解本公司的优势和劣势信息。

2)识别并满足业主需求。

3)确定业主对于接收信息的偏好(例如:聆听、现场演示或共同参与)。

4)聆听业主并给予业主讲话的机会。

5)表明投标人和业主的项目团队将密切配合。

6)展示能够给本企业加分的个性和特质。

(2)投标演示策划

投标演示的总体目的是把本公司的服务卖出去。要根据业主不同人员的需求来确定本公司的主要目标,包括如下:

1)展示投标人对项目清楚的理解。

2)聚焦于业主最主要的可交付成果。

3)展示出参加这个项目的积极性。

4)做好项目技术讨论的准备来展示本公司的技术能力。

5)展示为了达成项目目标的各种不同实施方案的灵活性。

6)在投标演示开始时要确保能够引起高层的兴趣,在整个过程中要确保不断有兴趣点出现。

7)列出业主必须收到和记住的主要观点或概念,对那些支持性信息要有所限制。

8)要使用更简捷、更严谨和更容易理解的段落或句子表达观点。在结尾时要使用有助于表达本企业能力和给业主留下深刻印象的语言。

9)在正式的投标演示之前进行演练是非常重要的,特别是关注时间的分配。

10)投标演示通常包括经营人员、项目经理和公司领导,他们每个人的参与都是很重要的。通常,项目经理负责主要的投标演示。

(3)进行投标演示

1)确保投标演示人员提前到现场熟悉现场的环境。

2）在投标演示过程中要注意业主的提问并认真聆听。

3）鼓励讨论而不是单方面的演讲。

4）在投标演示团队和业主团队以及投标项目的工程范围和要求之间取得平衡。

5）投标演示公司的高层领导应当进行一个总体情况介绍。

6）然后由投标演示的项目负责人开始主题汇报。

7）拟项目经理应当讨论项目如何实施，包括成本控制、进度管理和质量管理等。

假如有对投标人设施的参观，需要安排一名解说员，解说员要进行认真的准备，并能够对参观人员进行详细的解释。在参观过程中，要对特别需要强调或者澄清的地方进行重点讲解。

投标演示应当包括如下：

1）开场白（介绍投标演示的目的）

由公司的高层领导或经营主管进行一个简单的介绍，其中应包括公司管理层对本项目的大力支持等。

然后邀请业主进行一个开场说明（最后一分钟的情报信息有可能是最重要的）。

2）主体内容（讨论业主需求和投标人能够提供的服务）

投标人应准备一个对业主项目需求理解的总说明。投标演示经理应当简要讨论"为什么选择本公司"。

对每一个投标演示人员介绍后，介绍一下整个汇报团队成员。

尽管在投标演示过程中业主的提问会随时回答，但在投标演示结束时仍应包括一个问答环节。

3）结尾（主体内容的总结）

项目经理应概括性地总结并强调如下：重申投标主体思想／关键卖点，提醒投标演示包括的内容，解释"为什么选择本公司"并展示本公司的兴趣和承诺。

2. 团队面试

团队面试的目的是让业主有机会与项目团队见面。业主要求团队面试有如下几个方面的原因：

（1）使得业主能够与投标人项目团队见面并建立友好合作的关系。

（2）能够验证团队成员履历的真实性。

（3）为了保证项目团队更好地理解项目／业主要求，特别是关于技术内容和进度计划的里程碑节点要求。

在准备团队面试时应考虑如下的技巧：

（1）做好充足的准备。

（2）与业主团队建立友善关系。

（3）把职业生涯的经历编织在问题回答中。

（4）认真聆听业主的问题，有必要的话对问题进行复述。

（5）注意肢体语言。

（6）根据文化和个体的不同而进行调整。

（7）积极主动，热情应答，但不要讲过头话。

应建立一个协调或信息中心来向被面试者在面试前或面试后进行讲解和询问。这有助于经营人员积累业主评价的内容并对将来的面试活动产生有益的帮助。

第 4 章

IIIIIIIIIIIIIIIIIIIIIII

项目管理篇

4.1 项目策划管理

4.1.1 项目策划概述

1. 项目策划应用现状

中国建筑工程企业在项目实施过程中运用计划进行管控项目的能力普遍偏弱，大部分项目经理不重视项目计划的编制，甚至不会编制项目计划，致使项目策划过程简略，项目计划仅用于应付上级检查的情况普遍存在。中国建筑企业长期受到传统文化的影响，从政府到企业，从业主到项目大都缺乏政策，制度和计划的连续性、长官意志、朝令夕改成为建筑企业运营的常态。在这样的整体氛围之下，中国建筑企业也就长期处于"计划跟不上变化"的环境之中。鉴于如此的情况，中国建筑企业的项目经理也就普遍认为编制计划只是浪费时间，根本起不到指导工程实施作用。因此，项目策划的过程不但不被项目经理们重视，而且也被企业领导者们忽略了。

在中国建筑企业 30 多年来"走出去"的过程中，虽然受到国外管理体制的影响，对项目计划的运用普遍优于国内项目，但仍然不能摆脱中国国内项目管理现状的影响，很多项目出现的管理问题，如延误或亏损都与项目经理缺乏对项目的策划能力有着直接的关系。

2. 项目策划的重要性

项目策划过程是以项目经理为首的项目管理团队，以项目的招标和投标文件为依据，对项目实施的整个周期进行全面策划的过程。

项目策划过程是项目团队接收项目招投标文件，并按照业主要求和企业的承诺进行项目实施的全面策划并形成项目计划文件，为项目团队进行前瞻性管理打下基础。

项目策划过程可以让项目团队与投标团队再次确认投标策略、商务计划、实施策略、风险识别与应对措施等项目的关键内容，可以让项目团队从思想上、资源上、管理上进行充足的准备。项目策划过程也能够让项目团队之间进行初步磨合，在项目的管理机制和职责分工上形成一致意见，把可能在实施过程中出现的问题消灭在项目开工之前。

项目策划最好在项目投标团队解散之前能够完成，以便于在策划过程中出现的与投标文件不符的情况进行及时澄清，也有助于项目团队更快地理解和掌握项目招标文件的全面情况。

在进行项目策划时，通过更深入地理解招标文件要求和投标文件的承诺，项目团队对项目商务目标的达成会有更加明确的理解，更加有助于项目团队针对于项目的商务指标与公司管理层达成一致意见，并签订项目的奖惩计划。

项目策划过程输出的项目计划文件将成为项目实施与管理的具体方案，非常有助于团队新成员立即上手，按照计划展开各项工作，否则项目从开始就会盲目决策，打乱仗，顾此失彼。

3. 项目策划的应用概述

项目策划过程是项目从经营阶段向实施阶段转移的关键步骤，项目策划质量的高低将直接影响项目实施效果的好坏。一份高质量的项目策划书不但能够对项目实施提出高质量的优化方案，也能够在原来成本估算的基础上节约项目的成本，因此项目策划是考验项目团队能力的最好阶段，也是纠正投标存在的问题、调整项目团队存在的矛盾、识别并管理项目风险的最优阶段。

项目计划作为项目策划的输出文件用来指导项目实施的同时，也需要随着时间的推移而不断优化和更新，以便适应新情况和环境的变化，但项目团队绝不应在没有更新项目计划的情况下擅自更改实施方案，造成项目计划与实施方案不相符，这样就很容易形成项目计划被丢弃或雪藏的情况。

总之，项目策划是项目管理的最重要过程之一，是能够对项目进度、成本、质量和安全具有关键影响的过程。中国建筑企业在国际化发展过程中，应高度重视项目计划的重要性，通过仔细认真的项目策划过程预先发现项目实施过程将存在的关键问题，理顺管理关系，识别并应对项目风险，有效避免亏损漏洞的发生。

4.1.2 项目启动

1. 概述

一般情况下，在较大型项目中项目经理会参与项目投标并协助最后的合同谈判。然而，经营负责人对合同谈判直到拿到开工许可之前的项目工作负主要责任。在项目的责任从经营人员转到项目部后，项目经理应组织一个公司层面的"专题协调会"来针对项目的实施策略和商务目标达成一致意见。

2. 项目启动

在开完公司层面的专题协调会后，项目经理应立即启动如下工作：

（1）主合同的管理工作。

（2）确定与业主关系管理的基调。

（3）建立合同管理的文档以便保存合同文件。

（4）准备合同交底文件向项目团队进行合同交底。

3. 工程和服务范围定义

针对合同授标时的项目工程范围召开一个正式的项目需求和所需资源评审会，以分析执行项目需要的关键资源。会议应完成如下内容：

（1）确认分公司或其他项目部派来实施项目的资源能够到位。

（2）对项目的工程和服务范围进一步细化。

（3）安排项目部人员（包括班组）使用的临设区域。

（4）对项目工程范围进一步定义和分解，同时配合编制相应的进度计划和成本计划。

4. 项目实施计划

项目经理和主要项目成员需着手准备《项目实施计划》初稿，应包括如下内容：

（1）公司管理层的项目专题协调会和项目商务计划中所包括的项目实施策略；

（2）在主合同交底和项目范围定义以及资源需求评审活动中，所形成的项目启动阶段的提醒和预警事项；

（3）完整的《工程范围清单》和《项目数据问卷表》；

（4）对《项目实施计划》提供已明确的信息。

5. 项目组织与安排

（1）项目启动会

公司管理层应与业主共同组织召开"项目启动会"，在召开项目启动会之前，公司内部应当召开一次或多次专题会议来充分沟通项目的全面要求。为"项目启动会"应当准备的文件内容包括如下：

1）"商务计划"中适用的信息；

2）项目范围定义和资源需求评审中输出的信息（包括"工程范围清单"）；

3）"项目实施计划"的初稿；

4）"项目程序手册"的目录初稿；

5）提醒事项清单中包括的"行动内容"和"未决事项"的汇总表；

6）业主的组织机构和其他信息。

（2）项目专题协调会

在"项目启动会"召开以后，项目经理应与业主组织一个项目层面的专题协调会。在"项目启动会"和项目专题协调会之间要留出足够的时间以便于项目团队能够对"项目启动会"提出的问题和得出的结论进行更新。

6. 项目开工准备

在开完项目专题协调会后，项目团队应立即开始准备并执行如下工作：

（1）准备并发布第一版"项目程序手册（PPM）"。

（2）准备并发布第一版"项目实施计划"和工程与服务的范围。

（3）为有效执行项目所必要的成本估算、进度计划和项目控制的机制以及必要的项目报告制度。

（4）根据项目专题协调会要求可能会需要业主对"项目程序手册"和"项目实施计划"的审批（要按照合同的要求）。

通常，项目执行包括：设计、采购、施工、项目控制、安全管理、质量管理、项目审查与报告以及项目文档管理等。

当如下的项目收尾活动结束后，项目执行才算正式完成：

（1）确保项目合同要求被全部满足。包括试运营要求、看护权转移以及工程移交手续。

（2）确保满足了公司的项目收尾要求。包括工程移交、看护权移交文件、资料留存、收尾报告以及合同收尾等。

7. 项目启动活动的提醒事项

在拿到授标通知书后和项目开始前必须立即采取一系列的行动，其中包括如下内容：

（1）在新项目开始前，项目经理要向公司财务经理提供如下合同信息：项目商务条款的内容、项目规模、项目地理位置、保险、税收和工资单（如适用）等信息。在收到这些信息后，公司财务经理应准备建立合同台账和归档系统。

（2）向公司相关部门和职能部门经理提交初步的人员需求计划并确认关键人员的到位情况。

（3）向施工管理部门提交初步的技术工人需求计划。

（4）初步确定项目人员需要的办公生活面积，并与公司行政管理部门联系进行计划和安排。

（5）通知项目的保险部门并提交所需保险必要的信息。

（6）应将项目主合同原稿转发到法务部门和保险部门，项目经理要保留一份合同作为必要的参考。

（7）公司经营部门要填写并完成《合同授标通知报告》以便这个合同正式进入公司的信息平台。

（8）与业主项目代表确认本项目对外公开的敏感性。项目部的员工和公司的其他员工都必须知道项目的敏感性。

（9）要完成必要的授权和签字的项目管理表格。

（10）应完成项目《工地数据问卷表》和报告。

（11）为项目最初几周的工作开展准备进度计划和成本预算，并建立近期的项目控制活动。

（12）向公司所有的专业和职能部门通知项目的授标，包括法律、税务、人力资源、旅行、行政和采购部。要列出针对每个部门相关的合同和业主要求。

（13）与施工管理部门联系确认已获得承包商的资质证书或者识别出为

了满足项目所在地当局的要求哪些承包商的资质证书需要获得。

（14）对主合同的相关信息进行总结并向项目团队成员交底。

（15）开始修订并完善《项目实施计划》和《项目程序手册》。

（16）联系行政部门安排办公室和其他要求。

（17）对复印、电脑设备、通信系统和软件等进行初步安排。

（18）与业主一起确定"项目启动会"和项目专题协调会以及项目正式开工日期的计划。

（19）明确公司和业主对项目进度报告的要求。可能的情况下，尽可能让报告的信息相互兼容以节约时间和精力。

（20）识别并对任何工艺技术证书颁发要求进行沟通。

（21）对主合同的提醒事项：

1）确保对工程范围进行了明确的定义，包括公司和业主之间在设施开车前的责任划分。识别出不包括在公司应承担的工程范围之内的内容。

2）定义公司在试车和开车阶段的角色。

3）明确公司是否需要给业主提供办公室、公用设施和电话，以及根据什么条款。

4）确保业主对于诸如提供设计标准和及时审批的责任在合同中明确。

5）明确业主的会计核算和／或报告要求。

6）明确业主的审计权力。

7）明确在项目竣工后的保险是公司还是业主提供。如果是公司，明确保单需要延长多久。

8）明确备品和技术数据手册的责任。

9）明确业主指定分包商如何进行管理（如果有）。

10）确保运营完工、机械安装完工和试运营的定义在合同中是明确的。

11）定义谁负责设备检查、校准和调试。

12）明确谁负责试验和功能测试以及安装完工或试运行何时进行试验和功能测试。

13）确认付款条件是明确定义的。

14）明确公司总部、采购和施工支持的管理费收取依据。

15）明确业主是否支付所有的总部工时费。明确需要提前审批的具体人员。

16）如果某些成本要素是固定总价的，明确什么是固定总价的和什么是可以支付的。

17）明确关于个人所得税和保险的规定。

18）确保公司和业主交税责任在合同中明确。

19）明确价率表变更的规定，包括何时可以进行变更。

20）定义"变更单"的依据和审批程序。

21）确认公司现场人员可以收到的任何额外福利。

22）明确是否法律诉讼费可以索赔，特别是与工人相关的问题。

23）明确由谁支付应用于本项目的许可证、证书和租赁费用。

24）明确面试、雇佣、招聘和培训的成本责任。

25）明确是否总部的设计人员在为现场工作时可以作为总部或者现场员工进行收费。

26）明确公司的设备租赁的时间计算以及谁负责支付运到／出工地的费用。

27）明确项目保函和保险的责任。评估并理解对项目施工方案的影响。

28）识别出合同中是否有奖励／罚款条款。评估并理解这个条款与公司的财务风险是否有关。

29）项目协议中的限制性条款（例如排他性或机密性）需要专利和版权的审批将由地区相关组织和分公司来进行。明确分公司可以批准的任何协议以及他们是否需要法律审查。

30）识别并定义采购的形式。

4.1.3 项目商务计划

1. 概述

本部分内容明确了项目责任从经营人员到项目管理人员的转移以及通过公司管理层参与的协调会来建立项目"商务计划"的过程。

2. 公司项目商务专题会

一旦收到中标通知或者签订了一个合同，应执行如下的工作：

（1）经营人员把项目的责任转移到公司的管理层。

（2）项目经理应当与公司管理层安排一个专题会来讨论新授标项目的责任移交工作。

（3）投标团队应当在项目启动会上向项目经理针对与业主达成的所有协议进行"营销交底"。

（4）项目经理和公司总经理需要承担起按照合同要求执行项目的责任。

（5）公司的管理层要提出新签项目的盈利目标和合同商务方面的要求。

（6）在公司项目商务专题会上应完成一个"项目商务计划"的初稿。

专题会的参加人应包括如下：

（1）经营人员代表；

（2）公司管理层代表；

（3）进行合同谈判的合同经理（和法务代表）；

（4）项目经理；

（5）项目控制经理。

3. "商务计划"编制

项目经理必须准备一个"商务计划"，与以下内容保持一致：

（1）确保这个"商务计划"与"项目工程范围"和"项目实施计划"一致。

（2）要把在"项目定价模型"中确定的利润目标以及公司项目专题会上确定的项目执行策略和假定的条件作为"商务计划"中财务指标的基准。

（3）获得公司管理层对最终"商务计划"的批准，并分发给公司内部适当的部门，包括财务部门。

4. 项目风险

"商务计划"要识别出会影响项目最终结果的项目风险。针对那些认为存在较大风险的内容应进行风险评估和风险应对策略分析。

需要考虑的潜在风险的例子包括如下：

（1）项目成本风险——工费、设备、材料和资源（这些都可能会涨价）。

（2）项目利润风险——"项目实施计划"的细节、现金成本、违约罚金。

（3）合同义务——违约罚款、不可抗力、错误和删减（错误需要纠正、删减可能会影响利润）。

（4）机会——创造增值的激励（通过对设计、产品、施工方案的优化可能带来增值空间）。

5.《商务计划》内容清单

当完成后，这个检查清单的目的是用来作为对财务管理流程和项目商务条件达成共识的指导文件。它是项目团队集体完成的成果，以便于项目能够按照"商务计划"在项目各个阶段进行正常的财务管理。在收到一个新项目编号的授权表后，项目经理应召集项目控制人员、公司的经营部门代表、公司的商务经理以及其他适当的人员来完成"项目商务计划"。在"项目商务计划"得到批准并最终达成一致后，由公司对项目分配项目编号。

《项目商务计划》应按照如下的清单进行准备，应是高度机密的文件。

（1）工程范围描述：包括设计、采购和施工。是自行施工还是分包或仅是项目管理／施工管理？

（2）描述主合同中注明的业主联系人和公司的项目代表。被授权签字的人员列表是否已存档？

（3）估算的人工时：公司的总部、代理机构、驻外员工、现场职员和现场工人。对设计和施工完成的里程碑节点是什么？

（4）公司对本项目的分包单位：要包括拟分包单位（如果还没有签约）。

（5）列出公司其他的下属单位或办公室，例如合资公司（如适用）。

（6）列出任何贸易证书或者当地注册要求。

（7）是否有任何由于项目融资条件而需要在某些国家进行采购的要求？

（8）是否有政策／旅行／移民问题？

（9）工资增长是否需要业主批准？

（10）列出项目风险、担保和项目义务。

（11）说明付款条件：例如成本加酬金、固定总价和最高限价等。如果是固定总价，对项目变更是如何规定的？

（12）记录如下的日期：意向函日期、起草合同的日期、签订合同日期、联盟协议或其他的日期。

（13）验工付款的频率是什么？例如，每周、两周或每月。

描述在价格组成中人工费计算依据：总部人员、驻外人员、现场职员、现场工人以及其他办公室员工。按照包干单价、基本薪金加管理费、纯工费加管理费、按小时计费等来考虑。这些工费是直接支付还是在其他合同价格中包含。

（14）对正常工费和加班工费以百分比的形式列出增加的系数。

（15）包括业主工费价率表与公司员工的上述工资表进行比较（有时业主人员的工资也需要由承包商包含在报价中，由承包商代为支付）。

（16）列出项目花费并分列业主的费用（例如，CAD 制图、采购的材料和总部与现场的间接费）。包括业主的现场办公室和其他业主发生的费用。

（17）列出其他类型的支出，例如奖金、罚款、安全激励、利息 / 资金成本等。

（18）根据区域以百分比的形式列出所有税务局的税收要求（例如，州 / 省、国家、宗教、城市或其他）。税务是公司应计税款还是直接支付？这个业主是否免税？

（19）列出所有的保险要求。

（20）是否有审计成本并且审计成本是否由业主支付？

（21）在主合同中是否有材料（人工）涨价的规定？

（22）业主是否提供任何物资设备，对业主采购的物资设备是否有时间计划表？

（23）业主对任何记录是否要求留存、是否可以支付费用、留存时间是几个月还是几年？

（24）"项目组价模型"是否已经完成并可以进行财务分析？

（25）如果是国际工程，是否对国外的税收彻底理解？是否有外汇要求和汇率的风险？是否需要外国银行账户？保函或信用证的费用大致是多少？

（26）付款条件是什么？主合同中发票开具规定是什么？包括预付款和进度款（包括多少天支付）？

（27）是否有保留金？如果有，保留金的数额是多少？

（28）银行费用是否业主支付？

（29）开发票的地址是什么？需要几份？

（30）WBS 的格式是什么？是否能够与成本核算要求兼容？成本编码是公司的标准模板吗？

（31）计算项目不可预见费（风险储备金）的依据是什么？

（32）业主的成本报告要求是什么？

（33）项目商务收尾的程序是什么（包括最终费用的支付、银行和解、文件留存、担保和保函等）？

6."商务计划"注意事项

与"商务计划"相关的注意事项包括如下：

（1）审查招标、投标、项目利润率和合同的关键内容。

（2）汇总列出项目利润的来源并识别出潜在额外利润的来源。

（3）识别出项目的风险和相应降低风险的计划。

（4）审查公司内部资源能够使用的程度。

（5）识别出合同的商务条款并与项目管理团队和公司的财务部门进行沟通。

（6）识别出公司和业主负责开具发票和付款流程的代表。

（7）在项目商务策划专题会上与公司管理层讨论项目的商务内容。

（8）编制一个包括增加项目净利润和降低项目风险策略的"商务计划"。

4.1.4 项目实施计划

项目实施计划是建立项目实施、监督和控制的纲领性文件。这个计划作为最主要的沟通工具，来确保每个人都了解并知道项目的目标以及这些目标如何来实现。这个项目实施计划是公司与项目经理达成一致的基本文件，以保证每个项目能够有效地启动，也是根据投标阶段的计划进一步深化并在项目启动会后需要完成的项目策划的结果。"项目实施计划"必须是针对具体项目并由项目整个团队共同完成的描述项目的现在和未来的管理程序（例如：在设计阶段的安全审查计划）。"项目实施计划"一般在经过项目前期的关键内容的决策后要进行更新，因为这个计划是发布最终的《项目程序手册》的前导文件。

根据项目的具体情况，"项目实施计划"要包括如下的章节：

第一部分：概述和业主的战略目标；

第二部分：项目实施策略；

第三部分：项目里程碑节点；

第四部分：项目组织机构；

第五部分：关键问题和风险管理计划；

第六部分：项目安全管理；

第七部分：业主关系管理；

第八部分：项目控制；

第九部分：项目质量管理；

第十部分：设计管理；

第十一部分：采购和物资管理；

第十二部分：文件控制和沟通管理；

第十三部分：施工管理；

第十四部分：项目调试和试运行；

第十五部分：合同管理；

第十六部分：项目收尾。

第一部分——概述和业主战略目标

这部分应包括项目的介绍、业主名称、项目描述、项目背景、商业目标和地理位置。包括合约策略、关键里程碑节点和实施中的关键问题。

（1）项目介绍和项目背景；

（2）业主要求；

（3）合同组成及合同类型（例如，总价包干、单价合同等）；

（4）保函、担保和合同义务。

第二部分——项目实施策略

这部分是公司对项目实施策略的简要描述。

（1）工程范围概述；

（2）项目地点和设计布局；

（3）项目成功标尺；

（4）关键问题／挑战／风险管理；

（5）关键项目人员；

（6）主合同概要；

（7）工期约束条件；

（8）设计、采购、施工和调试及试运行的策略。

第三部分——项目里程碑节点

在这部分要列出整个项目的主要项目里程碑节点。要包括一级／二级的横道图进度计划。

（1）项目里程碑节点日期；

（2）项目总进度计划。

第四部分——项目组织机构

这部分要描述如何有效按计划执行项目的项目组织模式。要特别强调从总部调到现场的人员并保证他们工作的连续性和责任分工。要包括主要人员的角色／职责的描述以及项目人员进场和撤场计划。

（1）项目组织机构；

（2）项目团队工作需要的设施（例如电脑、软件、网络等）；

（3）职责分工。

第五部分——关键问题和风险管理计划

这部分应识别出主要的风险，包括项目实施过程中，与合同有关的、治安方面的以及任何的项目要面对的关键问题。还要包括控制风险的计划或者替代方案策略。

（1）项目关键问题；

（2）风险管理策略。

第六部分——项目安全管理

这部分包括项目办公室和施工现场的安全生产计划。根据情况要包括主要的供应商和设备制造商工厂的安全管理。

（1）工艺流程的安全；

（2）项目办公室的安全；

（3）施工现场的安全；

（4）许可证和证书。

第七部分——业主关系管理

这部分是为了帮助公司建立格外专业化的商业关系而进行的正式评估的结果，尤其是与业主的关系。

通过项目评估来优化与项目各个干系人的关系，包括业主（这部分可以通过识别项目干系人来进行充分的分析和管理，以确保尽可能满足所有干系人的需求）。

第八部分——项目控制

这部分包括进行成本估算、成本和进度报告以及项目变更要求的细节。这个计划应包括项目的 WBS、要应用的成本控制系统、项目进度计划的格式以及用于项目控制的成本报告和进度报告的详细程度。这个计划也应包括处理项目偏差和项目变更的方法。

（1）项目识别信息（项目号和名称）；

（2）合同概要；

（3）关键项目日期和里程碑节点；

（4）项目控制组织；

（5）项目控制系统；

（6）编码结构；

（7）估算计划（参考成本估算部分的估算步骤）；

（8）进度计划管理的目标；

（9）进度计划的层级（一般项目都分为三层）；

（10）基准计划管理程序；

（11）进度和成本报告；

（12）会计核算／分供商付款／项目成本控制之间的协调机制；

（13）挣得值进度测量计划；

（14）进度／工程量的趋势图表；

（15）人力负荷图；

（16）变更管理计划；

（17）项目成本预测计划／成本分析；

（18）不可预见费管理；

（19）项目现金流报告计划；

（20）项目报告计划（进度报告和成本报告）；

（21）项目收尾计划。

第九部分——项目质量管理

这部分应展示项目如何按照公司的质量体系进行设计、采购和施工的管理。这个计划应描述需要进行的质量审计和质量评估。

（1）质量管理组织和责任分工；

（2）质量保证措施；

（3）项目质量体系；

（4）项目质量管理和质量控制；

（5）设计、采购和施工的质量管理；

（6）分包的质量管理。

第十部分——设计管理

这部分将定义技术和设计实施的特征以及项目要求，包括设计范围、设计理念、方法、法规、标准和规范、界面责任、变更管理和其他的项目特殊要求。这个计划是与项目团队进行设计工作正式沟通的方法和工具。

（1）工程范围；

（2）设计服务范围；

（3）设计理念；

（4）设计控制；

（5）采购对设计的支持；

（6）分包对设计的支持；

（7）设计文件管理；

（8）设计审查的责任；

（9）不合格品和纠正／预防措施。

第十一部分——采购和物资管理

这部分描述采购和分包计划并识别出负责执行和协调这些计划的人员；业主对采购的参与和责任、项目审批要求以及当局需要的审批；运输、检验和材料催交要求以及材料控制计划和仓库管理；讨论备品理念和业主提供的材料；识别出关键的采购实施的问题和里程碑节点；公司倾向的合格投标人和分包商名单。

（1）项目的特殊要求；

（2）采购的安全规定；

（3）采购质量保证／质量控制；

（4）材料的来源；

（5）报告；

（6）采购计划；

（7）备品；

（8）变更单；

（9）物资材料审批要求；

（10）设计对采购的支持；

（11）货源检验和现场验收；

（12）催交管理；

（13）分包管理；

（14）材料控制；

（15）仓库管理和库存控制；

（16）与标准采购程序的差异；

（17）成本节约目标。

第十二部分——文件控制和沟通管理

这部分应包括文件编号、分发以及文件移交等内容，也要说明纸质版和电子版的要求。

（1）概述；

（2）责任划分；

（3）新建图纸和现有设施图纸的控制；

（4）文件分类和文件特性；

（5）文件编码的规则；

（6）可接受的文件格式；

（7）图纸标注（包括竣工图）；

（8）供应商文件控制；

（9）文件的真实性。

第十三部分——施工管理

这部分应规划现场将如何进行组织和实施。找出关键施工里程碑节点、施工过程中的关键问题和施工工序。这个计划应当与采购和分包计划协调一致。根据具体情况这部分也可以包括场外加工厂或者模块化加工厂。

（1）施工范围；

（2）施工／施工管理策略；

（3）施工组织机构；

（4）现场安全管理；

（5）临时设施计划；

（6）当地资源调查；

（7）详细的施工里程碑节点；

（8）项目实施策略和施工工序；

（9）项目动员和撤场计划；

（10）主要的提升设备／重型起重设备（根据需要）；

（11）施工便利性分析建议；

（12）劳动力和培训；

（13）施工程序或施工方案；

（14）不合格品管理；

（15）安保管理；

（16）设计对施工的支持；

（17）设备和工具；

（18）项目竣工和系统验收；

（19）施工报告。

第十四部分——项目调试和试运行

这部分包括调试准备、联调联试和试运行的工作，从而定义公司的职责。

（1）运营及维修服务；

（2）实质性的竣工和设施移交给业主的定义；

（3）调试准备工作和设备检查；

（4）调试、试车和开车；

（5）正式运营。

第十五部分——合同管理

这部分应包括合同管理和协调问题。也应包括本项目其他比较独特的问题。

（1）介绍；

（2）范围和合约方；

（3）通信和沟通；

（4）界面管理；

（5）供应商数据；

（6）文件分发和复印；

（7）合同管理报告；

（8）文件的业主审批；

（9）记录保持（描述需要记录的文件和存档程序）；

（10）与项目控制的界面管理；

（11）与财务部门的界面管理；

（12）税收；

（13）保险；

（14）法律；

（15）机密性。

第十六部分——项目收尾

这部分应描述项目将如何收尾以及文档如何存储和管理。

（1）收尾理念；

（2）收尾活动；

（3）电子文档保存；

（4）纸质版文档保存；

（5）部门文件和技术文件向公司总部的移交。

4.1.5 项目风险管理计划

1. 概述

风险管理计划通常被包括在"项目商务计划"中，是识别出影响项目成功开发的风险区域，并采取必要的纠正措施把风险降低到可以接受的程度的过程。

风险是自然存在于项目之中的，这个部分描述了项目的风险和风险管理的一个基本概念。其中包括风险定义和风险分析方法的描述。

2. 风险定义

风险是一个事件发生的概率和发生后的影响程度。风险主要考虑发生的概率和发生后造成损失的结果两个方面。

其他对风险的定义包括根据风险源进行的分类。四个普遍的风险源包括如下：

（1）技术风险

由于新技术的应用或者对已知的技术的误用而造成的技术不确定性风险。

（2）合同风险

合同风险是与合同的有关各方的权利和义务相关的风险，包括例如缺乏合同的澄清、沟通不足、合同管理的及时性等内容。

（3）财务风险

主要是与市场情况、项目盈利问题、资源利用和定价问题相关的风险（比如石油降价、汇率损失）。

（4）社会经济风险

就是那些与社会和政治不稳定相关的风险。由于这些风险大多数是未知的，公司可以考虑在项目之外设立一个管理储备金来涵盖社会经济的风险。公司应当意识到这些风险发生的可能性，但通常项目经理是无法控制的。

风险可以进一步细分成如下方面：

（1）进度风险

主要是那些影响项目进度目标达成的相关因素（例如，天气、工人效率、范围定义、政府新规和范围变更等）。

（2）成本风险

影响项目最终成本分布的相关因素（例如，工程范围、材料价格、汇率和涨价等）。

风险事件具有发生的频率和损失严重程度两个特征。

大多数的决策者对风险损失的严重程度比对风险发生的频率更敏感（例如，一个不频繁发生的大的损失会比一些频繁发生的小的损失更严重）。风险评估被包括在"商务策划"中作为一个管理的工具来向决策者提供不同的选择以便于识别出那些可能超出成本目标、进度目标和技术能力要求的风险。风险评估可以是定性的和定量的。

风险管理主要包括如下七个方面：

（1）风险识别

风险识别是风险管理计划的第一步。一个没有被识别的风险是不能够被管理或控制的。项目存在的风险一般与项目的性质有关。风险识别是在整个项目生命周期中持续进行的过程，风险识别的程度与项目人员的技能、经验和视野有关。

（2）风险测量

随着项目风险被识别出来，很必要对风险的量级进行测量。如果风险发生了，对项目的影响可能是对成本、进度或者两者都有，这些风险造成的后果会影响项目的盈利能力。因此，风险必须进行测量以便于能够回答如下的问题：

1）风险是否威胁到项目的可行性？

2）成本估算是正确的吗？

3）影响风险的所有相关因素都被考虑了吗？

4）多大风险是可以被接受的？

对这些不确定信息数据的分析类型主要取决于分析目的是进行风险储备金计算？盈利性分析？还是进度风险评估？（目的不同，分析类型也不同）

（3）风险管理

风险评估过程的最终目的是风险管理。风险管理是一个包括对项目范围、进度、成本、合同、质量和资源等方面的风险进行控制的过程。风险管理从项目范围审查开始并在项目整个生命周期持续进行。风险管理计划的目标包括如下：

1）项目各个风险因素的评估；

2）在成本估算时的假定条件的整理和存档（假定条件必须符合逻辑，

因为假定条件是不确定的，是存在风险的）；

3）对控制风险储备金分配具体责任；

4）强调对潜在的变更和索赔的尽早发现；

5）对预算调整的具体审批程序进行控制。

（4）风险分析技术

不管是关于成本、进度还是利润方面的风险分析，都可以使用以下技术：

1）依赖于分析者的经验和判断的传统方法（例如，利用百分比或确定一个金额来放入风险储备金中）；

2）利用概率微积分的分析技术来把正常的风险测量的计算转换到整个项目风险测量的计算中；

3）利用蒙特卡洛方法进行风险的测量；

4）"决策树"方法被使用在那些决策模型是由一系列相关决策来代表的。决策树被用来把复杂的决策顺序用较小的相关决策来体现。

（5）潜在的风险储备金计划

EPC 工程总承包项目的风险通常被包括在项目成本估算中。这些风险只有在能够被合理地识别、预测和量化的情况下才能被包括在其中，否则就应该排除在项目的范围和合同义务之外。EPC 项目的风险的例子包括：

1）估算的数量、单价、单位人工时和设备价格的测算中出现的错误、省略和不准确性。这包括施工现场、项目办公室、供应商、分包商和其他估算的成本内容。

2）在施工现场／项目办公室的工费单价和人员组成上出现的偏差。

3）在项目办公室和施工现场的人工效率和设备生产效率发生的偏差。

4）可以预见的潜在的保险费的变化、工资成本负担以及公司管理费成本。

5）在现场办公室、现场施工、供应商工厂以及分包商需要加班或多班倒要求的变化。

6）现场员工和其他管理人员的人工时、时间和成本的变化。

7）其他间接成本的变化，包括招聘和培训、营地和基础设施等。

8）"正常的"现场气候条件发生的变化。

9）材料的运输、编组、清关或其他材料运输和搬运成本的变化。

10）延迟交货／分包延误。

11）对发出的规范和图纸的"正常的"变更（这个变化量取决于在投标估算时设计的定义）。

12）业主参与程度的风险——根据公司对业主的了解和认识，业主"真正的"期望、管理程序和要求是什么？（主要对于新业主的要求和期望以及程序不了解）

13）公司以及其许可证颁发者、咨询公司、供应商和分包商在发出图纸／招标规范／加工／施工方面的延误造成的影响。

14）由于错误的设计或安装造成的返工。

15）"顺序颠倒"的设计或施工造成的风险。

16）主要里程碑节点／整体进度计划延误的风险。要警惕与非常紧张的工期相关的风险。

17）检查和调试的程度。

18）在公司负责和控制范围内的试车和开车问题。

19）材料、人工和其他成本的涨价问题。

20）汇率波动影响。

21）付款延误风险（合同应限制）。

22）如果在新区域开发可能会由于非正常的法律而造成的法律和其他风险（可能在世界的任何国家发生）。

23）公司税务考虑（如果适用的话）。

24）政治、社会和经济风险。

25）公司管理经验和能力方面的风险，应当客观地进行评估从而建立最终的风险储备金。例如：

① 在最终确定成本估算之前，要理解项目的范围、合同以及项目各个方面的计划。

② 安排时间核实管理人员的任职资格、工期安排和成本估算。

③ 公司高层的支持力度。

④ 与业主的关系。

⑤ 与当局、当地政府、工会（如果适用）、主要供应商和材料供应商、分包商和合资伙伴／当地合作伙伴的关系。

（6）特别重大的潜在风险储备金计划

"特别重大的风险"通常包括在潜在风险以外的成本估算风险储备金中。然而，这些内容应当单列出来或进行特别注明以便于管理层评审。只有那些能够被识别、量化和在公司控制之内的风险应包括在储备金中，否则，这些风险就应在合同中使用保护性的语言从公司的责任中排除掉。能够被包括在"特别重大的风险"的储备金中的例子包括：

1）工艺或设备设计风险，这些工艺或技术对公司是新技术（备注：如果这里的风险非常高，不要使用固定总价投标）。

2）政府和当局参与的程度以及他们的许可和报告要求。

3）合同风险——违约罚款、保函、工艺／履约保函和其他潜在的责任。

4）项目合约安排方面的风险，例如合资公司或者公司占小股份的外国公司。

（7）需在合同中排除的风险

那些在估算储备金中不能被包括的风险如下：

1）不可抗力、非常恶劣的随机事件、内战、战争、国家／地区性的起义或紧急情况、火灾、破坏、极端天气和其他紧急情况。

2）业主范围变更（确保公司理解了业主定义的什么是范围变更）。

3）业主的工期延误、赶工、顺序颠倒的工作要求变更（不管是书面正式变更或由于业主不决策引起）、延迟的审批或其他在业主控制之内的原因。

4）业主"过度的"设计研究或其他的决策验证的要求。

5）由当局／政府机构在程序、标准、法律或其他要求方面引起的范围变更。

6）由当局或其他关于许可证、注册或其他程序的机构造成的进度延误。

7）联邦、州和当地政府的税收增加、保险、最低工资、加班工资、价格控制、配额或其他法令性的成本影响。

8）由其他人或法院指令的干涉导致的进度／成本影响。

9）由于罢工、游行，或者工地、商店、供应商的被关停造成进度／成本影响。

10）（在估算时）未被发现的恶劣土质、岩石、地下水位或其他现场条件、障碍或限制。

11）在合同项下业主负责的信息、设备或者材料的延迟交付。

12）业主供应的设备、材料或服务的缺陷，不管是新的还是旧的。

13）业主提供的信息的错误。

14）（在估算时）没有发现的危险垃圾／有毒问题。

15）在公司的责任／控制之外的第三方干扰或延误，例如业主的其他承包商或咨询公司或业主的设备人员和工艺许可证颁发者。

16）"不正常"的涨价／通货膨胀。

17）"不正常"的价格波动风险。

18）付款延误（超过了合同协议）。

19）业主的成本。

4.1.6 项目设施与服务

1. 概述

这部分包括协助项目团队审查并核实项目所需的资源和服务的内容，包括那些开始项目必要的准备。

2. 项目范围定义

项目团队和业主要对最新的"项目工程范围"描述进行审查。项目经理将把合同中包含的工程范围与招标文件的工程范围进行比较，以确定是否有任何变化并与项目团队进行沟通。在与业主进行项目工程范围确认之前，公司必须确保成本估算、进度计划、实施计划、现场和班组的活动、完工成本预测和项目报告都与最新的工程范围相一致。

3. 资源审查

项目经理要确保已经清楚地理解合同要求，并且已经具备相应的管理程序、标准、工具（包括软件）、资源和技术来满足这些合同要求。项目经理也必须确保这些被识别出的资源的成本在项目预算之内。

在拿到项目合同后应立即开始评审项目所需要的资源，并应当在"项目启动会"之前完成审查。这些正式审查的结果将成为"项目实施计划"的一部分。

4. 项目员工的组成和组织机构

项目团队的规模和组成应按照如下内容进行审查：

（1）项目团队的规模要与合同要求相匹配，以便优化资源和降低成本。

（2）确保项目成员组成和搭配满足项目需要的技术和管理要求。

（3）在满足合同要求并高效组织项目团队时要考虑如下内容：工程和服务的范围、职能需要、项目规模和地点、分配到项目上的关键人员的经验和能力，以及业主的组织机构。

（4）在项目的各个阶段进行定期的资源审查来满足项目需求的变化（根据项目不同阶段，人员需要调整和变化）。

5. 授权和责任

项目经理应当完成如下工作：

（1）为高效地和成功地实施项目获得授权并承担责任。

1）所有安排在一个具体项目上的人员，不管是团队的正式成员或者临时工作组成员都要接受项目经理的管理和调遣。

2）项目经理对项目的成本、进度、人员安排负责和并对项目的结果负责。

（2）促进与职能部门之间的合作，以便做到如下工作：

1）根据项目需要提供人员。

2）从行政和技术的角度对安排在项目上的人员进行管理。确保内部管理程序和体系得到有效执行并达成项目成果。

3）监督各个专业的工作并保证能够高效而正确地执行。

6. 项目部人员

通常在项目投标阶段就将项目关键人员指定报给了业主。当项目授标时，项目经理应立即执行如下工作：

（1）确认在投标时指定人员是否能够到位。

（2）与相关的部门经理联系找到那些没有指定的人员。项目经理应当对项目关键岗位的人选有决策权。

（3）确保关键岗位的人选符合岗位要求。

7. 公司其他资源的利用

公司的每个分公司或者办公室都有其他分公司或办公室可以利用的特殊的优势。需要考虑的内容如下：

（1）技术人员临时或永久的调动需要；

（2）咨询服务；

（3）与业主的关系；

（4）专业化的系统和软件。

8. 人员培训

安排到项目的人员都是经过本专业具体训练的员工。当项目需要特殊培训时，项目团队应考虑如下内容：

（1）在项目启动时确定什么方面需要特殊的培训。

（2）编制针对性的项目培训计划以确保正确的培训内容和恰当的时间安排。

（3）估算培训的成本并包括在项目预算中。

（4）仔细审查合同看是否培训费用业主可以支付。

9. 设施和设备

在资源审查过程中，项目经理应当确认项目的进度计划体现了在项目实施过程中的关键里程碑节点和不同专业和功能之间的界面关系。这样就能够让项目经理对项目团队的工作区域以及项目现场对如下的设施和设备需求能否到位进行确认。

（1）临时设施和办公区域；

（2）办公设备（例如，电话、电脑和文件夹）；

（3）供给；

（4）办公室服务（例如，接待来访等）；

（5）职能支持的设施（例如，安全、施工、人力资源、财务和质量管理）；

（6）加工厂和仓库；

（7）网络（局域网）和外网；

（8）对服务、供给、电脑和设备的内部收费基准；

（9）确定对设备购买、供给和提供服务的程序和审批程序，包括在《项目程序手册》中。

项目经理应当与现场经理／施工经理协商并协助进行所需的现场和施工设施的早期计划。

4.1.7　项目主合同管理

1. 概述

这部分讨论在项目启动后与主合同管理相关的内容。包括如下内容：

（1）与业主建立关系；

（2）汇总合同概要并对项目团队进行合同交底；

（3）建立合同管理的文档。

2. 业主关系

项目经理应当熟悉以下的内容：

（1）业主的组织架构

1）项目性质（例如，制造、建筑）；

2）项目设计；

3）项目采购；

4）项目施工；

5）合同以及法律服务；

6）技术以及质量保证措施；

7）运营及维护；

8）会计和审计。

（2）业主代表的个人背景和文化特征

1）婚姻状况和子女；

2）在业主组织内的岗位和职责；

3）工作经验；

4）生活背景；

5）宗教信仰；

6）教育背景；

7）需要注意的自尊和需求；

8）在专业领域的优势和劣势；

9）职业操守；

10）工作习惯（注重细节还是粗放、早上还是下午、口头还是书面回复）；

11）爱好和室外兴趣。

（3）与业主和业主代表有关系的过去的项目经验。

（4）业主组织内部的报告等级以及部门间相互关系。

1）他们是否有相同的权威？

2）他们之间的分歧是在项目层面解决或者是他们必须报告到他们的部门或者分公司经理？

3）他们每个人是否对其他人的责任和意见表示理解和支持？

对于用来促进与业主团队建设的费用应当做好预备，并包括在不可支付的预算中：

（1）业主招待和娱乐活动

1）保持业主的娱乐活动在公司和业主的政策限制之内。

2）把业主的娱乐活动与项目事件联系起来（如结构封顶等）。

3）获得公司管理层对预算的审批。

4）公司的项目经理与业主的项目经理应当明确业主驻场代表的需求。

（2）为业主管理人员考虑的设施

1）办公空间；

2）停车位；

3）家具要求；

4）供给需要；

5）秘书／管理助理；

6）电话／传真以及其他沟通要求；

7）复印和复制需要；

8）旅行安排（例如，汽车）；

9）办公设备。

项目经理应当熟悉在合同项下的这些业主需要支付的内容，并与业主项目经理进行讨论澄清。

3. 合同交底

项目经理应按照一定的文档格式向项目团队成员进行合同交底。

（1）应向项目主要成员提供一份合同、合同的修订和合同信函。

（2）与主要的项目成员开会评审合同的要求。

（3）在项目启动会之前分发合同概要。

合同交底应当包括如下内容的文件：

（1）工程范围；

（2）进度计划和里程碑节点要求；

（3）责任划分；

（4）所有项目相关方的相互关系；

（5）机密性／保密协议要求；

（6）付款依据；

（7）激励与惩罚条款；

（8）报告要求；

（9）版权协议（如适用）；

（10）保函和担保；

（11）需要的通知；

（12）风险区域和降低风险的措施；

（13）公司和其他项目干系人必须采取的行动；

（14）业主的审计权力和条件（包括质量审计、安全审计）；

（15）实质性完工（项目初验）的定义；

（16）项目开车／移交／验收计划要求；

（17）根据项目具体要求的其他主题。

4. 项目合同管理文档

在项目经理对项目全面负责的情况下，项目应建立一个合同管理或者类似的文档，以保证有关合同条件和合同解释的协议内容能够被适当地保存和归档。包括如下责任：

（1）明确合同的要求

（2）确保那些通过来往书信、会议纪要、讨论或电话讨论而对项目范围的变更以及相应的成本和进度的变更、合同条件、合同解释或者其他关键商务或法律内容的变更的书面确认被适当地存档：

1）记录需要采取行动的合同事项（与适当的经营人员以及分公司管理层进行沟通）。

2）把所有的变更以书面形式保存在合同管理文档中。

3）审查被书面记录的变更并获得业主的书面批准。

4）通过适当的合同文件来支持项目变更单。

5）记录关键工作的发生情况和观察的结论（形成的决策、延期及其原因、发生的不可抗力）。

6）保存所有证明公司满足了合同规定的通知要求、按时完工要求、激励措施要求以及类似内容的文件。

（3）与法务、财务、税务、保险和其他人员进行合同的进一步澄清。

5. 主合同管理的提醒事项

（1）与项目控制部门配合并协助向公司提供财务报告、项目商务报告与项目预算的对比。

（2）必要时把合同发送给法律部门进行审查。

（3）在对外公布项目中标之前，需获得业主的批准。

（4）根据公司项目文件编码体系建立项目的文档，并根据要求建立文档留存的时间计划表。

（5）与项目办公室协调申请电话和网络并确保有合同管理的软件和系统。

（6）与项目团队成员针对合同的某些相关内容进行沟通。

（7）建立公司／业主拥有的财产的控制和处理流程和计划，例如电脑、软件、办公设备以及剩余材料。

（8）对于合同管理的关键项目信息建立文件管理流程。

（9）利用文件控制系统来建立合同管理文档，包括记录每日工作情况的"变更管理系统"，例如范围变更、由于业主和不可抗力发生而造成的延误。

（10）跟踪并确认加班批准的要求以及由谁负责审批办公室和施工现场

的加班。

（11）与业主商议项目启动会和项目开工的日期的计划安排。

（12）获得项目班组使用的空间并制定人员进场计划。与业主一起合作进行现场布置和办公室的安排，包括考虑在项目实施高峰时人员的增加数量。

（13）在"项目程序书册"（PPM）中增加合同管理的内容。

（14）在全面建立项目控制职能之前为项目早期的活动建立项目控制程序。

（15）与业主一起研究公司提供合同外服务的可能性（例如，维修和培训）。

（16）确保所有项目部成员以及业主的员工都充分了解公司的人力资源政策，关于性骚扰、吸毒、绩效评估、劳动法以及其他类似的政策。

（17）建立一个共享的信息平台便于使用电子通信，并能够上载公司的参考资料。例如，项目习惯做法、施工细节、工作流程图和表格等以保证合同管理的正常开展。

（18）在提交项目的初始财务状态报告之前与项目控制人员和财务人员共同会审，在后续的项目财务状态报告中要提供合同信息并参加审核。

（19）对所有的报告都应当进行计划。每个部门和分公司都有对公司管理层报告的各自要求。向业主的报告应当与业主的高层代表进行讨论。如果可能，为了节省时间这些报告应当尽可能地一致。

4.2 项目设计管理

4.2.1 设计管理概述

1. 设计的重要性

由于传统建筑行业运作模式的影响，中国建筑工程企业基本由两种企业组成，一种是建筑施工企业，一种是建筑设计企业。传统的建筑开发模式一般是业主先选定设计院进行设计，再通过招投标选定施工单位进行施工。这样的项目运作模式造成的结果是设计、采购和施工之间没有紧密的联系，采购和施工在设计阶段的介入程度更是很少。因此，设计的重要性没有被得到高度的重视，充分利用设计阶段进行功能、质量和成本优化的机会也没有得到有效发挥。

在国际工程市场大多采用 EPC 工程总承包模式作为建筑行业开发的主流模式。在这种模式中，业主会把工程的设计、采购和施工都交由一家公司来进行承包，业主仅仅通过招标文件规定相应的项目功能和质量要求等，工程总承包商将按照业主和招标文件的要求进行设计、采购和施工。

2. 设计的作用

工程项目包括设计、采购和施工三个主要实施过程，无疑在这三个过程中设计活动是创造项目的过程，设计人员将根据业主的要求和自己的专业知识通过图纸和规范等形式把项目展示出来，随后的采购和施工活动将根据设计图纸和文件进行项目的实施。

由此可见，设计对项目的成本、进度、功能和质量都起到决定性的作用。经验表明，设计管理的成功是项目成功的基础，而设计管理的失败必将导致项目的失败。在 EPC 工程总承包模式中，工程总承包商承担项目从设计到交付的绝大部分风险，只有通过对设计阶段的高度重视和不断优化才能保证项目的功能、质量、成本和进度达到最佳效果。

4.2.2　设计活动

根据项目的规模和复杂程度，项目经理可以兼任项目的设计经理。然而，大多数项目会需要一名全职的设计经理来负责各个设计专业的管理、与业主的沟通协调以及设计与采购和施工部门的界面管理。

设计经理向项目经理直接负责，对项目所有设计的技术质量、设计的进度计划和成本预算负全面责任，其首要职责是对各专业设计成果的技术质量、设计一致性和安全性负责。在满足技术质量和设计安全的同时，设计工作也要满足整个项目的进度计划和项目预算要求。

设计的阶段划分因行业、运营公司和项目本身的不同而有所差异。一般来讲，设计阶段划分如下：

（1）概念设计；

（2）初步设计；

（3）施工图设计；

（4）施工期间的设计支持；

（5）设计对项目收尾的支持。

下面的内容概述了在 EPC 项目中设计通常需要完成的几个阶段。

1. 概念设计

范围定义活动：所有项目的设计活动都应从详细的项目范围定义开始一直贯穿到项目实施的各个阶段。项目范围定义也要识别出本公司不承担的内容。项目范围定义应在合同授标后立即开始，并且必须要在项目概念设计实质性的开展之前完成。

2. 合同授标

合同授标涉及保密协议、工程范围、质量要求、进度计划和财务等方面的谈判。一旦谈判顺利并签订合同，就需要进行合同管理以保证在技术和管理上符合合同规定的要求。

（1）选择项目团队

项目团队的选择涉及确定人员的类型和项目团队的人数以便满足项目进度和预算要求、符合工作范围，并提供专业交叉评审。项目团队应包括设计、采购、施工和各支持性部门。

（2）编制项目计划

制定的项目计划应当涉及项目的各个方面，其中包括如下内容：

1）质量计划；

2）项目组织架构和职责分工；

3）编码结构、许可证和审批内容清单；

4）试车／开车的责任；

5）物资管理和分包计划；

6）项目财务管理；

7）安保管理；

8）书面报告要求；

9）项目策划与时间管理；

10）项目启动；

11）业主关系。

（3）执行项目管理任务并建立项目管理程序

这一步包括确定必要的行政管理工作，并编制随后的项目管理程序。包括如下几个方面：

1）成本预测；

2）项目财务管理；

3）安保管理；

4）书面沟通；

5）文件控制；

6）项目文档；

7）项目人事管理；

8）合同管理。

（4）项目启动会／专题协调会

项目启动会可分为公司内项目团队启动会和公司项目团队与业主的启动会。内部启动会目的如下：

1）确定团队成员的身份和主要的工作职责。

2）明确工程范围和项目的基本要求。

3）建立或明确可以贯穿项目始终的各个部门间的沟通机制。

与业主启动会的目的就是将团队成员介绍给业主代表并建立沟通渠道。在此会议中业主和项目团队针对项目规范和特殊要求进行沟通。对于有些项目来说，一个会议就可以满足上述的两个目的。

（5）建立最初的项目设计程序

在编制项目设计程序手册时，需要参照公司的标准做法、合同文件以及其他的支持性材料。

（6）获取数据

设计依据要基于项目的工程范围，包括获取如下的数据：

1）室外周边环境；

2）地震带；

3）适用的政府规定；

4）规程和标准；

5）客户要求；

6）行业惯例；

7）居住标准和建筑规模标准；

8）土质评估报告。

（7）建立项目控制程序──进度计划、设备和物资控制

确定项目进度计划、设备和材料控制所需的项目控制方法。这包括明确所需使用的程序软件。

（8）建立项目控制程序──成本计划和成本报告

应建立有效的成本控制程序以便及时提供最新的成本相关的数据。这将帮助管理层在资金投入前能够作出经济有效的决策。应建立例如变更通知和其他书面报告的程序软件和控制报告程序。

（9）初步经济性分析

编制设计依据的另一个副产品就是对建筑布局、设备选型、特殊施工要求和仓储等建议的分析。

（10）厂区布置图

厂区布置图是在不需要考虑太多细节的一个整体空间做工艺流程的简要布置图，来展示整个设施的功能和运营。

（11）工程范围安全审查

工程范围的安全审查用来识别项目移交和运营后的各种安全风险的类型、性质、程度和严重性。

（12）估算设计工作的人工时、人员和工期计划

在工作范围和其他文件经过审查之后，每个设计专业都应当准备各自专业完成工作所需的人工时、花费和时间计划。在此阶段也应当准备人员计划表。

（13）工作范围描述

所有的项目工程范围应当按照 WBS 进行组织（工作分解结构）。在概念设计阶段的项目工程范围应当包括项目和工艺流程的描述（这个项目是

"什么样")。

（14）成本概算（按指标）

使用关键的内容例如项目范围概述、主要的材料和设备成本、计划的完工日期和提供的设计服务的描述来准备项目概算或指标估算。这个估算对于整个项目的建安成本控制具有指导性。

（15）业主审批工程范围和概算

在开始概念设计之前，业主和公司管理层必须对正式的工程范围和概算进行审批。

（16）在设计程序中添加工程范围

应当对正式批准的范围文件进行概述，详细的范围内容要放在设计程序文件中。

（17）编制概念设计进度计划

综合设计负责人和各个设计专业经理提供的意见，准备概念设计阶段的进度计划。

3. 概念设计活动

概念设计阶段是从上述的工程范围定义开始直到业主授权可以开始初步设计的整个过程，主要内容如下：

（1）布局研究

考虑整个现场的合理利用（例如，附近的公用设施、临近道路以及限高等）以及业主的偏好和最新设计的做法，提出最好的几种布局方案和立面选择。在这个阶段要向业主提供经济分析，这很可能会改变工程范围和相应的设计。

（2）建立物资设备协调计划

建立材料设备协调计划是为了能够监控材料和设备从设计阶段、采购阶段、催交以及运至现场的整个时间计划。

（3）项目控制系统

建立成本估算、成本控制和进度计划体系是为了建立项目控制的工具。如下的变量应被输入到项目控制体系中：

1）根据工作包和分类列出的文件清单；

2）基准进度计划；

3）成本估算数据。

（4）经济性比选方案

在平面布局、设备选型、特殊施工要求、仓储等方面也应当提供必选方案。

（5）项目偏差和变更的报告要求

如有偏差发生，不论其是否改变工程范围都应进行正式的汇报并在评审会上进行讨论。

（6）初步的设备清单

编制初步的设备清单时要特别关注潜在的长周期物资设备。

（7）公用设施要求

根据当地可获得情况和可接入情况来确定项目公用设施的要求。

（8）图纸列表

准备图纸列表是用于项目控制的目的。此列表中包含各种信息并根据各专业进行分类。

（9）加强文件控制程序

随着越来越多的图纸／文件的准备和报送审批，需要强化文件的安保管理并应加强文件控制的程序。

（10）书面报告

书面报告是向管理层提供项目状态的重要文件。

（11）初步设计的人工时预算

根据项目范围和设计依据，要准备初步设计阶段的各个专业的人工时预算。

（12）编制物资管理和采购计划

编制的采购计划应当包括备品、检验、催交和材料跟踪的信息。另外，编制一份采购管理责任矩阵。

（13）项目进度审查会

定期召开各种类型的进度评审会：

1）内部会议——讨论存在的问题、总体进度、财务方面等。

2）与业主召开的外部会议——讨论进度情况、关心的方面、存在的问题等。

3）与业主召开涉及项目偏差和变更的会议。

（14）安全审计 I

第一次安全审计要识别出项目在这个阶段如果不处理可能会造成重大成本和／或进度影响的潜在安全问题和安全风险。

（15）修订项目范围和设计依据

前面提出的建议或者要求可以被业主认可和批准作为对项目范围的变更。

（16）概念设计估算

在这个阶段，可以使用前面过程中获得的更确定的信息进行概念设计估算。

（17）公司对项目范围、设计依据和成本估算的评审

概念设计阶段之后，公司和业主要审查修改后的项目范围和设计依据以及详细的概念设计估算。

（18）初步的和详细的设计进度计划

综合施工主管人员的意见、概念设计图纸、更新的项目范围，就可以对后续的两个设计阶段编制进度计划，包括初步设计和施工图设计阶段。

（19）如果需要，修订工程范围和设计依据

在业主审查了项目工程范围、设计依据和概念设计的成本估算后，项目范围根据需要进行必要的修订。

（20）业主批准开始初步设计

在此时点，业主应当批准开始下一阶段的初步设计。

（21）根据需要修订设计程序

根据对项目工程范围和设计的变更，项目设计程序也应当进行修订。

4. 初步设计

初步设计活动从收到概念设计图纸并开始初步设计阶段的设计细节直到业主批准开始进行详细的施工图设计为止。包括如下内容：

（1）初步设计图纸

需要准备初步设计的图纸，其中包括设备系统中的机电方案图。

（2）设备的计算书和性能数据表

需要编制并检查设备的设计计算书。通过定义设备的性能规范来完成

设备数据表。

（3）项目控制系统

确保对初步设计阶段建立或修订已有的项目控制程序。

（4）完善设备的布局

确保在所有厂区布置的设备有恰当的接入和搭接关系。

（5）材料规范

专业工程师应确保所有的规范的完整性，且应包括如下内容：

1）标准规范；

2）项目规范；

3）性能数据表。

（6）材料、设备及服务协调计划

应通过公司的物资管理系统（MMS）来监控材料设备在设计、采购、催交直到现场验收等阶段的活动。

（7）初步设计审查

通过各个专业的交叉评审和已确定的审批程序，确保每个阶段的所有文件都经过评审和批准。

（8）标段划分和招标文件

在开始进行标段（采购包）划分时，设计人员要协助采购人员对需要定制的产品的招标文件进行编制并发出。

（9）评标和推荐建议

从采购部门收到的投标书需经过分析并给出技术建议。特别是那些定制的产品。

（10）业主的批准和／或评价

业主应当根据评估的结果对推荐的供应商进行批准或者评价。

（11）发出初步设计图纸

通过文件控制系统发出初步设计图纸以便评审、审批和使用。

（12）偏差和变更报告

对工程范围的偏差应当使用"偏差和变更管理程序"进行正式的记录和存档。

（13）敲定设备清单

设备设计工程师负责最终确定所有的设备清单。

（14）设备供货范围

设备设计工程师负责准备采购定制设备的技术范围。

（15）更新进度计划和材料设备采购计划

进度计划和材料设备采购计划要根据招标文件的发出和设计分析与审批而进行不断地更新和修订。

（16）书面报告

定期提供设计状态文件的书面报告。

（17）成本概算

通常在设计完成 30% 时，根据完成得更详细的图纸和设计规范编制成本概算。概算需要如下信息：

1）定义的项目范围；

2）现场布置图和边界限制；

3）建筑和土建规范的定义和批准；

4）经批准的包括规范和价格的设备清单；

5）机电系统初步设计；

6）设备布置和电气线路图；

7）能够反映设计进展的更新过的项目进度计划；

8）预计要采购的材料数量和其他与时间相关的成本项；

9）可分摊成本的初步估算。

（18）安全审计 II

在此阶段要识别出潜在的与设备相关的安全风险并进行风险的量化评估。

（19）项目进度审查会议

每月召开一次"项目进度审查会"，对整个项目的进度和盈利前景进行深度的分析。

（20）业主审查并批准开始施工图设计

在此阶段业主应对项目的状态进行评审并批准进入下一个阶段的详细施工图设计。

（21）根据需要修订设计程序

基于范围或设计要求的变更，对项目设计程序进行必要的审查和修订。

（22）更新详细的设计进度计划

在初步设计阶段采购和施工人员的意见和建议应当用做修订详细的设计进度计划的依据。

5. 施工图设计

施工图设计阶段从收到初步设计图纸并进行施工图的设计一直到发出施工所需的设计图纸和文件，并开始释放设计人员为止。应当包括如下内容：

（1）发出被批准的设计文件

在此阶段被批准的初步设计文件，例如数据表，应当发给相关人员进行下一步的设计工作。

（2）催交供应商图纸

供应商图纸对于最终施工图纸和规范的编制非常重要。采购催交人员和专业工程师应确保能够按时收到这些图纸。

（3）项目控制系统

随着不断收集各个专业、项目管理层和采购部门的意见和建议，项目控制系统应当不断地进行更新，以确保准确的成本测算和更新的成本及进度控制系统。

（4）审查和批准供应商图纸

从供应商获得图纸信息的专业设计人员应当审查和批准供应商提供的图纸以确保符合项目的要求。

（5）偏差和变更报告

对范围的偏差应使用"偏差和变更管理程序"进行正式的书面记录。

（6）各个专业的施工图纸和规范

在此时点，每个专业的设计工程师都应当准备好早期施工阶段的图纸和规范。

（7）书面报告

定期提供项目状态文件的书面报告。

（8）公司/业主评审各个专业的设计文件

根据项目文件评审/批准要求，各个专业的设计文件都要进行审查和批准。

（9）各专业设计文件的可施工性审查

各专业的设计文件的可施工性审查是为了确保设计和施工的完美结合，以便能够优化项目的成本、进度和质量状况。也要进行维修便利性和运营可行性的审查以识别出那些可能增加维护成本或／和对设施的维护及运营造成不良影响的内容或特性。

（10）项目管理层对各专业设计文件的审查

项目管理层要根据项目要求审查各个专业文件的完备性。

（11）项目进度评审会

要进行"月度项目进度评审会"对整个项目的进度和盈利情况进行深度讨论。

（12）设计模型评审会议

定期举行设计模型（BIM）和／或管线设计的评审会以促进公司与业主的沟通和协调。

（13）修订并重新发出设计文件

从各设计专业和业主审查会中收集的意见被用来修订设计文件并重新发出设计文件。

（14）项目交工和项目开车的顺序以及责任范围的划定

与业主进行项目交工和开车的责任及顺序的协调。明确具体范围界限和责任划分。

（15）根据需要修订设计程序

根据项目范围和设计要求的任何变更，项目设计程序应当做必要的审查和修订。

（16）设计文件的维护

根据评审、澄清和变更的情况对设计计算书做必要的修改。

（17）发出图纸和规范

当所有的变更信息被加入后，再发出施工图纸和规范。

（18）大宗材料数量清单和询价单

准备大宗材料数量清单和招标文件。

（19）招标文件、标书分析和材料设备的推荐建议对招标文件和投标分析进行评审并对材料和设备采购作出推荐报告。

（20）详细的成本估算

在完成如下内容后，就可以编制详细的成本估算：

1）所有的设计文件都通过了审批。

2）详细设计完成 90% ～ 100%。

3）所有的主要设备和施工内容都进行了明确。

4）确定了准确的价格。

5）施工所需的人工时数量已经确定。

6）措施费的组成和价格已经确定。

7）已完成了最新的项目进度计划。

（21）完成了对采购程序的更新

这个阶段采购人员开始参与大宗材料和定制设备的采购，采购活动应遵守最新的采购流程和设计的要求。

（22）安全审计Ⅲ

本次的安全审计是基于"当出现非正常情况时才会发生问题"的原则进行安全和运营的关键性审查。

（23）进度计划和材料采购计划的更新

利用所有招标文件的数据来对进度计划和材料采购计划进行更新。

（24）安排并释放项目设计人员

到这时，项目主要工作已经完成，应当根据设计专业安排人员的释放计划并与公司的相关部门和分公司进行沟通。

6. 施工阶段的设计支持

施工期间的设计支持包括从完成施工图纸和规范开始，一直持续直至成功完成施工期间的所有设计的合同职责为止。这些职责主要涉及如下方面：

（1）发出施工图纸和规范

在此时所有的施工图纸都已经完成。

（2）最终安全审查

在施工阶段要进行最终的设计安全性审查。

（3）最终可运营性审查

在施工阶段，对设备的可操作性和可维修性进行最后的审查。

（4）完成操作手册

在项目移交和开车前应当准备好设施、设备和仪器的操作程序手册。

（5）完成《技术数据表》

根据合同要求要把关键的技术和设备数据都编辑在《技术数据表》中。

（6）确保施工现场和加工厂的质量达到要求

施工现场和加工厂都应建立质量控制程序。

（7）完成剩余的材料清单和招标文件

确保所有的材料清单都已经准备好且招标文件（询价单）也已完成。

（8）解决施工现场的技术问题

在施工过程中现场出现问题时，设计团队的专业工程师应当解决技术问题。

（9）协助催促供货商材料和信息的递交

各专业的工程师应协助采购人员催交供应商的材料和信息。他们应当确保所需的备品应包括在交货中。

（10）根据需要提供驻场工程师

大多数情况下，项目经理应从设计院安排一名工程师到现场作为现场设计经理，以便解决并协调现场遇到的技术问题。

（11）加强文件控制和安保管理

在此阶段，文件控制人员应确定哪些文件需要保存，哪些文件（例如竣工文件）应当移交给业主，以及在项目结束后应如何处理这些文件。

（12）获得现场施工的实际数据并调整设计文件

业主需要施工的实际数据来进行设备的运营和维护。当收集到这些数据时，设计文件需要进行修订以反映这些变化。如果准备竣工图不是合同的一部分，则应当将进行标记的图纸和文件送给业主和项目档案室。

（13）确保符合合同要求、项目范围和设计依据文件及管理程序的要求

设计经理负责确保设计工作符合项目范围和设计依据文件的要求以及所有设计合同内的职责已经履行完毕。

7. 设计对项目收尾的支持

（1）检查 / 试车

项目检查 / 试车的支持活动从发出项目试车指令开始并持续到项目移

交为止。公司要根据合同要求向业主提供所需的协助。

1）发出试车指令

通常试车指令和关闭指令都要发给公司和业主。

2）设计人员对项目移交和试车的计划提供协助

根据项目移交和试车的计划表，各专业的工程师应准备好提供相应的支持和协助。

3）支持项目移交工作

设计人员要在项目移交的各个方面提供支持，包括如下内容：

① 文件移交；

② 记录的保存；

③ 为解决出现的问题或响应业主的质询而进行记录查询；

④ 书面的竣工文件。

4）设施移交、文件和技术/数据手册

在此阶段就向业主进行了正式的设施移交，包括所有需要的文件和技术数据手册。

5）对项目开车的支持

根据合同要求，在这个阶段设计人员向业主提供项目开车相关的支持工作。

6）对政府验收支持

一些 EPC 工程总承包项目在工厂投产之前，必须满足政府强制的检查和验收（例如制药、生化和食品加工厂）。这些项目的业主可能需要获得公司在政府验收方面的支持。如果是这样，验收要求要在设计阶段提前识别出来以加强审批，并减少所花费的成本。这样的话，在设计进行过程中就需要获取必要的文件并将文件存档。在设计阶段的初期，应当建立政府验收计划，其中应包括如下信息：

① 系统识别；

② 移交的系统包；

③ 施工验证文件；

④ 安装资质；

⑤ 运营资质和标准化的操作程序；

⑥ 政府验收证书。

如果有完整并组织有序的所需文件，验收工作就会进展顺利。经过验收的设备的最终责任由业主负责，因为工艺流程、设备操作人员和他们的培训以及操作技术属于业主的管理范畴。

（2）项目收尾

收尾支持活动从出具最终的历史进度计划开始到项目文件的最后存档。主要活动如下：

1）出具最终的项目实际进度计划

应当准备显示初始的和最终（实际）日期的进度计划。还应当包括主要设备采购的计划和实际交付日期，以及被批准的图纸和设备的日期。设计进度计划中要显示计划的和实际的发出施工图纸时间。

2）出具项目竣工报告

项目竣工报告要提供对设施、设备、工艺流程和市政设施的文字描述，也包括针对设计工作的客观的总结，以及组织机构和质量、成本及进度方面情况。

3）对售后和运营阶段的设计配合

在项目移交后，设计人员应协助业主的售后和运营部门解决问题并确保在竣工后与业主保持沟通。

4）归档项目文件

根据公司档案管理规定，设计人员应确保所有的项目文件进行正确的分类并存档，以便未来随时查阅。

4.2.3 设计与采购的界面管理

1. 概述

采购团队负责执行所有项目的采购职能。采购包括所有的采买、合同管理、催交、检验、运输和物流以及仓库管理活动。

项目物资经理和项目合同经理密切合作进行采购管理，也是项目团队与公司总部主要的联系人。项目设计经理与采购团队密切配合完成如下的工作：

（1）物资管理责任矩阵；

（2）物资和采购计划；

（3）项目投标人清单；

（4）询价单；

（5）招标文件（模板和文件准备）；

（6）技术标评审；

（7）采购订单/合同准备；

（8）供应商的催交；

（9）工厂检验。

2. 物资管理责任矩阵

物资管理责任矩阵是为项目各个阶段准备物资和设备的数量清单、询价单、采购、制作、运输、控制以及安装而建立的责任矩阵指导文件。

项目经理负责在项目获得授权后立即完成这个责任矩阵。设计经理应与专业的工程师一起协助列出所有的物资和设备的清单，并安排人员负责编制规范、材料数量清单和询价单。

3. 物资和采购计划

每个项目的《物资和采购计划》要描述对物资和采购活动进行预测、控制和报告的职能、要求和格式。

《物资和采购计划》是包括基于对项目施工便利性、材料可采购性以及成本的经济性的考虑而对所有的采购活动进行相应的定义，资质要求、采购、交货时间以及材料选择等。设计经理和各个设计专业负责人要对这个计划提供意见和建议。

《物资和采购计划》的详细程度和格式应当由物资经理和合同经理根据项目的大小、复杂程度和项目要求来决定。在计划中应包括如下的主要内容：

（1）项目定义；

（2）物资和设备需求；

（3）合约规划；

（4）采购方案；

（5）催交管理；

（6）工厂检验；

（7）运输和物流；

（8）现场采购；

（9）物资和采购所参考的体系；

（10）项目采购监督程序（审计）。

4. 项目投标人清单

应编制一个项目的投标人清单，其中要包括财务状况良好、有较好声誉、有资质的制造商和供应商。这个清单应当由设计（技术）管理人员和采购团队共同编制，并且应当获得项目经理和业主的批准。

5. 询价单（RFQ）或招标文件（RFP）

招标文件或者询价单中的技术文件是设计经理和各专业设计工程师的职责。设计经理要负责发出招标文件的时间计划、保证技术内容要符合项目工程范围以及各专业之间的界面关系，并负责审查图纸。设计经理也负责准备 / 定义如下工作内容：

（1）设备和材料规范；

（2）初步的数量清单；

（3）工程范围中的关于技术方面的定义，包括概念设计和初步设计文件；

（4）供应商的图纸和技术参数。

6. 标书评审

《评标总结表》由采购人员、合同管理人员和各个专业的工程师共同完成。评标时必须考虑的因素包括技术的可行性、单项内容评估（报价均衡性）、成本因素、需求的交货日期，以及其他影响定标的因素，如供应商产品质量历史记录等。

对于定制的设备，专业工程师负责编制《评标总结表》中的技术部分的内容并审查商务内容。设计经理负责各专业之间的技术协调并确保其符合进度计划的要求。

7. 采购订单 / 采购合同的准备

《采购申请单》或《采购合同申请单》通常由各个专业的工程师发起并详细描述所需的物资或设施以及所有的技术要求。相关的专业工程师应提供"采购单"或"采购合同"的技术要求并参与商务条款部分的编写。这些技术要求可以以采购申请技术要求、技术规范、图纸、设计表格和／或技术参数等文件形式来体现，并把上述的文件进行汇总成为一个完整的"技术文件包"提交给采购员或合同管理员。

设计经理负责专业间的技术协调并确保能满足采购进度计划的要求，其中包括能及时收到供应商的文件。

8. 工厂检验

应制定一个《工厂检验计划》以保证供货商提供的材料和设备符合项目规范和质量要求。这个计划应当提供并规定如下内容：

（1）公司的"工厂检验程序"应作为进行所有工厂检验活动的指导文件；

（2）检验人员的来源；

（3）检验小组的组织分工和责任；

（4）需检验的设备和材料；

（5）检验的程度／检验的频率；

（6）项目管理层的参与；

（7）设计人员的参与；

（8）业主的参与；

（9）特殊的项目和业主要求。

对材料、设备和构件的工厂检验职能应由厂家检验员负责。然而专业的电气、空调和控制系统设备可能会需要本专业的负责工程师来见证或验证试验过程。

设计经理应识别出需要特殊检验的设备和材料以及那些需要提供技术支持的具体检验活动，例如空压机、变压器、开关柜和专业的控制系统等。

9. 采购合同

（1）项目合约计划

根据项目的施工计划来制定"项目合约计划"以便提供如下内容：

1）识别出哪些工作需要分包。

2）针对合同的打包方式建立项目整体实施策略。

3）明确需要向施工承包商提供的设备、材料和服务。

关于实施分包计划的几个关键提醒事项：

1）建立一个分包合同台账。在报告中要列出每个合同并识别出那些为满足计划工期必须按时间节点完成的里程碑活动。

2）根据项目施工策略和项目实施计划，由合同管理人员与施工管理人员、设计管理人员以及辅助部门配合完成每个分包合同或相关的分包合同组的详细的《分包计划》。

3）要确保每个分包计划都要符合项目的具体要求。要充分考虑不同分包方式的经济性并要评估其进度要求、运营成本以及其他需要考虑的内容来得到一个最优的选择。项目地点和工程类型、规模、目前的经济状况和其他相关有影响的内容都应包含在计划中，也要包括由于市场情况或其他因素的变化而造成的必要的其他合同方式的选择。

4）要确保每个分包计划都要经过相关专业工程师、设计经理、项目控制部门、施工部门和项目经理的审查和批准。

如下的清单包括在确定每个分包计划之前必须考虑的主要因素：

1）范围描述；

2）识别出长周期材料以及关键路径上的材料；

3）本分包合同的概算，包括工费和工费峰值的估算；

4）投标人清单；

5）报价策略；

6）合同签订以及工程实施的时间计划；

7）其他的特殊考虑。

在招标阶段需要的信息包括：

1）设施和服务的范围；

2）对工作单元的描述以便进行范围变更；

3）通用规范；

4）布局图；

5）土壤数据报告、研究分析的数据；

6）合同授标前所需要的信息；

7）施工图纸；

8）剩余图纸的发出计划。

每个《分包合同计划》都应当分发给那些参与编制招标文件的人员以

保证所有参与人员都能够明确他们自己和其他人所需提交的成果。对每一个《分包合同计划》所达成的变更都应当标注上版本号和修订日期并分发给所有相关参与方。

（2）招标文件

招标文件或者询价文件的编制需要由专业工程师和商务人员合作完成并应当由合同管理员进行协调管理。每个要分包的合同都应当针对合同包括的服务范围、材料的供应、项目进度计划、现场可能会出现的问题或情况，以及项目的主合同要求等内容进行评估。根据评估的结果来确定使用的合同类型以及合同内容。另外，对于每一个潜在的分包商必须基于他们以前类似项目的经验、财务能力以及在行业的信誉进行评估。对投标人最终的评估以及合同的起草需要公司的技术、法律、税务、保险、人力还有其他方面的专业人员共同的努力来完成。

一旦确定了一项具体工作需要分包后，负责此工作的专业工程师、项目或现场工程师要准备一个此项工作的描述和一个招标的技术说明清单。然后合同管理员负责确定投标人清单，完成招标文件并发送给投标人。收到投标文件后，专业工程师将协助进行标书评审并提出授标推荐意见，合同管理员将进行商务评审。结合技术标和经济标的综合评审意见向项目经理和业主提供推荐建议。

获得批准后，合同管理员将最终完成与承包商的谈判、授标、合同准备、合同签订以及安排合同的实施。

（3）分包合同申请

提出《分包合同申请》是启动招标文件 / 分包合同活动的第一步。发起人通常是各个专业的工程师，他要负责完成如下的工作内容：

1）工作范围部分；

2）进行分包的原因；

3）支持性文件（根据需要）；

4）列出任何附件。

将《分包合同申请》发送给合同管理员。

（4）投标人的资格预审和选择

合同管理员要结合相关专业的工程师的意见进行评估。专业工程师可以通过对承包商的问卷调查、本地市场调研和对项目团队的面试来提出自己的意见。

（5）准备招标文件

编制招标文件的两个主要负责人员是专业工程师和合同管理员。在确定招标文件内容时应使用本公司招标文件的相应部分的标准模板。招标文件的每一部分建议包括如下内容：

投标邀请函（由合同管理员准备）：

1）第一部分——投标人须知

合同管理员在项目开始之初就要制定满足这个项目大多数分包合同的"投标人须知"，在编制某个具体的招标文件时此部分可以做稍微的修改或者不用修改。招标文件第一部分（投标人须知）的模板格式要满足这样的要求。

2）第二部分——投标报价表

招标文件第二部分的模板主要用于选择恰当的计价方式（固定总价、固定单价、成本加酬金或多种计价法）以及项目变更的计价方式。

合同管理员与其他人员如专业工程师、设计经理、项目控制人员、施工人员一起负责确定《投标报价表》中的编号和内容，以便于进行评标。要特别关注需要投标人提供的进度计划和人员安排的信息。投标人提供的进度计划和人员安排计划的数据在评标时要重点考虑，当上述信息成为中标合同的一部分时，必须对这些内容进行定期的监控。

3）第三部分——样本合同

此部分主要包括如下内容：

① 签名样本文件

由合同管理员添加。

② 第一部分——工程范围

准备工程范围的第一步是协调并收集各专业工程师、项目控制人员、项目管理人员和施工人员的相关数据和信息。

第二步就需要合同管理员认真地与专业工程师和其他参与人员一起审查所有收集的数据和信息，确保组成工程范围的数据信息资料是全面的、清晰的和准确的。如果某些数据与其他数据存在不符，合同管理员负责与所有必要的相关专业进行协调以解决这些差别。

需要实施的"工程范围"的详细描述应当由设计经理编制并且应由采购和施工部门进行审查，然后由合同经理进行审批。

如果采用多种计价方式，要根据不同的计价方式单独列出其工作内容并对此部分进行明确标示（例如，固定总价部分的工作）。在固定单价合同中，要清晰并简洁地定义出工作单元并确保工程的主要内容被包括进去，也要避免工作内容的重复。

③第二部分——商务条款

这是在投标报价表中体现合同价格和商务条款的一个简单文件。

④第三部分——通用条款

合同管理员负责选择和填入合适的通用条款的内容。

⑤第四部分——专用条款

合同管理员负责选择和填入适当的特殊条款内容（如果有）。

⑥附件

合同管理员负责选择并加入适当的附件（通常在工程范围部分有汇总）。

（6）招标文件附录

招标文件附录可能会有不同的来源，对技术要求进行修订。招标文件附录信息应当由合同经理发送给所有的投标人。

（7）接收和评估标书

所有收到的投标书都由合同管理人员保管，直到收到所有的标书或者招标工作结束。

专业工程师将参与开标及评标活动，并将收到每份标书的一个副本。开标过程将被书面记录。

标书评审过程要严格保密且要确保所有标书的安全性。

标书评审应按照要求进行。如可行的话，技术标和商务标应当单独进行评估。

（8）技术标评估

技术标评估通常都由设计管理人员、项目控制人员、施工人员和其他专业人员来进行。评估应当使用一个统一的模板以确保对所有的投标人都有一个公平全面地评价。

（9）商务标评估

商务标由合同管理人员组织评估，应当认真并公平地评估所有的标书。为了达到这样的目的，所有的价格必须按照同样的标准进行评估。

初评过程由评标团队对每一个单独的标书的主要内容进行浏览，以发现那些明显的错误和不符合标准的地方，在进行详细评估之前这些问题要先解决。

初评完成后，评标团队将开始详细的评标过程。下面是在评标过程中可以使用的部分清单：

1）投标人的报价是否依照招标文件的要求进行分解？

2）投标人是否符合投标进度计划的要求且配备的人员是否与要执行的工作和相应的成本一致。

3）是否有任何与规范、图纸、合同条款不符的地方或者替代方案？如果有的话，是否重要？这些变更或者替代方案是对项目更有利还是不利？

4）投标人的项目计划和管理程序是否与工地相符，并且在工人和设备的分配方面根据项目实施计划是否可行？

5）如果是重要工程，公司应审核投标人的关键人员的简历。如果可能的话，对这些人员进行面试、获得并列出合格的备选人员并与他们的推荐人核查。

6）这个承包商所提供产品和服务的质量历史记录如何？

7）需要公司监督的程度如何？

8）投标人是否提供了一个技术上可行的实施计划？

根据需要，召开投标评审会（也叫做标后会议）主要是来解决技术和商务问题，并准备任何需要澄清施工方法的谈判来确保合同双方能相互理解并达成一致。此会议通常在"投标总结"完成之前进行，但如果有新的疑问可以在授标前任何时间进行。

合同管理员完成"投标总结表"，并将其发送给各个专业的工程师和其他投标评审团队成员以便他们签字确认。

（10）合同准备

招标总结获得审批后，合同管理员将起草合同文件并将其发送给各个专业的工程师和其他相关团队进行审查。合同开始实施后，需要提供给合同经理一份。

（11）合同管理

在现场合同管理阶段，现场设计管理人员通常参与如下活动：

1）开工前的项目启动会议

这些会议主要是向分包商和公司项目现场的员工解释分包合同的工作范围并定义关键人员的角色和职责。现场的工程师参加这些会议来明确工作范围的技术要求。

2）合同变更的评审

现场工程师主要参与分析承包商由于图纸和规范的变化而要求的变更索赔。

3）分包商工作的检查

现场的工程师应定期检查承包商的施工质量和工作进展。

4）审核承包商的付款申请

现场工程师应当审查包含设计内容的合同以保证设计能满足设计标准要求，并核实承包商要求付款的设计进度情况。

5）分包商的绩效测量

现场工程师应当对承包商的履约情况提出意见，特别是在合同中涉及设计的内容。

6）接受／拒绝分包商的工作

在撤场和最终付款前，公司需要以书面形式接受／拒收分包商的工作。现场工程师需证实收到了分包商的所有数据、竣工图已经完成，并且实体工程满足设计要求。

4.2.4　设计与施工的界面管理

1. 概要

设计和施工是相互影响、互为补充的，他们相互之间的满意程度是评估他们各自绩效的主要标准之一。本部分内容讨论的是设计和施工之间的界面管理。

2. 施工管理策略

项目施工使用的策略，无论是公司自行施工，还是将工程全部承包出去，或者是两种形式的结合，这些策略都会对设计的实施产生直接的影响。把工程承包出去相比自行施工对设计完成的时间要求要更早一些，主要有两个原因：第一，承包商招标时需要更早地得到项目的准确的、完整的设计信息；第二，在合同授标和现场施工开始之前，需要在设计基本完成后经过一个招标程序。

成功的施工需要精心设计的、准确的以及完整的设计信息。在设计时也必须跟工程的施工方法进行协调，并且设计详图要根据施工需要的顺序进行适当的打包和发出，来支持现场施工活动。这些设计信息将以工作包的形式进行组织，在"4. 工作包"的内容中进行讨论。

3. 设计与施工的界面

把施工现场经理包括在设计团队（项目设计组）中是项目成功的一个重要因素。设计经理应当让现场施工代表（现场经理）在设计工作中发挥积极的作用。施工现场经理需要参加的设计会议包括如下：

（1）项目部设计周例会；

（2）项目部设计评审会；

（3）模型评审会；

（4）图纸评审会；

（5）进度计划讨论与评审会；

（6）项目分部分项工程施工方案讨论会。

主要的施工人员和施工维护人员应在现场开始施工之前参与一段时间的设计项目组的工作，以便于他们了解项目情况并建立相互关系，当项目出现问题时，他们可以直接联系并解决现场问题。

由设计院发出的图纸和文件是在施工现场施工与设计进行界面管理的最主要的媒介。虽然这些文件提供了现场所需的主要信息，但关于施工方法、设计的意图、其他问题会频繁发生。如果在主要施工活动过程中安排一名设计代表驻场（现场设计经理）将对项目进展非常有利。现场设计代表需提供以下内容：

（1）解答简单的问题。

（2）针对一些较为复杂的问题与总部合适的设计人员进行沟通。

（3）对施工作业过程提出设计的意见。

由于业主请求或其他原因，施工方有时会要求在现场进行设计变更。当这种情况发生时，施工人员必须获得设计人员对于变更的批准。为了提高效率，设计变更请求可以直接发给设计院以获得批准。如果需要时现场设计经理要协助获得政府当局相关的审批。

4. 工作包

"工作包"是一种用来组织设计工作和打包设计信息并提供给施工人员的一种方式，以便支持施工活动并提高施工效率。"工作包"的内容和顺序要根据工程施工建造的方式来确定。"工作包"的另外一个优点是能够把设计可交付的成果（图纸和规范）组织成可以管理的单元，以便更容易控制、催交和进度计划的安排。对于分包的内容，"工作包"最有利于施工的管理，而对于公司自行施工的内容也同样重要。

项目进行"工作包"的分解应当以施工为导向。"工作包"可以按照地理区域（区域/单元）、专业（分项工程，例如管道工）和施工班组计划的工作活动来进行分解。在项目开工的时候，应开会确定要编制的"工作包"的详细程度，因为"工作包"是现场开工之前要确定"工作分解结构（WBS）"的关键要素。应召开项目启动会来确定"工作包"的内容以及任何其他在编制过程中需要考虑的因素。设计团队应协助施工团队编制书面的项目范围说明。

每个"工作包"中包含的信息会因项目而异，但通常包含以下内容：

（1）简要的范围说明；

（2）按照专业列出工作活动和可交付的成果；

（3）所包含的图纸列表；

（4）包括在工作包中的设备；

（5）可能会影响工程的特殊情况；

（6）哪些材料和/或设备由公司提供，哪些由分包商提供。

"工作包"可以很容易地由合同管理团队转化成分包合同申请文件。

5. 施工便利性审查

施工便利性审查应该在概念设计阶段启动，并且要贯彻到项目整个设计阶段。在详细设计开始时，施工便利性审查需要加入施工经理的意见。跟与业主进行的设计模型审查类似，施工便利性审查关注设计的可施工性，以便提高设计的经济有效性。这个审查不能被设计与施工人员在日常工作中的交流来代替。

6. 施工过程中的设计服务

一旦现场施工开始，设计经理应指定设计办公室的联系人来提供每个专业的设计和现场施工的接口管理。设计经理应该公布这些负责人的联系方式以便现场的工作人员有问题时可以及时联系解决。由于这个工作非常耗时，所以除非是非常小的项目，否则这应该是设计经理的主要职责。在小项目上，设计经理可以是主要的联系人。

施工现场设计服务是由项目设计团队的每个专业人员以及驻场工程师在施工过程中来提供。

设计人员可以以很多方式对现场施工提供支持，包括以下这些方式：

（1）在图纸上进行标注以反映系统移交时的实际情况。

（2）设备安装说明书。

（3）协助技术层面的检验和试验。

（4）试运行前的存储和保管说明书。

（5）与市政公共设施当局协调并协助施工人员进行适当的公用设施接入。

（6）与设计院的工程师协调配合并制作现场草图，以加快设计变更的进度。

（7）及时通知施工人员那些有可能对施工产生影响的潜在的设计变更。

（8）如果适用的话，在机电专业图纸上加入工作包编号。

（9）列出相关仪器和控制系统中的设定位置和警报位置。

（10）填写工作缺陷清单并支持项目移交和试运行。

7. 施工对设计的支持

几乎所有的项目对竣工图都有相应的要求。某些图纸，例如电气穿线图，都需要在项目完工时进行修订以反映在安装过程中发生的任何变更。

设计经理和施工技术人员应该在开始施工前针对合同要求的竣工图达成一致意见。在现场工作完成后，或施工结束后，施工技术人员应用红线标记修改过的图纸交给设计办公室，然后形成竣工图。这个过程如果有分包商参与会变得更加困难。如果公司在分包合同中有对竣工图纸的要求，就必须对分包商进行监控，以确保这项工作得到落实。

8. 机电工程的完工和对项目开车的协助

项目机电工程的竣工是项目实施中比较困难的施工阶段之一。越临近完工，关于设计的问题和疑问的数量就越多。根据合同规定，业主对公司的奖励取决于工程能够在某个规定日期完工。业主的满意度也取决于成功的开车，因此设计人员必须在每个项目的机电工程竣工和开车阶段向施工人员提供最大的协助。

项目的看护权、监管权和控制权向业主移交常常是分批进行，鲜有一次整体移交。业主更倾向于对工程设施进行分期开车，这样可以减少他们的人员需求，尽早开始调试和试运行会避免最后一分钟的意外发生。因此，根据系统和工艺向业主进行分期交付对公司也是有利的。现场设计经理要与设计办公室一起配合完成整个工程移交的系统包分解。尽早让业主参与到对每个系统包的范围定义中将有利于项目交付。

实际的移交系统包的内容通常包括如下：

（1）范围描述；

（2）试验要求和检查清单；

（3）移交时间计划；

（4）工艺流程的考虑。

由于试车通常不包含在公司的合同范围中，因此有任何需要公司提供试车协助的方面都应该在提供试车服务之前与项目经理进行讨论。公司在试车过程中提供协助将会给公司提供一个提高项目收益的机会，并且将产生以下好处：

（1）为公司参与试车的人员提供很好的体验经历，因为试车的经验会成为未来业主选择承包商时的一个卖点。

（2）为公司的设备维修人员提供了一次熟悉了解设备的机会。

（3）为设计人员提供反馈，以提高他们今后的设计水平。

公司参与试车的工作应该尽早开始，对于较大的项目，至少在机电工程竣工前 6 个月开始。这通常需要和业主的试车团队一起进行试车的计划安排。

9. 反馈

对于任何产品或服务的不断的改进都需要用户的反馈。在任何项目中，得到施工人员对设计的反馈可以说是提高设计质量的最重要的方法。

反馈会增加公司经验的积累，所有项目都应当在竣工后形成一个经验教训总结的报告。

反馈一般会有两种评价：第一种是设计的错误，这可能包括图纸上错误的尺寸、不同专业之间的相互干扰以及规范的变更没有在后续的图纸中得到更新。

第二种评价是针对施工便利性提出如何改善设计的建议。这类建议的内容可能包括某些管道所要求的特殊的安装和焊接方法太过复杂，设备的搭建需要使用超大型的吊车或脚手架的数量太多或购买的材料不符合现场使用的要求。

4.2.5　设计文件

1. 概述

本部分内容描述了在项目的设计过程中制作的和生成的各种文件、报告和活动。

2. 技术文件控制

文件控制人员是支持项目设计团队，并向相关设计经理提供报告的职能。技术文件控制（TDC）处理供应商的技术文件、图纸、规范和数据表。技术文件控制人员一般会使用电脑软件来对所有的技术文件进行跟踪和控制。技术文件控制人员负责接收、记录、分发和归档所有的技术文件。

3. 编码体系

在大多数项目中编码体系由业主规定。尽管如此，公司的图纸和设备编码体系也应当作为项目的参考。设计经理必须搞清楚业主的要求，对项目团队提供编码体系的建议并包括在《项目程序手册》中。

4. 制图方法

要使用的制图方法（例如，手工绘图、2D CAD、3D CAD）必须在项目早期决定下来。这个决定应考虑如下方面：

（1）项目类型；

（2）合同要求；

（3）业主要求；

（4）进度计划；

（5）可用的制图设备；

（6）可用的专业绘图员。

设计经理与项目经理一起作出制图方法的决策，并随后向业主提交批准。一般来讲，对于新建工程应使用 CAD 绘图，对于改造工程可能会在原图上进行手工修改。

5. 文件制作、审查和分发

（1）图纸特征

设计经理与业主一起负责确定如下内容：

1）图纸尺寸、绘图比例、尺寸体系、图标细节、签字和盖章要求；

2）特殊的绘图要求或标准；

3）向业主提交的可交付成果；

4）电子版的标准和格式以及与业主系统的兼容性。

这些信息一般由设计经理出具，并应包括在《项目程序手册》中。设计经理应当根据专业把典型的图纸安排在一个总文件夹中，特别是在项目上使用了 2D 和 3D，或者设计详图是使用了非标准化的格式来绘制。

详图的制作将按照每个专业的常规做法，包括图纸内容的细节、详细程度和剖面图的表现方法。

（2）图纸类型

一个项目需要的图纸类型取决于项目的具体要求。设计经理必须确定业主是否对图纸的类型有任何特殊的要求（例如，建筑图、详图和剖面图、场地平面图、基础图纸、电气线路图等）。一般来讲，图纸类型是由每个专业工程师在得到设计经理的批准后来确定。

6. 草图

在项目的很多阶段都广泛使用草图，一般用来进行非正式的信息沟通。草图不像正式图纸一样受严格的审查和遵循严格的发放程序。

草图经常在没有详细信息的情况下用来进行成本估算的依据。

所有的草图应当进行编号，注明日期并显示作者的名字。对草图的编号没有正式的体系，但各个专业应当努力使用公司正在使用的图纸编码体系。设计经理必须确保关于使用草图的任何信息都应当包括在《项目程序手册》中。

7. 图纸控制

图纸控制是专业设计负责人的责任，他要负责制图、检查、存放和适当的修订。设计经理负责确保在图纸发出之前有正确的签名，图纸应根据"文件分发表"的详细描述发出。

8. 规范

规范由所有的设计专业编制来描述设施和设备的设计要求。规范也可能由业主提供。不管什么情况下，设计经理必须确保所有的规范是一致的，可能存在的冲突和矛盾已经减到最小。通常通过有效的专业间交叉评审程序（小组检查）来进行设计审查。

（1）规范类型

项目的规范分为三种：

1）采购类规范

采购类规范适用于商品或服务的设计和供给，也可能包括安装／施工（例如，管道系统的水压试验）。

2）设计类规范

设计类规范只是描述具体项目的图纸和布局要求（例如，公用管道设计）。

3）设计加供货类规范

设计加供货类规范（例如，热交换器）。

（2）规范编码

规范的编码应当符合一般的设计实践做法，以便达到控制和发出书面规范及相应电子版数据的目的。一旦规范被修订并包括了项目的具体要求，那么规范必须由设计经理负责根据项目程序进行交叉检查后再发出。原始的纸版规范文件的保管和存放是技术文件控制人员的责任。

9. 规范计算书

设计计算书是许多专业日常设计工作的一部分内容。许多是使用电脑软件生成的。计算书的类型包括如下：

（1）桩基、混凝土结构和钢结构的结构计算；

（2）土方工程的开挖和回填量、排水计算；

（3）建筑设计；

（4）电气的电压、电缆和设备大小计算。

设计经理必须根据合同要求审查那些业主要看的计算书。即使当计算书不发送给业主时，它们也应当进行编码并注明修订号。一些业主可能有他们自己的必须使用的计算书编码系统。关于计算书的编码和发出应当包括在《项目程序手册》中。

10. 数据表

对机械设备和某些控制系统装置要生成《数据表》，可以在供应商信息提供前或提供后发出。

确定在项目上使用公司还是业主的数据表是很重要的。如果公司的数据表将被使用，那么一般的机械设备数据表将根据设备的标签编号进行编码。当使用业主的数据表时，设计经理应当考虑把数据表索引在《图纸和规范状态报告》中。

11. 专业间的交叉评审

作为设计管理团队的质量管理程序的一部分，必须要进行专业间的文件交叉评审。设计经理或他指定的人员负责安排实施这项活动并监督其有效性，否则就无法保证施工图纸（IFC）和其他设计文件的完整性和准确性。这个交叉评审会不能被专业之间平时的沟通和互动来代替。

这个程序通常被称为 "专业会签"。技术文件控制人员通过执行一些文书工作来协助这项职能。如下简要描述 "专业会签" 程序的几个步骤：

（1）制作文件（图纸或规范）的人员向设计经理提供一份（纸质版或电子版）供 "专业会签" 的文件以及一个需要审查这个文件的专业清单。

（2）设计经理或其指定人员先审查这些文件和清单并找出明显的错误或省略。在这个阶段设计经理可能对 "专业会签" 的专业进行增减。

（3）设计经理或其指定人员把文件交给技术文件控制人员，他将在《图纸和规范状态报告》中进行记录，然后进行 "专业会签" 工作。可以使用两种方法来进行：

1）在较大的项目上，把文件发送给各个专业并附有一个签字表格。

2）在较小的项目上，把文件放在一个中心的位置并向涉及的专业人员发一个"专业会签"的通知。设计经理决定使用的方法，他要监督进展情况并催促所需专业的会签。

3）各个专业审查这些文件并进行评论。

4）在完成专业会签后，文件归还到发起评审的工程师。

5）文件制作工程师审查并回复这些评论，解决冲突并修订文件。有时，设计经理将介入来协助解决这些问题。

6）被修订的文件再发送到设计经理（包括会签的各专业签字），然后根据项目分发矩阵通过"技术文件控制人员"发出。

设计经理应通过在《项目程序手册》中加入详细的技术文件控制程序来确保设计团队成员都了解专业会签和图纸发出的程序。

12. 业主审批

设计经理必须在工程的早期就要确定业主需要的审批内容。这个要求可能会在合同中有规定，但必须在《项目程序手册》中重复一遍：

（1）建立一个达成一致的业主审查的时间框架。

（2）说明图纸提交业主后需要的回复日期。

（3）技术文件控制人员应监控时间过长的审批并在必要的情况下给设计经理提出建议。

13. 许可证和盖章要求

如下是关于专业的证书和盖章要求的提醒事项：

（1）在某些必要的设计文件审查时，需要有项目所在地有管辖权的当局进行参与。这些审查可能包括例如：锅炉、压力管道系统、电气安装、建筑、供热和通风系统以及使用燃气的设备。

（2）在项目开始时要获得当局的要求并对设计团队的各个专业进行通知。

（3）获得并审查适用的省份、州或当地的涵盖锅炉、管道系统、电力系统、结构和建筑以及供热和通风系统的建造和运营的法律法规。如果业主认为直接介入必要的话，业主必须参与。

（4）建立并明确对项目有管辖权的当地省份或州的专业工程师协会的许可证和盖章要求。

（5）如果必要的话，确保设计专业负责人有或获得适当国家、省份或州的职业注册证书。

14. 报告、清单和目录

（1）《图纸和规范状态报告》

《图纸和规范状态报告》是所有项目产生的图纸、规范和数据表格的目录。列出图纸和规范编号、名称、计划和实际出图的日期（包括"审批出图"和"设计出图"）、最新的版本号和传送号。包括如下的关键活动提醒：

1）收集所有牵涉的设计专业的信息来编制《图纸和规范状态报告》。

2）应不断地对图纸数量、名称和进度细节进行更新。

3）它应包括所有工程关键内容的计划出图日期，并可以用于项目赶工过程中的进度计划信息。

4）尽管大部分的图纸会在短期内发出，这个状态报告也要每月更新。设计经理可以考虑这个报告发送的频率更频繁一些。

（2）设备清单

设备清单是项目中所有带有标签的设备列表。它在项目的早期被用来与所有设计专业和项目控制人员进行沟通。设备清单中的特性和性能包括：

1）包括每个设备的基本信息例如：设备编号、功能描述、尺寸、大小、容量、重量、马力、采购单号和参考的图纸。

2）包括详细的关于设计压力和温度、绝缘性能、元器件的材料，例如壳体、抗腐蚀性能、耗能和特殊的焊接或处理。

3）作为一个参考文件，也作为其中一个成本估算的依据。

4）工艺负责工程师或设备负责工程师负责在项目执行过程中编制和更新这个清单。

（3）图纸目录

主要图纸目录由每个设计专业生成。这些包括每个专业的轴线布置图和各个专业的关键图纸。图纸目录将表明每个布局图纸的实际图纸编号。这个目录将由每个专业作为一个参考文件并由设计经理作为正式文件发出。

（4）图纸和规范分发表

应编制一个"图纸和规范分发矩阵表"由项目使用。编制这个表的主要提醒事项包括：

1）明确需要分发的图纸和其他技术文件。

2）明确分发给每个接收人的文件编号和类型。

3）编制设计各专业负责人、业主和其他项目职能管理负责人对设计技术文件的需求表。

4）包括"需审批图纸""设计图纸"和"施工用图纸"的分发。

15. 设计生成文件的发出

（1）设计经理必须确保建立正确的"技术文件控制"文档体系，以便所有的文件很容易查询。

（2）在发出文件之前，设计经理应确保进行了正确的专业会签、文件已经小签，并且文件已经盖章和正确地签字。在所有这些完成后，设计经理要小签图纸并批准发出。

（3）原始文件将被发送到"技术文件控制"人员，根据项目程序和文件分发矩阵发出。

（4）当图纸发出完成后，原始的文件将退回到制作工程师处。被修订的文件按照同样的方式发出。

（5）原始文件将由设计专业负责人或设计总监进行存档和保存直到项目移交给业主为止。如下是需要存档的重要文件：

1）发给业主和从业主收到的文件发送单；

2）发给供应商和从供应商收到的文件发送单；

3）对供应商信息的"会签意见"。

16. 供应商图纸和数据审查

（1）图纸数据审查

《采购单》通常包括要求所有供应商向项目技术文件控制人员提交供应商技术数据的指示说明。主要提醒事项包括如下：

1）技术文件控制人员接收数据，进行登记并把供应商的提交内容与图纸和采购单中承诺的数据要求作对比。

2）技术文件控制人员把供应商提交的文件发送给相关的工程师，他简要地进行有效性审查，安排会审要求并归还到文件控制人员进行文件会审前的存档。

（2）供应商图纸编码体系

供应商有他们自己的图纸编码体系，一般不会由公司强加给一个供应商具体的图纸编码体系（不管是公司的或是业主的体系）。主要提醒事项包括如下：

1）技术文件控制人员分配一个供应商图纸编号（通常是采购单号加一个序列号）。这个序列号要按照图纸收到的顺序进行分配。对于纸质版，编号应使用胶带标签。

2）确保项目技术文件控制人员的电脑软件能够与供应商的编码体系相融。如果不能相融，需要进行必要的修订。

（3）供应商图纸的会审

设计经理负责建立图纸会审的程序。如下描述了涉及供应商图纸会审程序的几个步骤：

1）供应商数据的会审可以通过两种方式进行：一种是文件集中会审（数据放在一个集中文件夹中，在发出会审通知后，由各个专业进行审查）；另一种是进行会议审查（涉及的各个专业开会共同审查数据）。在上述两种情况下，都要收集好提出的意见并反馈到供应商。

2）主责的工程师要对采购单的技术内容负责。如果由于会审后对供应商的工作范围要求发生变化，必须通知设计经理并采取合适的行动。

3）在会审进行之前，明确业主参与会审的程度。

4）建立关于会审时间的时限，以及合同中公司向供应商意见反馈的要求。

5）通知设计团队供应商数据提交的日期，以及提交日期的延误情况。

6）与所有专业讨论会审的目的和会审的机制。这个讨论可能仅包括针对这个项目的评论，那些不提出问题的评论和已经明显的和不明显的问题的评论。这些评论意见应及时提出来支持设计的进度计划。

7）根据供应商分发矩阵来发出供应商数据。这个活动将由技术文件控制人员在设计经理的指导下进行。

8）把包括会审意见的供应商的原始图纸进行存档。

9）供应商图纸由技术文件控制人员进行看管和控制，直到根据要求移交给业主。

（4）供应商文件的分发

对供应商图纸的分发准备的"分发矩阵"通常与公司生成的文件的"分发矩阵"是分开的。设计经理应确保如下：

1）接收人一般包括业主、公司的设计专业人员、公司的检验和现场工程师。

2）尽量晚些向现场发出供应商信息直到非常必要的程度，仅仅提供最终的供应商图纸。

3）确认供应商提交数据的日期满足整个项目进度计划的要求。

4）确认退回到供应商的图纸附有正确的指示。

17. 业主记录

在项目的早期，设计经理应明确业主对数据簿和其他的留存文件以及它们的格式的要求。

（1）数据簿内容

包括在数据簿中的典型数据如下：

1）竣工图纸；

2）设备数据表和规范；

3）工艺流程数据表；

4）维修手册；

5）试车程序手册；

6）系统控制逻辑图；

7）线路图；

8）配件清单；

9）备品清单；

10）工厂证书；

11）政府注册证书；

12）试验结果；

13）最终检验报告。

（2）数据簿的编制

制作业主需要的纸质版数据簿的主要元素包括：

1）与业主讨论并建立业主偏好的布局和格式。

2）明确数据簿的份数，它们的设计和文件夹的颜色和字体。

3）让技术文件控制人员参与这个过程以便其承担最终编辑数据簿的责任，包括购买文件夹和分隔标签。

4）针对其他技术文件的长期存放的方法和措施明确业主的要求。

5）如果必要，与业主安排让公司保存一套长期留存的文件。这些长期保存的文件必须存放在合适的文件存储设施中。

6）把这些要求包括在《项目程序手册》中，以便在项目早期各个专业都了解了业主的需求。

18. 竣工图

制作竣工图文件的关键活动：

（1）在项目早期就要建立竣工图要求并把这些要求包括在合同文件中（指分包合同）。

（2）计算出制作竣工图需要的工作量，包括在成本估算中并提供足够的人员来完成竣工图。

（3）建立并与现场施工人员沟通竣工图的工作范围并针对现场图纸上做红线标记的责任进行明确。

（4）在工作进行过程中要沟通做标记的需要并定期检查进展情况。

4.3 项目采购管理

4.3.1 采购管理概述

1. 采购的重要性

在国内工程项目的管理中，采购的重要性没有得到有效重视，往往项目上的采购人员变成了救火队员，缺什么买什么，缺乏系统性的计划管理。这种现象与中国建筑行业的现实情况有直接关系，主要原因有以下几点：（1）中国地大物博，产业链完整，建材市场丰富，材料设备的采购比较容易，大部分物资不需要长周期订货。（2）国内建筑工程开发采用设计＋施工总包＋专业分包模式，这种模式让物资设备采购责任变得非常分散，不利于整个项目物资采购的集中计划与实施。（3）国内工程项目管理对项目的计划性要求较低，从设计、采购、施工到收尾没有项目总控计划的严格要求，因此，采购工作也就只能根据施工进度随时订货了。

国际工程项目与国内项目的一大区别就是大部分项目所在国物资匮乏，产业链不完整，大部分材料设备需要国外进口，而国外进口所需的程序要比国内采购复杂得多，采购的周期也要长得多。在缺乏科学合理的项目计划的情况下，由于采购不及时给项目整体进度造成的延误常常是项目进度拖延和成本超支的主要原因之一。

国际工程项目大多采用 EPC 工程总承包模式，承包商要承担设计、采购和施工的所有责任，因此，在国内没有养成使用计划管理习惯的中国承包商在从事国际工程管理时，常常表现出的其中一个不适应就是采购管理的计划性差或不按计划执行，进而造成项目的整体延误，这在某种程度上已经成为了项目成本超支的主要原因。

2. 采购的作用

所有工程项目都包括设计、采购和施工三大主要活动，三者之间设计是项目的龙头，施工是项目的最终目的，而采购就是设计 - 施工之间的桥梁和纽带。设计是把业主的意愿和要求变成了图纸和规范，采购是按照设计的图纸和规范获取所需的物资和设备，施工是根据图纸和规范完成业主需要的建筑产品。

采购的进度、成本和质量直接影响项目的进度、成本和质量，这是毋庸置疑的，因此，采购管理的优劣也就成为了项目成败的关键性因素。

鉴于国际工程项目上述的一些特点，采购在项目管理中的作用就更加突出和重要。建筑工程企业只有从思想上高度重视采购，从组织上加以保障，完善计划与流程，严格奖罚制度，才能有效发挥采购在项目管理中的桥梁和纽带作用，也才能减少或杜绝不必要的损失和浪费。

4.3.2　采购活动

1. 概述

这个部分将讨论采购的角色、采购界面管理和关键采购活动等。采购是指所有与材料管理相关的活动。在一个项目上采购通常包括：

（1）采买；

（2）合同；

（3）催交；

（4）检验；

（5）物流；

（6）仓储。

每个工程公司都有负责物资和合同的采购经理向公司总经理负责。

2. 项目采购管理

项目物资经理和项目合同经理共同负责所有的采购事物。这包括直接与项目经理、专业负责人以及业主密切配合来保证达成目标，识别出潜在的问题并采取纠正措施。所有影响项目物资和服务的变更都将是这两个经理的责任。

3. 采购对项目投标的支持

根据项目规模和招标文件的复杂程度以及相应的商务条款，投标经理可能会请求物资和合同经理执行如下的任何或者全部的活动：

（1）准备一个采购人工时估算（采购工作的人工成本）。

（2）对材料设备价格和交货期进行询价和估算。

（3）提供一个可以使用的采购服务的概要（例如，采购可用的电子平台、招标文件等）。

（4）准备一个物资和采购计划的规划。

（5）准备一个投标人清单。

4. 项目实施过程

（1）物资和采购管理计划

《项目物资和采购管理计划》在项目启动后开始编制，包括项目投标人列表以及项目的采购程序。这个文件描述对项目的物资和采购管理活动的预测、控制以及报告的职能、要求和格式。这个计划是编制详细程序和如何实施的基础框架。

（2）计划编制

在得到某些基本信息之前采购策略和相应的采购计划不能开始编制，

先确定主要因素的基本主题内容，包括项目情况、业主理念和实施理念以及采购责任等。

有效的采购管理依赖于项目管理中支持编制《采购管理计划》的各种信息来源，包括：

1）工程范围；

2）项目工作分解结构；

3）主合同；

4）投标时的进度计划和项目里程碑节点计划；

5）业主的期望；

6）设计的需求清单；

7）采购的备选方案清单。

有必要与其他项目人员开会来确定项目管理的界面以避免重复工作、多余的工作以及专业之间的混淆。项目经理应当主持会议并协调项目控制部门、财务部门、施工部门、设计部门的负责人以及其他项目部门的工作界面。

这些会议的目的是为了进行有效的材料控制和合同管理所需要的可交付成果的角色、责任和协调而建立的明确共识。这个共识在各个专业具体的规划、商务策划、采购订单以及交货计划之间提供协调。

5. 项目采购程序

项目采购程序包括主合同的具体要求，以及其他需要正确地实施采购活动的信息，也会详细描述物资和采购计划如何实施，这些程序通常是《项目程序手册》的一部分。

6. 项目总投标人列表

编制一个包括财务状况良好、信誉佳、能力强的制造商和供应商的"项目投标人总清单"是很重要的，这个清单一般是在专业工程师的协助下编制并需要项目经理审批。对于成本加酬金合同，通常需要业主的审批。

投标人清单是机密文件，必须进行机密管理，被批准的投标人清单将用于询价目的。项目采购经理在实施采购之前要编制项目投标人清单并获得必要的审批。

7. 采购审计

进行项目采购审计的目的是保证采购工作的合规性以及确定其有效性。总部和分公司的审计是为了对项目内部审查和评估的补充和支持，以促进对进度、程序和质量的最大化的有效控制。

4.3.3 物资管理计划

1. 概述

物资设备的采购和管理是一个工程项目能否成功的关键，一个项目进度的拖延，成本的超支往往与物资管理的优劣有着直接的关系。本部分内容将讨论所有工地物资的采购、验收、储存和发放程序。

（1）范围

项目物资部门负责采购非业主或第三方提供的所有物资和服务（通过采购单或者现金采购）。另外这个部门也负责验收、储存、控制和分发所有业主以及公司采购的材料、设备、工具和供给，监督第三方与物资相关的活动并保存与这些活动相关的记录。

（2）应用

所有物资管理人员和其他执行物资职能的人员应参考这部分程序内容进行实施。如果有任何的变更需要项目经理批准。

2. 职业道德

在公司的业务开展过程中，采购部门是唯一承担对物资、设备、供给和各种设施进行采购的部门。在执行这些职能过程中为了加强公司在市场中的地位，应遵守下面的原则：

（1）所有的采购订单必须仅由采购部门签订。

（2）所有材料、设备、服务的采购申请应由专业负责工程师发起并获得项目经理的批准，所有的报价应提交给采购部门。

（3）所有与供应商的关于采购订单的通信应当由采购部门执行。

（4）采购部门代表应参加所有涉及与投标人／供应商的商务内容的会议或者讨论。

（5）物资设备应当从财务状况良好、设备齐全、有较高职业操守和足够库存的供应商那里采购。

所有的采购活动应做到让供应商高度重视本公司的业务,并将付出最大努力在质量、服务和价格各个方面满足本公司的要求。

对每一个采购订单被邀请投标的供应商应给予同等报价和同等条件竞争的机会。对于那些不将被考虑的供应商不应被邀请投标。

从供应商处收到的报价和具体信息都应是保密的,只有现场管理人员"需要知道"时才提供以获得批准。进行技术标评审时要使用没有标价的标书。

3. 价格谈判

价格谈判是采购活动的一个重要组成部分,特别是在采购重要物资时,当需要投标澄清或者报价变更时更是必要的。采购人员应积极牵头组织谈判并与设计人员和施工人员密切配合在满足标准要求的基础上谈成最好的采购价格。然而,谈判应局限于需要谈判的具体内容或者方面,而不应当不必要地发展成跟一家议标的情况。

4. 组织机构

工地的物资部门设置应根据要执行的物资管理活动的范围来确定,应包括如下团队:

(1)清关、物流、运输;

(2)催交;

(3)物资控制;

(4)采购;

(5)仓库管理。

5. 管理体系

整合物资和采购管理的参考文件以便形成管理体系,为现场提供如下的能力:

(1)物资控制;

(2)物资识别;

(3)物资计划;

(4)文件生成;

(5)文件跟踪;

（6）物资跟踪；

（7）仓库管理／库存控制。

6. 责任

现场物资经理负责从材料申请到材料到达现场各个方面的采购管理工作。

7. 物资申请

物资采购申请只能通过向现场物资经理提交一个经过批准的《采购申请单》才能启动采购流程。通常是技术人员准备"采购申请"，但其他现场人员也可能会申请一些材料。

通常使用《物资询价表》来申请临时物资，而使用《采购申请表》来申请工程永久性材料。

下面的内容将协助采购人员处理采购申请：

除非《采购申请表》有申请人和经授权的代表项目经理的人的签字，否则采购部门不予接受。

采购申请人要确保在上述的申请表中把项目的要求准确地向采购人员进行表述。现场需要的日期必须包括在申请表中，应当是符合实际的并与项目进度计划保持一致。材料的检验要求也要包括在采购申请文件中或相应的附件中。

在"采购申请"提交到采购部门之前要获得所有的审批、预算、成本编码数据等（注：这就要求申请人员与项目控制人员和财务人员进行沟通）。

当需要对以前提交的"采购申请"修改时，应提交一个新的"采购申请"（注：以前的"采购申请"必须作废）。

对于图纸、规范或"采购申请"描述的修改要及时提交给采购部门。

为了物资控制的目的，所有的"采购申请"将分配一个单独的编号并登记在"采购申请登记簿"中。下面对采购申请的处理程序进行了概述。

（1）采购申请人

要确保申请采购的设备、材料或者供给等确实是项目的要求，并对这些内容进行详细的描述，现场需要的日期以及所有其他相关数据。

注：如果需要与任何的供应商接触来获得技术信息，应由采购部门进

行协调。材料价格或商务信息将仅由采购部门负责洽谈。

把"采购申请"和需要的图纸、规范、物资描述或需要的样品的数量和份数组合成一个"采购申请文件包"。

一个"采购申请"不能包括"成本分解结构"中或者工地中多于一个主项的材料内容。

注：图纸、规范和物资描述将被组成发送给投标人作为报价的基本数据。所以很重要的是采购申请单和支持文件要清晰地并全面地描述了所需物资或者服务的内容。

这个"采购申请"要发到项目经理或者指定的人以获得审批。

（2）项目控制部

项目控制部要审查采购申请包的内容并分配成本编码和成本预算信息。将采购申请转发到项目经理处。

（3）项目经理（或者指定负责人）

项目经理负责审查"采购申请包"并决定是否批准或者不批准这个申请。如果没有批准，必须退回到采购申请人并说明没有批准的理由。如果获得批准，应签字并发到采购部门。

（4）采购人员

采购人员负责审查"采购申请包"并确定是否完备和获得审批，并在"采购申请登记簿"上登记有效的采购申请。

8. 询求报价

在询求报价时，采购人员要在选择投标人时使用良好的判断能力来获得最好的价格和满足现场的需求日期的交货期。如果项目控制部没有相应的预算估计，采购人员应基于以前的经验来估算出价格情况。当收到了确定的报价时，可作为预算估算来进行审批决策。

注：在条件具备的情况下，必须获得两家以上的竞争性报价（不包括零星现金购买）。而且，评标后的推荐意见可以基于以前的采购经验。

9. 偏差报告

在某些情况下，有可能在供应商选择、投标人的最少数量、招标文件的发出等方面与公司的标准程序产生偏差。所有的这些偏差，包括一家议标情况，必须由采购人员进行整理和存档并获得项目经理的审批。

10. 密封标书的招标程序

需要密封标书的采购申请，通常取决于被批准的预算大小，应根据公司关于密封标书的招标说明程序发出招标文件。

密封的标书应在三个代表在场的情况下开标。至少一个采购部门代表，以及一个相关专业的工程师和项目控制部的一名代表。

开标人员应在每个商务标的原件第一页签字且注明日期且小签每个标价页。并填写"密封报价开标控制表"。

11. 标书评审

对所有报价的评估应当基于"最高性价比"的原则，要考虑价格、交货时间、现场需求日期、规范的符合性、安装成本、运营成本、合同条款和条件的接受程度、质量和服务等因素。

所有的询价单、评标总结以及采购活动只有根据正常的项目签字授权签字后才能获得批准。

12. 有毒有害物质的需求

所有的厂家必须对存在有害有毒物质的材料提供一个《材料安全数据表》。这个表必须有中文或者外语（根据项目所在国）。采购人员负责要求厂家提供材料安全数据表并保证向安全经理提供一份。

13. 采购订单

采购订单和变更单只有根据项目授权签字后才能发出。

（1）编号体系

采购申请单和采购订单应根据项目采购编码体系（通常在《项目程序手册》中说明）进行编号。

（2）订单金额

每一个订单都应体现订单总金额或者不能超限金额。

一揽子价格协议：一揽子价格协议用来针对重复购买的物品，例如办公设备和供给、消耗品、大宗材料等的价格协议。这种价格协议也应当是在条件允许的情况下进行竞争性招标的结果。

（3）限价

所有的一揽子价格协议应当有限价的规定，只能有项目经理的书面指令的情况下才能提高价格。

（4）每批供货

根据一揽子价格协议的每批物资应由采购部门在采购申请获得授权的情况下当天供货。每批供货应参考一揽子价格协议的编号、供货编号、数量和供货内容的描述。

14. 租赁订单

所有的租赁协议应由一个"采购订单"进行存档。在采购订单上要显示租赁的限价。

15. 施工设备

使用及维护的施工设备必须与安全管理部门配合以保证相关人员接受了安全培训。

16. 办公设备租赁和维修

办公设备例如电脑、复印机等通常根据卖方的标准条款进行租赁。当接受后，协议应通过订单传输给卖方。如果设备在 CRCEG 使用期间被盗或者被损，必须说明置换价值。涵盖此类设备的维修和保养的协议也应当在订单中存档。

17. 文件的分发

所有与采购相关的文件应根据最新的"项目文件分发矩阵"进行分发。

18. 文件更新

所有对采购订单和一揽子价格协议的修订、取消和纠正应当使用《变更单》来进行。所有的修订将需要一个经审批的要增加价值的采购申请。对所有其他的修订也要进行备注说明。

19. 文档

采购部门对每个订单都应存档一份。根据订单号进行存档。每个文档都应包括采购申请和所有的随后的订单相关文件。

20. 采购报告

如下是主要的采购报告：

（1）订单的登记

"采购订单登记簿"将包括在"物资管理系统"中。

（2）采购活动报告

这个报告应包括如下信息：

1）上个月收到的"采购申请"数量；

2）本月采购订单和变更单以及现金零星采购的数量和价值，本月总的订单金额；

3）本月活动的简要描述。

21. 违约扣款

当设备或材料到达指定地点时发现由于卖方错误或运输过程的损坏而造成缺陷或不适用时，以及在随后的安装和试运行活动中发现缺陷时，应根据规定尽快通知卖方或者运输商，并根据采购订单的条款进行违约扣款。

应尽量给予责任方机会来纠正缺陷或从卖方或运输商提前获得书面授权后再采取必要的纠正措施。除非由于现场的安全情况、关键工作的停顿或进度的延误等情况下，才可以在不提前获得卖方或运输商书面授权和同意的情况下立即采取纠正行动。

所有的时间成本以及花费必须通过适用的违约扣款编号（例如采购订单号）进行识别。

注：合同各方在决定是否进行违约扣款时要进行仔细的判断，以防其管理费用和诉讼费用超过违约扣款的金额。

22. 成本控制

针对一揽子采购协议或者采购订单中的租赁，服务或维修协议中的费用支出必须由采购人员进行监督，以保证支出的费用不能超过订单的金额。当订单支出达到总订单价值的 85% 时，采购人员应通知采购申请人员。重新提交采购申请来涵盖额外的需求或者订单将被关闭。

23. 零星现金采购

物资经理保留部分零星现金以备紧急采购和低值采购。零星现金的金额由行政经理在获得项目经理审批后规定或修订。

那些使用现金购买的物品通常是低值物资、消耗品或者随时采购的物品，购买这些物品时使用订单造成的成本比购买的物品价值还高。然而，零星现金也可以用于没有账户的紧急采购或者要求现金支付的交易，也可以用于项目结束后不再使用订单和发票的情况。

现金采购的授权要根据项目经理确定的签字授权层次进行。

所有的现金采购必须有经过审批的采购申请单和原始发票。根据材料经理提交的"备用金申请表"财务部给予预支。

根据采购经理的判断，有可能使用采购订单而不使用现金支付。

24. 催交管理

物资经理负责对物资管理相关的文件的催交以及实体物资的催交。物资催交状态应记录在"物资状态报告"中。

25. 清关、物流和运输

工地执行的清关、物流和运输工作是物资部的清关和物流协调员的责任。

清关与物流协调员将收集并及时向现场人员发送项目材料的海运状态报告，以便让施工人员提前准备施工计划和材料的搬运。

清关和物流协调员将与货运代理配合并协助清关和货物运送现场的工作，以及：

（1）分发海运装箱清单到仓库管理员以准备货物验收计划。

（2）向库管人员和施工人员提供准确的货物重量和尺寸，以便合理安排材料搬运。

（3）协助重型运输设备操作人员、库管和施工人员进行超大尺寸和 /或超重物品的规划和协调。

（4）向仓库主管和安全经理提供关于危险 / 有害物品的信息，以确保这些材料的安全运达现场和完成文件存档。

（5）向仓库主管和安全经理提前发送"有害有毒物质"的文件。

清关和物流协调员将收集信息，通知所有负责的各方并协助准备并归档在从供应商运到现场的过程中发生的破损和丢失的索赔文件。

一旦物资部得到材料损坏或丢失的通知，清关和物流协调员将与如下人员联系：

（1）现场材料经理；

（2）项目的投保公司。

将向负责全风险保险的保险公司进行索赔，清关和物流协调员将建立并保存单独的每一个破损或丢失索赔的文档记录，其中包括所有的报告、通信、损失调查、照片和海运记录。

清关协调员将建立并保存单独的海运文档，包括但不限于：

（1）发运前的通知；

（2）提货单；

（3）商业发票；

（4）原产地证书；

（5）装箱单；

（6）通信记录和零星的海运记录。

清关和物流协调员将获得项目需要的空运、海运及陆运的运费估算。

清关和物流协调员安排并协调包装和出口项目物资及生活物资：

（1）为每一次出口物资都建立并保存单独的记录文档以方便审查。

（2）通知保险公司物资的货值来为物资投保。

（3）根据需要提供出口物资的装箱单。

清关和物流协调员要根据现场施工进度计划催促并协调供应商对项目物资的交货。

（1）与物资控制人员和施工人员协调物资到场的优先顺序。

（2）依据采购订单保留物资催交文档，以记录并归档供应商发运的承诺日期和发运计划。

（3）向物资控制人员提供及时的数据以准备和更新《物资状态报告》。

为了减少关键进口物资的到场时间，有时可能需要放弃免关税以减少清关时间。

项目经理将决定哪些材料是非常关键的，需要放弃免税条件。物资经理将识别出材料申请单或材料订单。

为了达到放弃免税的目的，清关和物流协调员负责把识别出的物资在AWB单独列出。货运代理将提供应付关税的金额。如果物资在转运中或可以达到发运状态，对于整个的AWB上的物资的免税可能都必须放弃。

在获得批准后，所在国的清关和物流员将通知当地的清关代理放弃货物的免税。

26. 仓库管理和物资控制

下面是对工地仓库管理和物资控制职能的描述。

（1）采购订单的文档体系

仓库管理人员应保存一份所有的采购订单仅作为参考。"采购订单"的总文档将由材料控制人员存放。

（2）实体物资和设备的验收

项目工地的仓库接收人员将执行验收和卸货职能。在仓库内或者卸货区的一个区域将被指定为接收区域。进来的货物将被运至这个区域进行验收和卸货，或根据需要，运到其他区域进行卸货。这个验收区域将是受控的区域，在材料被正确地接收、检验和记录之前不能进行材料发放。

（3）接收过程

1）所有进场的材料和设备将由收料人员尽快进行检查。除非由于是非工作日，否则任何材料或者设备都不应当被搁置而不进行处理。

2）仓库接收人员将接收所有附带的文件。

3）在卸货之前每一批货物必须进行彻底的检查。

4）当有明显的破坏时，在卸货前应进行拍照。

5）货物将在指定区域被卸下。如果破损很明显，将进行进一步的检验并根据需要照更多的照片。

6）对货物本身进行检查以确保收到的货物与发运文件相符，并且收到了正确的包裹或内容数量。

7）任何差别／破损将在发运单上标注并由接收人员和送货人员双方签字确认。

（4）材料接收与检查

收到的材料（箱子、盒子等）将对照装箱单和订货单打开并检查。如果装箱单没有足够的信息，加入任何必要的细节。

注：尽管可以对装箱单增加信息，但供应商的数据决不可以以任何方式进行纠正、删除、覆盖或修改（可以添加信息，但不能涂改原始信息）。

（5）质量检验

在接收材料／设备前，仓库主管或指定的人应对采购订单、变更单以及规范进行研究以确定要进行的检验和／或核实工作。

在收到材料／设备后，如果可能的话，应在卸货之前对材料／设备进行检验。如果材料不能在卸货前进行检验，那这些材料在卸货后直到验货完成之前应与其他材料隔离。

（6）质检过程

指定存放在室外仓储区的材料将由室外库区的主管检查并确定位置。指定存放在仓库内部的材料将被运到合适的仓储区域。在所有的情况下，在装箱单上都将标注出存放的位置。

在装箱单上将加盖"材料验收章"。

所有与装箱单的差别都将清楚地标注，并注明实际收到的数量。

当材料接收时没有装箱单，接收人员应准备一个替代的装箱单。

当需要特殊的技术检验时，仓库接收人员将与设计和／或现场质量管理人员协调解决。

在完成了接收、检查、检验后，所有的接收文件将被送给材料控制人员进行进一步处理。

（7）超量、破损和不足

超量、不足、破损和有缺陷的货物将被进行如下处理：

如果任何收到的货物发现超量、不足或破损，库管将填写一个《超量、不足和破损报告》。

物资控制人员将采取行动立即通知相应的采购人员现场需要采取的措施（例如，保留超量部分、退回破损材料等）并协调解决办法。采购人员将与供应商协调货物退回的授权并负责处理影响采购订单中条款和条件的事项。

所有涉及破损的货物应完好地存放在指定的存放区，等待采购经理或根据项目经理的建议向库管发出书面的《处置和退回报告》。

在收到处置报告后，物资控制人员将贯彻指示并根据现场分发要求把形成的报告分发给各方。

所有出口货物的退货材料应通过完成《材料发运记录表》来进行归档。

库管将保留一个《超量、不足和破损登记簿》。

（8）量差的处理

对标准量差的考虑将处理如下：

对于那些常规订购的大宗材料（例如，木材、管子、电线、水泥等），通用的规则是如果发运量不超过订购数量的10%都是可以接受的。如果超过了10%就需要填写《超量、不足、破损报告》。如果是非常大的数量，材料经理将评估并提出建议。不适用于单位计量的物品，例如阀门、法兰等。

（9）物资接收报告

对于所有依据采购订单的材料设备、租赁和服务的接收必须使用《物资接收报告》来进行记录。

物资控制人员将负责准备《物资接收报告》并分发，这个报告可以是公司的物资管理体系中的或者是自己制作的报告。送一份给财务部门以进行付款准备。

（10）存储设施的准备

仓库内应准备存储罐以进行物品的隔离。所有的物品存储将使用《材料识别物品编码》来识别。

材料设备存放的方法是必须符合安全要求的。灭火器应放置在明显的位置并定期检查。要提供通道以允许快速安全的出入以及人员和搬运设备的移动。安保措施必须严格贯彻，对进入的人员要进行合理的限制。

外部库区将用来存放大型物资。所有的区域应进行围挡以确保只有经过授权的人才能进去。所有存放在室外的货物将放在衬垫、滑动垫木、托盘或者平台上。

（11）室内存储

在适用的情况下，室内存放时应使用货架。

松散材料（大头钉、小钻头等）应直接从原来的箱子中分发。

在收到贴有标签的设备时，如果可能，应根据规范要求进行彻底的检查。仪器应存放在原来的箱子中并有正确的标签号识别。

（12）室外存储

在可能的情况，木衬垫应当是双面和标准尺寸的。

木衬垫根据需要使用，也可以使用混凝土存储板。应当是 8 厘米厚，长度和宽度应根据仓库的空间和布置决定。

（13）库区的整洁

库管经理应进行持续的检查以保证在所有的仓库区域保持良好的仓库整洁。这将包括：

1）快速地清理垃圾和杂物。

2）如果允许，指定吃饭区域。

3）采取防治害虫和白蚁的措施。

（14）地点控制

应使用仓库选址编码体系。选址体系应充分的灵活以考虑多种仓库方案的选择。

（15）定期库存盘点

库存盘点应通过建立一个选择性的库存定期盘点计划来进行。当一个物品被列入盘点计划时，要对这个物品进行 100% 的清点并与库存记录对比。在库存盘点进行时要对物品的发放或其他交易进行冻结。

理想的是，库存盘点应在非工作时间进行，以便在进行清点之前对所有的文件进行了处理。

（16）材料设备存储要求

根据材料的物理特征而需要采取的对物品的防止破坏、腐烂或污染的保护措施以及在施工过程中和材料物品在使用过程中的外部环境，对材料设备的存储要求分为三级：

1）A 级

划分为 A 级的物品是对环境条件特别敏感的物品，需要在如下的一个或者多个方面采取严格的保护措施：室外温度的限度、突然的温度变化、湿度和蒸汽、重力、物理破坏、空气污染（例如，下雨、灰尘、盐蚀、烟气）。A 级材料设备的例子包括特殊的电子设备、对环境条件敏感的化学品和计算机等。

按照 B 级物品存放的材料设备，也要按照厂家或设计代表的额外要求进行。

2）B 级

划分为 B 级的物品是那些对环境条件敏感并对如下的几种可能产生破坏效果的方面需要保护措施的物品：极端的温度、湿度和蒸汽、重力、物理破坏以及空气污染，但不需要像 A 级物品那样采取特殊措施。B 级物品的例子包括：仪器、电池、开关柜、控制盘、发动机、发电机、精密机器的配件、垫圈、空气处理过滤器等。

物品应存储在一个防火、抗裂、防风雨以及通风的建筑或类似的防护物内。采取预防措施防盗。这个区域应放置并建设在防洪水的位置，楼面应铺贴饰面。物品应放置在垫板或者支撑上以允许空气流通。这个区域应提供均匀的供热和温度控制以防止冷凝和腐蚀。最低温度应根据厂家的温度要求。

3）C 级

C 级物品是那些比 B 级物品对环境更不敏感的物品。这些物品需要对配件、空气污染和物理破坏进行保护。C 级物品分类包括：水泵、阀门、空压机、涡轮机、电缆、保温材料、管道、钢结构和钢筋。

这些物品可以存放在指定存放的有良好排水的区域，要适度远离施工和交通区域以便尽可能减少由于施工设备造成破坏的可能性。这个物品应放在 150mm 的垛式支架上，以允许空气流通并避免存水。

4）仓库建筑

在材料存储开始之前，仓库的位置必须征得业主和公司的同意。这些建筑物应进行维护，仅存放被批准的材料，而不能用于其他目的。

柴油、润滑油和类似材料必须存放在不可染桶内或建筑内或者远离其他可燃材料的较远的围护区域内。

所有的高压气罐都应垂直存储在货架上。乙炔和氧气罐的存储应有 1/2 小时的防火隔断分开且隔断之间应相距 7 米。满的气压罐应和空的气压罐分开存储且气压罐应配有盖子。

应提供"禁止吸烟"的标志牌且应将其摆放在易燃材料存储之地。此外，应在此区域内放置合适的灭火器。

5）预防性维护

按照库管经理的指示，承包商的人员将进行预防性维护。维护记录将在设备到达现场时开始，记录中应显示出安装日期并检查每件设备。这些记录作为移交材料的一部分在项目结束后进行移交。维护保养周期将根据厂家的建议或常规做法进行。

27. 物资控制

物资控制人员在物资经理的指导下进行"物资需求策划"。物资控制人员负责协调材料现场需求日期、材料可到达日期并负责生成现场管理、管理人员、承包商人员以及其他相关活动的报告。如需要，"材料控制主管"与项目控制人员、施工人员和仓库管理人员协调以达到最佳的材料到场时间。要达成此目标的主要工具是《物资需求计划》（MRP）。

根据物资管理系统准确地输入数据，制定《物资需求计划》（MRP）取决于"物资管理系统"的准确数据输入。通过"施工进度计划"中每个工作包的开始时间与"物料申请单""采购申请""采购订单"和仓库库存余额之间的对比，《物资需求计划》（MRP）就能够确定可以开始实施什么工作，也可以识别出在现场材料需求日期过后的材料设备到达现场的时间预测。这样可以通过优化材料到场时间计划来确保施工人员的有效计划和施工顺序的安排。

完成上述工作的详细步骤如下：

（1）进度计划

利用项目控制部，施工人员及分包商提供的信息可以编制包括材料现场需求日期的工地相关活动的"工作计划"，以便支持项目的施工计划。在《物资需求计划》中要包括工作包并输入相应的材料现场需要日期。这些与项目控制人员和施工人员一起进行的针对现场材料需求日期的《物资需求计划》的分析过程叫做"工作计划评估"。这就能够保证材料将按照最新的施工计划和定期更新的计划按时到达现场。

（2）要求

材料清单图纸要求可以从"物资管理系统"中下载。"物资需求计划"将在这个物资的信息下载后进行更新。现场施工要求将通过使用"现场材料申请表"下载到"物资需求计划"中，以便进行工作计划评估。

（3）库存

库存包括手头的仓库存货以及还未接收到货物以及订单的数量。仓库的材料数量从目前的仓库存货清单软件中下载到"物资需求计划"中。

（4）材料的分配

一旦上述的数据被输入到"物资需求计划"中，软件将根据施工计划安排现有的库存和即将到场的材料。软件将使那些可以进行100%制作的材料清单的数量最大化。要执行包括"物资需求计划"中所有数据的运算，完成后可以为项目人员提供信息来计划未来的工作并识别哪些材料设备需要催交。

《缺料报告》《催交报告》《库存报告》以及其他报告将被生成来提供协助施工人员和安装承包商计划工作活动的必要信息。

28. 材料发放

（1）材料申请

当需要材料时，相应的承包商根据材料清单填写"材料发放申请单"并提交给库管人员进行处理。

库管人员随后进行发放程序并根据材料清单的内容进行处理。材料控制人员需要确定仓库中延期未到的物品清单，并输入到"物资管理系统"中而生成仓库的提货单据。

注：在提货单对照 BM/MAR 生成的同时，库存的现有数量就可以确定。

库管根据规定的提货单发出材料并可以分期发送材料。

材料申请人员接收材料并签署提货单以确认收到材料（并保存一份提货单）。

对于常用的供给材料包括一次性不要库存的物品（或者非材料清单中的材料要求），例如土建材料（混凝土、砂浆等）、木材、钉子和其他建筑材料等，在仓库内或库外储存的。可以在供应商的清单上获得签字后直接送到使用的现场。

（2）通过电脑系统的处理

在使用电脑处理 MAR 时，适用如下内容：

材料申请人员填写 MAR《材料申请表》并自留一份作为其他目的。这个表格被送到材料控制人员进行处理。对于这个表格将分配一个序列号并把这个表格内容输入到《物资管理系统》中来看这个材料是否在系统中。如果是，系统将进行处理或者如果材料没有就要建立延期未交订货。

仓库将此物料信息填写到领物单上，需要申请人的签名并将原件发送给物料控制小组以备其评审和填写。按照项目的具体要求应发送一份电脑版本的短缺报告。

库管根据提货单发出材料，获得材料申请人员的签字，并把原件返回到材料控制人员进行审查和归档。电脑生成的材料短缺报告将根据具体项目需要进行分发。如果《材料申请表》参照一个管线／板号或者电子图，这个申请表应与这些参考文件一起归档。如果没有参考管线或者图号，这个表就应根据序号归档。

（3）材料的退回

《材料申请表》用来对剩余材料或其他原因退回仓库的记录。填写《材料申请表》的人员将在退回文件时查看表格顶部的"退回"内容。在《材料申请表》退回的内容中要记录物品的编码和尺寸，否则，就应在《材料申请表》上进行全面和详细的材料描述。

29. 剩余材料处理

对于剩余材料或者废料的判定将由物资经理根据项目经理的指导和建议来确定。物资经理将作出处置的决定，采购部门将决定剩料卖给谁以获得最好的价格。

在剩料处理的几种选择中，通常退回到供应商会是产生经济效益最好的方法，并是处置的第一选择。卖给业主、剩料处理商、废料处理商、施工承包商和电子服务商等也可以考虑。采购部门将与库管部门合作来达到剩料的最大的成本回收。材料控制人员和库管人员将向采购部提供每一批需要处理的剩料或废料的《剩料或者废料的库存表》。

根据日常和每日的记录，材料控制主管应当识别出那些工地需要之外的剩料。所有的这些材料必须进行记录并且这个清单要发到仓库进行登记。施工和库管部门将进行协调，把这些剩料在处理之前搬运到被保护和安全的区域。

30. 采购订单文档

每一个采购订单和相关的变更单将在采购订单总文档中进行单独归档。相关的文件例如材料申请单、装箱单、发运单等将被归档到统一的采购订单里面。如下的指导手册将适用于采购订单文档的准备和保存：

（1）每个文件夹将标有采购订单号、供应商名字以及对物品的简要描述。

（2）每个国外采购发出的订单和由物资控制人员收到的变更单都将在采购订单登记簿中记录。

（3）采购订单文档将根据采购订单的序号保存。

（4）某个人需要审查采购订单文档时必须获得材料控制主管或指定人员的批准。当从采购订单文档中取出文件进行审查或更新时必须进行登记和签字。

注：采购订单的文档绝不能由不经授权的人拿走。

当一个采购订单被完成（所有需要的材料设备都被收到并发出），应在文件夹的外面加盖"关闭"的公章。但其中的文件不能盖章或涂改。

4.3.4　合同管理计划

1. 概述

对一个公司业务成功的基本要求是必须高度重视合同管理。通过编制一个《合同管理计划》就能够对项目整体管理提供很大的帮助，如果能够按照"合同管理系统"进行管理，项目经理将能够让项目每个人员都关注关键和相关的合同问题。不但对于主合同而且对于分包合同，项目合同管理团队必须在合同执行过程中明确相关的合同内容和主题，并在每个"合同期"管理其中合同关键的要素。

2. 合同管理人员

合同经理必须根据项目的复杂性和承包商以及分包商的数量来确定合同管理人员的数量和程度。这些承包商与项目管理团队的界面划分是非常关键的，因此应注意配备足够的资源。通常，合同经理是在合同授标后与承包商（分包商）进行函件沟通的唯一渠道，包括接收发票、发联系单、接收联系单、一般的提问和答疑、会议记录、谈话记录以及催促报告等。合同经理也要求与技术团队合作来获得每个承包商的正常的、准确的、统一的和综合的信息。跟踪这些通信的工具是"合同管理系统"，但最重要的是与承包商在现场负责合同交付成果的人员的面对面沟通。

3. 沟通

对项目团队的主要人员进行详细的合同交底是对于理解项目范围和业主目标非常必要的。这就要求合同经理的团队要符合实际地编制合同的内容：工作范围、商务条款、一般条款和条件、特殊条款等，也就是定义将采购什么服务，每一个合同将如何管理／监控并建立一个测量和报告的程序。通过系统性的资格预审程序和建立投标人名单，对最终的中标人将有全面的了解。

（1）在合同签订前，合同经理一定要强调沟通的重要性。在授标前，以及合同签订后，所有的关键合同相关方要参加一个"合同交底会"以便于每一方对合同的文字有一个共同的理解。

（2）随后，直到合同收尾，要在监督承包商的文件和样品提交以及可交付成果上更加关注。再一次强调的是，关键是通过沟通对相互的期望达成共识。

4. 合同管理计划

几个计划阶段的文件可以作为《合同管理计划》的输入内容。可行性研究报告或相似的商业报告可以作为合同管理起点的支持性文件。其他信息来源包括《项目章程》《项目实施计划》以及其他相关的项目启动／计划资料。

如下的活动将在合同管理的计划阶段完成（不全）：

（1）根据业主和公司的目标列出项目的需求清单。

（2）从公司的项目主管领导获得开始招标的授权。

（3）是否有任何特殊的合同法、政策或程序要求？

（4）选择一个合同策略和方式，包括合同范围并证明合同方式将满足项目目标。

（5）识别与合同拟交付成果相关的风险。

（6）利用合格供应商名录进行资格预审。

（7）价格是否将转换成多种货币。

（8）选择合同管理人员。

（9）选择合同管理沟通平台、信息分发清单和软件。

（10）从商务层面和技术层面为选择一个合同方案建立标准／程序。

（11）预留足够的时间进行合同谈判。

（12）项目是否考虑了任何在合同实施前的等待时间要求以及在开工前的动员准备时间。

（13）是否考虑了当地的供应商？

（14）招标工作是否需要分包（特殊技能、第三方试验等）？

在预授标会议期间以及在合同执行开始之后，合同经理应立即审查整个合同条件以确定合同其他方和公司的合同义务。这个清单应输入到"合同管理系统"中以便采取行动来与项目进度计划中的主要义务相匹配。

注：所有在与业主的主合同中的义务也要同样识别并列出来，要与其

他可以更广泛分发的项目计划和进度计划等文件分开存放并更严格管理。

所有的合同义务都将在项目生命周期内按时履行，很多这些义务在项目总进度计划中将呈现为一个活动或者里程碑节点。然而，所有的合同各方需要采取行动的合同义务都应当尽快收集并输入到"合同管理系统"的"合同计划表"中进行跟进。这些行动将进行优先级划分，"项目管理系统"将对需要采取行动的日期发出"预警"。优先级计划（高、中、低）可以使用不同的颜色（红、黄、绿）来反映重要的合同义务。从合同管理计划阶段开始，合同经理要负责记录所有与合同相关的通信并确保得到实际的结论来更新所有的项目和合同的进度计划。

5. 合同管理系统

对项目合同管理系统的基本要求包括：

（1）通过资格预审的承包商的数据库；

（2）合同文件模板资料库；

（3）能够安全地发送和接收电子数据；

（4）对采购订单能够收集并提供报告；

（5）能够与项目控制人员形成界面兼容以便管理预算和变更单；

（6）能够与项目文件控制和财务系统形成界面兼容。

合同管理系统软件除允许上述基本的功能外，还应可以进行定制来包括如下功能：

（1）合同管理的全部特征；

（2）所有通信往来的管理；

（3）以工作流为导向的审批和电子签名；

（4）能够制造和跟踪现场指令，信息请求和技术质询；

（5）综合性的索赔管理，包括标记、跟踪和对变成"问题"的合同义务的优先顺序；

（6）与项目进度计划、预算和相关的项目预测报告形成管理界面并发送"预警"；

（7）特别报告。

合同管理系统的功能应由合同经理根据项目的复杂程度、可能的多个位置以及分散的工地、国际承包商、多种货币、不同的合同类型以及与承包商和公司团队"混合"的管理程序等方面进行开发（表4-1）。

合同管理系统

表 4-1

合同文件	合同细节的汇总，包括签署的协议、演示、变更单和其他合同细节
变更管理	现场指令——支持线上和线下指令
	问题——维护预测出来影响合同的成本、进度或者其他变更
	变更单——帮助处理变更单
合同日报	能够记录公共的和私下的评论及其他合同文件
授标后符合性	管理承包商交付成果的可以定制的进度计划表
合同财务管理	订单——对照"不超出价格"跟踪即时的合同预测以及目前的订单
	预算——把项目预算和合同订单进行对比
	不超过价格——维持合同的"不超过价格"
	发票——进行期间进度付款证书的处理，包括执行发票、进度付款申请、内部审核，并最终付款
沟通	邮件——记录所有系统产生的邮件和用户与承包商的邮件
	合同答疑——提供关于技术、商务和变更单疑问的信息沟通工具
	正式沟通——帮助发出需要业主或者承包商签名的正式书信
	预警——可以定制化的系统产生的邮件可以对某个人针对发生的事件进行预警
合同计划	合同日期——跟踪预测的和实际的合同日期，包括有效的到期日
	合同里程碑——跟踪合同的里程碑日期，能够比较这些日期和实际支付的日期
合同用户	通过控制用户权限来维护合同的安全
合同历史	全面审计跟踪
合同收尾	能协助合同收尾程序
报告	可定制化的报告能力

6. 索赔

索赔是在合同授标后承包商（分包商）单方面采取的向总承包商请求额外成本或者延期的行动。这是基于他们针对合同的情况的评估，并通常在事实发生后递交。所以需要监控合同执行的经验来对索赔进行辩护，特别是那些没有预料的索赔。例如，那些由于合同文件的不一致性、错误或遗漏，还有迟交图纸或由其他方提供的材料晚交货造成的对承包商（分包商）的伤害行为、不能进场或没有路权或仓库位置、现场情况的不同、由于他人造成的工作干扰或延误、赶工或减慢、进度计划工作顺序的变更或合同解释的冲突等。

当这些情况发生时，可能会发生额外成本或延期的索赔，包括如下的常常是承包商想象的内容：

（1）额外的工费、监督费、设备费、材料费和管理费；

（2）效率或生产率损失；

（3）涨价；

（4）停顿和停工时间；

（5）额外奖金；

（6）现金流影响；

（7）融资成本；

（8）利润。

如果索赔是不可避免的，那么合同经理应采取如下行动：

（1）透彻地分析问题的各个方面。

（2）与项目控制人员密切配合准确评估成本和进度的影响。

（3）立即编制一个计划来通过采取严格的行动，对所有环境因素进行全面的调研来降低他们的影响。

（4）首先，对索赔的每个方面的文件从开始到最终解决给予特别仔细的关注。

（5）积极地向项目经理和适当的项目干系人进行汇报。

再好的索赔预防技巧也不能防止：无法预见的事件；预见到但无法确定的变更；工程优先顺序的调整以及没有在计划内的赶工等。总之，总会有潜在的索赔。然而，大部分情况如果尽早认识到并且马上采取行动的话就不会到索赔的地步。否则，将需要诡计多端的谈判来对索赔进行斗争，最好是能够变成一个没有损失或者低损失的事件。

当承包商完成了所有合同规定的工作，工作经过了检验和批准，承包商提交了所需的文件并且最终付款和保留金已经释放，合同就认为是关闭了并且不能再打开。

注：非常重要的是在最终付款和保留金释放之前，由每个承包商签署一个书面的宣誓书来承诺不再对公司有任何的索赔。

4.4 项目施工管理

4.4.1 施工管理概述

在工程项目的实施过程中，施工过程是把图纸变成实体产品的阶段。这个阶段将涉及所有的项目相关人员的参与，包括业主、设计、采购、施工管理、分包商、供应商、运营单位、政府当局等，工作交叉和相互影响也大量地凸显出来。任何实施过程中的错误都会给整个项目造成较大的时间和成本的浪费。

从某种程度上来讲，工程项目管理的其他过程如设计和采购都是为施工目标提供服务，因为所有项目参与者的最终目的都是为了按照业主的要求完成项目的实体产品，而设计所产生的图纸和文件以及采购所产生的材料和设备都只是过程产品，而非最终产品。因此，设计和采购都要以服务于施工为出发点，一切以交付最终产品的时间、成本、质量和功能作为工作的基本要求，这样的认识就会大大减少项目管理中的冲突和矛盾，促进项目参与人员的团结与协作，为项目的成功实施打下良好的基础。

4.4.2 施工活动

1. 概述

本部分讨论公司对施工项目的支持和服务、项目的施工的组织策略以及项目支持性活动等内容。

2. 项目服务

公司要向项目提供如下的支持和服务：

（1）市场营销／投标活动。

（2）施工管理。

（3）安全管理。

（4）劳资关系（根据具体地区情况）。

（5）现场人力资源。

（6）施工技术（项目技术支持）：

1）施工便利性分析；

2）提升方案（如塔吊、汽车吊等）；

3）非破坏性试验（主要用于焊接试验）；

4）质量控制方法；

5）施工方案。

3. 施工组织的方法

通常使用自行施工或施工管理两种方法，而对于项目的关键活动采取自行施工是更好的方法，除非能够证明这样做不是最好的决策。

（1）施工管理

如果使用"施工管理"的方法，公司就要提供管理服务并把工程分包给一个施工总承包商或者一些专业承包商。

（2）自行施工

使用"自行施工"的方法，公司就需要直接雇佣工人进行施工。这样可能会实施全部的工作内容或分包一部分内容给专业分包。

4. 对项目实施的支持

让施工人员参与从项目开始到竣工验收的项目生命周期的各个阶段是对项目非常有利的方法，能够有力地促进项目目标的达成。支持活动包括如下：

（1）施工开始前的服务

1）市场营销

施工经理通过如下的活动来支持公司的市场营销工作：

① 为投标的准备和演示汇报提供施工方面的建议。

② 建议恰当的施工组织方法（是自行施工还是分包）。

③ 准备施工实施计划。

④ 准备质量体系计划。

⑤ 针对不同的施工技术和施工方案进行研究和方案准备。

⑥ 准备并审批固定总价或成本加酬金的成本估算。

⑦ 编制拟使用的施工组织机构和人员计划。

⑧ 编制施工的里程碑节点进度计划。

⑨ 识别出关键施工岗位的潜在人员。

2）合同谈判

在合同谈判过程中，施工人员通过编制或者审查如下的内容向公司管理层提供支持：

① 施工要求和合同规定；

② 关于施工的激励费用方案（例如，提前完工或者质量达到什么标准业主给予奖励等）；

③ 施工范围和其他要求，例如工人和保险费率等。

3）施工前的策划

一旦项目的概念设计和初步设计开始后，分管施工管理的经理应立即安排一名现场经理。

现场经理直接向项目经理汇报，将负责开始施工策划活动。如果不能及时安排现场经理或关键人员，那么相应的分管施工的经理要开始策划活动。这些活动包括编制针对项目现场的各种计划和技术活动计划，例如：

① 施工便利性计划；

② 物资管理的界面计划；

③ 质量控制计划；

④ 焊接计划；

⑤ 提升设备计划；

⑥ 临时设施计划；

⑦ 安全计划；

⑧ 劳资关系计划；

⑨ 人员计划。

施工策划也包括：

① 通过提供施工里程碑计划、网络图和项目交付计划等的施工要求来帮助编制整个项目的总控进度计划。

② 协助编制并审查概念设计阶段的项目概算。

③ 建立施工便利性分析的程序（包括使用的表格）。

④ 编制施工间接费的成本估算。

⑤ 编制合约规划并对合同包的工程范围提出建议。

⑥ 编制现场施工组织机构和人员计划。

⑦ 编制《现场程序手册》。

4）施工便利性分析程序

施工便利性分析通常由施工技术团队以及项目团队与设计人员共同来完成。施工便利性的审查使用如下的原则：

① 针对成本节约的机会对规范和图纸进行审查；

② 设计标准化的审查；

③ 可施工性审查；

④ 图纸细节的审查；

⑤ 编制模块化／预制化／预拼装的实施计划；

⑥ 对当前最前沿的施工技术和施工方法的考虑。

5）现场准备和动员

在现场经理的指导下，现场准备和动员活动包括准备和编制满足公司要求的现场管理程序。开始施工就是要按照在施工准备阶段的计划来进行实施。

（2）施工活动

现场经理负责所有的施工活动并利用公司提供的各种服务。施工活动和支持活动包括：

1）提供新工艺、新方法来加强施工程序。

2）分析并对施工设备要求提出建议。

3）进行现场调查并解决施工问题。

4）确保在项目动员之前拿到所需的承包商资质证书，并确保在项目实施期间有效以满足政府的要求。

5）进行项目审查以确保符合标准、规程和规范。

6）编制施工的完工计划并解决施工问题。

7）提供焊接技术支持。

8）执行非破坏性试验。

9）提供现场提升设备的设计以及现场支持。

10）与项目采购人员一起编制物资控制计划。

（3）施工竣工和开车

施工通常被认为是在设备安装调试完成后才算实质性竣工。在这个时候试车阶段正式开始。

1）安装竣工／实质性竣工

只有当建筑或者设施按照图纸、规范以及相应的规程和规定被建造和安装完毕，包括所有允许开始试车的试验和检验完成后才算实质性的竣工。那些零星的内容如保温、涂料和较小的缺陷通常被认为是例外的。

施工人员负责在向运营单位移交前的所有机械和电气的检查。这些检查包括对施工单位生成的报告和文件的审查。

大部分的项目移交是一个系统一个系统进行，因为每个系统的完成与施工完成和试车活动都有重叠。

根据合同的责任，在试车和系统检查过程中经常需要施工的支持。当所有的系统被移交进行试车时，项目通常就被认为实质性竣工了。这个里程碑节点对业主来说从合同法律的角度是很重要的，因为这个节点要实现维修、维护和安全运营的责任从施工单位到运营单位的移交。

2）开车／运营

负责开车／运营的单位应当在实质性竣工之前到位，并安排好必要的与施工单位的界面管理。

开车需要进行的活动和职能包括如下：

① 编制开车的计划表，包括程序、调试和移交的系统边界以及系统移交的顺序。

② 编制开车的进度计划并整合到整个施工进度计划中。

注：开车时间计划应当在开始编制项目 EPC 总控计划时包括进去，至少是概括性的形式。

③ 对要移交的施工包的系统和设备的可接受性进行检查和验证。

④ 对设备和仪器的标示牌、供电和最初的试车进行协调和指导，还有整个系统。

⑤ 协助识别并解决在开车期间发现的问题和缺陷。

⑥ 对开车的培训（根据需要）。

4.5　项目收尾管理

4.5.1　项目收尾概述

项目收尾是实施项目的最终目的，在项目开始之初即应把项目收尾所需要的活动和文件进行详细的策划，以便在项目实施过程中时刻围绕这些目标进行资料的收集和活动的安排。

如下的内容包括完成永久设施和设备的移交及项目收尾活动的内容。

4.5.2　工程交付

工程交付是根据项目的设施内容为了达到实质性或机械安装完工，并向业主进行设施移交的一系列活动。包括内容如下：

（1）向所有的项目实施和职能管理人员以及业主发出一个"工程移交计划"，内容包括如下：

1）直到项目竣工的设计／采购／施工进度计划；

2）工作范围描述；

3）适用的施工和分包商工作包；

4）检查和试运行的工作。

（2）工程移交策划应从项目启动时开始并随着项目进展不断完善，考虑如下内容：

根据工程的类型、规模和项目范围，要确保恰当的人员参与工程移交策划，如下的人员是潜在的参与者：

1）工程设计负责人；

2）业主的管理层和设施运营方的代表；

3）承包商的项目代表，包括项目控制人员、采购人员和施工人员以及项目管理人员。

（3）主合同的要求：必须参考项目主合同的内容来确定承包商人员、供应商和业主之间的责任划分。

（4）机械安装完工（实质性完工）的定义：主合同应包括安装完成或实质性竣工的定义，并应当对此定义进行必要的评审以便对工作责任分解有清晰的理解。

（5）竣工需要的认证：必须明确理解项目竣工的认证要求，例如，见证要求、签字要求、政府和当局的批准、试验证书等。

（6）边界的定义：编制设备系统、设施边界区域和场地／基础设施区域的定义文件，以便进行试验和移交。这些文件必须进行审查以避免对后续的施工造成影响。

（7）工程文件、材料设备以及施工内容和分包商工作包的编制与交付应当尽可能与系统和工程边界必要的顺序相一致，以便根据合同进行设施的有序移交。

（8）协调评审：应对设计文件进行定期的评审，以确保设备移交资料被恰当地包括在施工工作包文件中。

"工程移交计划"应当定期更新并由现场经理和员工根据《项目程序手册》最终定稿。

4.5.3 项目收尾

项目收尾是完成所有遗留的项目财务事项的系列活动，满足所有未决的合同要求并把项目文件留作历史记录。项目收尾也包括正式地关闭承包商与业主之间合同关系。只有在所有承包商和业主的项目收尾活动完成后，才能发出合同关闭的书面通知。

项目收尾的基本活动包括如下：

（1）解决项目所有的未决问题，并完成与业主、供应商或分包商就项目变更、索赔或价格调整的最终谈判，以便可以收到最终付款。

（2）根据合同要求向业主移交全部需移交的财产、项目文件和设计资料。

（3）通过把文件销毁或转移到承包商的文件存留中心来处理所有的项目记录。

（4）发出项目完工报告，记录项目历史、管理表现并总结项目的经验教训，以便对未来项目提供帮助。

（5）收集关于项目历史、管理表现或使用过的独特的关键方法和技术等信息，以便市场营销和销售部门以及其他内部单位可以用来作为获得的经验和资格。

项目经理负责编制和执行项目收尾计划。在计划编制阶段应考虑如下的内容：

（1）项目收尾计划应从项目启动时就开始。

（2）项目职能管理人员和现场施工人员都应参与计划编制。

（3）施工现场和项目办公室应具备必要的项目信息来策划和完成他们各自的收尾活动。

（4）资料收尾计划必须满足主合同的要求。

项目收尾的活动范围和时间计划根据项目的复杂程度、设施和服务的范围、合同要求以及项目组织的大小而不同。典型的收尾计划应包括如下主要内容：

（1）项目收尾的责任

通过安排需要协助或提供信息的关键人员或部门来确定项目收尾的责任划分。项目收尾的具体责任将根据项目办公室和现场人员的责任划分不同而各异。

（2）最终谈判和财务封账

承包商与业主之间关于未决的财务事项的最终谈判包括如下：

1）解决所有悬而未决的项目变更问题。

2）对遗留的事项或问题达成协议。

3）对最后的付款作价率调整。

4）解决任何的收费调整。

5）释放保证金并接收最终付款。

在这些谈判进行之前，项目经理应确保所有未完的现场工作和办公室的设计变更都已完成，也包括对合同的修订。

（3）财产和记录的移交

每个合同都应当包含关于财产、项目记录和管理文件移交的要求。项目团队应编制具体的管理程序来完成这些移交工作。项目记录的保存可能是原件、纸质版或电子版的格式。

（4）看护、照管和控制权的移交

除非合同有其他规定，否则承包商必须向业主发出正式的书面通知，说明项目的一部分或全部内容已经实质性竣工，并准备好试车和开车。这个通知应起到以下几个目的：

1）能够解除承包商对被移交工程的损失或破坏的责任。

2）可以作为承包商对工程设计、做工和材料设备质保期开始的正式通知。

3）看护、照管和控制权移交的通知应符合以下情况：

① "看护、照管和控制权的移交"是通过向业主发送一个正式通知函来发起，表明工程已经完成并请求验收。

② 通知函应在所有施工工作圆满完成后立即发出。

（5）合同完成通知

当承包商完成了所有的项目合同义务后，必须向业主发出一个"合同完成通知函"。这个通知函的主要注意事项如下：

1）"合同完成通知函"应当是独立的，不应代替"看护、照管和控制权移交通知函"。

2）"看护、照管和控制权移交函"和"合同完成通知函"，以及项目最终结算付款将构成合同的终结，并终止了承包商的合同责任。

3）应发送一份"合同完成通知函"到财务部门，以保证项目正常的收尾。

（6）文档的建立

在项目启动阶段，应对承包商的文档留存程序、留存时间表和项目文件索引进行评审和调整，以便满足项目的需要。项目应建立并发出存档说明来指定项目文档保管的责任人，以及哪些文件应当被送到档案室。在整个项目实施过程中，应定期对文档体系进行审查并根据需要进行更新。当需要对项目文档索引进行修改时，必须采取如下的步骤：

1）项目经理必须批准修订。

2）应发送一份被修订的文件到承包商的记录存储中心进行管理。

（7）项目记录的处置

在项目竣工前，项目经理与业主一起应对项目的收尾计划进行评审，并对项目过程中积累的书面资料和记录的处置进行重新确认分类。所有的项目记录和书面资料应使用如下其中一种方法来进行处置：

1）那些被列为保密或机密文件的资料应根据保密协议被归还给业主、供应商或版权商。

2）对于被分配了文档控制编码的所有文件要进行登记。

3）业主或承包商不需要的文件应当根据《项目程序手册》进行处理。

4）承包商需要留存的文件应当根据企业的相关规定被移交到企业的档案馆。

（8）记录的存储

关于项目文件的存储应给予特殊的考虑如下：

1）与项目相关的文件将以项目为基础进行存储，不应由各个专业单独存储（例如结构、管道或财务）。

2）项目记录（包括合同、安全、财务、图纸、设计或法律问题）应根据项目的"记录留存时间表"进行保存，并要符合当地国家的法律。

3）项目记录应使用标准的文件盒按照文档的顺序被送到合适的档案中心。

4）保密的和非保密的项目记录应放置于单独的文件盒中，有留存时限和永久留存的项目记录也应单独放置。如果情况允许，每个文件盒中的项目记录文件的留存时间是相同的。

5）一些项目记录由于它们的重要性被划分为"重要"。有些文件被列为需留存记录，例如事故或损伤报告、审计、索赔、财务记录、图纸或检验记录。其中的"重要"文件包括如下：

①签署的合同和合同修订；

②保密协议；

③变更单；

④ 会计记录;

⑤ 看护、照管和控制通知函;

⑥ 竣工通知函。

（9）潜在的诉讼文件

任何的有关潜在的、悬而未决的，或者正在进行的与雇佣合同相关的诉讼或正式的起诉文件都应当移交到合适的分公司办公室。当一个项目结束时，所有与工人赔偿和受伤索赔相关的文件应被整理完备并运至合适的分公司。

4.5.4 项目完工报告

在每个项目完工后，应立即准备一个"项目完工报告"，内容包括如下：

（1）项目启动时的"项目完工报告计划"。

1）项目经理和项目关键人员应当留存将包括在报告中的日志、日记和信息文件等。

2）在项目开始时，就要对报告内容明确要求、分配责任、时间周期以及指南。

3）定义报告的内容以便能够明确地表达如下内容：

① 建设性的批评意见;

② 项目教训总结;

③ 积极的、专业的和客观的方法的使用;

④ 报告的结构应能够允许其他人进行每个单独部分的抽取和使用。

（2）当包括成本数据和专利或机密信息时，这个报告必须根据企业、业主或版权协议的相关规定被注明"机密"。

（3）向恰当的企业人员和分公司经理分发"项目完工报告"。

项目经理全面负责"项目完工报告"的准备、审查和分发。分公司可以要求对报告的内容进行修改，但不应取消报告的准备。如下的项目人员提供适当的协助：

（1）现场经理——负责准备报告的施工部分。

（2）项目采购经理——负责报告的采购部分。

（3）项目控制经理——负责最终的成本报告和工期分析。最终的成本报告也应当作为一个单独的文件发出，并包括最终的成本总结和承包商管理评估要求的绩效报告。

（4）设计经理——负责准备报告的设计部分，包括所有现场设计的各个方面。

根据项目的规模，其他团队成员对于报告的责任分配由项目经理根据情况来确定。

"项目完工报告"的内容应包括简要的管理总结，包括如下内容：

（1）项目范围的简述；

（2）合同类型和主要的财务指标；

（3）业主的组织机构和业主关系；

（4）描述项目重要历史事件的相应照片；

（5）主要的里程碑节点；

（6）独特的项目措施、存在的问题和取得的成就；

（7）对项目教训的建议应包括在报告中；

（8）最终的"月度进度报告"中的成本、进度计划和实际进展数据；

（9）如果项目或项目的某些方面比较重要，某些专业团体或机构申请其中的书面内容的话，在发表之前必须获得业主和承包商的批准。

4.6　项目控制管理

4.6.1　项目控制概述

工程项目的实施过程包括设计、采购和施工，而项目的控制过程就包括对实施活动的时间和成本的监控。

在工程项目实践中，大量的经验表明，时间和成本是项目最难控制的两个变量，也是造成大量失败案例的罪魁祸首。由于国际工程项目复杂性和独特性，中国建筑工程企业在从事国际工程开发与管理时，能够在原来的成本预算内按期完工的项目少之又少，从这个角度也充分说明了时间和成本控制的难度。

通过对国际工程项目的成本分析可以发现，影响成本最大的因素往往不是材料的损耗率，而大多是因为工期的影响，这就说明了时间与成本的密切相关性。这就是为什么把时间与成本放在一起进行项目控制的主要原因。

本章内容以及项目管理专题篇的两篇内容详尽地阐述了项目控制的概念和项目控制的步骤及方法，对于项目经理有效地控制项目的时间和成本会起到良好的作用。

4.6.2　项目控制活动

1. 概述

成功的项目管理依赖于项目控制系统和程序的应用。项目经理应当熟悉这些工具以及它们的使用。这些工具提供了一个能够把项目计划过程中要达到的目标与项目具体管理程序联系起来的方法。项目控制系统也提供了一个进度测量和对项目出现的偏差进行评估并采取纠偏措施的方法。

项目经理负责整个项目的成本和进度控制，他必须领导团队建立项目实施的基础并满足项目控制理念的基本目标。包括如下内容：

（1）向公司和业主提供一个可靠的、有效的时间和成本预算的测量和预测的程序。

（2）分析项目发生的事件，并收集和提供信息来促进项目变更的提交和跟踪。

（3）把项目控制的元素：成本、预算、预测和进度计划等信息进行整合管理。

2. 范围定义

所有的项目管理工作必须从对项目进行详细的范围定义开始，范围的定义要适合项目在各个阶段的管理。范围定义随着项目进展会变得越来越详细，形成的工作分解结构（WBS）将成为成本估算、项目进度计划、项目实施计划、成本预测和项目报告的共同基础，并让所有的方面保持一致。

3. 项目控制办法

每一个项目都应根据项目工程范围编制一个书面的"项目控制办法"作为"项目实施计划"的一部分，并应按照这个办法在项目执行过程中进行项目的控制。

4. 工作分解结构

工作分解过程，通常被称为工作分解结构（WBS），是把项目分解成可以管理的单元的过程。工作分解的另外一个方面是建立组织分解结构（OBS），这是将要执行的工作按照 WBS 中的活动单元进行责任分解的过程。要识别出这些元素要考虑如下方面：

（1）对设施和服务的范围进行详细的定义。

（2）编制一个全面综合的"项目实施计划"作为有效地进行项目控制的基础。

作为项目管理的工具，一个被详细定义的"工作分解结构"提供如下的好处：

（1）对每项工作进行了责任分配。

（2）能够有效促进项目计划、成本预算和进度计划的编制。

（3）能够根据时间计划进行绩效测量。

（4）能够促进项目沟通和管理信息的报告。

（5）对整合项目的设计、采购和施工的所有任务提供了一个共同的框架。

5. 风险管理

包括在"商务计划"中的风险管理是指识别出影响项目成功的所有风险，并采取必要的行动来降低风险到可以承受水平的过程。

风险削减是项目计划过程的一部分，必须由项目经理在项目的计划阶段进行考虑。从项目控制到风险分析的各个方面都有相应的统计分析和风险决策的方法可以使用。

6. 项目策划

项目策划是项目整个生命周期中非常重要的一个职能。项目经理对策划过程的高度重视会对项目的结果产生深远的影响。项目决策一旦完成并且大的成本因素被确定后，项目管理层再要影响成本和时间的能力就会迅速地减弱，因此，对每个项目来说要尽早地进行以项目控制为重点的项目策划工作。

7. 成本估算

项目成本估算要以"项目工程范围"和"项目实施计划"为依据，并作为每个项目成本控制的基础。项目成本估算的主要责任在项目控制部，由项目预算员负主责。然而，成本估算工作是一项团队活动，需要项目团队成员和来自不同部门的非项目团队成员的共同努力和积极参与。成本估算一项非常关键的工作是根据工程设计图纸而计算的工程量单的分项。

在成本估算开始之前要尽可能收集全成本估算依据的文件并作为成本估算的指导性文件。这些文件应作为成本估算文件的一部分。

对成本估算的方法产生直接影响的是要花费的成本、时间长短、精确性要求和用途。项目经理要负责成本估算的审查，根据情况可能需要公司总部和业主的管理层的参与。

成本估算的关键要素包括如下：

（1）现场直接成本；

（2）现场间接成本；

（3）总部人工费和其他费用；

（4）风险储备金额。

成本估算类型的选择是基于使用用途、支持性文件的详细程度和成本估算所允许的时间限制等因素。用于项目成本控制的三种成本估算类型分为：指标概算、较详细成本估算和详细成本估算。

在项目成本估算完成之前项目经理应当根据估算出的成本与类似性质的项目的历史参数的比较进行审查。根据每项内容的成本与项目整个建安成本、设备安装成本、整个项目的人工时等的比例可以大致看出成本估算是否在合理的范围之内。项目经理还要确保项目估算包括如下重要的内容：

（1）材料及工费涨价

除非有不同的要求，每个成本估算应包括一个单独的考虑涨价因素的金额，这个金额要考虑直到项目完工之前的涨价因素。如果是平方米指标概算，通常根据当时的成本数据进行估算，对涨价因素列入一个单项费用。

（2）风险储备金

风险储备金是在项目预算中放入一部分额外预算来涵盖在项目可控范围内的不确定性或无法预见的影响时间和成本的因素。对于综合性的风险分析，将使用一些概率与统计的决策体系（例如蒙特卡洛分析法）来进行分析。项目经理积极地使用比较擅长的方法来参与风险储备金的确定是很重要的。

8. 进度计划

由于项目进度计划是项目时间控制最基本的元素，所以项目控制部的进度管理员在编制和更新进度计划时，项目经理应承担起领导的角色进行指导。这个进度计划要反映项目计划并应当被密切监控，以确保所有工作都能在项目分配的时间段内按时完成。

进度计划的层次和详细程度取决于具体的需要。一般分为如下几个层次：

（1）项目管理层级（项目职能——第一级）；

（2）项目控制层级（项目活动——第二级）；

（3）任务控制层级（工作任务——第三级）。

这三个层级的进度计划是从管理层使用的里程碑计划到操作层使用的任务控制计划。这些计划通过"自下而上"的上滚技术来进行整合，每一层级的计划通过"上滚或者滚下"成为下一个层级的计划。进度计划编制从管理层计划开始，然后自上而下地到项目层级和任务控制层级。项目报告从任务控制层级开始，然后自下而上到项目层级，再到管理层级别。

编制进度计划的一个重要内容是资源计划，通过资源计划才能有效地计算出根据项目时间计划的要求完成规定范围内工作而需要的成本预算和人工时预测。

编制进度计划的目的不但是预测需求，而且也要建立人员配备和人员解散计划，这要与项目整体计划的工作活动和拟交付的成果相一致。每一个专业或者职能管理的工作都需要人员或资源计划，这也将是在项目生命周期内进行各项工作进度测量的依据。项目经理应当审查项目资源计划以确保他们满足项目的整体目标。

9. 成本控制

在项目经理的领导下，成本控制工作由项目控制部门负责，但成本控制应是所有项目人员的责任。成本控制包括如下的主要元素：

（1）控制组织和控制理念；

（2）成本控制预算；

（3）抽样研究；

（4）成本预测；

（5）现金流和分包采购计划；

（6）成本报告。

项目经理要负责在项目培养一种人人都努力节约成本的环境，这是为了达到成本控制目标而进行的成本意识的培养。项目经理必须把成本意识作为项目文化的一部分。具体的责任如下：

（1）通过培养成本意识来教育项目员工通过创新来降低成本的重要性。

（2）根据项目预算设定成本节约的目标。

（3）确保业主支持这个成本节约计划。

（4）获得业主的同意并确定成本节约后的分享比例。

10. 变更管理

项目变更的管理对于项目的成功实施是非常重要的。项目经理有责任确保项目上有完善的执行变更管理的体系和程序。项目经理也有责任让项目全体员工对确认和处理项目变更的重要性有高度的认识。

有效的变更控制需要有适合的项目范围管理、项目组织机构和变更控制的架构。如下是两种类型的变更：

（1）项目偏差：项目偏差是价格浮动、生产效率和其他类似问题造成的结果。偏差会影响项目预测的最终成本和时间计划，但不影响项目的总预算，也不需要业主的审批。根据情况，可能需要通知业主所有的偏差并请求业主参与纠偏行动。

（2）项目变更：项目变更是项目范围变化的结果。在开始变更工作之前应得到业主的书面批准。项目变更会影响到项目总预算、预计总成本和总进度计划。

11. 进度和绩效测量

根据项目成本预算基准和进度计划基准进行项目进度挣得值的测量是项目控制的一个重要元素。项目经理有责任确保项目控制团队有足够的控制体系和控制程序来收集所有的进度和绩效数据，以便进行项目分析和项目报告。进度和绩效内容包括如下：

（1）办公室的进度（例如图纸准备、方案准备、计划准备等）。

（2）现场进度情况；

（3）办公室的绩效；

（4）现场绩效。

12. 实施项目控制

在设计、采购和施工的每个阶段项目控制都有具体应当执行的活动。如下的部分描述了这些活动：

（1）阶段 1——研究与概念设计阶段

合同授标后，项目控制人员要起草一个项目控制办法，规划出项目控制的目标和程序。这个办法要包括满足业主和公司要求的项目成本估算、进度计划、成本控制和项目报告的方案内容。项目控制办法完成后，应由项目经理和项目控制部门进行评审和批准，根据情况，也可能需要业主审批。

（2）阶段 2——初步设计阶段

根据需要准备平方米指标估算，完成早期的项目进度计划，开始着手"关键路径法进度计划"的编制。

（3）阶段 3——施工图设计阶段

这个阶段要编制完成详细的成本估算，并成为项目成本控制的依据。随着项目设计阶段的结束而进入采购和施工阶段，对项目的监督、分析和预测要通过使用变更管理程序而继续到下一个阶段。项目控制系统是用来控制项目费用、进度计划和整个项目成本的工具。

（4）阶段 4——施工阶段

动员现场项目控制团队、处理分包违约扣款、进行保险索赔并继续进行办公室和施工现场的监控及报告等。

（5）阶段 5——项目收尾

根据需要在调试和试运行阶段提供成本、进度和成本估算方面的支持以保证完成项目的收尾。

4.6.3 进度计划管理

1. 概述

项目进度计划将使用横道图、MS project 或者谱瑞码（P6）软件按照从上到下（从粗到细）的方法来编制。在合同授标后的两周内，项目控制人员将在获得业主批准的情况下根据"项目实施计划"编制较高层次的进度计划（概括性计划）。工程项目都是以施工为导向的，这就要求设计和采购的进度计划要满足施工里程碑节点的要求。随着更详细的进度计划的编制，对于每一个施工工作包的所有活动（任务）都将被控制以满足完工日期的需要。

2. 进度计划

为了完成工程项目各个方面的时间管理，至少要使用三个层次的进度计划：

（1）项目的总体概括性计划（项目管理职能需要——第一级）；

（2）部门层次的整合的关键路径法进度计划（项目活动——第二级）；

（3）任务控制层次的进度计划（详细的任务——第三级）。

这三个层次的进度计划是从管理层使用的里程碑节点计划到操作层使用的详细的任务控制计划。这些进度计划可以通过"卷起／摊开"的技术来保证能够有效地使用，每个层次都可以容易地叠起或者摊开到下一个层次。这个技术可以通过应用统一的项目工程分解结构（WBS）之间的关系而实现。

下面介绍这三个层次计划的运用和维护。

3. 项目总进度计划（里程碑计划——第一层级）

项目总进度计划是能够代表项目关键里程碑节点的和整个项目主要工作分类的横道图计划。这个总进度计划要展现每个项目执行阶段的主要职能，并体现了项目的进度目标供项目团队审查和批准。这个总进度计划是详细项目进度计划的汇总。

这是一个管理层使用的进度计划，用来提供项目高层对项目状态的审视。应当体现设计、采购、现场施工和项目移交的主要分类项。

4. 部门层次（第二级）

部门层级进度计划是用于项目控制并可以更新的详细进度计划。这个计划的主要汇总分类项应反映整合了项目所有活动的"工作分解结构"，以便于一个区域或者专业的变化造成的影响可以进行原因分析。设计部分应体现所有设计的可交付成果并反映出为每个施工工作包准备图纸的顺序，也要充分体现不同专业可交付成果（图纸和规范）之间的相互关系以便于计划能够有效地使用。采购部分应单独列出设备和长周期物资以及其他大宗物资的汇总项（注：对每一个采购单的详细进度计划将由项目采购部门编制和跟进）。施工部分应包括足够的细节来显示设计和采购的变化会对施工造成的影响。项目验收移交部分应与项目移交需要完成的关键活动相联结。

"部门层级进度计划"将通过网络逻辑关系整合项目每个阶段的活动，识别出关键路径以及关键里程碑日期并提供实际完成状态与原始目标的对比。这个关键路径计划将是编制详细工作计划的基础，这个计划通过汇总就是"里程碑总进度计划"。

部门层级的关键路径法进度计划将使用符合实际的逻辑关系和时长来满足业主设定的目标。这个计划将体现项目的不同区域和不同专业或者分包合同的活动之间的相互关系。这个进度计划将能够提供项目监督、项目报告和进度状态控制的能力。也将为项目计划、成本估算、成本控制和进度测量提供了共同的报告依据。

在获得项目管理层的批准后，与每一个分包商签订的分包合同相一致，为每个分包商建立一个"目标计划"。"目标计划"是项目管理层用来测量实际进度与目标计划出现偏差的进度控制基准。"目标计划"与其他"项目层面的计划"一起用来体现"最新的进度计划"与"控制基准计划"的相对偏差（是提前还是落后）。

"部门层级关键路径法进度计划"将由项目团队通过两周一次的评审来进行更新，以便达到最佳的控制。通过进度计划的偏差将发现存在的问题或工作计划的变化，并协助确定纠偏的措施以及提出新的项目实施策略。

从"部门层级计划"延展出来的进度计划的例子如：

（1）里程碑完工计划——针对业主要求的每一个里程碑完工日期的"目标计划"与"最新计划"的对比。

（2）季度展望计划——从"部门层级计划"中截取的"季度进度计划"用来进行月度进度计划状态的审查。

（3）设计、采购、现场施工和项目交验管理计划。

（4）采购／物资计划（与"物资状态报告"保持一致）。

（5）施工／分包计划（与"分包合同状态报告"保持一致）。

（6）调试／验收进度计划。

（7）开车／联调联试／项目收尾计划。

5. 操作层面计划（第 3 层）

"任务控制计划"是每个专业工种单独用来计划他们的工作并测量进度（实体完工百分比）的详细计划。这个计划都要是正在使用和维护的详细进度计划，并要包括分包商对各自进度计划的最近的更新。这些计划同样是以可交付结果为导向，但比"部门层级计划"更加详细。"任务控制计划"应包括人员和劳动力的计划安排进而能够形成"人力用工计划"，以便能够尽可能夷平劳动力的"波峰"和"波谷"。

所有在任务控制层级的活动应使用逻辑关系联结来反映每个工作内容之间的相互关系。每一个可交付成果／详细的活动必须包括其预测的人工时，开始／结束日期以及完工百分比／挣得的人工时。

6. 进度计划的协调

根据项目的复杂程度，项目控制人员可能需要向项目管理层提供如下整合的进度计划以便与业主以及所有的合同各方（分包商）进行协调来完成工作：

（1）目标计划；

（2）里程碑完工计划；

（3）项目总进度计划；

（4）部门层级进度计划；

（5）控制层级的进度计划；

（6）物资设备采购计划；

（7）设备加工计划；

（8）关键和长周期设备物资的交货计划；

（9）试验和移交计划；

（10）开车进度计划。

7. 进度报告

准确的进度报告对有效的项目管理是至关重要的，项目控制人员要在每次进度计划更新时报告当时的挣得值进度。在更详细的层次，对每一个工作包要计算挣得的进度。对于更高的层次的报告，对所有的工作包的挣得值要根据加权平均法进行汇总得到整体完工百分比。

8. 进度计划的更新

项目管理层将根据业主的指示确定进度计划更新后的进度报告内容描述和报告的频率（表 4-2）。

不同的细节层级——进度计划 表 4-2

进度计划	最低要求	一般要求	最高要求
总进度计划	总包合同（根据要求）	1. 总包合同（根据要求） 2. 现场总进度计划	1. 总包合同（根据要求） 2. 现场总进度计划
设计进度计划	1. 总体横道图 （1）每个专业一个活动； （2）根据需求更新状态。 2. 未使用关键路径法 3. 保留完工进度和劳动力曲线（保留已完工进度和人力曲线） 4. 特殊和其他专业 5. 客户（业主）和管理月报 6. 物资状态检查报告 7. 现场设计进度报告	1. 前端进度计划 （1）总体工作； （2）每月更新状态。 2. 设计关键路线图 （1）按区域； （2）细节最小化； （3）完工进度状态和关键线报告； （4）月度状态； （5）日常维护。 3. 维护进度和劳动力曲线 4. 特殊和其他专业 5. 客户和管理月度进度报告 6. 物资状态检查报告 7. 现场设计进度报告	1. 总体横道图 （1）现场； （2）每两周更新状态。 2. 设计关键路线图 （1）按区域； （2）具体化； （3）完工进度状态和关键路线报告； （4）每两周状态； （5）每两周具体维护。 3. 维护进度和劳动力曲线 4. 特殊和其他专业 5. 客户和管理月度进度报告 6. 物资状态报告按最高要求维护 7. 现场设计进度报告

续表

进度计划	最低要求	一般要求	最高要求
施工进度计划	1. 按区域的横道图进度计划 （1）针对每个主要账户设计 1～2 个活动； （2）月度状态更新； （3）未更新或无趋势走向。 2. 未使用关键路径法 3. 每周更新两周工作明细表 4. 维护进度和劳动力曲线（总体工作） 5. 现场完成进度报告（总体工作） 6. 客户和管理月度进度报告 7. 特殊和其他专业 8. 无直接现场劳动力分析图 9. 未完成工作清单	1. 施工关键路径法 （1）按区域； （2）按照物资和设备分类来显示运输影响； （3）完工进度状态和关键路线报告； （4）月度状态； （5）日常维护。 2. 每周更新两周工作明细表 3. 进度和劳动力曲线（按区域） 4. 现场完成进度报告（按区域） 5. 客户和管理月度进度报告 6. 特殊和其他专业 7. 直接现场劳动力分析图（按区域） 8. 未完成工作清单（按区域）	1. 施工关键路径法 （1）按区域； （2）按照物资和设备编号来显示运输影响； （3）最细致的完工进度状态和关键路线报告； （4）半月度状态； （5）每两周具体维护。 2. 每周更新两周工作明细表 3. 维护进度和劳动力曲线（按区域主要账户） 4. 现场完成进度报告（按区域主要账户） 5. 客户和管理月度进度报告 6. 特殊和其他专业 7. 直接现场劳动力分析图（按区域主要账户） 8. 未完成工作清单（按区域主要账户）

4.6.4 项目成本控制

1. 概述

成本控制部门要提供准确而及时的成本数据和成本预测，以便帮助项目经理作出有效的决策。成本控制人员也要定期向项目管理层提供成本报告来体现项目生命周期内不断变化的成本状态，这些报告也提供了纠正项目存在的问题以及维持对设计、采购和施工成本的有效控制的依据。"控制"是通过对项目范围变更以及实际进展与项目计划的偏差造成的影响的预测、报告和分析来达到目的。

2. 成本结构

项目成本控制要按照"项目实施计划"中的"项目控制办法"来开展成本控制工作。在开始阶段，要把项目的工作分解成能够进行资源匹配的通用层次的工作包，并能够对这些工作包的资源进行成本预算和控制。工作进一步细分的结果就是成本分解结构（CBS），它使用层级结构的形式以便于"控制包"的信息能够根据报告的目的在不同的细节层次进行汇总。在大多数项目中，在业主同意的情况下，使用标准化的 CSI 成本分解结构是更方便的。

成本控制包是成本控制的基本层次，在这个层次要加入预算的数量、预算的人工时、工费、材料和设备成本，并且在这个层次实际成本支出也可以积累汇总。根据项目的复杂程度和成本报告所需的详细程度，在一个"成本控制包"中可能会有一个或者多个"工作包"。"项目成本估算"提供了工程数量和人工时汇总到成本控制包层次的基础。

3. 报告

每一个工作单元的"原始预算"将作为成本基准，并在项目实施过程中保持不变。通过使用成本分解结构，成本管理系统也将通过记录采购订单或分包合同以及实际费用支出来建立一个"更新的预算"。另外，也将通过测量和分析项目挣得的进度和实际的绩效来提供"项目完工总成本"预测。这些需要的项目成本信息将用于形成项目管理层决策和项目控制的报告的依据。

如下的成本分类将体现在成本控制系统中，并且最终的成本信息通过如下的报告汇总：

月度成本报告：

（1）原始预算——初始的估算（加上任何业主已经同意的调整）。

（2）到目前的项目变更——业主已经批准的变更单累计。

（3）更新的预算——原始预算加上变更累计。

（4）到目前签订的采购订单或者分包合同，考虑下类成本：

1）工费——根据时间计算成本。

2）实际费用（包括办公室和现场）。

3）合同总额（固定总价）——被授予的合同总额（或修订额）。

4）合同额（时间和材料）——已经开具发票和批准付款的。

5）设备／材料费——供应商收到批准按照一个具体价格来提供服务、制作和材料购买。

6）一揽子采购协议材料费——可能下订单前就已经签订。每一批批准发送的货物就构成一个订单。

（5）到目前的实际支出——会计账上反映的支出包括下类成本：

1）工费——根据项目已经花费的人工时计入。

2）办公室和工地费用——向公司和工地提供的服务费用。

3）设备／材料／费用／合同——经付款的由供应商或承包商提供的服务。

（6）完工剩余成本——包括经过项目管理层批准的预测的调整（包括偏差）。

（7）预计完工总成本——更新预算加上预计的变更（包括偏差）。

（8）更新的预算和预计完工总成本之间的对比。

（9）本月和上一月的预计完工总成本的比较可作为选择项。

注：对数量／单位、单价和成本等这些成本分类项的报告和分析可以在不同的层次进行。从管理层报告到详细的报告可以使用各种不同的报告格式。

4. 成本预测

成本预测是定期地对项目完工总成本的测算。成本预测将利用所有成本积累的数据包括签订的采购订单、支出的费用和项目变更等以及项目团队关于未来项目活动的成本的预测来完成。"更新预算"将作为项目的控制预算。

对下类成本将进行成本预测和成本控制。

（1）采购的设备和材料

项目控制部将对项目采购的设备和材料的成本从在工程范围定义开始并持续到采购过程、交货过程以及安装的全过程进行跟踪。变更管理程序将用来帮助识别、估算和跟踪那些影响预算价格的偏差。

（2）分包合同（和已安装的材料）

分包合同成本的预测将包括已知成本（合同价格＝授标价＋被批准的合同变更）加上已知的变更（那些将来要作调整的内容）。将使用"合理价格"计算方法来评估承包商的投标价格和变更成本估算。项目上每周的"分包合同状态评估会"将对可能的分包合同成本的变化进行讨论、核实和确定。

分包商已安装的材料设备数量将根据"成本分解结构"输入到成本系统中。对实际安装的数量或者挣得的数量的核算、列表和报告将提供进度和成本预测评估的依据。对分包商付款需要的对已安装数量（挣得的数量）的核实将根据合同规定的方法和详细程度来执行。

（3）现场工费

成本预测还包括与现场工人相关的人工时、人工单价和工费成本的分析。

（4）现场间接成本

成本预测包括与现场间接费相关的人工时、单价和成本的分析，包括工地管理费（管理人员）、临时设施和服务费。分包商的固定合同总价通常包括相关的间接费用，例如设备、工具、消耗品、现场管理（管理人员）以及相关的费用，还应包括五险一金。

（5）办公和行政管理费用

对公司管理费的成本预测将通过审核花费的人工时、单价和成本来进行，包括到目前的工作绩效分析，以及完成基于目前估计的项目要求的剩余工程还需要花费的成本。

对所有专业和部门的人员计划要根据进展情况和绩效情况进行核查。成本预测将包括人工费和其他费用支出。

（6）项目现金流需求

现金流预测要体现按照项目计划实施所需的预计费用支出，并对业主资金的有效使用留好记录。现金流预测需要定期更新（季度或者月度）。对采购的设备和材料的预计支出将根据采购订单的交货计划和付款条件进行核查。对管理人员的预计费用支出将通过根据当前的进度计划以核实人员需求而进行更新。对分包商的预计支出将通过把分包合同的商务条款转换成一个付款时间表，并能够根据施工里程碑节点进行计划完成进度的核查。

5. 留存的文件

如下的信息将由项目控制部门进行保留作为项目最终成本文件。

（1）年度成本报告；

（2）项目人员计划和实际花费的支出（包括办公室管理人员和现场管

理人员）；

（3）项目现金流计划和实际现金流情况（表4-3）。

细节水平—成本控制

表4-3

分类	最　　低	中　　等	最　　高
1. 估算	1. 投标估算审查 2. 机械设备估算 计入主要账目系统中 3. 详细估算 （1）通过主成本账户输入系统； （2）作为控制预算使用	1. 投标估算审查 （1）工程量审查； （2）价格浮动审查。 2. 机械设备估算 （1）全部设备成本中分摊的直接现场成本； （2）分摊的间接成本； （3）机关管理费分摊； （4）历史数据的仔细审查； （5）未更新； （6）通过主账户录入系统。 3. 详细估算 （1）通过分账户录入系统； （2）通过主账户制作支出曲线； （3）作为控制预算使用	1. 投标估算审核 （1）工程量审查； （2）价格浮动审核； （3）每个工作包分析； （4）审核估算过程中使用的因素。通过主账户录入系统； （5）根据现有方案修改各工作包。 2. 机械设备评估 （1）考虑受设备和类型影响的直接现场成本； （2）可适用的详细估算； （3）详细的间接成本； （4）详细的机关管理成本； （5）仔细评估历史数据； （6）更新所收到的尽可能精准的报价。 3. 详细估算 （1）详细的工人工资率和效率分析； （2）商品总结； （3）准备物资、劳务和间接成本； （4）当设计完成80%后更新数据； （5）通过分账户录入系统。 4. 最终控制预算 （1）在实际施工开始后做大了周期性审查； （2）通过具体账户录入系统； （3）通过分账户制作支出曲线

续表

分类	最　　低	中　　等	最　　高
2. 零星报告和研究	1. 根据需求评估 2. 每月业主和管理进度报告 3. 零星的成本 4. 无工时和支出报告	1. 每月进行评估 2. 每月业主和管理进度报告 3. 研究成果 4. 通过区域主账户制作工时和支出报告 5. 预测	1. 每月进行评估 2. 每月业主和管理进度报告 3. 其他研究成果 （1）单位成本研究成果； （2）增量研究成果； （3）分账户评估； （4）"如果"研究成果。 4. 通过区域分账户制作工时和支出报告 5. 大量预测和生产力研究成果
3. 现金流	1. 按照资金来源的总包合同 2. 季度更新	1. 通过直接劳务和物资以及其他根据资金来源的间接费用 2. 季度更新 3. 使用历史数据和实际情况	1. 通过主账户的资金来源 2. 月度更新 3. 使用历史数据，但是强调实际情况
4. 差异 / 变更单	1. 影响因素 2. 按季度录入系统	1. 细化 2. 按月度录入系统	1. 细致检查后细化 2. 按区域分布 3. 按月度录入系统
5. 成本系统	通过区域主账户维护	通过区域分账户维护	通过区域详细账户维护

4.6.5　变更管理

1. 概述

这部分描述如何识别并管理项目的成本预算、进度计划和项目实施计划的变化，并做好记录。

项目控制人员对项目计划的变化提供报告，并提出建议以及纠偏措施以便维持或者改善项目目标。这就需要一个高效的变更管理程序来记录和管理项目范围或者非项目范围的变更。项目团队成员之间的及时沟通将能够避免影响成本和进度的情况发生。

2. 偏差

偏差是对现有工程范围以内的变更的正式文件记录，这个变更可能被认为是潜在的或者也可能已经正在发生的过程中。这个偏差能够作为提前预警机制来向项目管理层提供粗略的对成本或进度影响的估计，以便采取适当的纠偏行动。"粗略成本影响"通常是基于历史的成本和进度信息、平方米造价评估、百分比或经验法则。如果需要一个更准确的成本和／或进度影响的评估，这个偏差可以随后进行更新。假如项目管理层能够对此偏差进行纠偏，这个偏差就可以被删除，"偏差"不需要业主的审批，因为它不影响项目的总预算。在经过批准的情况下，项目预计完工总成本、不可预见费和／或进度计划可以进行相应的调整。

3. 项目变更单

对工程范围的变更造成项目偏差的文件就叫做"变更单"。一个"变更单"是对项目合同条款的修订并在开始工作之前需要业主的书面批准。在获得业主批准的情况下，当前的成本预算和目前的进度计划将进行相应的调整。由于变更单的审批要求，它将是业主控制项目范围变更的基本方法。

4. 变更清单

变更清单是一个对项目的所有的偏差和项目变更单的详细的列表。这个列表将由项目控制人员至少每月进行一次更新，来显示所有的偏差和项目变更单的准备、审查和批准的状态。下面是一个有效的"变更管理程序"的关键要素：

（1）及时性

在发现变更后48小时内进行沟通是至关重要的。

（2）全员性

每一个项目参与者都有识别和报告项目变更的责任。

（3）信息传递

尽管"偏差"和"项目变更单"可能并不是好消息（成本增加或进度延误），但这个信息必须要传递出去。

5. 程序

项目变更管理工作程序应在主合同签订后立即启动，并贯穿整个项目实施期间。项目部应对每一个"偏差"和"变更单"使用正式的文件形式，尽快发出通知，并记录在"变更清单"中。

对偏差和项目变更的成本估算应与项目成本预算达到同样详细的水平。

6. 留存的文件

如下的信息应当由项目控制人员保存作为项目最终的成本文件：

（1）项目变更申请表（包括偏差）；

（2）项目变更清单。

4.6.6　项目审查和报告

1. 概述

这个部分包含了与项目审查和项目报告有关的信息。

2. 项目审查

项目审查程序包括两种类型的审查：一种是包括项目管理层和业主在内的管理审查；一种是项目内部的每周和定期的项目进度审查。

（1）月度项目审查

第一种类型是项目管理层的月度项目审查，这个审查的日程取决于项目服务的范围，但通常包括如下内容：

1）财务状态；

2）项目办公室的成本、人员和进度情况；

3）设计状态；

4）采购和物资交货状态；

5）施工的成本、人员（包括工人）和进度情况；

6）安全统计；

7）进度计划状态；

8）存在的问题和要采取的行动；

9）价值意识。

为了准备月度的会议，项目经理应当与公司层面达成如下的内容：

1）会议日程；

2）会议参加人员；

3）标准报告的格式和其他信息；

4）报告的时间和频率。

第二种项目审查是与业主的管理层每月进行一次的项目进展状态的审查。通常需要考虑如下的内容：

1）明确业主月度项目审查时间表。

2）与业主就会议时间、地点、参加人员和日程达成一致。

3）确定进度报告的内容和需要提供的信息。在可能的情况下，尽可能使用项目管理层项目审查会同样的信息。

4）汇总并沟通项目的状态、进度情况、需要采取的行动、偏差、变更单、合同事项和需关注的内容。

（2）每周／定期的进度审查会

项目部应进行每周一次的项目进度审查会来评估项目的状态并促进项目团队成员之间的沟通。项目经理通常从下列内容中选择一项或者多项能够组合在一起的内容进行审查。

1）设计进度审查

在设计进展的各个阶段进行设计的技术和进度审查。

① 很重要的是与业主达成关于设计评审的周期、需要评审的内容以及正式的审批要求的一致意见。

② 确保在项目进展过程中的设计审查要包括公司内部审查以及与业主的共同审查。

③ 对设计审查的时间计划安排要能够让业主对关键文件和工艺的审批不严重影响项目的进度。

④ 在设计的早期阶段应每周进行一次进度审查，在项目每个阶段设计评审的会议日程要根据当时正在进行的活动进行修订。

⑤ 评审并获得业主对每个步骤的关键设计成果的批准。

⑥ 确保适当的人员参加评审会。

⑦ 在评审会之前分发图纸和图表。

⑧ 确保参会人员明确会议的目的。

⑨ 确保在设计各个专业之间以及业主和各个专业之间有适当的交流和沟通。

⑩ 在业主评审之前要进行内部评审。

2）运营和设计安全性审查

应当进行项目运营和设计安全审查。在较大的项目上最好是由一个对安全风险和运营过程很熟悉的但独立于项目设计团队的人员来主持安全审查。对审查的时间计划要进行恰当的安排并建立审查的程序，以便于对需要采取的行动能够按时完成。

3）可施工性审查

要建立一个进行可施工便利性、可运营性以及可维修性审查的计划。每个项目要确保在设计程序中包含这些原则。

① 确保总部人员、施工人员和业主人员能够识别出施工中的问题、施工顺序和其他可能影响设计的因素。

② 获得施工部门的帮助来执行这些审查活动。

4）设计文件审查

执行各个专业文件的审查。

① 对每个专业生成的文件要进行内部评审，包括规范、图纸（例如平面布置图）、模型和其他关键文件。

② 执行设计各个专业之间的交叉评审，以保证准确性、相互干扰性和功能的一致性。

③ 建立各专业之间的交叉评审程序，以保证各个专业间的设计工作能够高效的流动，并建立内部交叉评审程序以便于规范和文件被发送到每个专业进行签字确认和提出评论。

5）质量管理程序

项目经理负责建立项目质量审查的时间计划表。每一个核心职能和专业将根据《项目程序手册》和《审计时间表》执行项目管理活动的审计。

6）其他定期的审查

其他定期的项目审查应根据需要进行，以便于相互沟通和保证项目的进度。这些可以包括如下内容：

① 现场进度：现场人员、施工进度、分包商进度、安全管理情况以及下一步的需求和活动。

② 采购进度：设备和大宗材料采购状态以及物流进度、分包合同状

态等。

③ 项目控制：成本估算审查、进度计划审查、生产效率审查、成本预算的预测和对比以及项目人员。

④ 财务/会计：现金流情况、应付账款、应收账款、资金成本。

⑤ 项目设施和服务的范围：确保项目的范围、成本估算、进度计划、质量和项目目标被充分地考虑和优化。

⑥ 价值意识。

3．项目报告

典型的项目报告包括如下：

（1）月度项目进度报告

每个项目应当根据统一的格式向业主和公司的管理层提交月度进度报告。

1）在项目启动时就要明确要提供的报告的标准格式。

2）与业主讨论报告需要的内容和格式。

3）明确项目报告报送的人员，应包括公司管理层、业主管理层和关键项目团队成员。

（2）工费累计报告

每个项目都应当准备累计工费报告。

1）包括"本期间（如本月）"和"开累"的人工时和成本。

2）明确具体并充分的报告信息，并对各职能部门、专业和团队成员进行必要的分发。

3）根据项目的需要，每周或定期发送报告。

4）确保每一个专业都要审查报告并执行如下内容：

① 识别出那些与项目活动无关的人员的时间收费。

② 计算同等工作的工费。

③ 监督每个员工的加班费和项目的总加班费。

5）汇总适当的信息并包括在每个月的进度报告中。

（3）成本报告

每个月都应准备一个项目成本报告。

1）要与公司和业主关于成本报告的内容达成一致意见。

2）在成本加酬金的项目上要在每月的进度报告中向业主提供月度成本报告。

3）成本报告中建议包括的内容如下：

① 所有成本和变更的汇总；

② 完工总成本预测；

③ 现金流分析；

④ 对那些有成本影响的内容进行描述，例如成本趋势、里程碑节点和需要管理层关注的内容。

4）确保项目团队认真审查这个报告以识别出那些需要纠偏行动的问题。

（4）人员预测

人员预测应当每月或者定期地进行更新。

1）确保与项目进度情况保持一致。

2）包括工程范围的变更。

3）与剩余的预算的对比。

4）偏差分析。

5）包括在每月的进度报告中。

（5）设计文件状态报告

设计文件状态报告应提供给项目的各个职能部门，包括项目控制部门。设计文件状态报告包括如下：

1）列出所有完成项目设计需要的图纸、规范、文件。

2）包括在月度进度报告中。

3）要基于每一个设计专业负责人的报告。

4）根据《项目程序手册》中的项目设计程序规定的时间周期发出。

5）确保项目团队根据项目的需求日期对每个图纸和规范的进度情况进行监控。

（6）供应商数据状态报告

应维护一个供应商图纸和文件的记录簿。

1）跟踪并催交已经到期的或已经延误的供应商数据。

2）定期对那些例外的情况进行审查。

3）催交那些已经延误的供应商文件。

（7）采购状态报告

根据项目的规模、类型和进度情况可以使用几种报告来跟踪物资和分包合同的《采购招标文件》和《采购单》的进度和状态。在项目上要使用的系统应当在《项目实施计划》中说明。

下面是"项目审查和报告"目录的例子：

月度项目进度报告

目录（典型的）

1. 概述（简要描述）

1.1　项目名称

1.2　成本

1.3　进度计划

1.4　设计

1.5　采购

1.6　施工

1.7　维修和培训（如适用）

2. 汇总报告和图表

2.1　EPC 工程进度完工百分比（例如，实际进度与计划清单／图表）

2.2　特殊工作的进度计划（例如，开车／检查／制作）

2.3　成本报告

2.4　项目进度计划

2.5　项目偏差登记表

2.6　变更单登记表

2.7　采购报告（例如，设备／分包合同状态总结）

2.8　需要关注的方面

2.9　项目照片

注：分发人员包括分公司管理层、业主管理层和项目团队。

月度项目审查报告

目录（典型的）

1. 统计和概述

1.1　项目编号和地点

1.2　业主

1.3　工程范围（EPC）

1.4　项目经理

1.5　项目预计完工总成本

1.6　公司的全部成本

1.7　合同里程碑节点（计划的、预测的、实际的）

1.7.1　开始实质性的设计日期

1.7.2　完成设计至 95% 的日期

1.7.3　实质性地开始施工日期

1.7.4　施工完成日期

1.8　财务状态报告

1.9　项目安全报告

1.10　质量情况总结

1.11　项目办公室的进度和人员情况

1.12　采购工作汇总

1.13　现场进度和人员（现场工人）

1.14　施工情况总结

1.15　存在的关键问题和解决方案。

项目月度的注意事项

（1）项目的工资单被审核和提交了吗?

（2）项目的"零星现金报告表"被审核和提交了吗?

（3）本月所有与工地受伤相关的报告被审核并提交给区域安全总监和保险公司了吗?

（4）本月的安全统计信息被审核并提交给区域安全总监了吗?

（5）本月的《项目财务状态报告》被更新和提交了吗?

（6）项目进度计划状态被审核和提交了吗?

（7）项目的成本状态被审核和提交了吗?

（8）项目的偏差／变更单状态报告和对项目的影响报告被审核和发出了吗?

（9）项目的不可支付项的状态报告被审核和更新了吗？更新的结果提交给项目经理了吗？

（10）本月的"内部管理评审会"已经准备好了吗？

（11）本月的"外部管理评审会"已经准备好了吗？

（12）本月的《月度项目进度报告》发出了吗？

（13）H项目合同可能的或必要的修订被评审了吗？

4.7 项目职能管理

4.7.1 项目职能概述

项目职能管理是指对项目实施起到支持和服务的职能活动，其中包括：人力资源、财务会计、安保、安全、质量、文件控制、沟通管理等内容。

职能管理是保障项目顺利实施的必要活动，任何一个职能活动的失误都可能会造成项目关键实施活动的失败，因此，仍然需要引起项目经理的高度重视。

在每一个企业对于如下的职能管理都有详细的管理流程，但下面的内容从国际工程项目的管理实践出发，列出了项目职能管理中应注意的各个方面，对于项目经理了解各个职能管理的重要性会起到较好的作用。

4.7.2 人力资源

1. 概况

这个部分讨论人力资源部门的职责，定义了项目经理在人力资源方面的职责以及项目经理和人力资源部门之间的相互关系。

2. 公司政策

这些员工政策适用于所有的领薪水的员工和小时工，是影响所有项目员工相关的公司目标和意图的书面说明。海外分公司应在他们的人力资源政策手册中包含大部分相同的内容。

3. 绩效评估

一般对于领薪水的员工要进行绩效评估，每个主管都有责任确保绩效评估工作的有效性。如果是总部派到项目部临时工作的员工，项目经理应向该员工的总部部门经理提供其绩效表现的信息，对于现场人员，现场经理负责确保完成绩效评估工作。

4. 招聘代理服务

为了能够迅速地向项目提供充足的人员，项目经理应填写人员需求申请表并提交给人力资源经理，人力资源经理开始招聘工作。每个办公室（总部或分公司）都应针对招聘代理服务建立最优化和最低目标。与任何代理机构的协议都应通过人力资源部门来签订。

5. 国际人力资源管理

公司行政部门负责协助与国际旅行或工作调动有关的事务。这些包括了护照申请和签证办理。

6. 项目人力资源

项目经理在人力资源方面的时间投入和责任大小根据项目部和现场的情况不同而大不相同。

（1）项目部的人力资源

总部每个职能部门要针对他们负责的职能对项目部提供资源支持，其中也包括技术人员的支持。如果部门内部的人员不能满足项目人员需求，部门经理应向人力资源部提交人员申请，进行外部招聘。

员工绩效或其他涉及具体员工并且影响项目成功的人力资源问题都应由项目经理解决并与部门经理沟通。项目经理有权作出任何与员工有关的项目决定。部门经理对其他与员工相关的问题负责。人力资源部向项目经理和部门经理提供建议。

（2）现场人力资源

现场的人力资源经理（或由行政经理兼职）直接向现场经理负责，负责项目和总部（分公司）人力资源部门沟通来处理所有人力相关的问题。如果项目现场没有专职的人力资源负责人，分公司或区域的人力资源经理就承担相应的责任。在这种情况下，现场经理将直接与分公司的人力资源经理商量解决员工关系的问题。分公司的人力资源经理将根据需要直接与总部人力资源经理沟通。

7. 培训

培训分为内部培训和外部培训。人力资源部负责提供总部和项目员工的培训。这些培训服务大致分为三个部分：

（1）培训需求分析。

（2）协调培训项目的设计、开发和外部采购。

（3）管理和评估培训的效果。

总部的员工培训通常是由部门负责人在人力资源部帮助下开展。对于项目现场员工培训通常需要现场经理的批准，有时也需要业主的批准。

总部人力资源部对所有的正式培训保持记录并保存。人力资源部制定培训计划并将信息通知所有正式员工，确保所有员工知道公司的培训计划安排。

8. 人力资源手册

总部和分公司都要制作分发公司《人力资源手册》，这本手册可以从相应的人力资源经理处得到。手册中包含了员工可以用来向公司提建议的表格，以便不断改善员工关系管理。

9. 人力资源应考虑的因素

（1）人力资源政策

《人力资源手册》是为了提高所有部门经理如何恰当地处理与下属的关系并能够运用有效的管理技巧和最佳实践的方法。

在强调能给予员工工作责任感和发展机遇的同时，也强调工作荣誉感、工作的效率和效益的价值观。要致力于为员工提供持久的就业机会、满意的薪酬和和谐的工作环境。

（2）管理技巧

公司与员工保持良好的工作关系是非常重要的，包括以下这些技巧：

1）有效的员工培训。

2）对待员工的不满迅速并公正地解决。

3）对所有员工（无论层级或职位），要有稳定的、公正的、友好的和一致的处理方式。

4）兑现所有的承诺。

（3）招聘与合同解除

企业的目标是发展一批乐于跟公司共同长期发展的有能力的员工队伍。在为新项目选拔人员时，以前曾在公司有过良好表现的员工应给予优先考虑。国际工程企业应将员工属地化作为公司根本性政策，通过加强培训让本地员工达到所需的技能要求。

（4）纪律

培训员工包括解释公司对他的期望以及如何正确地工作，因此，每一些行为纠正活动经常会成为一次培训活动。对员工的训练和行为纠正需要考虑三个方面：1）调查并告知其适用的规则以便员工理解。2）当处理违反规定或不能按照要求执行工作的情况时要保持一致性。3）对员工的纪律谈话、训斥、纠正行动和解除劳动合同要留有书面记录。

（5）投诉程序

企业应支持公开的沟通，让员工清楚地了解他们的主管领导希望他们把工作中的不快反映出来。投诉程序分为三步：

1）员工向其直接上司反应，直接上司会在一个工作日内给予答复。

2）如果该员工对直接上司的答复不满意，那么下一步就是向项目／现场经理或部门经理进行汇报。

3）最后一步是向公司人力资源经理提交一份书面材料，申请将问题提交给公司总经理。

10. 社区关系

企业只有在进行商业活动时得到了很好的看法，并得到了那些与公司有过交往或了解这个公司的人的很高的评价时才会有很好的公共关系。与员工的关系以及与商业伙伴的关系会影响到在其他地方和时间的同样的关系。企业应致力于通过完成高质量的工作，按时完成任务，并诚实守信，公正公平地对待每一个合作伙伴来保护公司的信誉。

在项目工地只有指定的发言人才能应对媒体。如果发生意外事件，例如严重的事故，工长要立即联系现场经理，现场经理要尽快联系公司总部来确定适当的发言人。

11. 人力资源绩效评估

企业应把员工职业发展作为最优先考虑的事情，因此要对所有员工进行每年一次的绩效评估计划。所有公司和分公司总部的员工将根据"人力资源发展表"进行评估。项目员工使用"项目员工评估表"进行评估。项目经理、现场经理、项目控制和行政经理将由公司总经理决定适用什么表格进行单独的评估。

12. 附件

（1）人力资源发展表；

（2）项目员工的机密评估。

4.7.3 财务会计管理

1. 概述

本部分描述财务和会计部门在支持项目方面的角色并讨论与项目管理相关的一般财务问题。

财务和会计部门直接负责实施和执行所有项目的财务和会计核算的职能，以便能够符合公司的要求、政府当局的要求和业主的要求。

2. 组织

在项目经理和财务部门之间的基本界面关系是通过公司的财务管理组织来建立。财务管理部门负责向项目和分公司提供财务职能服务。

（1）分公司财务经理

被安排在海外分公司或者项目上的财务经理在运营方面向分公司总经理负责，在职能管理方面要向总公司的总会计师／财务总监负责。财务经理的角色包括在项目投标阶段和项目启动阶段提供支持并保证分公司的财务战略和财务制度能够得到贯彻执行。分公司的财务经理应参与较大项目的"商务策划会议"。

（2）项目财务经理

在项目实施过程中，项目经理与会计部门的界面就是项目财务经理（PFM）。项目财务经理从运营的角度向项目经理负责，从职能的角度向公司财务经理负责。

项目财务经理负责项目所有的会计工作，包括应收应付账款、向业主开具发票、历史成本和付款数据的报告、内部控制和描述项目状态的财务报告。项目财务经理也负责与其他业务活动的协调，包括税收、保险、现金管理和审计。

项目财务经理的目标不仅是确保项目会计核算是完整和准确的，并且要根据合同要求和管理的要求提供及时的财务分析。

3. 对项目实施的支持

（1）对投标的支持

投标经理可能会根据项目的规模和招标文件的复杂程度请求分公司财务经理／项目财务经理执行部分投标工作。

（2）项目实施

项目授标后，项目经理和项目财务经理必须共同确定并澄清实施项目需要提供的财务支持，这些支持活动将形成财务工作的基础，并且必须与财务人员的工费、时间安排和实施计划形成统一。

在大的项目上，分公司财务经理／项目财务经理可能会直接与业主联系来确定财务活动的工作范围。在合同各方之间需要进行明确的责任划分以便能够准确地定义财务工作的范围，那些公司不应承担的财务工作必须明确地划分出来。

项目财务经理应当保存一个合同文档以保证所有关于合同条件和合同解释的协议内容进行书面的存档。项目财务经理必须对合同有一个透彻的和详细的了解，以便能够准确地执行财务管理的职能。

4. 项目管理中的财务问题

为了有效地管理项目的财务工作，项目经理应当了解几个财务方面问题，下面是在编写《项目商务计划》时以及进行项目管理时要考虑的一些关键性的财务内容：

（1）项目利润率

"项目定价模型"最初是基于投标文件和初始的商务谈判。投标经理负责项目授标前的"项目定价模型"的更新工作，在授标时公司要对项目利润达成一致意见。公司财务经理／项目财务经理随后要协助项目管理层进行项目利润预测的更新。

计算项目利润率是为了在项目进行过程中评估项目的绩效而提供的一个可衡量的财务标尺。从项目启动开始，项目经理必须清楚地了解项目所有的利润中心并识别出潜在的新的利润来源。应针对合同条款中有财务和利润风险的方面准备风险削减计划。

（2）利润计算

项目利润核算的财务报告要每月或者每个季度进行一次，这要根据公司的要求确定。项目实际形成的利润结果基本要按照两种计算方法进行核算。这两种方法分别叫做"完工百分比法"和"账单法"。使用什么方法进行项目利润计算应由项目财务经理与分公司财务共同决定。

1）完工百分比法

完工百分比法是把项目实际发生成本除以整个项目的完工预测成本得出百分比，然后拿这个百分比乘以整个项目预测总利润得出项目截至目前的利润额。这种利润确认方法最适用于固定总价合同，但对于大型项目在完工之前合同风险还存在的情况下或者使用"账单法"被认为不够的情况下，可以使用这个方法。使用这个方法时一个准确的"完工成本预测"就非常关键。

2）账单法

"账单法"是根据项目应付账单减去项目发生的直接成本来确认到目前的利润。这个方法是比较简单的一种利润计算方法并要与项目开发票的时间相对应。使用这种方法来计算项目利润时项目的完工总成本预测就不重要了。这种方法对于财务风险很小的项目比较适用（例如成本加酬金法），对于那些两种方法产生相同结果的项目更受欢迎。

（3）成本会计核算和财务报告

在项目启动时，必须先确定项目的"成本分解结构（CBS）"来有效地汇总项目的成本。会计部门与项目控制部门必须紧密的配合来确保现有的系统和程序能够与业主要求的成本结构相一致。较早地确定财务报告的格式并严格地遵照项目的成本分解结构（CBS）将大大减少项目执行过程中的编码错误。

项目经理必须通过定期完成公司要求的"项目财务报告"来反映项目的财务状况。项目财务经理和项目经理应当在报告格式确定之后选择或编制其他会计系统需要的报告。

对于成本加酬金项目要做每月的项目成本与业主付款的对比表。在这个对比表中要包括合同截至目前的"业主不支付成本项的汇总"。项目经理应每月对这个文件进行审查以加强对"非支付项费用"的控制。

（4）应付账款

当需要付款信息支持时会计部门应把项目相关的发票发送到项目控制部门。所有付款必须根据项目建立的成本编码子目登记在"会计系统"中，包括会计文档中必要的支持信息（例如，采购单和合同号、发运单等），确保项目控制人员能够掌握到这些信息。

（5）银行业务

对于项目的收据、工资单、应付账款和零星现金等需要银行业务的支持。财务部门在以下几个方面需要提醒：

1）选择最好的收集项目收据和工资支付以及应付账款的资金支付方法。

2）选择银行。

3）银行提高项目所需服务的能力。

5. 内部控制和审计

项目一般都将按照被接受的会计准则和公司政策进行内部控制。由业主、外部审计和公司内部审计会定期对项目进行财务审计。在业主执行审计时，需要适当的配合和合理的提前通知以确保能够拿到被控制的财务记录。项目经理将根据正式的审计函负责纠正审计出来的问题。

（1）内部控制

内部控制可以分为管理控制和会计控制。管理控制包括与管理授权有关的组织机构和管理程序。这种授权是直接与达成项目目标责任相关的管理职能，是建立项目管理控制的起点。

会计控制包括保护资产和维护财务记录可靠性的组织机构和管理程序。在一个项目上，会计控制应确保工资单、支付单、应付账款等要正确地记录和汇总。这些控制必须确保项目的历史成本被正确地收集并作出合理的项目完工预测。

（2）内部审计

公司内部审计是用来评估项目活动的一个独立的评估职能。内控审计部的主要目的是协助项目管理层并有效地释放他们的责任。

项目管理层应积极请求公司对项目的管理活动进行正式的审计。内控审计部也应根据公司对项目审计要求独立地安排项目审计计划。项目审计提供的好处包括如下：

1）是评估项目内部控制的独立机构；

2）监督项目是否符合公司政策和程序；

3）监督是否符合合同条款；

4）审查是否遵守了良好的商业活动实践。

要根据审计风险来进行项目审计规划，项目不能拒绝被审计。内部审计要求得到公司所有人员、设施和项目记录。

6. 工地会计

项目财务管理的基本原则同样适用于现场会计管理。工地会计可以是单独设置或不单独设置。项目经理和公司分管领导应共同决定是否在一个项目上单独设置会计人员。

（1）单独设置会计的项目

一个单独设置会计的项目应维护和处理包括业主付款、工资单、银行业务，以及应付账户等所有的会计数据。在这些项目上，项目财务经理将在现场办公，向现场项目经理汇报每天的工作，并向公司的财务经理进行职能汇报。

（2）不单独设置会计的项目

通常由于项目的规模或复杂程度或项目管理的基本职能在公司总部的情况下，不在项目单独设置会计。必须建立明确的项目会计和财务控制程序，以便能够进行现场管理活动的责任划分。

4.7.4 安全管理

1. 概述

安全管理是建筑工程企业的安全管理部门对所有分子公司所在国家和项目的安全管理工作。所有的雇员都应当遵守企业的安全管理程序并要遵守当地政府的安全管理准则。

2. 安全政策

建筑工程企业的所有工作应坚持安全第一的原则。另外，企业的管理层应坚信没有任何工作或任务能够重要且紧急到没有时间去考虑和进行安全生产。因此，建筑工程企业给予员工一个安全和健康的工作场所应作为各项管理中最重要的考虑。

对安全政策的成功贯彻和执行需要透彻地理解和接受如下的原则：

（1）只有那些没有伤亡事故的项目才能保持生产的高效和项目的利润回报。

（2）无论任何岗位的每个职员都必须真心实意地接受和执行他／她的安全责任。

（3）所有的事故都可以通过正确的培训、计划以及严格遵守安全管理程序和安全生产方法而得到避免。

（4）通过恰当的计划和前瞻性的预见，所有工作场所的安全隐患都可以被消除。

所有职员必须对公司的安全管理办法给予最大的配合和支持，保证安全计划得到有效的贯彻。当企业管理层和监督人员特别重视安全时，其他职员会逐渐接受公司的安全规定。因此，公司的安全监督人员就能够通过减少昂贵的事故代价而给企业创造效益。

企业应清楚地认识到发生安全事故不仅会造成员工人身的伤亡，同时也会给企业造成大量的间接损失。这可能会造成公司营运中的其他重大损失，包括需要增加高昂的保险费用等损失。

3. 安全工作说明书

建筑工程企业的管理人员应通过分析每一项工作任务的安全风险来向承担工作任务的员工提供正确的"安全操作说明"，以执行他们的监督管理责任。企业应针对每项工作进行安全交底，要求每项工作都要进行安全风险源分析，以及严格遵守安全规定作为安全管理的强制性要求。公司安全部门的首要目标是针对安全生产意识进行广泛地宣传和教育，以保证企业的每个员工都能够理解安全管理的意义和重要性。

在一项新的任务开始前，管理人员应召开专门的安全会议来讨论工作中的安全隐患和安全意识，并向所有员工进行《安全工作说明书》的交底。

4. 组织架构图

图 4-1 是一个典型的项目安全组织机构图。

图 4-1　项目安全组织机构图

5. 紧急医疗救助

要对每个项目办公室和项目以及业主的办公区针对医疗设施的情况进行全面的调查，以决定这些设施是否充足，了解反应速度以及其他会影响员工需要医疗救助的因素。这个调查是决定现场急救人员、急救设施和设备等配备情况的主要因素。

对于每个项目，本区域调查必须包括如下内容：

（1）最近医院的名称、位置是否满足要求。

（2）最近的救护站的名称、位置是否能满足基本需求。

（3）本地的医生是否可以进行手术或者可以推荐其他专家。

6. 紧急情况应急程序

每个项目都应建立企业与分包商、业主和当局之间的沟通机制，以便在必要时能够作出应急反应。危机应急程序至少包括如下内容：

（1）审查项目交通路线布局和其他可替代的路线。

（2）注明所有员工的集合点以及疏散路线。

（3）针对本地经常的风向和风向袋的位置来考虑项目的位置。

（4）建立一个现场人员的点数系统，来记录在场出勤人员、休假人员、缺勤人员和在现场外工作的人员。

7. 安全与卫生参考资料

企业内部的《安全手册》提供了安全生产需要的基本指南。安全程序包括如下方面：行政管理、各级主管的责任、个人防护设备、防火和预防、移动设备的安全、安全操作、事故报告和记录、职业健康，以及其他涉及安全和职业健康的文件资料。

8. 项目安全手册

为了建立企业的项目事故预防计划，每个项目都应发布针对本项目的《安全手册》，其中应包括当地的政府和业主的要求。如果这些要求不一致时，项目应遵守要求更严的规定和程序，更不能对企业自己的安全规定降低标准。根据不同的地域，如下的安全方面可能会有特殊的规定：

（1）职业安全健康法案（OSHA）报告（例如，因事故造成的时间损失和安全统计数据）；

（2）对恶劣天气的准备情况（例如，台风和滑坡）；

（3）卫生设施和供水情况（例如，厕所、引用水）；

（4）办公楼、仓库、车间（例如，防火、荷载限度）。

4.7.5 安保管理

1. 概述

建筑工程企业应致力于向分子公司提供在安保和员工相关的法律事务方面的支持。这个责任包括与当地执法机构合作对企业的情况进行特殊的调研并在有特殊的安保需要时进行咨询。如下是适用于国际工程项目的需要特殊安保服务的清单：

（1）国际旅行的介绍和建议；

（2）施工现场的安保策划；

（3）特殊的调查（针对安保情况）；

（4）与当地执法人员会晤；

（5）个人背景调查；

（6）治安相关的培训；

（7）健康情况是否符合工作要求；

（8）对现场人员的支持和服务。

企业的目标是为所有的员工提供一个安全的工作环境，每一个项目经理应当在《项目程序手册》中包括《安保计划》。

2. 与业主的安保界面管理

当业主对项目的工艺流程、专利、系统和行业机密有保密要求时，企业有责任达到业主的要求。项目经理要负责对所有项目员工针对"安全的等级"（指的是泄密安全）进行通知和培训教育。在项目实施过程中，项目经理应明确并记录任何与项目合同要求不同的关于保密方面的新要求，并包括在安保管理措施中。

3. 安保考虑

如下关于项目办公室的安保考虑的清单并不是全部内容。每个项目办公室都应单独进行审查，来作成本和效益的对比，而且，如果必要，应当提供额外的安保考虑。

（1）企业内部处理和外部处理的决策；

（2）文件分发；

（3）某种文件的颜色编码；

（4）审批图章；

（5）门禁和上锁的文档（钥匙控制）；

（6）废弃文件的处理；

（7）部分或全部楼层的占用；

（8）走廊布局；

（9）门禁卡（进／出监控）；

（10）隔断高度；

（11）人员控制；

（12）指定的／没有指定的人员进入工作区域；

（13）电子／感应卡；

（14）从项目或文件控制区取走的文件；

（15）复印控制；

（16）专门的或者集中管理的设备（如复印机）；

（17）设备位置（如果是专门的）；

（18）被废弃的文档的储存和处理；

（19）电脑服务／软件安全；

（20）操作员进入／识别以及换班制度；

（21）电脑辅助的设计文档的查看／储存；

（22）数据／备份文件的意外丢失。

4.7.6　质量管理

1. 组织

在公司技术部门的支持下，公司的质量总监负责定期对企业的项目进行质量审计。公司质量总监通过提供必要的技术指导和协调来把质量管理的各个方面联系起来形成一个完整的质量管理系统，以保证质量管理在各个环节的连续性。公司质量总监与项目的质量经理密切配合并在项目设计经理的协助下对供应商的质量控制和现场的质量控制进行监督检查。

2. 质量保证

经过贯标的企业要按照 ISO 9001 国际标准的要求进行组织和管理，对影响公司服务质量的技术、行政、人员等因素进行管理以减少、消除和防止质量缺陷的发生。因此，公司由质量总监组织进行质量审计，以确保公司的质量管理体系和程序在实施过程中得到了贯彻和落实。每个公司层面（不论是总部层面还是分公司层面）都应对其负责的项目提供质量保证的支持。

3. 项目质量保证／质量控制流程

下面的部分主要描述项目质量保证／控制流程的四个主要的方面：采购前的质量控制、设计质量控制、供应商质量控制和检查，以及施工现场质量控制和检查。在这些方面具体的质量保证程序文件将描述如何实施质量控制活动，指定每项质量活动的负责人，并规定质量控制活动的层次和频率。

项目质量经理要确保公司的质量管理程序在项目得到应用，并确保本项目也编制了有针对性的质量管理程序并得到了审批和下发。项目质量经理也要对项目中与质量相关的各个方面进行审计和监督，并让项目经理和项目人员知晓在施工过程中那些会影响工程质量的情况或者问题。

4. 采购前的质量控制

项目质量经理通过监督和随机抽查采购文件，以确保这些文件中包括

必要的质量保证 / 质量控制的要求。质量经理要将检查的结果报告给项目经理。

作为质量控制要求的一部分，所有的供应商都需要有一套完整的书面质量管理程序，这些质量程序应符合适用的当局规范、标准和采购合同中的技术规范要求，也应包括对供应商的供应商质量控制步骤。供应商在提交报价时应同时提交其质量手册以备审查。供应商的质量管理程序必须在合同中规定的工程范围内的各个阶段得到有效的贯彻。在执行过程中，质量管理程序必须能够在供应商的工作地点被其质量控制人员随时可以进行审查或者审计。

至少，供应商的质量手册必须涵盖如下几个方面：

（1）符合具体的规范；

（2）表明质量责任和授权的组织机构图；

（3）对质量手册修订进行控制的相关规定；

（4）对设计图纸、规范和质量程序的控制；

（5）将项目特殊要求转化为内部工作说明的控制程序；

（6）供应商材料来源；

（7）材料验收检验程序；

（8）材料的可追溯性；

（9）施工过程中和最终的检验；

（10）误差控制；

（11）检验工具和仪器的校核；

（12）不合格品的控制方法；

（13）检验和试验人员的任职资格；

（14）质量记录及其留存程序。

需要供应商在实施过程中提交和审批的其他额外的质量程序包括如下：

（1）焊接；

（2）非破坏性试验；

（3）特殊面层的应用；

（4）功能和性能试验；

（5）热处理程序；

（6）其他（列表）。

5. 设计质量控制

设计程序定义了设计活动如何开展，以及对设计文件的准备、检查、审查、批准、分发、修订等相应责任的划分。设计质量控制的基本方法是检查每个专业的设计图纸和文件。这些检查工作应由高层人员而不是那些设计图纸和文件的人员来进行。检查的详细程度根据公司书面的检查程序进行。除了正常所需的专业和项目设计审查和检查外，设计工作应由专门的设计质量控制小组（EQC）来负责检查。在项目质量经理的协调下，设计质量控制人员可以抽查过程中的和完成的计算书、草图、图纸和类似文件，以确保技术准确性并符合项目规定的标准和程序。设计质量控制小组由各专业高级设计专家组成，独立于项目设计团队（不参与设计）。

设计质量控制小组审查内容包括如下：

（1）对进展中的工作进行审查以确认符合项目和各专业的程序，特别是那些涉及专业内和不同专业之间的协调和专业交叉评审、采购申请审查、参与标书分析，以及见证关键设备的测试等。

（2）专业间的协调检查是通过草图、计算书、采购申请、图纸和规范文件的抽样检查，来保证专业间的界面关系和相互冲突部位得到协调解决。

（3）与施工工程师一起进行施工便利性审查。

将技术可行性的评估、监察和审查的结果汇报给项目经理和质量经理，同时应针对存在的问题提出解决方案，或纠正那些重复出现错误的趋势。

6. 供应商质量控制

供应商质量控制（VQC）经理向项目物资经理负责，并接受项目质量经理的质量控制指导。供应商质量控制经理负责物资质量检验试验人员的管理、安排和工作表现。

在供应商质量控制经理的监督下，供应商质量控制小组要及早介入到采购链条中，从编制采购申请时就开始建立质量检验计划。这个小组应承担如下工作：

（1）从下订单到最后的现场验货的整个过程中，对供应商和货源针对采购的材料和设备进行检查和监督。

（2）对所有检验任务的文件控制。

（3）及早地发现并纠正那些可能会对项目施工造成成本和进度重大影响的质量问题。

（4）根据项目情况，寻找并协调全球资源进行供应商或货源的检验和监督活动（第三国独立质量检查机构，例如 SGS）。

所有的质量控制人员在所需进行检查的领域都富有经验并持有能适用规范和标准要求的相关证书：例如焊接检查要符合 AWS01.1 的相关要求。项目整体质量计划要包括详细的项目检验方法和程序。要建立从采购到材料到场验收的所有材料和设备的质量控制措施。所有 VQC 人员也必须要遵守整体质量计划中的项目保证／质量控制方法和程序。

依据质量计划要与每个供应商在开始加工前召开会议来讨论规范和质量要求。根据要采取的检验和试验的频率、层次、类型等要建立随机抽样、见证、关键检查和最终检验等节点。这些检查点成为每个供应商的"货源检验计划"的一部分。

建立供应商质量控制文件中心用来接收和传送规范、采购单、分包合同、图纸等检查任务所需信息。还用来接收检查报告和文件以及采购单和分包检查文件。供应商合同收尾文件（包括编码数据报告等）将被保存在供应商质量控制文件中心等待最终的处置和安排。

针对每个采购单供应商质量控制经理要安排一名合格的商品检验员进行工作。其主要负责：

（1）安排与供应商的加工前的会议。

（2）协调供应商加工前会议的参会人员，包括公司和业主参会代表。

（3）对所有的检验活动进行定期的监督，以确保其完全符合检验计划、制度和程序。

（4）通知业主需要旁站的检验和控制节点。

（5）根据要求，协调业主对供应商的检验和监督活动。

（6）根据需要执行材料检查分析或指导、协调第三方实验室进行检验试验。

（7）提供初始的、过程中和最终的检验报告。

（8）在最终的检验和试验后，确认装船发货。

7. 现场质量控制计划

这部分描述在执行施工现场质量控制和检验的人员需求及组织责任（图 4-2）。

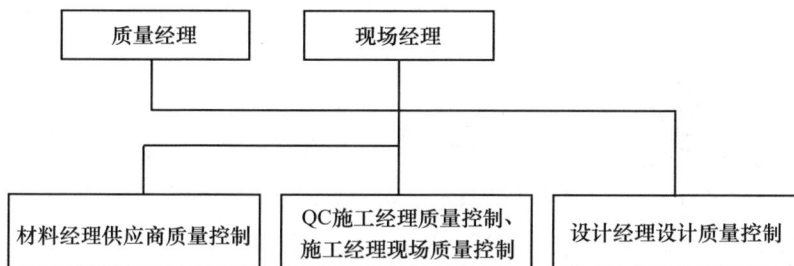

图 4-2　施工现场质量控制和检验的人员需求及组织责任

项目质量经理和他的团队负责建立整个项目的质量控制程序。项目质量经理也要协调业主对检验的要求，监督建立检验的方法并负责实施，进行现场检验并且识别出那些质量控制可以改善的方面。

每个专业的质检员要确保负责的工种都符合质量要求。每个质检员都要根据项目要求、规范、标准、图纸等以及具体的职责和责任开展工作。安排一名质量文件控制人员协助质检员整理所有的检验报告、记录、程序手册、规范、图纸、标准、通用做法，以便供质检员参考，并保证这些文件都是最新的，符合被批准的质量文件控制程序。

8. 质量控制检验程序

除了要求的检验和试验外，项目质量控制程序还提供了对影响产品质量和工艺流程完整性的所有检验活动的过程监控。它也根据情况提供了检验活动是否符合要求的过程文件规定。

质检员将负责执行监督活动，并且对监控中的活动非常了解。

检验报告将记录所有监测过程以及要采取的行动。监测过程结束后，所有监测的结果和问题都将记录在检验报告中，根据需要附上其他的信息。

如果发现有不能接受的情况，要把具体情况记录在检验报告中并由质量控制部门进行处理。可以把负责主管立即要采取的纠正措施直接记录在检验报告中，就不需要填写《不合格品报告》了。

如果发现了不合格品并且也提出了纠正措施但不能立即执行，那就需要填写《不合格品报告》。检验报告将按日期进行存档以备查阅,《不合格品报告》将成为处理这个不合格品的控制文件。在执行了纠正措施后,《不合格品报告》就将结束并且这个纠正行动也要在每日检验报告中记录并存档。监测报告和相关的文件将作为最终的测试文件的一部分进行保存并提交给业主。

9. 不合格品控制程序

这个程序描述了现场施工活动中对不合格品控制的方法。定义如下:

(1)不合格品:产品特征中有缺陷导致它的质量不被接受。

(2)处理:纠正不合格品必须采取的行动说明。

(3)照现状使用:当不合格品不会导致有害情况并且将要应用的产品满足业主的项目要求和/或得到工程师的批准时对不合格品采取的一种处理方式。

(4)修复:对那些全部或者部分不符合原始要求以满足可靠的和可以接受的使用功能的部位,需要采取的修复措施。

(5)返工:对那些不合格品重新制作或者加工以满足要求的过程。

(6)拒收:当出现不合格品不能满足项目要求并且也不能被修复或者返工的情况时的一种处理方式。

在检验活动中发现不合格品时,质量管理部门和施工主管应发出《不合格品报告》。《不合格品报告》要识别出内容,描述其状况,并说明处理方式。要向业主提供一份《不合格品报告》,业主将对自己提供的材料的不合格品作出处理决定。在可行的情况下,要将这些不合格品与其他材料隔离以防误用。

选择修复或返工的产品将会在这些工作完工时进行重新检验,确保符合标准和/或规范。所有确定为拒收产品的内容在与业主的协商后将退回供应商或按照业主具体要求处理。

《不合格品报告》将有单独的编码并存档备查直到项目竣工交验。要做一个 NCR 的记录簿来显示所有不合格品的状态。

10. 质量控制的责任

项目的质量部门要配备符合企业质量控制标准的合格人员。这些部门有识别问题、建议解决方法和跟进并验证问题解决的能力,以及独立性和需要的授权。

达到工作质量目标的主要责任在于执行这些工作的部门经理，例如，工程设计、采购、制作、施工等。每个主要职能内的质量保证／质量控制部门是通过检查和审计所有工作是否按照质量程序和被批准的工序进行来负责质量验证。项目质量经理有全面审计和提出建议的责任。

11. 样板引路

一般来讲，企业或业主都要求在工作开展之前先做出样板，以便进行质量评估，即使这些样板在规范中没有要求。项目质量经理负责对样板的检验核实，并在进行大面积施工之前把批准的施工操作程序进行整理记录。

12. 材料和设备质量符合性

在质量经理的协助下，现场经理对所有到达现场的材料负责。质检员要进行材料抽查和检验以确保材料设备符合规范的要求（这是考虑到在材料加工阶段的质量控制检验主要是业主或者工程师代表负责的情况）。这些现场抽检的目的是识别出那些不符合规范要求的材料。

库管负责人负责根据项目要求对材料和设备进行适当的存储。下列的仓储步骤仅仅作为提示，不排除其他可能需要采取的步骤：

（1）入口控制。

（2）设立标示牌，并只允许经过授权的人进入。

（3）拧紧瓶盖、瓶塞和盖子以防内部材料的暴露或者对材料物品的损害。

（4）整齐摆放永久性材料。

（5）堆放在外面的材料应用木板架起来，保持离地面至少10厘米。如果放在货架上，要用管子防止滚动。物品将使用油漆、墨汁或者胶带进行标示。

（6）在储存时要保证临时防腐剂完好，对于额外的防腐要求仅使用被批准的防腐剂。

（7）根据情况，对具体的物品存放要符合厂家的维护要求说明。

（8）在室外存放会对设备造成伤害的情况下，采取室内存放。

对于正式工程材料设备需要向现场物资控制部门提交一份材料申请。所有材料设备都应按照系统、工作包编号、图纸编号以及完整的材料规范描述进行订货。

所有材料都应由材料控制部门人员发出，并将材料收据文件发送给相应的工种负责人和质量经理。

4.7.7 法律服务

1. 概述

法律事务是企业和项目都必须面对的问题，这部分将讨论法律服务和合同管理相关的问题、条款和概念。适用于公司和项目的法律问题，以及项目经理在解决项目法律问题时的责任。

2. 法律服务

法律服务是在起草或评审合同文件时的一项公司支持职能。公司或分公司需要明确法律服务的工作范围和支付条款。

法律服务对所有涉及法律的问题监督和协调，内容包括如下：

（1）公司事务；

（2）索赔/诉讼/仲裁/调解；

（3）合同；

（4）履约保函和付款保函；

（5）商业和专业证书；

（6）限制性条款（例如，排他性、保密性）；

（7）固定资产的转移和租赁；

（8）行政诉讼程序；

（9）影响公司合法权益、义务和责任的事件；

（10）劳资关系问题。

项目经理应当充分认识到潜在的法律和版权问题，并与法律部门和公司领导进行沟通。

3. 合同、保险和税收

（1）合同评审

如果由于涉及法律、财务、保险或税收等术语而对某些条款理解不详时，项目经理应向法律或财务人员进行澄清。在对合同进行了全面的评估和完全的理解后，项目经理要把相应的部分和合同交底的内容分发给项目团队成员以便审查。

（2）保险和保函

合同通常都涉及保险要求。项目经理应确保在项目实施期间必要的保险和保函是在有效期内的。国际工程项目将根据业主要求或如下具体情况提供不同类型的保险：

1）工伤保险——大部分国家法律规定员工在为一个雇主工作期间受伤，都将得到赔偿，不管雇主是否对此有所忽略。

2）雇主责任保险——是为了覆盖由于雇主责任而导致的员工伤亡的保险，以区别于法律规定的赔偿义务。

3）一般责任险——提供更为广泛保险范围，涵盖由于被保险人的不当行为或过失而导致的第三方人身伤害和／或财产损失。

4）额外责任保险——该责任保险提供上述基本保险限额以外的保险额。

5）设备安装保险（未指明地点）——是一种内陆运输保险形式，对即将安装和已经安装的设备保险，直到安装完成并被业主接受为止。这个保险也涵盖设备在内陆运输到工地的过程中和在工地临时存放的过程。

6）机动车辆保险—— 一种用于专门赔偿由拥有或操作机动车引发事故，从而导致他人财产损失和人身伤害所应当承担法律责任的保险。

7）承包商设备运输保险——用于赔偿承包商施工工具和设备（不包括上路车辆）在运输过程中所受到损失或伤害的一种内部运输保险形式。

8）职业保险（"过失和疏忽"）——适用于建筑师、工程师和施工经理。它涵盖由职业过失或疏忽导致客户（业主）和／或第三方物理损坏和／或人身伤害。

建筑工程企业定期根据业主要求或由于具体情况可能提供的保险类型如下：

1）业主保护性责任险—— 一种为特定业主采购的项目特殊保险，它提供在特定项目工作现场由承包商为业主导致的人身伤害和／或第三方财产损失的保险范围，或根据合同业主对承包商工作监督时的行为过失而导致的人身伤害和／或第三方财产损失的保险范围。

2）建筑工程一切险——一种特定的工程保险类型，用来涵盖将用于工程中的财产丢失或损坏的保险，包括内陆运输、临时储藏、置于工作现场直至转移给业主并被业主接收之前的过程。该保险根据"工程安装保险"指定的保险范围，除此之外，还涵盖火灾、雷电、暴风、冰雹、爆炸、暴乱、飞机坠毁、交通事故、烟、冰雪、恶意破坏行为、地震和洪水（地震和洪水风险以保险公司投保限额或责任免除规定为准）的保险范围。

注：建筑工程一切险的保险范围通常要覆盖所有的项目干系人。

保函类型包括：

1）付款和履约保函—— 一个保证按照合同条件实施工程并保证工费、材料费或其他用于工程实施的供给费用按期支付的综合保函。

2）质保保函——大部分建筑工程的合同都规定承包商将在项目竣工后立即开始在规定的时间内对材料和工作缺陷进行保修（例如，一年或一年半的保修期）。

（3）税收

项目经理应当清楚在项目实施期间企业的税收责任。合同中通常会说明交税的责任，包括免税申请程序等。如果没有明确定义，项目经理应与公司的法务和财务部门进行沟通了解。

4. 保密协议和版权

有设备工艺的项目在承包商与业主、分包商和版权商之间的保密协议是非常普遍的，这些是用来保护机密的信息向未经授权方泄露的很正式的协议。通过签署这些协议承包商同意保护协议中规定的信息。

原则上，从外部收到的那些尚未公开的信息都应被认为是保密的信息。

尽管所有建筑工程企业的技术和商业信息都被认为是涉密的，但像数据表、设计标准、设计计算书、投标文件等需要进行更加特别的保密处理。由于包括在这些文件中的信息通常不向公众公开，企业也因此而获得竞争优势，所以这些资料应被当做绝密信息来处理。

只有当得到了涉密信息的拥有者的批准，这些保密信息才可以通过规范、标书、流程图和数据表的形式发送给业主或供应商。

每个项目都应建立并维护一个"保密文件记录簿"，最好是带有序号的记录册，用来跟踪所有项目保密信息的分发。

（1）保密信息的责任

项目经理要对具体项目的保密信息负责。在准备投标和项目实施过程中，项目经理负责如下活动：

1）确定本项目是否存在保密协议，并了解协议的条款和内容。

2）确保符合这些条款以避免任何未经授权的保密信息的泄漏或使用，并识别出业主的或企业的保密信息。

3）对于那些真正机密的信息要限制使用"保密"标签。

每个使用保密信息的项目经理和投标经理都应按照规定的程序和应尽的义务来执行，确保这些保密信息收到后立即被识别和记录。

（2）成本信息的泄露

与建筑工程企业工作相关的成本信息是企业的保密和专有信息。例如：单位成本、某些变量的百分比成本以及成本估算文件。

成本信息不应当被以口头或书面形式在未经项目经理或分公司经理批准的情况下泄露给业主或企业以外的其他单位或个人。

向业主透露的成本信息应仅限于根据合同规定的内容，透露的程度和信息的流向应根据项目经理的指示来确定。

5. 合作伙伴

建筑工程企业可以通过不同的合作形式与其他企业一起来实施项目。这些关系可以采取如下形式：

（1）建筑工程企业作为总承包商与分包商的合作关系；

（2）建筑工程企业作为分包商与总承包商的合作关系；

（3）建筑工程企业作为一个联营体成员企业（例如，联营体、合资公司）。

在每个合作关系中，合同应当明确定义各方的责任。项目经理应当审查合同并全面理解合同中与责任相关的条款和条件，包括不同企业间的相互依赖关系。例如，进度计划的编制和监控可能会在如下的情况下由于相互依赖关系而受到影响：

（1）一个单位在另外一个单位的输入内容之前不能开始或完成工作。

（2）在企业/业主输入内容之前，另一个单位不能开始或结束一个任务。

项目经理应确保团队成员全面理解相互依赖关系的合同及法律影响。例如：

（1）建筑工程企业作为总承包商与分包商的关系

业主将认为总承包商应对整个项目负责，包括由分包商实施的工作。

项目经理与采购部门一起与每个分包商都要明确如下的要求：

1）对每个要执行的任务进行明确的定义，包括计划完工的日期。

2）明确定义那些不需要项目经理签字或批准的与业主沟通的管理程序。

3）明确分包商的报告程序，针对每个任务的实际进度与计划进度监控程序。

4）对每个分包商的进度报告和进度计划要求应当与业主对总承包商的要求相同或高于这个要求（要预留足够的前置时间在提交业主前允许总承包商进行审查）。

5）与每个分包商应定期开进度审查会。这些会议应当在与业主的项目控制会议之前，根据情况，可以是每周、两周或每月召开。

6）与每个分包商要建立一个预警程序，以便提供潜在的变更或进度偏差的警告。

（2）建筑工程企业作为分包商与总承包商的关系

作为分包商，项目经理和项目团队要做到如下：

1）对每个要执行的任务进行明确的定义，包括计划的完工日期。

2）建立与总承包商的沟通管理程序。

3）针对每项任务确定向总承包商的报告程序来监控实际进度与计划进度的对比。

4）建立一个预警系统来向总承包商提供潜在变更和进度偏差的警告。

（3）建筑工程企业作为联营体成员

跟所有的项目一样，项目经理应当清楚地理解根据联营体或合作伙伴关系而产生的合同义务。所有的合同应当包括明确的责任关系。相互的依赖关系和计划的完工日期必须在项目开始时进行明确地定义。应全面理解适用合同中的责任和义务部分。

4.7.8　企业内部能力

1. 概述

大型国际工程项目应优先考虑使用内部资源。这部分讨论在实施项目的分公司协助下，公司总部为项目提供支持的方式和方法。

2. 现场服务

通常中国建筑工程企业都是能够为施工现场提供设备、工具和物资供给的综合性的企业。根据所在国家或地区，大型建筑企业也能够根据需要提供融资（例如设备）以及施工管理服务（例如咨询）。大型建筑工程企业能够提供的现场典型服务包括：

（1）租赁设备；

（2）设备维修；

（3）脚手架／高空作业；

（4）现场清理；

（5）门卫服务；

（6）工具、供给和消耗品；

（7）电焊条和气体；

（8）油料；

（9）工具室；

（10）设备融资；

（11）咨询服务；

（12）施工管理支持服务；

（13）维修服务。

3. 人员

建筑工程企业要能够为大多数的工程项目提供所需的项目员工。经常需要的人员包括：

（1）技术人员——例如，工程师、设计师、电脑编程和系统分析人员。

（2）项目专家——例如，项目经理、采购员和进度计划员。

（3）办公室／秘书——例如，行政助理、秘书和普通办公室人员。

（4）专业人员——例如，会计、经理、市场营销专家。

承包企业的服务也包括劳务管理，是由业主招聘并由承包商支付工资，然后向业主提供服务的人员。可能是在办公室或在施工现场提供人员。

4. 咨询服务

在项目的投标阶段，如果业主还没有选择工程的地点，承包商可以为业主提供选择厂区的咨询服务。

（1）地点咨询服务（场地选择）

与业主场地选择相关的咨询服务包括：

1）项目审查

① 项目需求的综合性分析；

② 与经济和非经济因素的重要性相关的讨论；

③ 场地评估要素的权重确定。

2）区域分析

① 市场位置；

② 分销分析；

③ 原材料来源；

④ 人口的集中度；

⑤ 能源的替代品；

⑥ 税收和气候；

⑦ 运输。

3）社区的调查

① 位置／人口的特征；

② 环境限制；

③ 人工成本和工人生产效率；

④ 生活便利性。

4）场地评估

大小、入口、地形、排水、施工便利性、成本、公用设施、附近土地的使用和分区。

5）相对性分析

对比其他备选场地的项目长远需求最佳方案决策分析（包括风险分析）。

6）后续支持

① 采购选择谈判；

② 公用设施服务的谈判；

③ 进行地质勘探；

④ 对于被污染的场地的土质修复计划。

（2）项目管理咨询

工程总承包商应能够为国际项目通过使用属地化的项目管理程序来提供项目管理咨询。因为每个业主的需要都是独特的，所以除了工程总承包商正常的设计、采购和施工管理的职能外，常常要针对业主的特殊要求提供专业化咨询。特殊的咨询服务的例子包括：

1）融资；

2）风险分析和风险储备金计划；

3）成本估算；

4）预算分析；

5）成本预测；

6）变更单控制；

7）合同谈判；

8）货源检验；

9）清关；

10）货运；

11）催交；

12）承包商选择；

13）与当局的协调；

14）可施工性分析；

15）关键路径法进度计划；

16）现场检验；

17）资源计划；

18）现场调查；

19）安全管理；

20）装配计划；

21）设备的预防性维修；

22）关停和转向（指改变生产的产品）；

23）价值工程；

24）供货商资格预审；

25）培训；

26）项目验收计划。

4.7.9 文件控制

1. 概述

本部分编写的目的是为项目文件、项目档案和电子信息的管理提供统一的指导文件。

2. 文件要求

在项目实施过程中，必须建立恰当的项目文件与控制系统来提供如下内容：

（1）记录所有的文件，包括那些特别识别出来的文件。

（2）记录文件发出和修订过程中的审批程序。

（3）建立、维护和控制有效的和过期的文件。

（4）记录文件的分发信息。

文件管理体系应包括在《项目程序手册》中。如下的信息在项目生命周期中应记录、存储且可查阅：

（1）关键决策、会议纪要、讨论内容、电话沟通和指令。

（2）对工程范围、合同条款和解释或其他关键商务条款的变更确认。

（3）"合同管理"的文件以及任何确认项目变更和偏差的内容。这些内容都应书面记录并保存在项目文档中心。

（4）业主对范围变更的书面确认。

（5）通过工作日志记录项目的事件和观察的结果。

（6）项目观察的结果应包括范围变更、行程的决议、延误和原因、发生的不可抗力和类似的内容。

（7）项目可交付成果（例如规范、图纸和手册）。

3. 文件管理职责

所有项目人员都有责任编制关于工作公告、会议纪要、书面沟通和电话确认等相关文件。这些文件都应清晰地陈述如下信息：

（1）应采取何种行动。

（2）每个行动预计完成时间。

（3）负责执行行动人员或小组的名字以及谁将接受反馈。

4. 与业主签订的合同文件

与业主关于项目范围、进度、成本和合同事项的变更内容的沟通文件都应进行正确地保存：

（1）获得项目管理层（项目经理）提前审批。

（2）书面沟通内容需项目经理的背书且鼓励使用书面沟通而非口头沟通。

（3）口头沟通内容必须经过书面确认。

（4）关于设计和合同澄清可以直接在合适的工作层面进行讨论，但随后需要得到项目经理的书面确认。

以上所有内容适用于项目团队成员、支持部门和外部的供应商。

5. 工作公告

定期发布的《工作公告》是用来发布新的管理程序或传达项目管理指示和政策的变化。在连续编号的《工作公告》中应包括如下的内容：

（1）项目管理理念；

（2）项目部员工职责变化；

（3）管理性规定；

（4）各个专业的信息。

《工作公告》不应用来公布与业主达成的正式决议。这些应使用单独的书信文件来保存。

6. 会议纪要

会议纪要主要用来记录内部会议、与业主会议、与供应商会议讨论的内容和达成的决议。会议纪要应进行连续编号且应在会后立即发出。

会议纪要中建议包含如下内容：

（1）会议目的；

（2）参会人员的名字；

（3）时间和地点；

（4）结论；

（5）需采取的行动（注明行动责任人）。

7. 一般通信

一般通信的目的是确保信息能在项目部和业主之间准确及时地沟通。

（1）目的是为了传达信息。

（2）项目主要职能部门发出的通信都应由部门经理审批后提交给项目经理签字。

（3）经项目经理授权后，相关职能部门的经理可以直接与业主进行技术问题、研究报告和设计方面的协调和沟通。

（4）按照项目《文件分发矩阵》进行文件的发送。

8. 部门间的备忘录（仅纸质版）

项目和公司其他部门间的通信应使用标准的内部沟通表且需要项目经理或发出文件的部门经理的签字。

9. 电话沟通记录

根据《项目程序手册》中所列出的标准表格记录供应商、分包商、咨询和业主的电话号码。

10. 需求清单

《项目需求清单》用来记录和沟通所有职能部门的需求和职责，包括业主需求和所有项目团队的未决问题。

11. 文件的分发

《项目程序手册》应包括一般通信、工作公告、会议纪要和业主往来信件的程序和分发矩阵。

12. 机密文件

在合同授标后必须确定"机密"文件和信息的分类。项目经理应确立机密文件的依据，并从业主得到一些意见。应当参照如下的注意事项和准则来建立项目的机密文件：

（1）把合同作为建立保密要求的主要依据，如需要可与法务部门进行咨询。

（2）与业主沟通并对保密意图的理解，要求达成一致。

（3）机密文件上可以贴上特殊标示作为标记。

（4）确定是否需要建立员工保密协议的程序。

（5）识别公司需要保存的保密文件。

13. 项目文档

企业应有一个建立项目档案和收尾文件的标准体系。这套体系也定义了各种类型文档的留存时间。建立项目标准的档案索引体系是为了法律的目的维持一致性。项目经理要确保符合标准的文档管理体系：

（1）确保使用项目编码体系。

（2）仅使用所需的文件索引编码且对于额外的文件和文档可增加编码。不能省略、合并或破坏编码体系。

（3）定期审查文件的完整性和准确性。

（4）将所有与合同管理的文件信息整合进标准文档管理体系中。

（5）确保在工作收尾时文件的识别和存储是按照企业项目文件索引和文件留存时间计划。

（6）应特别关注雇员受伤的文件存档要求，因为这将引起潜在诉讼。

14. 电子信息的管理

每个项目都应考虑实施无纸化办公的好处。电子信息化建设和实施策略应包括在《项目实施计划》中并应被包括在《项目程序手册》的文件控制部分。

15. 技术文件控制

项目经理应对"技术文件控制"的管理流程和体系提供建议，也就是对设计技术文件和供应商生成文件的修订发出、收集、分发和控制。"技术文件控制"的有效处理是控制设计成本、现场返工和进度计划的关键因素。项目经理应确保项目开工到项目收尾控制技术文件的有效行动。

16. 设计技术文件的控制（图纸、规范和技术数据）

在《项目程序手册》中应涵盖如下技术文件控制的内容：

（1）《文件分发矩阵》包括审查责任分配；

（2）技术文件编码应当与项目《工作分解结构》和其他项目要求保持一致；

（3）存档被取代文件的方法，包括图纸，以确保最新版文件能够在整个项目中使用；

（4）确保对分发的技术文件进行审查和收集以及技术文件审查问题的解决的方法；

（5）沟通文件发放状态和识别行动内容的报告要求；

（6）处理书面和电子文件及信息的方法；

（7）处理保密文件的方法；

（8）用于数据管理的项目内部软件的兼容性；

（9）设计文件的留存要求。

17. 供应商文件控制（设备审批图纸和规范、被审批的图纸、装配图纸和操作手册）

在《项目程序手册》中应涉及如下供应商文件的内容：

（1）所需提交文件的数量和类型；

（2）被审批文件的内部分发、评审和意见收集的方法；

（3）供应商信息的文档和控制修订层次方法；

（4）沟通项目进展和识别行动内容的报告要求；

（5）供应商文件和信息的留存要求；

（6）处理纸质和电子文件及信息的方法；

（7）用于数据管理软件内部数据的兼容性。

18. 电子信息管理

在《项目实施计划》中描述的电子信息管理策略涉及项目记录和文件、技术文件控制和相关工作内容。为了尽量多地减少成本支出和增加项目利润，项目经理必须负责建立有效的电子信息系统和实践方法。电子信息系统可以通过如下的方式减少项目成本：

（1）提高项目沟通的效率和效果。

（2）减少用在项目上的纸张的数量。

（3）减少重复存档和重复文件管理。

（4）通过减少人工信息输入以减少出现的错误。

项目经理必须确定项目启动时什么系统和程序可用。在项目启动会上应与项目团队一起讨论将采用的系统和程序以及其对项目造成的影响。关键考虑的问题如下：

（1）识别出对项目有用的硬件、软件、系统和程序。

（2）评估项目工作部人员的电脑操作技能并识别出需要的培训。

（3）在项目初期尽早建立一个项目范围内的便于使用电脑应用系统菜单。

（4）通过建立对共享平台的控制进入密码来确保保密性。

（5）确保仔细地选择共享目录和文件名以确保尽可能地简单。

（6）确保在项目生命周期中所有项目人员都能遵守建立好的程序。

应在项目程序手册中记录电子信息管理的方法。

所有进入电子邮件和项目电子文件权限的项目人员都应列在共享计算机网络名单中。每个文件都有进入的权限以确保文件的保密性。业主进入的权限将根据所实施项目的合同类型不同而受到限制。可能放在共享电子平台中的技术文件类型如下所示：

（1）设计办公室、项目现场和业主办公室的电子图纸评审记录；

（2）电子模型的输出和报告；

（3）电子版的招标文件和采购状态报告；

（4）电子版的图纸和规范包括索引和显示出最新版本的发出状态；

（5）电子版供应商数据文件。

可能放在共享电子平台上的项目管理文件包括：

（1）会议纪要；

（2）工作公告；

（3）各公司间的通信；

（4）电话讨论记录；

（5）信息请求；

（6）变更（变更申请）；

（7）项目程序手册；

（8）项目表格；

（9）业主程序；

（10）出差报告；

（11）供应商通信（如需要包括扫描文件）。

4.7.10　项目沟通

1. 综述

良好的沟通对于项目的成功至关重要。如下程序定义并提供了通用的沟通方式并对来往书信的协调，控制和跟踪进行责任分配。

2. 概述

文件控制经理是项目技术文件的"沟通控制中心",并负责处理所有项目的收发文件。根据项目经理需要,项目秘书可以负责收发公司内部的非技术性文件。

文件要使用企业文件控制编码和记录系统进行存档和控制,以便文件的快速查询。这个体系被称为项目沟通编码体系并对所有文件提供可以根据日期查询的序号。在所有文件上都有编号。

公司发出的书信都应当由项目经理签字,除非其他人被经过正式的授权。邮件和传真可以用做非正式沟通方式。所有邮件应抄送给项目秘书以确保项目经理能够收到。总的原则是,所有从公司发出的指示和同意,无论是面对面还是电话沟通都应当以书面形式进行确认。

3. 组织机构图

公司应在项目启动会后的两周内打印出项目组织机构图并张贴到项目办公室内。如果关键人员有变动,项目秘书负责更新组织机构图。

4. 通信

(1)书信

公司传输给业主的书信都应当由项目经理书写或别人代他书写,且应由项目经理签名或授权。每一封信件通常仅限于一个主题。所有发送给业主的信件都应有序号,显示编号、日期、主题、发件人姓名和收信人姓名。所有从业主代表收到的信件也都应进行连续的编号。

(2)传真

传真可以用来快速发送书面的文件且应当通过跟踪编码来记录所有文件的收发。这些传真的记录和归档都应由项目秘书保存。传真只能用来发送非机密性的信息。

(3)文件传输单

文件传输单需要进行编号并有项目员工用来发送如下文件(EPC项目):

1)图纸和规范;

2)标准和目录;

3)列表、数据表、表格和计算书;

4）进度计划；

5）供应商数据；

6）合同文件包和采购单；

7）施工文件。

（4）会议纪要

公司应准备各种会议的会议纪要，包括视频会议，且应由项目秘书对纪要进行编号并分发。与供应商和其他各方涉及作出决策或有重要信息沟通的会议都应记录会议纪要。会议纪要中不包括机密信息。

会议纪要需要在会后两天内准备完成并发出，要记录会议的讨论和决议。会议纪要应包括：

1）会议的目的；

2）会议的时间和地点；

3）参加会议的人员；

4）会议结论和需要采取的行动。

会议纪要应当由项目经理或指定人员签字且应当将会议纪要分发给所有参会人员或项目经理指定的其他人员。

（5）项目部的报告

项目经理或指定人员应召集项目部人员开周例会，会上报告如下内容：

1）人员计划；

2）本周完成的工作；

3）下周计划的工作；

4）趋势分析；

5）范围变更；

6）需求清单。

周例会报告应由文件控制人员存档并进行分发以便在下周会议中进行回顾。

（6）电话

那些需要记录的电话沟通（例如有发出的指示或批准意见）应由项目的人员使用《电话记录表》进行书面确认并存档。发出这个表的人应是打电话的人并应在电话后两天内发出。所有的电话确认应由文件控制人员记录并分配一个编号。机密信息不包括在这个表中。

（7）邮件

邮件仅仅可以用来传输非机密信息。为了能够跟踪邮件，被发给邮件的第一个人负责将邮件转发给项目秘书。项目秘书需要对邮件进行编码并进行电子归档。项目团队成员不需要进行邮件的归档。

（8）工作公告

工作公告可以用来进行信息发布，采取行动和记录重要的事情。也可以用来传达项目理念或项目职责的变更，这些相关信息可能对项目相关方非常有用。这些信息并不用于与业主之间的正式沟通，正式沟通主要通过书面形式的会议纪要。工作公告只能由项目经理发出。

（9）备忘录

项目备忘录应仅限于一个主题且应当尽量的清晰简洁。备忘录仅仅用于企业内部信息的传播。如果备忘录内容对业主也有价值的话，就必须加上一封正式的信函然后由项目经理发送给业主。

（10）文件存档和分发

项目沟通文件应当按照企业的项目文档编码和记录保存表进行保存。各种文件的分发应当按照项目分发矩阵表进行分发。

5. 附件

（1）信件模板；

（2）传真封面；

（3）文件传输单；

（4）会议纪要；

（5）每周工作特别小组模板；

（6）电话确认；

（7）工作公告模板；

（8）备忘录模板；

（9）分发矩阵。

第 5 章

|||||||||||||||||||||||||||||

项目管理专题篇

5.1 如何解决项目管理中的脱节问题

5.1.1 国际工程项目管理中的脱节现象和危害

1. 市场营销与项目投标的脱节

大多建筑工程企业在"走出去"过程中缺乏对市场的研究，也没有形成系统完善的市场营销报告作为企业决策的依据。因此，常常发现很多建筑企业的市场部门每天都忙于找项目和项目投标，在投标过程中输入的信息除了招标文件和简单的市场信息外没有其他可以参考的资料，这往往就给项目投标的成果埋下了失败的伏笔，如果对很多大型失败案例进行分析就会发现这些项目投标之初就为项目后期的严重受阻埋下了种子，虽然在项目后期管理过程中可以想办法解决部分问题，但很多合同的根本性问题并无法得到有效扭转。

市场营销报告中包含的对市场、客户和竞争对手的详细内容应作为项目投标过程输入的重要信息，通过这些信息分析可以发现项目存在的潜在风险和问题。在没有这些信息作为参考的情况下，投标者只能拿国内的数据作依据，而国内外环境的巨大差距就已经让投标书的内容严重偏离了轨道，因此无论如何仔细认真的技术方案和成本测算都将不那么重要。

建筑工程企业对市场营销的不重视是造成脱节现象的根本原因，也是给大型国际工程项目造成风险和损失的重要因素之一，企业决策者只有改变"走捷径"的思维方式，把投标之前的市场营销工作做到扎实牢靠，才能有效减少项目潜在的问题和风险，"走出去"也才能更加稳健和安全。

2. 项目投标与项目策划的脱节

项目投标过程是成本花费大、耗费时间长、动用资源多的阶段，也是发掘机遇、规避风险的最好阶段，因此，投标过程就应当是整个项目管理过程的预演。

由于投标书所包含的内容是对潜在项目合同的承诺,将对项目后期管理造成重要影响,因此,投标过程应当组织企业最具优秀的资源进行编制和把关。同时,投标建议书应尽可能考虑和参考各个方面输入的信息,包括市场营销报告内容,来输出和完善项目的技术和经济建议书,"客户利益至上"应是投标人员始终牢记的原则。

由于投标过程就是项目管理的预演,因此,投标建议书就应是项目管理策划的最重要依据。然而,在建筑企业的实践中并非如此,往往是由于投标团队和项目团队的不同而导致两者的严重脱节。其中可能存在两个方面的原因:一个是投标建议书内容是为了符合招标文件要求而严重脱离实际情况,导致项目团队无法实现投标书中的方案;另一种情况是项目团队无视投标建议书的合同属性,另起炉灶,从头再来。无论是哪种情况造成这样的结果,这种脱节现象都会给企业造成较大的成本和资源的损失。经验表明,正因为这种脱节现象的普遍存在更加重了问题的恶化,投标团队从根本上就不考虑项目实际的可行性而进行模仿和抄袭,或者是项目团队对投标建议书毫不理会。

众所周知,项目建议书作为项目合同文件的一部分对项目实施和管理具有约束性。很多情况下,由于项目团队偏离投标建议书的内容实施项目而被业主罚款或勒令停工,更严重者会被终止合同。因此,中国建筑企业在"走出去"过程中应高度重视这种脱节现象的纠正,确保投标建议书的严肃性和项目管理的复合性,这样才能让项目信息顺畅流动,风险发生的概率也将因此而大大降低。

3. 项目策划与项目实施的脱节

项目管理过程基本遵循 PDCA(计划、执行、检查、纠偏)循环,其中 P(计划)是应当耗时较长且贯穿全生命周期的过程,这个过程对项目实施过程是否顺利、风险是否能够规避、成本是否能够控制、时间是否能在合同工期内、质量是否能够执行规范要求、安全是否能够得到维护等项目管理的各个方面起到至关重要的作用。

在现实实践中,很多建筑工程企业对项目策划过程不够重视,很多项目甚至没有认真详细的项目计划,这也是造成项目实施过程中处处救火、问题不断的主要原因之一。当然，这个问题不但跟企业本身的要求有关，跟项目经理对项目管理的认识和理解也密切相关。只有企业上下对计划过程都有了正确的认识，才可能从根本上扭转这样的局面。

随着项目管理越来越受到企业的重视，大多企业对项目团队都要求作项目策划，但目前最普遍的两种现象是：（1）项目团队不认真作项目策划，糊弄交差情况严重。（2）项目策划内容与项目实施过程严重不符，这两种现象导致的结果就是项目策划与项目实施脱节。

在国际工程项目管理中，由于海外情况复杂、不可控因素多，因项目没有认真策划而造成的项目管理混乱、项目严重超支、工期严重拖延、质量返工频繁、安全事故频发的情况层出不穷。"凡事预则立，不预则废"讲的就是这个道理。策划过程既然是项目管理的重要过程就应该受到极高的重视，哗众取宠、潦草应付的态度坚决不可取，听之任之、我行我素的做法更加不可要。

4. 项目设计与施工的脱节

在工程总承包 EPC 项目管理中，设计是整个项目的创造过程，设计团队根据业主提出的要求并经过大量的研究和计算对项目的产品进行规划和设计，这个过程包括项目的技术和经济可行性的研究，目的是在"客户利益至上"的原则下做到成本最优、功能最好、工期最短。

在国际建筑工程的实践中，很多企业对设计的龙头作用不够重视、留给设计团队的时间也不够充裕，常常造成设计团队为了赶工而草草了事的现象。这样的做法导致的结果就是施工过程中出现大量的技术变更和返工现象，这不但会打乱施工团队的计划安排也常常使得设计团队疲于奔命，无形中对项目的工期、成本、质量和安全都造成巨大的隐患。

工程总承包（EPC）合同模式把项目的设计、采购和施工整合为一个合同的目的就是要有效减少业主在项目实施过程的设计和采购责任，进而让工程总承包商有效加强设计、采购和施工团队的配合，通过三者密切的界面管理来减少项目实施过程的问题和风险。

在工程实践中，设计团队和施工团队之间疏于配合，甚至老死不相往来的现象常常给项目管理制造矛盾和冲突，也为项目的顺利实施制造了大量的障碍。这是中国建筑企业在国际工程承包中，常常出现设计和施工团队常常会打的不可开交的主要原因。

随着建筑行业开发模式的不断升级，工程总承包模式将成为国内外工程项目的核心模式，建筑企业必须要理清设计、采购和施工三者之间的关系，只有密切配合并改善脱节现象才是根治这些问题的基本方法。

5. 项目采购与施工的脱节

在工程总承包 EPC 项目管理中，采购起着设计和施工间的桥梁作用。如果没有采购职能的有效实施，设计也仅仅只能停留在图纸上而已。

在国际工程项目管理实践中，由于采购和施工管理的脱节而造成的进度拖延、成本超支、质量返工等现象也频频发生，在某些情况下也成为项目失败的主要原因之一。

随着中国制造业的高速发展，国内工程项目的物资设备供应能力已经超越了世界上绝大多数国家。在这样的环境下成长起来的建筑企业在进入国际市场，尤其是不发达国家时，就出现了严重的不适应性，其主要原因是这些国家不具有丰富物资产品和便利运输条件的市场环境。在这样的市场上，就会发现大宗物资和设备都需要从国外进口，而物资设备的进口给采购管理带来的困难和问题就成倍增加。在采购管理没有得到高度重视的情况下，关键物资和设备的采购以及到货时间往往就成了制约项目工期的主要因素。在出现采购订货错误的情况下，重新订货而造成的空运成本和质量返工也常常给项目造成了很大的成本超支。

在国内工程项目不被重视的采购管理，在国际工程项目中成为项目成败的关键要素之一，只有把设计、采购和施工紧密配合起来，在正确的时间、按照规定的要求、把准确数量的物资设备运达现场才能避免项目各种问题的出现。

6. 项目实施与项目控制的脱节

项目管理活动通常被分为项目实施活动和项目控制活动，项目实施活动是指设计、采购、施工和收尾，项目控制活动是指时间、成本、质量和安全。

项目的设计、采购和施工都是为了一个目的，那就是产品的交付。而对项目的时间、成本、质量和安全控制是为了让交付的产品要符合时间要求、成本要求、质量要求和安全要求。

在具体工程实践中，国内项目对四个变量：时间、成本、质量和安全的控制程度不一。由于近些年政府对建筑产品的质量和安全的高度重视，安质部在工程企业和项目上都成为必设的职能部门，安全总监的岗位也备受重视，产品质量水平随着监理制在中国的推行也得到不断的提高和改善，但很遗憾的是，国内的项目部很少能够发现专门控制成本和时间的部门。

如果去简单浏览一下国际工程项目的失败案例，就会发现绝大部分项目的失败不是因为质量和安全，而是因为成本和时间。这让我们不得不认为这些项目的失败是由于建筑工程企业对时间和成本的控制不重视而造成的。

项目控制的概念来自美国，基本职能就是控制项目的时间和成本，而在中国的项目实践中就没有这个职能和部门的存在。因此，在项目的设计、采购和施工活动密不可分且又矛盾重重的情况下，项目的时间和成本两个最大的变量却没有专门的职能人员进行控制，这大概就是为什么国际工程项目总是在时间和成本上出现较大问题的原因吧。

俗话说"种瓜得瓜，种豆得豆"，重视什么就会得到什么，相反不重视什么也就会失去什么。只有从组织、流程和制度上高度重视项目控制职能的建设，建筑企业在国际工程项目管理中才会不断改善时间和成本的管理水平。

7. 项目实施与项目收尾的脱节

众所周知，无论是项目的设计、采购还是施工，其最终目的都是为了交付产品给客户，因此，项目收尾才是实施项目的目的和终点。

在工程实践中，我们发现很多项目的收尾要花费很长时间，有的项目要几年才能结算，甚至出现长久无法结算收尾的情况。造成这一现象的主要原因是由于项目实施与项目收尾管理的脱节，具体表现为：工程交付很久后还不能做项目的结算和合同封闭工作。造成这种情况主要是由于在项目实施过程中的文件和资料控制混乱、项目变更管理差、合同文档资料不齐全等原因。

无论是项目团队中的设计、采购还是施工人员都应当在项目之始把项目收尾管理放在首位，做到每个工作环节的文件和资料的严格控制，及时解决项目中的变更和结算，高度重视合同文件而不是口头承诺，仅此就可以大大加速项目的收尾和结算，为企业取得更好的经济效益。

5.1.2 造成脱节现象的原因分析

1. 缺乏项目整合管理概念

（1）项目的性质

项目的一次性属性决定了每个项目的独特性和项目的有始有终。独特性表明每个项目都有其独特的地方，因此不能把另外一个项目的管理方法完全复制到这个项目上，这也就决定了项目经理工作的复杂性。项目的一次性表明每个项目都有开始和结尾，既然开始项目的目的是为了结束，那项目经理带领团队努力的目标就是如何结束项目。

（2）项目管理系统性

项目管理与企业管理的区别在于其一次性属性和众多的约束条件，项目有明确的范围、有规定的工期、有成本的预算、有质量的标准、有安全的要求等合同约定条件，这些约定的条件决定了必须按照一定的规则，把项目管理分成若干专业或职能，进而把这些职能按照一定的逻辑关系联系起来形成管理的系统。

在项目管理的实践中，很多工程总承包（EPC）项目在管理上没有按照设计、采购和施工的逻辑关系建立三者的协同性，相互之间没有做到有效支持和互动，进而造成矛盾重重，冲突不断。同时，很多项目的控制职能也根本起不到对项目控制的作用，因其提供的报告和数据缺乏针对性而被项目经理所忽视。在这样的项目上，我们会发现各个部门的工作相互独立，铁路警察各管一段，谁也不会关心下一道工序，仅仅做了自己的工作就算完成任务，根本没有项目管理的系统性可言。

（3）项目管理整体性

如上所述，一个项目只有一个目标，那就是按照合同约定的要求向业主交付合格的产品或服务。这就表明所有参与项目的人员都应该是为了同一个目标而努力，既然目标一致那努力的方向就一致，一群为了一个共同的目标而努力的人肯定就应成为一个具有整体性的团队。由此可见，如果一个矛盾和冲突很大的团队肯定是项目管理的整体性出了问题，只有统一了目标和方法的团队才能顺利到达交付项目成果的彼岸。

2. 传统建筑行业模式的影响

目前国内建筑行业的开发模式还在使用西方国家几十年前相对落后的项目开发模式，也就是，投资—设计—招标—施工—运营的传统模式。在这样的模式下，负责投资的业主方常常不配备专业的项目管理人员，因此对项目的技术和经济可行性缺乏专业的判断，负责项目设计的人员往往没有项目全生命周期的管理经验，仅仅是以完成业主要求的图纸和规范为己任，对项目的成本预算和时间进度并不负直接责任，在这样的环境下设计出来的成果就可想而知了。由于采购和施工人员在设计阶段并不直接介入，因此导致的因设计而产生的采购和施工问题就大大地增加，不仅会造成成本的超支，也常常是工期延误的重要根源。

国际工程项目大多采用以工程总承包为核心的 EPC 模式、BT 模式、BOT 模式等，这种合同模式把项目的责任都交给了总承包商，业主仅仅保留对功能和质量的批准权，这就大大提高了对总承包商的管理能力要求。同时，也给了总承包商较大的权力和自由，总承包商完全可以通过自身的专业技术和管理能力来实现项目的双赢局面。但由于中国建筑工程企业受传统管理模式的影响，缺乏项目整体性和系统性的概念，在项目投标和实施过程中造成大量的脱节现象，产生了巨大的项目风险，给企业造成了不可估量的损失。

3. 项目经理综合素质问题

受国内建筑行业开发模式的影响，中国的建筑工程企业主要由施工企业和设计院组成，非常缺乏真正意义上的工程总承包公司，因此，也就很难培养出具有综合管理能力的工程总承包项目经理。

目前国内的建筑工程项目经理大多出身于施工企业，也有部分来自设计企业。由于其工作背景的影响，两者往往都有其局限性。施工出身的项目经理对设计工作的龙头地位认识不足，忽略设计阶段对成本、工期、质量和功能的重要影响，把管理的重点放在了施工阶段，这无异于本末倒置，丢了西瓜捡芝麻，被业主批准的设计图纸将对项目的成本产生 95% 以上的影响，而施工阶段管理对成本的影响也就在 5% 左右。当然，设计出身的项目经理往往由于对施工管理过程的不熟悉而缺乏对整个项目的把控能力，虽然设计阶段非常重要，但施工阶段才是把图纸变成现实产品的阶段，也是因工序错误而返工导致成本损失最严重的阶段。所以，在建筑行业开发模式不断升级的情况下，建筑工程企业应通过大力培养具有工程总承包项目管理素质的项目经理，来提升企业的综合项目管理能力。

4. 缺乏以终为始的概念

基于项目的一次性属性，启动任何一个项目的目的都是为了项目的结束，因此项目经理应在开始项目时就把项目收尾作为项目管理的目标。

项目收尾一般包括：工程竣工、资料验收、合同收尾和财务结算，通常制约项目收尾的过程是资料验收、合同收尾。因此，项目团队应根据合同规定以及当局要求在项目之始即列出项目收尾需完成的目标清单，在实施项目过程中不断地完成和检查清单内容，确保关键程序都有相应的文件支撑，这样就能在项目竣工时积累到项目收尾需要的所有文件。

5.1.3 如何有效克服项目管理的脱节现象

1. 强化系统管理的概念

系统管理是与职能管理相对应的概念，职能管理概念强调的是职责分工，而系统管理概念强调的是职能间的合作。虽然看似两者是相辅相成的关系，但因侧重点不同两者存在着巨大的区别，系统管理概念包含职责的明确分工，但职能管理并不强调部门间的合作。

鉴于项目的属性，项目职能管理必须是分工明确并密切合作才能获得较好的项目成果，因此，在项目管理中应充分运用系统管理的概念来强化专业和职能间的合作，按照设计、采购和施工间的逻辑关系，以及项目实施和项目控制之间的控制原则来加强系统管理的整体性。项目的系统性和整体性原则不但要求项目团队有共同的目标，也能够通过系统的方法来整合各职能管理人员的工作成果。

2. 建立以结果为导向的思维

项目经理在项目启动之初和组建项目团队时，就应建立以结果为导向的项目文化，这是项目团队承担责任并达成结果的基础。

大型国际工程项目往往时间跨度较长，涉及范围很广，项目人员在过程中往往看不到项目的最终结果，这会让项目参与人员使命感缺乏，积极性不高，甚至导致为了工作而工作的情况。

企业领导者及项目经理应始终牢记并宣贯要完成的最终成果和实施项目的意义，让项目团队无论在项目的任何阶段都有使命感和荣誉感。

建立以结果为导向的思维和文化，不但对完成项目的最终成果很重要，而且能够激励项目员工为目标而努力的热情，这将大大减少项目团队深陷管理过程而不重视结果的可能性。

3. 强化 EPC 项目管理概念培训

虽然 EPC 工程总承包项目管理概念引入中国较早，但仅限于石油化工及工业设施类项目使用，在大部分的基础设施和建筑工程类项目上并没有得到有效推广。

受国内建筑行业传统开发模式的影响，EPC 工程总承包管理的概念和逻辑在基础设施和建筑工程类项目上使用很少，即使在石油化工和工业设施类项目上也没有得到有效的贯彻。因此，建筑工程企业在国际工程管理过程中出现的不适应性也就在所难免了。

近十几年来，EPC 国际项目管理培训班在国内如火如荼地进行，但经验表明，这些培训在国际工程项目管理中并没有起到非常明显的作用。这与目前中国建筑工程企业的管理体制有直接关系，当然也与培训者大多过于强调操作方法层面而忽略了 EPC 项目管理的概念和逻辑有关。众所周知，理解概念和逻辑是在思维意识层面，而只有充分理解了 EPC 项目管理的概念和逻辑才能更好地掌握操作的步骤和方法。所以，EPC 项目管理的培训和学习应是全方位和多角度的去理解其中的逻辑和方法，而不应仅仅停留在某一个层面的点式培训和学习，这样才有助于建筑工程企业的转型升级和对国际工程项目管理的适应。

4. 克服传统思维，强调整体效果

建筑行业的传统开发模式造就了建筑工程企业传统的思维模式，在这样的思维模式下，设计单位对结构安全性的过度设计、对项目全生命周期成本的忽视、对施工便利性的考虑不周等都会给项目后期管理造成较大的不良影响。同时，在这样的环境下，因市场竞争的压力而造成施工合同价格利润微薄，施工企业创利的空间往往就集中在技术变更和项目索赔上。在整个项目开发中，因过度设计和设计错误而造成的成本费用都需要业主去买单，而这些费用并没有成为任何一家的利润，反而白白地浪费掉了。

工程总承包（EPC）合同模式是把项目按照一个固定的价格将所有责任都交给一家承包商来承担，这就使得总承包商有更大的空间来发挥企业的技术优势和管理能力，以最低的成本和最快的速度来实现业主要求功能和质量标准，将大大提升项目的整体执行效果。

在国内建筑市场正在积极转型升级的当下，对于建筑工程企业来讲，正是升级项目管理模式的大好时机。通过克服传统思维，建立以整体效果为导向的新型管理模式必将大大提升建筑工程企业适应国际建筑市场的步伐，也将大大降低国际工程潜在的问题和风险。

5. 培养具有综合管理素质的项目经理队伍

（1）项目经理的重要性

无论是国内工程项目还是国际工程项目，项目经理对于项目成败的关键作用是毋庸置疑的。中国企业所承揽的国际工程项目大部分是在欠发达国家，这些国家的基础设施相对落后、各种项目所需资源相对匮乏、员工生活环境相对枯燥，因此项目经理勇于承担责任、独立解决问题、克服项目困难的能力就更加重要。项目经理是项目团队的核心和主心骨，其管理能力、沟通能力、协调能力和领导能力是项目是否能够达成目标的关键。他们也像是一个乐队的指挥，和谐优美的音乐是由每个乐队成员按照指挥的节拍演奏而出。优秀的项目经理会让团队成员感到工作中的快乐，因而爆发出努力工作的激情。

（2）如何培养项目经理

培养合格的国际工程项目经理是建筑工程企业"走出去"的必要条件，项目经理队伍建设是企业能否在海外市场持续获得成功的关键所在。在现实实践中，大多建筑工程企业对于项目经理并没有相对完善的培养体系，也缺乏对项目经理的考核任免制度，这非常不利于国际工程项目经理的培养。众所周知，国际工程对项目经理的要求与国内工程存在较大的区别，其主要表现为对人选的工作年限和从业经历更加注重，并没有对于人选是否有认证资格格外关注。由于国际市场客户更关注项目经理的管理和领导经验，故而仅仅靠考证来获得项目经理资格的做法在国际工程中并不可取。因此，建筑工程企业应建立健全项目经理的培养体系、完善考核评价制度，为企业"走出去"建立人才保障。

（3）项目经理的职业化

西方国家的项目经理职业化已经非常完善，相对来讲，在中国项目经理并没有形成一个职业，大部分只是把项目经理岗位作为职业生涯的一个过程而已，这就造成了在国内很少看到 45 岁以上项目经理的缘故，而在西方国家把项目经理作为终身职业的人比比皆是。

随着国内建筑行业开发模式的不断升级和企业"走出去"步伐越来越大，项目大型化趋势已经非常明显，这就对项目经理的素质和能力提出了更高的要求，项目经理的重要性也越来越受到企业的高度重视。在这样的环境下，项目经理将逐步成为被人们羡慕和崇敬的职业，其职业化进程也就指日可待了。

总之，合格项目经理队伍的培养能够有效降低项目管理中的脱节现象，也将大大减少企业因管理脱节而造成的损失。

5.2 如何培养国际工程项目经理

5.2.1 国际工程项目管理现状

1. 项目的大型化趋势

随着建筑行业的变迁，无论国内还是国外建筑市场，项目的大型化趋势已经非常明显。这不但是由于人工材料成本的升高导致了项目规模的增加，更重要的一个因素是，越来越多的业主倾向于把原来拆散的项目招标模式变为整体招标模式，把整个项目整体发标给一家承包商进行投资、设计、采购、施工和运营。

目前在国内外不断兴起的工程总承包（EPC）模式、BOT 模式、BT 模式、PPP 模式等是催生大型项目的主要原因。这些模式对承包商尤其是对项目经理的素质能力要求很高，需要对项目的全生命周期进行统筹和规划。

2. 工程总承包模式普遍化

在上述建筑行业开发的新模式下，EPC 工程总承包能力是承包企业最核心的能力。原来中国采用的设计—招标—施工模式把项目开发分成了很多标段，由于设计、采购和施工都分属不同单位和项目的不同阶段，因此业主单位无形中浪费了大量的建设成本，给国家造成了大量的损失。国家住建部对工程总承包模式的大力推广也充分表明政府认识到了原来建筑开发模式的弊端，要通过培养建筑承包企业的工程总承包能力来强化设计、采购和施工的有效紧密配合，进而达到节约建设成本，提升建筑质量的目的。

随着中央政府对供给侧结构性改革的不断推进和建筑行业市场化机制的不断深化，工程总承包模式将逐渐成为中国建筑承包行业的最普遍模式，进而扩展到 BT 模式、BOT 模式和 PPP 模式。

3. 中国项目经理现状

长期以来，中国建筑行业受传统开发模式的影响，建筑工程企业的项目经理大多是施工企业项目经理或者设计企业项目经理，很少培养出具有全面综合管理能力的项目经理。

项目经理知识结构的单一性往往造成项目管理工作的片面性，施工出身的项目经理对设计和采购往往不重视，设计出身的项目经理常常对施工管理不了解。由于缺乏对整个项目周期和项目管理过程的全面性，常常造成项目团队的矛盾重重。

近 20 年来，伴随着中国经济的腾飞，国内建筑市场也是异常火爆，项目经理的产量远远达不到市场的需求，因此项目经理的岁数也就越来越年轻。这样的趋势给建筑企业造成了一个假象，那就是项目经理就应该是年轻人的职业，而这与国际工程项目经理的要求恰恰相反。相对大型的国际工程项目对项目经理的要求往往要求是工作满 25 年，作为项目经理任职至少 15 年以上，这样的项目经理在中国建筑企业中几乎是不可能找到的。因此，常常项目经理的人选就是国际建筑承包企业的一大难题。

以上这些矛盾和问题是中国建筑承包企业在承揽国际工程项目时存在的普遍现象，当然项目经理的语言能力、沟通能力、领导能力也都是项目经理普遍需要提升和加强的方面。总之，优秀国际工程项目经理的培养是国际建筑工程企业永恒的主题和努力的方向。

5.2.2 国际工程项目经理的重要性

1. 项目经理是项目的中枢

对于建筑工程企业来讲，项目是企业的利润来源，而项目经理对于项目是否盈利或盈利多少更是起到关键的作用。项目经理不但是承接任务达成结果的主体，更是整个项目管理过程的中枢，不但要对上沟通，对下沟通，还要负责整个外部沟通。众所周知，沟通是否有效和顺畅，往往是项目进展是否顺利的关键因素，这就要求项目经理不但有较强的语言表达能力，还要有很强的语言理解能力。通过高效的沟通来传输和接收信息，制定计划和采取行动，最终达成项目结果，这就是项目经理应在项目管理中发挥的中枢作用。

2. 项目经理是团队的核心

项目团队的组建必须要以项目经理为核心，这就要求项目经理必须具备较强的团队建设和凝聚作用。项目经理不但要能够为团队设定目标、明确计划，还要能够让团队成员各司其职、达成结果。

项目团队一般都是临时组建的团队，况且工程项目大多是时间紧、任务重，这就要求团队成员之间不能有太长的磨合期。因此，项目经理作为团队的核心其凝聚、团结、激励的作用必须在较短时间内发挥出来，这样团队才能爆发向心力和战斗力。

3. 项目经理是项目成败的关键

在国际工程项目中，众多的失败和成功的案例都充分表明，项目经理往往是决定项目成败的关键因素。虽然在分析项目案例时，我们会发现项目的成败都有很多客观因素，也有很多体制上造成的痼疾，但我们不得不承认，很多条件很恶劣的项目被项目经理扭转乾坤，做成了非常成功的项目，而很多条件很优越的项目却被项目经理变成了企业惨痛的教训。无论项目经理本人如何感觉自己冤枉，但项目经理在失败项目上的种种失误却难辞其咎。因此，作为项目管理的中枢和团队的核心，大型项目的项目经理培养和选拔异常关键，也是项目成败的决定性因素。

5.2.3　国际工程项目经理的素质要求

1. 道德标准

项目经理部作为建筑工程企业最基层的组织，是资金流动最快、成本花费最多、浪费和节约最为明显、人员变动频繁、与外部交易最多的组织，在项目上滋生贪污腐败的可能性也是最大的地方。

项目的特点决定了项目经理的选拔必须是德才兼备，以德为先。没有良好道德标准的项目经理很容易钻空子，找漏洞，利用权钱交易而满足个人的私利。很多失败的项目案例表明，权钱交易常常是项目出现大幅度进度拖延和成本超支的直接原因。

海外项目不同于国内项目之处在于，项目地点远离国内总部，总部的监管职能对于海外项目的管控很难与境内项目相比，这就更加要求海外项目经理具备较高的职业道德标准，能够严格要求自己，规范自己的行为。

2. 技术素质

工程项目的技术特征是项目具有独特性的最重要标志之一，项目经理应对项目的技术原理有较好的了解，这对于较复杂项目来说尤其重要，因为技术问题常常是导致项目进度拖延、技术变更、成本索赔等问题的直接原因。

项目经理不一定是技术专家，但一定要能够理解技术专家的语言，这就要求项目经理在技术方面做到虚心学习，多听专家的意见，以便随着项目进展能够不断深入理解项目的技术。

3. 项目管理知识

由于缺乏系统的项目管理培训，很多技术出身的项目经理对于项目管理的基本逻辑缺乏足够的了解，这常常会导致项目经理在管理中抓不住重点，顾此失彼，丢了西瓜捡芝麻。

以美国 PMI 的 PMBOK 为代表的《项目管理知识体系》把项目管理各个方面进行了系统的整合，介绍了项目管理的基本原理。在此原则之上，延展出来的项目全生命周期和全过程的管理逻辑及管理程序是项目经理必须要掌握的项目管理知识结构。

工程项目的项目经理应充分理解和掌握 EPC 工程总承包项目的设计、采购和施工之间的逻辑关系，也要充分理解进度、成本、质量和安全之间的逻辑关系。通过系统地学习可以掌握各个职能管理之间如何紧密配合，相辅相成。

4. 抗压能力

项目的特点是在规定的时间内，按照预算的成本，根据规范规定的质量标准，并保证安全的环境下，完成合同要求的工程范围内的工作。项目的这一基本特点就决定了项目经理的工作必定是在高压状态下带领团队完成任务。

人在高压状态下常常会表现出焦躁不安和思路不清，项目经理就必须能够具备在压力状态下保持清醒的头脑和稳定的情绪，因为只有这样，项目经理才能保证与项目各方的有效沟通。

项目的目标性和计划的有效性是保证项目顺利完成的必要条件，项目经理需要带领并保证项目团队按照要求完成既定的任务。因此，项目经理不但要能够承受压力，还要能够传递压力，并保证项目团队在高压下的积极工作状态。

5. 团队领导能力

项目一般都需要一个团队共同完成，大型国际工程项目涉及的团队会更庞大、更复杂，不但会涉及中国员工还会有外籍员工，不但有技术沟通的障碍，还会有语言沟通的不畅等，这就需要项目经理具有较强的团队领导能力。

团队领导力是作为项目领导者的基本能力之一，项目经理不但要通晓管理的方法，还要具备领导的艺术。领导者最重要的能力是让团队清楚自己的目标，并通过精神和物质的激励手段，让团队成员积极高效地去执行任务。

领导力讲起来容易，做起来往往很难，不但需要领导者具有性格上先天的优势，也需要领导者通过不断地磨炼而精进自己的修为。这就要求领导要公平、公正地对待每一个团队成员，并具有博大的胸襟来对待员工出现的工作失误。

6. 沟通交流能力

经验和研究表明，项目经理的时间 80% 以上要用于沟通，这就要求项目经理具备沟通的技巧和能力。

项目经理作为项目的中枢神经，必定是项目沟通的中枢，但项目经理必须要学习沟通的技巧，放弃不必要的沟通而专注于有效的沟通。不必要的沟通是指那些可以授权的沟通；那些效益极低的沟通和消磨精力的沟通。有效的沟通是指那些必须由项目经理决策的沟通；能够为项目产生较大效益的沟通；能够为项目提供正能量的沟通。

沟通能力的培养不但需要管理者先天的素质，也需要后天工作中持续的锻炼。关于有效沟通的书籍和理论很多，但究其一点就是沟通者在沟通之前要有明确的目标和沟通的思路，并且要抓住关键要点进行有效沟通。在现实工作中，很多管理者花费了大量的时间和精力却做了大量的无效沟通，这样对于管理者来讲，看起来很忙，但实际效率却很低，而这个方面通过学习和修炼是完全可以改善的。

5.2.4　项目经理的培养原则

1. 基层培养原则

项目经理岗位对于管理者的素质和能力要求很高，不但要懂技术还要懂管理，不但会领导还要会沟通，这就要求项目经理必须从基层开始培养。项目经理人选通过在基层的工作了解现场最根本的问题，接触最基层的员工，学习团队管理的技巧，磨炼自己的意志，只有这样的锻炼才能使得未来的项目经理具备管理的全面性。

很多经验表明，没有经过基层磨炼的项目经理往往缺乏管理根基和成长的可塑性，并且较难在基层员工中产生威望。因此，基层培养原则对于项目经理的培养至关重要，成功的大型项目经理无一不是通过基层锻炼而成长起来的。

2. 德才兼本，以德为先原则

国际工程项目的特点是远离国内总部机关，受到监控的力度要远远低于国内项目，因此对项目经理的职业道德标准要大大高于国内项目经理。

国际工程项目的复杂性和高风险性决定了项目经理要具备较高的管理素质、领导能力和沟通能力，但同时还要具备对企业的忠诚度、责任心和对职业的敬畏感。通过经验表明，在对项目经理进行选拔和授权时企业忠诚度、责任心和对职业敬畏感更加重要，也就是所谓的"以德为先"。

在选拔和培养项目经理时，要注重本人性格、家庭背景、同事评价、职业经历等方面的考察。奔着对企业负责的态度对发现有劣迹的人选要重点观察和原因分析，存在本人性格原因的情况应杜绝重要项目领导岗位的任职，否则将会给企业带来不可估量的损失。

很多企业在选择国际工程项目经理时，往往更注重技术能力和管理能力的考察，忽略了对人选的职业道德记录的评估，甚至在饥不择食的情况下，任用了不合格的人员担当项目重任，无数国际工程的案例已经表明项目经理的道德因素是项目成败的重要因素之一。

3. 执行能力原则

一个人的执行能力是其克服困难、完成任务的能力。在选拔和培养项目经理的过程中，除了考察和测试项目经理人选其他方面的素质以外，更要重点关注其以往工作的执行能力，也就是完成任务的能力。

经验表明，人的执行能力与其学历、聪明程度以及相貌等没有直接关系，而与其性格特征、自控能力、坚强的毅力和抗压能力等有更大的关系，因此，对项目经理人选的性格测试应作为选拔项目经理的重点标准。另外通过对项目经理人选历史经验的重点考察，更能够充分认识其成功和失败的原因，进而分析其性格特征。

由于工程项目的特点决定了项目经理肯定要在高压状态下带领团队完成任务，因此，在项目团队组建后的团队执行力培训也是非常必要的。团队执行力是以项目经理为核心的团队执行能力，其中需要的不但是项目经理本身的执行能力，更需要团队的密切配合和系统建设。如果把项目团队比做一个交响乐团，那么项目经理就应该是乐队的指挥，只有乐队每一个成员按照乐队指挥的节奏去弹奏，才能演奏成一段美妙的交响乐曲。

4. 系统管理知识原则

在众多的管理学科中，项目管理是最综合也最系统的一套管理理论。这主要是由于项目的基本特点决定了项目都具有明确的范围定义、时间要求、成本预算和质量标准，根据这些合同明确的规定来完成任务就必须按照一定的规则进行项目的计划和控制。

美国项目管理协会根据项目管理的系统把项目管理分成了 10 大知识体系，高度概括地按照项目的基本特征把项目管理进行了系统性的串联。但由于项目管理知识体系（PMBOK）的高度理论性和概括性，在进行项目管理实际操作时必须根据其理论进行详细方法的描述，本书是根据多家跨国企业的项目管理的实践方法并结合中国企业的特点编辑而成，是项目经理学习系统管理知识很好的教材。

5.2.5　项目经理的成长步骤

1. 从最基层做起

想要成长为一名合格的国际工程项目经理，必须要从项目现场开始自己的职业生涯，现场才是建筑工程企业真正交付产品的地方，只有详细了解产品交付过程的员工才会真正懂得建筑工程企业的项目运作规则，才能更好地理解客户需求。

近些年在中国有个奇怪的现象，很多大学毕业生毕业后挤破脑袋向机关里面钻，这些大学生一方面要出人头地，一方面又要舒适的工作环境，这显然是一个悖论。年轻的大学生选择了舒适的工作环境，就等于为自己选择了平庸的人生，而平庸的人生就势必将与出人头地不再有缘。

到基层最艰苦的地方锻炼，不但使自己增长经验最快，而且能够磨炼自己的意志，成功的项目经理或其他成功人士无一不是从基层做起，在艰苦的环境下学习书本上没有的知识，在不断遇到问题和困难的现场锻炼自己解决问题的能力。

在一个人的职业生涯中，成功的基层工作经验必将是人生职业天梯最稳固的基础，没有稳固基础的职业生涯不可能走的太远，在很多人职业生涯中走捷径的例子表明，在其人生的某个阶段很容易出现塌陷。因此，从基层最艰苦的地方开始工作是成长为合格项目经理的最优路径。

2. 在不同岗位锻炼自己

项目经理岗位是需要具有综合管理能力的岗位，这就要求希望成长为项目经理的人能够掌握不同岗位的知识，而最好的掌握知识的方法就是在"干中学"。

在大型工程项目中项目管理的各个职能分工较细，职责更加明确，在小型项目中由于管理人员的数量较少，项目管理各个职能之间就往往出现一人多岗、一专多能的情况。因此，在项目经理成长的初期，参与小型项目的管理更能够得到不同岗位锻炼的机会。在某种程度上，一个潜在项目经理的职业生涯从小项目开始做起，往往可以得到更多锻炼的机会。

通过不同岗位锻炼的员工思维会更加全面，考虑问题时也会更多地考虑各个职能之间的平衡，在性格方面也会变得更加包容。由此可见，优秀项目经理的培养需要多岗位的锻炼，企业不但要给予这些人员锻炼的机会，希望成为项目经理的人员也要能够及时抓住机会，从而增长自己的经验、磨炼自己的意志，为自己将来成为合格的项目经理打好基础。

3. 克服畏难情绪，知难而上

优秀项目经理最重要的品质之一就是勇于承担责任，知难而上。项目的独特性特点决定了每个项目都是不同于其他项目的，这也就决定了没有一个项目可以照搬其他项目的所有经验和方法，因此，每个项目都必须要组建独特的项目团队；编制独特的项目实施计划和管理程序；制定独特的项目管理制度；建立独特的项目文化。这样的项目特点决定了项目经理岗位的复杂性和具有挑战性，因此，项目经理必须要能够克服畏难情绪，知难而上。

企业在考察一个项目经理人选时常常会把一个人克服困难、解决问题的能力和品质作为重要的标准之一。期望成为项目经理的人员需要从基层开始成长时，就要磨炼自己克服困难的意志。困难往往来自于自己的心里，是畏难情绪在作怪，在大部分情况下，会发现办法总比困难多。在不同的岗位锻炼时，显现出没有畏难情绪，知难而上的品格是获得更多机会的最好方法。

4. 主动工作，为领导分忧

经验表明，优秀项目经理往往是由那些主动工作、解领导之忧的员工蜕变而成的。在现实中，企业总有主动工作的人，也有被动工作的人，主动工作的人是用脑工作，被动工作的人是用手工作。主动工作要求的是积极地思考有效解决问题的方法，在他们的意识里自己才是工作任务的主角，等、靠、要不在他们的词汇中。而被动工作的人往往等待上级领导给予他们解决问题的措施，他们只是像传话筒一样传递信息，不想承担责任是这些人最大的性格特征。

期望成为优秀项目经理的人应在职业生涯过程中主动工作，站在上级领导的角度思考问题，积极为领导分忧。经验表明，那些总是站在领导角度考虑问题的员工得到提拔的概率要远远大于那些被动工作的员工，也是最容易实现个人价值的员工。

5. 抓住机会不放过

由于每个人的平台不同，出现在每个人面前的机会也就不同，但一般来讲每个人一生中总会有很多次机会需要去把握，获得成功的人往往不是因为他们获得的机会更多，而是因为他们善于抓住机会不放过。

在蜕变成合格项目经理的道路上，一个人要经历多个岗位的锻炼和磨砺，而能够得到这些岗位的锻炼，主要跟这个人是否能够抓住机会密切相关。那些善于主动工作并能够高质量完成任务的人总是会获得更多的机会，原因是领导者认为把任务交给他们会有更大成功的希望，而交给那些被动工作的人就会取得相反的效果。

对于希望成为优秀项目经理的人要主动去寻找锻炼的机会，必要时应向领导毛遂自荐，主动请缨，快速进入角色并高质量完成任务，这会大大增加了一个人成长的空间和进步的速度。

6. 只能成功不能失败

项目经理成长过程中会在不同的岗位上遇到不同的人和问题，也会遇到很多的困难和挫折，有时往往一次的失败就会断送一个人未来成为项目经理的前途。

认真对待并高质量完成每一次任务会不断增加领导对自己的信心，即便是存在客观无法克服的原因时，也应付出 100% 的努力去挽回失败给企业造成的损失。

随着时间的推移，人们只会记得那些取得了成功的人，而不会怜悯那些因为客观原因而失败的人。一个努力成为优秀项目经理的人应谨记失败会对你的职业生涯造成巨大的伤害，在每个岗位上都要有必胜的信念，只能成功不能失败。

7. 项目管理知识体系的学习

项目的特点决定了项目必须在一定的预算内，按照合同要求的工期，根据规定的质量标准完成规定范围内的工程任务。项目经理作为项目的中枢神经，负责指导项目的计划、实施和监控。这就要求项目经理必须全面掌握项目管理的系统知识，深谙项目管理的逻辑关系。只有具备这些技能，才能抓住关键路径上的关键工作，克服过程中的主要矛盾，推动项目的有效进行。

项目管理的系统知识是相较其他方面的管理学科更具科学性和逻辑性的知识体系，项目经理经过系统学习完全可以抓住项目管理的主线和核心，充分运用"关键路径法"思维去指导和监控项目实施中的各项工作。没有经过系统培训的项目经理往往不善于抓住主要矛盾，忽视关键路径上的活动，忙于应付事务性工作，造成丢了西瓜捡芝麻的局面。

项目经理作为项目开展的核心人物，往往是项目上最忙碌的人，因此，时间管理是项目经理最重要的能力之一。如何能够通过授权把别人能够承担的工作分配出去，把自己有限的时间分配到最关键的活动上，这样才能保证项目高效地开展并最终取得良好的效果。

8. 培养总结和汇报能力

沟通是项目经理最重要的工作，按照时间分配来讲要占到 80% 以上，而沟通的效率和取得的效果完全取决于项目经理的总结和汇报能力。

沟通技巧的核心之一就是要能够抓住沟通的重点，也就是对自己沟通的目的要非常明确，否则就会浪费大量的时间在无效沟通上。能够抓住重点的关键在于项目经理的总结归纳水平和对轻重缓急的把握。在现实工作中，我们常常发现很多项目经理也同样每天参加大量的会议和谈话，但他们并没有从每一次会议或者谈话中总结出其中的要点，进而形成明确的工作思路。还有很多情况是，沟通者在沟通时抓不住沟通的重点，会议常常偏离主题而最终无法达成结果，这些都是造成沟通不畅的主要原因。

项目经理负责对上级领导者的工作汇报和对下级员工的工作安排及指示，也负责与各个项目相关方的沟通与交流，如果没有很好的归纳总结能力将大大降低工作的效率，影响项目进展的效果。沟通能力可以通过培训和学习而得到提高，沟通技巧也可以在不同的工作环境中锻炼而得到提升，其中最核心的一点是项目经理要增强自己的动手能力，尤其是归纳总结能力。

优秀项目经理肯定是一个勤奋的人，善于动手的人，勤学苦练是提升自己归纳总结能力的唯一方法。因此，希望成为优秀项目经理的人应在不同的岗位上都养成善于归纳总结、善于抓住重点、善于表达自己观点的好习惯。

9. 团队建设和影响力

项目经理作为项目团队的核心要负责团队的凝聚力建设，没有凝聚力的团队就很难具备战斗力。项目团队的工作效率和效果跟团队成员之间是否默契有直接关系，人与人之间沟通不畅，处处别扭的团队工作效率不会太高。

项目经理带团队的首要任务是理顺成员之间的关系，而理顺关系的最重要一点就是要能够做到公正和公平。分工明确的组织机构再加上公平公正的管理制度是建立高效组织的关键要素，其他团队建设活动的组织也只能起到辅助作用。

项目经理的权力虽然主要来自上级的授权，但要想建立一个有凝聚力和战斗力的团队就必须具备较高的影响力。项目经理的影响力主要来自其专业能力、职业道德、自律精神、公平公正的作风、亲和力以及以身作则的团队意识。经验表明，个人影响力往往是比上级授权更能够激发下级员工跟随的能力，也是建立高效团队的核心基础。

10. 经验教训总结很重要

成功的项目经理往往善于进行每一次任务完成后的经验教训总结，这是一个人能够得到提高和不断升华的关键步骤，这不但对于个人的提高极其重要，而且对于企业的知识积累异常关键。

很多项目经理在完成项目后从不进行经验和教训的总结，甚至恨不得忘得一干二净，这不但使得项目经理在下一个项目中重复以前的失误，还使得自己的经验一直停留在原来的水平。俗话说：通过自己的教训得到提高是人才，通过别人的失误而学习提高那是高手。优秀的项目经理往往都是善于总结经验教训的人，也是那些善于把教训变成宝贵财富的人。

希望成为优秀项目经理的人才应在不同的岗位上养成经验教训总结的习惯，"不积跬步无以至千里"讲的就是这个道理。

5.2.6 项目经理是职业生涯的天梯

1. 项目经理岗位对职业生涯的重要性

从事建筑工程行业的人员一般可以选择做技术或者做管理，但无论选择什么都应从专业技术工作开始。在中国建筑行业的现实中，由技术转到做管理的人才较多，这与中国在经济高速发展过程中缺乏大量的管理人才有关，也与中国传统文化有关。选择做管理的人才也往往需要比较扎实的技术知识作基础，经验表明，有技术专业背景的人才成长为优秀项目经理的可能性较大，在项目经理的岗位上更加有影响力。

如前面所述，项目经理是需要在规定的时间内，按照一定的预算，根据合同规定的质量要求完成规定的工程范围的各项活动。从项目的各项约束条件可以看出，项目经理岗位是一个有着较大难度的工作，也是一个非常能够锻炼各项能力并磨炼意志的岗位。项目经理不但需要具有技术、管理和专业知识，还要具备领导艺术、沟通技巧和较强的影响力。因此，项目管理岗位能够提供一个锻炼各种管理素质的平台。

无论希望未来成长为什么层次的管理者，都需要具备一个合格项目经理应有的各项管理和领导素质。管理者的层次不同决定了管理者的格局不同，但管理者应具有的基本要素是相通的。

项目经理岗位是建筑工程企业的基层管理者，根据项目规模大小和复杂程度可以分为小型项目经理和大型项目经理，通过小型项目经理到大型项目经理的锻炼可以不断提高项目经理的格局。通过项目经理基本素质的培养，管理型人才成长为一个企业的总经理或董事长的可能性就会大大增加，而在更高岗位上的锻炼仍然需要提升人生的格局和视野，进而实现个人的价值。

2. 人生的魅力就在于克服困难，完成任务

曾几何时，我们每个人都有过对人生的憧憬，虽然岁月的磨砺让很多人泯灭了人生的理想，但在每个时代都有精英，都有时代的领跑者，选择度过一个不平凡的人生仍然是大多数人的追求。

不平庸的人生是能够承受压力的人生，是能够克服困难完成任务的人生。人生的历程由无数个瞬间和阶段组成，不平庸的人生会在每个阶段都有励志的人生故事，激励着自己和别人不断前行。

一个立志于成为优秀职业经理的人，必将在自己的人生道路上创造无数个奇迹和辉煌，通过在不同恶劣环境下的磨练，会让人的意志越来越坚毅，克服困难、完成任务的能力越来越强大，最终必将会创造精彩的人生。

5.3 建筑工程企业的国际化与属地化

5.3.1 建筑企业国际化与属地化现状

1. 国际工程企业为什么要属地化？

（1）中国海外发展的简要回顾

随着 20 世纪 80 年代的国家改革开放政策，中国政府要求企业通过"引进来"和"走出去"来进行对外开放，中国工程企业的海外拓展之路也就此拉开了序幕。

经过将近 40 年的发展，建筑工程企业海外业务规模、合同模式、项目交付能力等方面都发生了翻天覆地的变化，这些变化也倒逼着建筑工程企业必须在"走出去"的管理模式上作出积极的调整来适应新的市场情况的要求。

（2）中国经济发展新阶段

中国国内经济取得的历史性变化也决定着企业开拓海外市场的模式必须发生变化。中国建筑工程企业从早期的工程劳务出口到工程施工分包，到施工总承包，再到工程总承包，已经发展到了投融资带动工程总承包和海外投资房地产开发。这些项目模式的升级无不与中国国内经济的发展阶段息息相关。

从国际工程项目运作不断升级的模式可以看出，原来中国建筑企业"走出去"主要是劳工、物资和设备"走出去"，而现在的项目模式需要的是资本、技术和管理的"走出去"，前者需要的是体力劳动者而后者需要的是脑力劳动者。

（3）中国劳工成本的增加

众所周知，中国建筑工人和建筑管理人员的工费标准自 2008 年以来快速攀升，在国际建筑市场已经远远失去了成本优势和竞争力。这是一个高速发展的经济体必经之路，其他先于中国发展的经济体如日本、韩国、中国台湾、新加坡等都经历同样的阶段，也有着类似的工人成本大幅增加的经历。

（4）以夷治夷的重要性

同时，中国建筑企业在向高端市场经营过程中的不适应性也充分暴露了中国企业在管理上的弱点，中国式思维和中国管理模式是中国企业"走出去"过程中遇到较多问题的根本原因。国际化发展和属地化经营就要求企业充分利用本地的成熟资源和经验去快速适应当地市场的情况，这不但会大大缩短企业开拓市场的速度，也会大大减少企业经营中出现的失误。

（5）本地劳工保护政策

本地劳工保护政策是很多企业在国际化经营中遇到的最大难题，但这是世界各国普遍的做法，包括中国在内。各个国家对本地就业的保护是政府的责任，提高就业率往往也是政府对国民的承诺，所以劳工政策限制不会随着时间而放松，相反只会随着经济状况的下行而越来越紧张。

（6）中国政府对中国企业属地化的鼓励

近几年来，中国政府在对外援助项目上也规定了中国承包企业必须属地化用工的条款，这充分表明了中国政府鼓励中国企业走向属地化的态度。

总而言之，无论是市场要求、成本的压力、政府的政策都无疑为中国企业指出了一个唯一的选择，那就是必须走属地化用工和国际化发展的道路。一个充分做到属地化经营的企业才能扎根当地、开拓市场、可持续经营，也才能被本地的政府和社会所接纳；一个能够做到国际化发展的企业才能充分利用全球人力资源，搭建国际化的发展的平台，把有志于共同发展的资源汇聚到一起。

2. 中国国际工程企业的属地化和国际化现状

在中国企业早期"走出去"过程中，主要使用的是中国劳工和中国管理人员，当时的合同模式以劳务分包、施工分包为主，项目主要集中在亚非拉地区。到了 20 世纪 90 年代后期，中国建筑企业开始承揽施工总承包项目，在这些项目上采取的用工模式是大多数中国技术工人带领本地劳工完成任务的模式。到了 2008 年以后，随着中国工人工费的迅速攀升，中国承包企业普遍认识到了使用中国劳工将不再有成本优势，所以劳工属地化也成为了中国企业不得不思考和实行的模式。

近十年来，中国建筑工程企业"走出去"的属地化用工模式有了飞速的发展，但由于受到企业传统思维和管理模式的影响，属地化用工过程中问题和矛盾层出不穷，甚至导致很多企业又回到了以前使用中国劳工的模式。

由于中国工程企业目前在海外开拓的市场模式不再是简单的劳务分包或工程分包，而是涉及大量的投融资管理、项目管理、设计管理、采购管理以及各种法律和社会风险的项目。在运作这类项目时，如果不能够大量利用属地资源来充分了解本地情况，而是仅仅靠中国员工的盲人摸象，那后果就会不堪设想。所以，企业在这个层面的属地化要求已经远远超越了劳工层面的属地化，管理层面的属地化和国际化已经迫在眉睫。

除某些个别企业在某些区域外，中国大部分建筑工程企业的属地化程度仅仅停留在劳工属地化的层面，有部分企业的中基层管理人员实现了属地化用工，而实现中高层管理人员属地化的企业仍然少之又少。这也是中国企业在模式不断升级的"走出去"过程中遇到了问题越来越多的原因之一。

3. 与日韩企业的对标

日本作为老牌的发达国家在全球扩张过程中的属地化用工自不用说，但先于中国发展起来的亚洲四小龙之一韩国企业的海外属地化用工值得我们研究和学习。之所以拿日韩企业与中国企业对比，是因为日韩企业的员工外语水平并不比中国企业员工的外语水平高，中国员工的敬业精神和基本素质也不比他们差，那为什么中国企业的属地化过程中出现的矛盾和问题如此之多呢？究其原因还是项目管理体制问题。日韩企业在国际化过程中大量采用了西方国家的项目管理体制，而中国企业基本沿用中国国内的项目管理体制。这是中国企业员工与属地化员工相互无法适应的根本原因。至于文化的冲突和矛盾是在所难免的，只有通过相互的包容和理解才能达到目标一致、方向一致的目的。

5.3.2 国际化和属地化的主要障碍

1. 思维模式问题

思维模式的形成主要来源于一个国家的文化根源，在中国建筑企业的兴起和发展过程中，绝大多数企业得益于中国国内经济的发展，而不是在市场经济环境下的产物。众所周知，"关系经济"是建筑企业这么多年来主要赖以维系的经济模式，也因此失去了市场经济中"顾客利益至上、产品质量至上"的核心市场经济原则。同时，中国建筑行业的开发模式属于英美发达国家比较早期的开发模式，这些模式随着时代的发展在国际项目中已经不再普遍使用，而中国建筑企业对这种铁路警察各管一段的模式更加熟悉和接受。

在中国建筑企业走向海外市场的过程中，大多企业领导者把"关系经济"思维模式带到了海外，总是试图利用各种"关系"来获得企业的发展，但久而久之"关系"只能解决一时问题而不能解决一世问题。

在市场经济原则下，产品质量和服务质量是企业发展起关键作用的因素。虽然中国建筑企业近十几年来的产品质量提升明显，但全方位的服务质量仍有较大的差距，因此，以提升专业化服务水平为特征的企业发展方式取代长期形成的靠拉关系为特征的"关系型经济"发展方式是中国建筑企业的根本出路。

2. 管理体制问题

中国建筑工程行业的发展起步较晚，因此到目前仍然以欧美发达国家几十年前的开发模式为主。这种行业模式是以计划经济时代形成的铁路警察各管一段为基本特征：投资、设计、采购、施工和运营都由不同单位来负责，基本很难形成统一的目标和同样的管理思路，其中推诿扯皮和成本浪费严重。

西方发达国家的建筑行业模式经过几十年的发展已经演变成了以工程总承包为核心的 EPC 工程总承包模式、BOT 模式、BT 模式、PPP 模式等。这些国际工程的新模式对建筑企业的综合服务能力要求大大提升，原来建筑企业单一的设计，施工或运营能力已经无法满足这些客户的需求。

虽然近十几年来，中国建筑企业学习 EPC 工程总承包模式的浪潮不断增加，国家住建部也连续发文要求中国国内建筑开发模式要以工程总承包模式为主，但固有的传统体制造成的影响仍需要较长的时间去改变。

传统的管理体制决定了企业的管理体系问题，在目前的建筑工程企业中，无论是设计院还是施工企业，各自使用的管理体系都与国际通用的工程总承包项目管理体系没有直接关系，这就是为什么中国到目前仍然严重缺乏工程总承包企业，更缺乏工程总承包项目经理的原因。

3. 企业文化问题

中国的建筑工程企业以国营企业为主，这些企业大多由原来各部委和各省所属的建筑企业演变而来，这些单位的前身都曾是具有"大院文化"的传统企业。因此，这些企业固有的、封闭的企业文化在近几十年参与全国建设过程中有了较大的改变，但其基因仍然具有保守和封闭的特征。

到海外开拓市场的建筑企业必须要做到入乡随俗，要把当地的习惯做法纳入企业的管理模式，只有这样才能吸纳本地人才加入企业中，但中国建筑企业上述的保守特征也成为了企业属地化和国际化进程的主要障碍。

5.3.3 如何加速建筑企业的属地化和国际化进程

1. 企业的组织建设

由于建筑行业开发模式的特点决定了中国国内建筑企业基本由设计院和施工企业组成，这两类建筑企业组织机构的特点也都是为了满足设计管理或者施工管理的需要。如上所述，国际建筑市场对建筑承包企业的要求是具有投融资管理能力的工程总承包商，而施工承包商或者设计院仅仅只能作为专业分包商出现而已，这就要求国内建筑工程企业必须要从组织机构上去适应国际建筑市场的要求，进行组织机构和职责分工的革新。

国际建筑市场对工程总承包商的基本要求是具有 EPC 核心项目管理能力的综合性承包商。在新的建筑市场形势下，对承包商的投融资管理能力、项目运营能力、防范法律风险能力都有了更高的要求，而这些能力却完全可以通过服务外包来获得。

由此可见，无论是施工企业还是设计院在开拓海外市场过程中，都应当向具有 EPC 管理能力的工程总承包商转变，而为了适应国际化和属地化进程的要求，组织机构的革新必须以适应国际化要求而进行，这也将为国际项目能够顺利实施提供了组织保障。

2. 管理体制的差异化

虽然说要改变国内建筑行业的管理体制会比较困难，但对于建筑工程"走出去"的企业应切实解决项目管理的体制问题。中国企业国内国外一刀切的做法不但大大挫伤了海外员工的积极性，也是造成中国企业"走出去"诸多不适应性的根本原因。

项目管理体制问题包括组织机构和责任分工、管理流程和报告、激励措施和奖罚制度。这些管理体制应充分考虑企业在海外发展的适应性，应更多把有利于企业的国际化和属地化的政策贯彻下去，而不应当一味强调国外市场适应国内管理。

　　管理体制进行差异化的调整，虽然只是中国企业为了适应"走出去"的无奈之举，但这种试点式的管理体制革新也同样有利于企业在国内应对不断变化的建筑市场的需要。随着中国国内建筑市场的不断成熟和完善，管理体制与国际接轨也只是时间问题。

3. 项目管理体系国际化

　　除了制约属地化和国际化的企业管理体制外，项目本身使用的管理体系更是企业国际化和属地化的严重障碍。在中国建筑行业多年的"关系型经济"发展过程中，管理本身的精细化程度没有得到高度的重视。因此，在建筑企业管理海外项目时，同样使用非常粗犷的管理模式来进行项目投标和项目管理活动，而这样的管理就对项目管理人员的责任心和忠诚度要求极高。即便如此，建筑企业往往是由于管理粗犷而给企业造成巨大的风险和成本损失。

　　项目管理体系包括项目组织和分工、项目管理流程和程序、管理使用的各种系统和软件、各种项目管理制度等。由于中国国内项目管理体系的不完善性，海外员工很难理解中国企业项目管理的逻辑，因此管理体系问题成为中国员工与外籍员工交流的主要障碍。建立健全完善的国际化项目管理体系是中国建筑企业能够有效推进国际化和属地化的关键一步，只有具备共同交流的语言才能保证沟通的顺畅。

4. 企业文化国际化

　　封闭保守的企业文化无论如何都是不利于中国企业的属地化和国际化进程的，只有企业领导者真正认识到了企业应该开放自己的平台，无论国籍，无论肤色，只要能为企业创造价值的人都可以在企业的平台上发挥聪明才智，企业的属地化和国际化才能往前迈进。

　　跨国企业的文化一般是以适应所在国属地员工为主的当地文化特征，再加上由于企业本身多年形成的领导和管理作风，就构成了跨国公司的企业文化特征。虽然跨国企业的文化冲突一直以来是学者们研究的课题，但总体来讲优秀的跨国企业文化是以开放和包容为主要特点的。

　　因此，开放、包容是跨国企业的文化基本特征，也只有这样的包容和开放才能赢得越来越多的有识之士加入企业发展的平台。

5.4 项目管理与项目控制

5.4.1 项目管理的六大黄金准则

1. 组织

任何项目的策划和实施都需要由人来完成，而人必须存在于组织中才会有力量。因此，组织是目标实现的保障。

按照百度百科的定义：组织即由若干人或群体所组成的、有共同目标和一定边界的社会实体。它包含三层意思：

（1）组织必须是以人为中心，把人、财、物合理配合为一体，并保持相对稳定而形成的一个社会实体。

（2）组织必须具有为本组织全体成员所认可并为之奋斗的共同目标。

（3）组织必须保持一个明确的边界，以区别于其他组织和外部环境。上述三条，是组织存在的必要条件。

根据定义可以看出，一个组织内的成员必须有明确的分工和相互的责任关系，否则组织的运转就不会顺畅。而在现实实践中，我们会发现很多项目组织并没有做到组织关系合理、责任分工明确，因组织本身而产生的矛盾和冲突就严重阻碍了工作的顺利开展，就更别说再加上流程和制度的不合理而造成的混乱了。

项目组织机构的合理性和成员分工的明确性是组织建设的基本原则，只有先保证了组织建设的成功，才会有其他方面成功的可能性。因此，组织是目标建设的保障。

2. 合同

随着国家法制建设得越来越健全，国人也越来越重视"契约精神"了，但在国际工程项目中，由于中国企业忽视合同或者对合同不重视而给企业造成了众多巨大的麻烦，也在某种程度上抹黑了中国形象。所幸的是，这种现象在悄悄地发生着改变，契约精神在中国企业也中已生根发芽。

在国际工程项目中，把利益相关方紧密联系在一起的就是相互之间的合同，因此，合同是项目管理的起点。项目所有的活动都应依据合同规定的条款，而不能仅仅依靠自己企业或个人的经验。

在现实实践中，由于中国建筑企业固有的"关系经济"思维影响，项目管理者常常把"搞关系"看得比执行合同更重要。靠关系来解决问题的例子虽然也有不少，但终究只能解决一时而不是一世的问题。如果进行仔细研究，就会发现中国企业在从事国际市场开发时不重视合同起草、不重视合同签订、不重视合同条款、不重视合同执行、不重视合同收尾的情况比比皆是。很多国际工程失败的案例表明，不重视合同管理常常是项目出现问题的源头。

虽然建筑企业对国际工程合同的重视程度在不断提高，但在新的国际市场形势下，项目大型化趋势明显、经营模式不断升级、投融资项目不断增多，合同的签订和执行就愈加重要。经验表明，只有企业的决策者和高层领导重视合同，企业才能建立高度重视合同管理的"契约精神"，也才能建设成为一个专业化和国际化的企业。

3. 时间

项目的一次性特征决定了项目的有始有终，也就是每个项目都有工期时限。时间作为项目的重要约束条件之一是所有项目的参与者唯一共用的资源，况且对于任何一方来说，时间这个资源是最稀缺的，一旦损失将不可复得。在合适的时间执行正确的活动是每个项目的参与者必须遵守的准则，否则，项目秩序将被打乱、项目工期就会拖延，因此，时间是项目管理的主线。

国际工程项目往往参与者众多，且由于参与者的文化背景、工作态度、执行能力、语言障碍等原因给项目造成更多的管理混乱，因此，如果没有一条主线把所有项目参与者联系起来，那管理出现问题就在所难免。时间计划作为参与者共有的约束条件，也就成为连接所有项目各方的唯一工具。

在现实实践中，受中国传统建筑开发模式的影响，项目时间管理并没有得到有效关注，会发现在典型的项目组织中并没有专门从事时间控制的部门和专业人员，而仅仅是由技术部门或施工部门代管。同时，还会发现"项目进度计划"的编制和使用及更新极不专业，通常"项目总控计划"没有专门维护和更新的人员，在工作中仅仅使用部门计划。这样造成的结果是项目延误了查不到原因，时间过去了就顺延计划，向业主索赔工期没有依据等不利情况。

由于对项目时间管理的不重视和不专业，给建筑企业的国际工程项目造成的伤害巨大。统计表明，国际工程项目绝大部分成本超支或项目亏损都跟项目工期延误有关，且时间延误造成损失的比重要远远大于材料损耗和质量返工造成的损失。因此，建筑工程企业提高对项目时间管理的重视程度、培养专业的进度计划管理人才、有效使用三级进度计划的管控机制是解决项目时间控制问题的根本途径。

4. 成本

企业执行项目的目的是为了获得经济利益，这是人人共知的道理，那作为对项目经济效益产生直接影响的项目成本控制就无疑应成为项目团队最为关注的焦点，因此，成本是项目管理的核心。

在大部分情况下，项目管理中出现的问题和风险都可以拿成本来摆平。也就是说，如果项目不计成本的话，就可以掩盖大部分项目管理出现的问题和风险。基于企业是获取经济利益的实体，只有把成本这个约束条件放在首位，才能真正地衡量出项目管理水平的高低和优劣。

在国际工程的失败案例中，大部分是以成本损失来衡量项目失败程度的，这就表明，项目风险带来的危害主要是成本费用的损失，虽然也有其他方面的伤害，但归根结底还是企业经济效益的损失。

在国内项目管理实践中，比较典型的项目组织并没有特别强调成本控制的重要性，大多没有专职成本控制部门和人员，而是由经营人员代管，这样的组织就大大削弱了成本控制的重要性。虽然大部分项目经理认识到了成本控制的重要程度，但很多项目经理并不懂得如何进行成本控制；使用怎样的方法进行成本控制。成本控制也常常被很多项目经理认为是处处节约支出，不惜牺牲时间、质量和安全，而这样的做法只能导致项目更大的损失。因此，成本控制是在满足项目其他约束条件下的成本节约；是经过经济可行性评估的平衡；是项目团队应建立的文化氛围。

为了使得成本控制得到有效地重视，建筑工程企业应从组织上、方法上和制度上进行改变，让项目经理无论在任何时候都能了解到项目整体成本的全貌，并能够恰当地在客户利益与企业利益之间作出平衡，在满足客户利益的情况下，把企业利益最大化放在首位。

5. 质量

项目的质量标准是企业与客户之间的约定，是企业对客户的承诺，项目经理作为企业代表应信守承诺，无论何种情况都不应以牺牲工程质量为代价来达到目的。因此，质量是项目管理的底线。

虽然在国际工程市场上中国企业的质量水平在不断提高，但其质量低劣的帽子还没有彻底摘掉。当然，我们这里讲的也不是说需要去给项目镀金；不是去生产比合同约定质量高的产品，而是说要生产出符合项目合同规定质量的产品。

产品质量的提升必将源自于项目管理质量的提升，如果仅仅靠一个项目经理或一个好的操作班组去改善产品质量，那绝不是企业质量改善的长久之计。因此，建筑工程企业在国家大力推进供给侧结构性改革的大背景下，应通过提升企业管理水平、项目管理水平、质量管理水平以及打造企业诚信文化来提升企业的产品和服务能力。

项目经理在执行国际工程项目时，要把产品和服务的质量标准作为项目管理的底线，绝不能够突破。

6. 安全

在过去的十几年间，中国政府对环保、安全和职业健康的关注程度和政策力度是国内企业都深深感受到的。在这样的背景下，建筑工程企业在海外项目也更加重视了环保、安全和职业健康的管理。

在以人为本的现代社会中，建筑工程项目的安全是项目管理的高压线。因安全不达标而停工整改；因安全存在隐患被政府罚款的、因重大安全事故让企业蒙受损失的，这些都给企业带来巨大的风险。因此，在中国企业在海外的形象日益好转的背景下，国际工程项目经理更应坚守不碰安全这个高压线的准则，让员工能够下班后安全与家人团聚，为企业和国家形象增光添彩。

5.4.2 项目管理的过程

1. 启动

项目启动是建立项目组织、定义项目范围、明确项目目标、进行实施前准备的过程，一个管理成功的项目往往是从启动过程的完善性、严肃性和仪式感开始的。

启动项目的第一项任务是任命项目经理，而对于项目经理的考察、评估和任命过程对于其是否胜任此岗位工作非常关键，不恰当的项目经理人选必将会对项目的成果产生影响，有时会是重大损失，因此，项目经理的任命也可以说是企业要面临的风险之一。

项目经理在启动项目时，应切忌各项制度和纪律的严肃性，一个项目管理的基因往往是在启动过程中就植入的，项目初始团队的榜样作用会影响着新加入员工的行为，好的开始会大大节约后期管理纠正的成本支出。因此，项目经理以身作则、率先垂范的牺牲精神常常会是项目成功的重要因素之一。

2. 计划

项目计划是对项目整个实施和收尾进行策划的过程；是整个项目管理过程的预演；是项目投标建议书的深化和发展。项目计划的优劣会直接影响项目实施过程是否顺利，对项目管理的各个方面都产生着直接或间接的影响。

在现实实践中，中国建筑工程企业对项目计划过程不够重视，主要表现在：项目计划的不完善；项目计划不认真；项目计划没有连贯性；项目计划不成系统；项目计划脱离现场实际。这其中有项目经理的素质和能力问题，更主要的是企业对项目计划的管理要求问题。中国建筑企业项目经理把这种习惯也带到了国际工程项目中，对于较小项目或者项目经理能力超强的项目可能影响不大，但对于大型项目或项目经理把控能力不够的项目就会产生很多问题和风险。

中国有句俗语"计划跟不上变化"，但这句话的意思并不是不需要计划，而只是表明过程中会有问题和风险对计划的执行造成干扰，而项目管理的过程恰恰就是管理这些变化的过程。因此，建筑工程企业的领导者和项目经理应高度重视这个过程，计划的过程和管理变化的过程也正是企业积累经验和知识的过程。

3. 执行

项目执行的过程就是按照合同约定实施项目范围内工作的过程，通常在工程总承包（EPC）项目中的主要活动为：设计、采购、施工和收尾。

项目执行过程是项目管理最复杂、成本花费最大、资源利用最多的阶段，因此，通常也是建筑工程企业最重视、资源配备最优的过程。

项目执行过程往往也是团队矛盾和冲突产生最多的阶段，根据经验，产生矛盾和冲突的主要原因在于设计、采购和施工各个团队之间的界面关系不清楚以及管理不到位而引起，也常常因此而对项目产生时间的拖延和成本的超支。

随着建筑行业开发模式的不断升级，在工程总承包模式下，设计、采购和施工之间的逻辑关系与界面管理将成为建筑工程企业需要着重克服的难点。项目实施过程中设计、采购和施工三者逻辑关系和相互作用的有效处理，将是项目管理的真正目的，管理中的其他任何的控制和支持职能都是为了实现这个目的而进行。

4. 监控

项目监控的过程贯穿项目实施的全部阶段，其目的是为了收集实施过程数据并与计划进行对比，然后进行偏差管理的过程。监控之所以重要是因为"计划总是跟不上变化"，无论再好的计划或预算，在实施过程中都会由于项目风险和问题而导致偏差的出现。通常在建筑工程项目中的主要监控目标是：进度、成本、质量和安全。

在国内工程管理实践中，近十几年来，由于政府政策的导向和力度，建筑工程项目的质量和安全管理有了较大的改观，在 20 世纪 90 年代频频出现的"豆腐渣"工程已经基本灭绝，环保、安全和职业健康管理也已基本与发达国家同步。但项目的时间和成本控制依然是建筑工程企业比较头疼的事情。

经验表明，建筑工程企业的国际工程项目大部分失败的原因也是源于项目工期和成本超支问题，这就充分说明，时间和成本控制仍然是中国建筑工程企业的短板。因此，中国建筑工程企业不但要从思想上高度重视时间和成本管理问题，而且要掌握时间和成本控制的策略和方法，只有从上到下都有了共同的思维和方法才能达到预期控制的目的。

5. 收尾

收尾过程是结束项目的过程，这个过程的成果也是项目的最终目的。收尾一般分为：工程收尾、合同收尾、财务收尾和资料归档。

在国内项目管理实践中，常常出现很多项目要几年后还不能收尾的情况，况且很多大型项目收尾耗费的时间、成本和精力非常巨大。这种情况明显表明项目管理过程存在的问题和不足。

很多项目经理并没有深刻理解"开始项目的目的是为了结束项目"的道理，所以并没有把项目收尾作为项目管理的目标。既然目标不明确，自然就不会为了这个目标而努力了。当然，这样说未免很多项目经理感到冤枉，但究其在管理中的表现就完全可以证明这样的一个事实。如果把项目收尾作为管理的目标，那正确的做法是在项目之始和进展过程中，始终围绕着项目收尾需要的各项资料、检验试验证书、合同结算文件等内容而不断努力。但在现实中，会发现很多项目经理在项目临近结束之即，尚且不知道收尾到底需要什么内容，也没有一个完整的收尾清单，这也就难怪很多项目收尾工作需要很长时间了。

国际工程项目由于地处不同的国家或地区，项目收尾需要的内容也会有较多的差距，因此，在项目开始时先彻底搞清楚收尾需要什么内容；然后列出项目收尾清单；把责任分配至相应部门和人员；在过程中密切监控内容的完整性，这样就会大大缩短项目收尾的时间，并加速收尾的过程了。

5.4.3 项目控制的概念与应用

1. 项目控制的概念与应用

（1）项目控制的概念

项目控制概念起源于美国企业项目管理实践，是指对时间和成本的控制，并不包含质量和安全管理。通常在工程项目中包含一个非常重要的部门是项目控制部，其主要职能是进度和成本控制。

对于工程项目管理的四个主要考核指标是：时间、成本、质量和安全。其中质量计划和控制标准在合同规范中有非常准确和严格的定义，一般情况下，是没有可以商量空间的。安全管理关乎人的生命安全，在"以人为本"的当代社会，安全是压倒一切的大事，因此，安全管理也有非常严格的管理标准，容不得半点马虎。由此可见，四个指标中的质量和安全都有相对固定的标准和规范，其管理人员只要按照规范要求进行策划和控制就能达到要求。合同中虽然有对时间和成本的规定，但经验表明，由于项目的风险和不确定性等原因，时间和成本在项目管理中是两个最大的变量，极不容易得到控制。同时也会发现，在以成本为核心的项目管理中，工期直接影响成本，且在国际工程项目中常常是影响成本的主要因素，因此，把时间和成本紧密联系在一起并由一个部门来控制就不难理解了。

（2）项目控制的应用

项目团队中通常包括项目控制部，其中有项目控制经理、成本控制工程师、进度计划工程师、成本预算员等。这个部门的主要职责是：成本预算编制和更新、成本计划与控制、进度计划编制与更新、进度报告准备等内容。

进度计划和成本计划是时间和成本控制的主要依据，两者都使用项目的工作分解结构（WBS）来编制。由于两者紧密的联系性，进度计划通常是成本计划的主要依据之一，也就是说，进度计划的偏差将直接导致成本计划的偏差，项目工期的长短也直接影响项目成本的大小。

《更新的进度计划》和《进度报告》也将对更新成本计划有着直接影响，因此，在准备《月度成本报告》时，《更新的进度计划》将是主要参考的文件之一。

（3）中外项目管理对比

由于传统建筑行业模式影响，国内施工企业的项目组织机构中并没有"项目控制部"的存在，其中的成本控制职能由经营预算部代管，进度计划职能由工程技术部代管。这样的做法不但大大削弱了成本和时间管理的重要性，而且把成本和工期之间的紧密关系给割裂开来，常常由于部门间沟通不畅而影响了成本报告的准确性。

建筑企业在使用进度计划时，缺乏层次感也是影响项目时间管理的重要因素，通常项目人员仅仅使用部门计划进行管理，忽略《项目总控计划》，这对项目的进度整体性控制非常不利，往往造成的结果是：部门工作拖延就顺延计划；项目出现延误找不到原因；项目人员不知道关键路径；项目经理没有管理抓手等情况。

中国施工企业项目在编制"成本报告"时，更多关注已完工程的成本收集和分析，而忽略未完工程成本的预测，这就造成项目经理无法了解项目整体完工成本预测的全貌，对项目经理决策产生片面性影响。同时，项目成本计划更新的及时性和全面性也是正确决策的关键，如果项目成本管理人员仅片面地考虑影响成本的某些因素，而忽略其他因素，那就会使得项目偏差越来越大。

（4）改善时间和成本管控的策略

随着工程项目的大型化趋势和建筑行业开发模式的转型升级，工程总承包、BOT、PPP 模式将成为主流模式。在这样的背景下，时间和成本的管控能力将直接影响项目是否顺利进行和盈亏。

建筑工程企业应首先从组织上重视时间和成本的计划与控制，建立项目控制组织是有效进行时间和成本控制的组织保障。同时，要强化进度计划编制、三级进度计划控制机制、进度计划更新、进度报告编制、进度报告应用、成本计划编制、成本报告编制与应用、时间与成本界面关系等方面的专业化培训，使项目管理人员全面理解和掌握时间及成本管理的策略和方法。项目经理要学会使用《项目总控进度计划》《项目进度报告》《项目成本计划》《项目成本报告》来进行项目的决策和指导。

2. 进度计划与控制

（1）编制进度计划的要素和步骤

1）项目工作分解结构（WBS）

项目工程范围是合同约定的最重要的内容，而对项目范围的定义就会生成项目工作分解结构（WBS），工作分解结构是由粗到细的树状组织，其基本特点是：项目工作范围包含项目范围所有内容，不能多也不能少。项目工作分解结构（WBS）是项目管理所有工作的依据，根据分解的粗细程度而有不同的用途，可以编制项目进度计划；可以编制项目成本分解结构；

可以进行资源匹配；可以进行分包合约规划；可以进行质量计划和管理；可以进行管理数据收集等。总之，项目工作分解结构（WBS）的有效使用，将对项目管理的条理性和全面性产生非常有利的影响。

在国内项目工程实践中，建筑工程企业对工作分解结构（WBS）的运用并不充分，比如：进度管理、成本管理、质量管理以及合约管理没有把通用的工作分解结构（WBS）作为依据，而是各自一套，各行其是，这样就增大了沟通的难度。更有甚者，很多项目经理并没有工作分解结构（WBS）的概念，对于项目范围并不进行由粗到细的分解，以便形成树状可以折叠的组织结构。因此，往往造成的结果是管理混乱、丢三落四、返工频繁、成本超支。

2）建立逻辑关系和工作顺序

工作分解结构的最终成果是生成工作包（work package），工作包是由一个或多个活动来完成，而项目的各个活动之间存在着各种各样的逻辑关系和工作顺序，通过这些逻辑关系建立起活动之间的联系，就基本搞清楚了项目活动的前后顺序和关键活动路径。

在国内项目实践中，很多项目经理没有"关键路径法"概念，也不会通过逻辑关系来找到关键路径上的关键活动，因此，常常是抓不住管理的重点，丢了西瓜捡芝麻，故而造成项目工期的拖延。

"关键路径法项目进度计划"是项目经理进行时间控制的最有效工具，只有时刻保证关键路径活动不延误才能保证整个项目工期。

3）估算活动时长

一项活动都要耗费资源和时间，对于活动时长的估算应由经验丰富的员工来完成，且在时长估算时应适当考虑时间的富裕，以备将来加入约束条件后的工期压缩。

现实项目实践中，很多项目的时长估算并没有充分参考有丰富经验的施工人员的意见，常常遗漏一些关键路径的活动工序，造成项目时长估算过于乐观，给后期项目压缩没有留下任何余地，以至于在风险发生时没有任何可以利用的空间。

活动时长估算是项目时间管理中一个关键因素，时长估算越准确的项目人员经验越丰富，项目成功的可能性就越大。对活动估算的时长与将来的活动实际时长作对比，将积累每项活动合理时长的经验和知识，对于企业未来的投标及项目管理都有积极的作用。

4）加入里程碑节点等约束条件来优化进度计划

项目的特点是约束条件和不确定性极多，这就要求在编制进度计划时加入这些约束条件并对那些不确定性进行假定。在活动间的逻辑关系和工作顺序确定并对活动合理地估算出时长后，应把项目的约束条件加入来优化进度计划。

国际工程项目的约束条件很多，通常有：业主要求的里程碑节点、雨期施工时间、节假日（如斋月）、物资供应情况、工人效率情况、项目所在地加班要求、政府相关政策等。

在现实项目实践中，常常由于建筑工程企业本身或项目经理的经验不足而对约束条件考虑不周，对工期的估算过于乐观。经验表明，这是国际工程项目工期出现较大延误的原因之一。很多人把这些工期约束条件归于项目风险，这是逃避责任的表现，因为这些约束条件是长期存在的，只是在进行项目投标或策划时被项目管理人员忽略掉了而已。

因此，充分考虑约束工期的各个条件并对项目进度进行合理优化是项目做到不打无准备之仗的第一要素，在项目管理过程中注意对这些约束条件造成的影响进行记录和整理，进一步形成企业的知识积累，对企业未来的市场开拓将起到非常积极的作用。

5）总进度计划审批

通过上述步骤完成的进度计划将作为《项目总控进度计划》，这个计划一般作为投标计划的一部分需要得到企业领导层和业主的审批。得到批准的进度计划将成为项目合同文件的一部分，对项目管理起着约束作用。

在现实项目管理实践中，很多建筑工程企业并不重视《项目总控进度计划》的编制和审批，也不重视其作为合同文件一部分的约束作用，甚至在项目实施过程中使用的进度计划与原来的总控计划大相径庭。这不但失去了项目管理的连续性，而且导致将来出现工期索赔时无据可依，毫无章法，最终导致业主的工期罚款或更大的损失。

因此，在国际工程项目实践中，中国企业应改变国内传统做法，重视总进度计划作为合同文件一部分的约束作用，及时得到企业领导层和业主的审批，这将对由于业主原因导致的工期损失索赔，以及其他方面的风险控制起到不可估量的作用。

（2）三级进度计划概念

1）里程碑节点计划

里程碑节点计划常常是由业主规定的节点工期要求或根据项目总控计划汇总出来的项目节点要求。无论如何，一旦确定了里程碑节点计划，项目经理就应当带领项目团队按照这些目标要求而努力。

同时，里程碑节点计划是企业或业主高层领导审查项目的主要关注点，因此，项目经理需要时刻评估实现这些节点目标的可能性，在没有特殊影响的情况下，不应随意改变里程碑时间节点目标。

伴随里程碑节点目标的完成，安排一些有纪念意义的庆祝活动也将是项目团队建设的最好时机，能够起到鼓舞团队为了下一个目标更加努力的作用。

2）项目总控进度计划

"项目总控进度计划"是包含项目范围内所有内容的总进度计划，通常在工程总承包（EPC）中，包括设计（E）、采购（P）、施工（C）和收尾（C）四部分内容。项目工作分解结构（WBS）将是编制各个部分进度计划的通用框架，用关键路径法把设计、采购、施工和收尾的活动按照逻辑关系联系起来将形成"项目总控进度计划"，这个计划将成为所有项目相关人员共同使用的时间标尺和工期讨论的依据。

在中国建筑企业的管理实践中，这个包含设计、采购、施工和收尾四部分的"项目总控进度计划"并没有得到重视，甚至在大部分项目上并不存在，因此，在项目进行设计、采购和施工人员的进度计划协调时，常常出现公说公有理、婆说婆有理的情况。

关键路径法"项目总控进度计划"是项目经理进行时间管理时使用的最重要的工具，因为这个计划是把项目所有相关方能够联系起来的唯一手段。通过会议的沟通和协调让所有项目参与人员认识到自己的关键路径工作是什么，在保证不耽误关键工序活动的情况下，项目的整体关键路径才能够不被延误。

3）部门或职能计划

项目各个部门或职能人员要依据"项目总控进度计划"编制部门计划或职能计划，也要随着总控计划的更新而更新自己的计划。部门或职能人员只有保证自己的工作计划得以实现，才能保证整个项目总进度计划的不受影响。

在现实项目管理实践中，很多项目管理人员在编制部门或职能计划时并不把"项目总控进度计划"作为依据，可能是因为"项目总控进度计划"没有及时更新而早已无法参考的原因，也可能是因为"项目总控进度计划"根本不存在所导致。因此，很多项目管理人员的进度计划使用很随意，常常根据项目实际进展情况而更改计划。

（3）进度计划更新与进度报告

1）进度计划更新

常言道：计划跟不上变化。因此，"项目总控进度计划"以及由此而衍生出的其他计划都需要随着项目的进展而定期更新。"项目总控进度计划"一般可以月度更新，与项目进度报告同时进行。

在现实项目实践中，很多项目的总控进度计划不定期进行更新，因而就造成了总进度计划与实践进展差距很大的情况，项目管理人员也就不再能够按照总控进度计划来控制项目了。

更新"项目总控进度计划"的过程也是进行项目进度控制的过程，因此，进度计划工程师应收集所有项目参与方的进度信息对计划进行更新，更新总控计划应把握几个原则：一是在没有得到批准的情况下，不能随意改变管理路径的活动时长和总时长；二是在没有得到批准的情况下，不能改变里程碑节点日期；三是更新过的"项目总控进度计划"应作为更新部门或职能进度计划的依据。

2）进度报告

进度报告是项目管理中最重要的报告之一，根据经验，一般工程项目都要求提交月度进度报告。进度报告包含：更新的项目进度计划、月度进展情况总结、本月出现的问题和风险、对未来项目进展的预测等。

进度报告的主要作用是：总结过去、预测未来，报告的真实和客观性不但对项目的管理过程非常重要，而且也常常是项目工期索赔的重要文件依据。

在现实实践中，很多项目的进度报告内容繁杂，条理不清，抓不住关键点。因此，既起不到对项目的管理指导作用，也起不到对工期争议的支持作用。

在国际工程项目中，信息收集和文件准备是至关重要的，没有文件支撑的任何索赔或争议都将得不到有利的结果。

3. 成本计划与控制

（1）成本计划编制步骤

1）项目成本分解结构

项目成本分解结构（CBS）是根据项目工作分解结构（WBS）分解成的工作包（work package）进行任务分解和资源匹配，进而计算出的成本分解的构成。通常，工作分解结构（WBS）的某个层次与成本分解结构（CBS）是相同的。在这个层次之下工作分解结构（WBS）进一步分解成活动和任务，以便于进行进度计划的编制和所需资源的配备，而成本分解结构（CBS）进一步分解的目的是工程量的计算和成本的测算。

在现实项目实践中，国内建筑企业的成本测算体系与进度管理体系是相互独立的，没有一一对应的直接联系，因此，进度管理和成本管理也就是完全独立的两个职能。这样的职能设置不但加大了进度和成本的管理难度，而且非常不利于对由于时间延误对成本影响的测算，也从组织上使得两个职能协调配合困难。

2）项目成本子目

成本子目就相当于会计使用的账套一样，对项目的成本组成将分解成若干有组织的子目，进而以便汇总整个项目的成本。

成本子目在国内外项目管理实践中都有相对成熟的构成体系，虽然分解和构成的方法不同，但最终的结果应是相同的。

为了适应国际工程项目招标文件和成本核算的需要，建筑工程企业应积极学习和掌握国际工程成本测算的规则和成本组成的方法，这对于项目管理人员适应国际工程的要求非常重要。

3）项目成本测算

成本测算就是计算项目成本的过程，一般根据掌握的项目信息和对于成本测算的要求分为三种类型：①根据平方米指标或类比法的成本概算；

② 根据初步设计图纸的成本估算；③ 根据施工图的详细成本测算。

在项目管理实践中，国内建筑企业预算人员在进行成本测算时，对于影响直接成本的工程量和单价的计算比较认真和精确，但对于影响间接成本的时间因素影响就比较粗略，有时预算人员由于经验不足而对项目风险导致的成本预估不够。这些往往是造成成本超支的重要原因。

项目管理的系统培训将对各个职能人员对其他项目管理职能加强了解，对于项目成本估算的全面性和系统性都非常有利。

4）项目成本计划

成本计划是根据成本子目列出的整个项目成本的构成，是项目完工总成本的总体计划，也是项目成本控制的依据，通常成为"项目预算"。

项目原始预算一般是由投标成本预算修订而来，在施工图完成后进行细化而成为项目原始预算。在项目进展过程中，原始预算作为项目成本控制的依据，在没有得到业主和企业领导层批准的情况下，不能随便修改。

（2）项目成本报告

项目成本报告是在项目进展过程中，通过收集项目变更、已发生成本、已承诺成本、未来成本预测等信息而进行的月度成本情况的汇总。

在现实项目管理实践中，国内建筑企业的成本报告更侧重于对已发生成本的收集和分析，而对于未完工程成本的预测就非常粗糙，这通常使得项目经理无法掌握项目成本的整体性和完整性。对未完工程的成本预测需要几乎所有部门的配合，包括对项目风险的识别和判断等。

关于"成本报告"具体使用的表格和使用方法将在相关章节详细描述。

（3）总结

本节通过项目管理六大黄金准则的解释，可以让项目经理对项目管理有个比较宏观和全面的了解。项目的整体性和一次性决定了项目管理的系统性，项目经理只有对项目管理各个方面进行系统地了解并进行有效的联系才能保证项目的成功，任何一个方面的失败都有可能导致项目的全面溃败。

项目管理五大过程是项目管理人员必须要深入了解的内容，希望本节可以起到抛砖引玉的作用，启发项目从业人员的学习动力。只有对这些过程有了充分的理解，才能在实践中理清管理思路，抓住管理重点，取得较好的成果。

　　通过大量的国际工程项目的管理案例表明，时间和成本管理是项目管理中两个最大的变量，也是影响项目成败的两个关键要素，两者的相互关系极其密切，其对于项目风险也最敏感。

　　建筑工程企业应高度重视时间和成本的重要性和相关性，从组织上、流程上和制度上加强两者相关性的管理，这对于项目的系统管理尤其重要。

　　尽管国内建筑企业受传统模式的影响，在改变管理体制方面有较多的困难，但在国际工程项目中应努力适应国际工程的要求，积极学习和改变原来时间和成本相互独立的管理模式，以寻求项目利益的最大化。

5.5　工作包在项目管理中的应用

5.5.1　国际建筑市场的现状分析

1. 国际承包市场的发展现状

　　中国改革开放 30 多年来，中国企业进行国际化的探索也将近 30 年。在 2000 年中国加入 WTO 之前，中国建筑企业"走出去"主要以输出劳务、施工分包以及施工总承包的形式出现。自 2000 年以后中国国内经济发生了大幅度的增长，国家经济实力得到迅速的提高，中国企业"走出去"的模式也在发生着深刻的变化。

　　近十几年以来国际工程的承包范围已超出单纯的工程施工和安装，延伸到投资规划、工程设计、国际咨询、国际融资、采购、技术贸易、劳务合作、人员培训、项目运营维护等涉及项目全过程、全方位服务的诸多领域，工程承包逐步成为货物贸易、技术贸易和服务贸易的综合载体。在大部分的基础设施建设领域业主更倾向于选择设计施工一体化的工程总承包方式。国际工程承包模式的转变促使国际建筑市场的竞争呈现了全新的特点。

2. 以工程总承包能力为基础培育企业价值链的增值点

近几十年来，国际总承包市场中以 EPC 工程总承包为代表的一系列总承包模式逐步推广应用，这种承包方式将建筑业企业的利润源从施工承包环节扩展到包括设计、采购和验收调试等在内的工程全过程，能够快速胜任这种承包模式的企业获得了有力的竞争地位。越来越多的建筑企业经过国际市场上的竞争磨炼开始形成较完善的总承包能力。并在此基础上通过投融资拉动进一步培育企业价值链的增值点，全方位寻求扩大利润空间的经营方式。这些企业将自己置身于一个比竞争对手更广阔的掌控资源和创造增值的任务环境，将客户、供应商、金融机构乃至客户的客户都纳入企业经营的一个框架，通过企业价值链与这些密切关联的外部群体的价值链的有效协同，产生了新的增值点为总承包商创造了更大的盈利空间。

在建筑企业进行纵向一体化发展过程中，EPC 工程总承包能力成为最基本的能力，也是全产业链中最核心的能力。所以建筑企业要想提升对客户的服务能力，首先要切实建立企业的 EPC 工程总承包能力，否则投融资的风险就会更大。

3. 工程总承包商占据国际建筑市场的主导地位

近十几年以来，国际建筑市场中工程总承包商的地位不断提高，国际建筑市场的集中度也不断提高。尤其是近几年来建筑市场的集中度更是非常明显。抛开发达国家的国际承包商快速发展之外，以中国的建筑总承包商为例，以中国建筑、中国交建为代表的国际化程度较高的建筑企业在迅速地占领国际市场，况且手笔很大，通过高层运作以及超强的前期工程咨询能力迅速占领市场。大有蚕食并消灭国际化程度低的中小承包商之势。

国际工程承包市场是不完全竞争的市场，少数大公司在国际工程承包市场上资金实力、技术和管理水平远远高于中小企业，在技术资本密集型项目上形成垄断。而对于游离于工程总承包商之外的建筑企业一般只能涉足劳动密集程度高、市场竞争激烈的国际工程项目，居于建筑业产业链的低端位置，只能扮演工程总承包商的分包或协助角色。

随着建筑技术的提高和项目管理的日益完善，国际建筑工程的业主越来越关注承包商提供更广泛的服务能力。以往对工程某个环节的单一承包方式被越来越多的综合承包方式所取代，EPC 工程总承包成为主流模式之一。此外，对于公路、水利、铁路、公务员保障房等大型公共工程项目，BT、BOT 和 PPP 模式也逐步成为国际承包的新模式。国际承包方式的这种新变化使工程总承包商在国际承包市场中的竞争地位不断提升。

由此可见，EPC 工程总承包能力是大型建筑企业走向国际市场的最基础能力。而作为施工总承包企业向工程总承包企业转型就必须从组织机构优化入手，强化企业的设计能力以及设计与施工深度融合的能力，否则就很难进行工程总承包的转型。然而在大型的国际 EPC 工程项目管理中会遇到很多挑战和困难，下面的内容从困难和问题分析入手，解释如何运用 WBS 和工作包的概念对项目的设计、采购和施工进行有效的协调和控制。

5.5.2 （EPC）工程总承包项目面临的困难和挑战

1. 在项目成本预算内按工期完成工程总承包项目

EPC 工程总承包项目的合同模式，业主把大部分的责任都交给了承包商，承包商承担更大的风险，但也有更多的机会获利。这种模式对承包商的管理能力提出了更高的要求。如何在业主规定的预算内并按照工期要求完成项目成为工程总承包商最大的挑战。这也是大部分中国工程总承包商在初步涉及工程总承包项目时最容易出现问题的两个主要方面。要不就是进度大幅度拖延，造成业主终止合同（如波兰 A2 高速公路项目），或者是成本大幅度增加造成巨额亏损（如中铁建沙特轻轨项目）。从 EPC 工程总承包项目失败的案例来看，大部分都是由于缺乏对项目成本和进度的有效控制，造成项目失控而失败。

2. 将设计、采购的滞后对项目工期影响降到最低

EPC 工程总承包项目模式是在业主指定功能要求的情况下，由承包商承担项目的设计、采购、施工以及试运行等综合服务。这种合同模式为了节省工期，大部分采用边设计、边采购、边施工的"三边"工程模式，这就对项目的进度和成本控制提出了很高的要求。在项目实施过程中，任何一个环节的延误或失误都可能造成整个项目的工期拖延和成本超支。如果项目的参与各方不能够使用《项目进度总控制计划》进行有效协调和控制，那么往往设计、采购和施工之间会造成交叉影响进而导致工期的拖延。如

何把这种影响降到最低是 EPC 工程总承包项目管理的一个巨大挑战。

3. 预测项目的进展并及时更新预算来控制项目成本

EPC 工程总承包项目合同模式是固定总价合同。在这种合同模式下承包商很难通过变更索赔来增加项目的收益。而承包商能够获得较好利润的唯一方法就是有效地控制成本在项目的预算之内。大型 EPC 工程总承包项目往往工期长，项目管理复杂而使得承包商无法全面控制项目的成本预算，最后导致项目超支而亏损。所以如何随着项目的进展而不断对项目的完工总成本进行有效地预测，进而控制项目的总预算是 EPC 工程总承包项目管理又一个巨大的挑战。

4. 通过进度计划的更新来保证对项目关键路径活动的影响最小

在复杂的 EPC 工程总承包项目中，项目的关键路径有时相当复杂。甚至关键路径会经常随着进展而发生变化。在这种情况下，如果不能及时地通过进度计划更新来随时找到项目的关键路径，就会造成项目管理人员忽视项目的关键路径活动而影响项目的总工期。中国总承包企业缺乏专业的计划工程师，所以在进行大型复杂的 EPC 项目时往往由于对进度计划管理的不重视而导致处处救火的现象发生。所以对于中国承包商来说，如何通过定期的进度计划更新而随时明确项目关键路径，并把对关键路径活动的影响降到最低是项目管理者面临的又一个挑战。

5. 克服施工承包商的传统思维模式

由于中国传统施工承包的模式与 EPC 工程总承包模式对于承包商的管理模式具有较大的区别。施工总承包项目管理的复杂性远远低于 EPC 工程总承包项目。对于 EPC 工程总承包的项目经理能力要求比传统施工总承包项目的项目经理能力要求要高很多。施工总承包项目经理在 EPC 工程总承包项目中仅相当于其中的施工经理。而 EPC 工程总承包项目经理要统筹安排并协调设计、采购、施工和试运行的各个环节，涉及的项目相关方以及承担的管理责任都大大不同。所以如果施工承包商项目经理不能克服传统思维模式，改变项目管理的重点，就很难胜任 EPC 工程总承包项目的管理要求。这是施工承包商向 EPC 工程总承包商转变的又一大挑战。

6. 如何推进 3D、4D 乃至 5D 模型在 EPC 项目中的运用

BIM 技术在中国建筑业的设计和建造中已经普遍使用，但目前国内大部分设计院或承包商运用 BIM 基本停留在图纸碰撞检查和编制施工组织设计等方面。项目管理信息化的发展从 2D 到 3D、从 3D 再到 4D、从 4D 再到 5D 必将在项目管理中普遍使用。在 EPC 工程总承包项目管理中，3D、4D 乃至 5D 技术的运用将对项目的成功实施起到非常大的促进作用。而这些信息化技术的推进离不开项目管理基本理论的运用，也离不开项目的设计、采购和施工的深度融合。目前中国承包商对于以美国项目管理协会编写的 PMBOK 基本理论的运用还存在较大的差距。本文后面的章节将深入分析如何运用 WBS 和工作包概念来达到项目的设计、采购和施工的有效计划、协调和控制。WBS 和工作包概念的运用也将使得项目进度计划、成本预算和物资管理有了共同的基础框架，也将对 4D 以及 5D 技术的运用奠定理论基础。

5.5.3 项目控制在工程总承包项目中的应用

1. 项目控制概念

在工程总承包项目中，项目的主要实施活动是设计、采购、施工和试运行，这是项目管理的几个阶段，但同时又涉及大量的交叉、配合和协调。这几个主要活动都有非常严格的管理程序和技术要求，是项目管理中的核心内容，必须得到最高度的重视。

然而项目管理的目标要求一般归结为四个方面：进度、成本、质量和安全（HSE）。换句话说，这四个方面就是项目需要控制的四个目标。在这四个目标中质量和安全是相对容易控制的目标，原因是这两个方面都有非常明确的标准和非常清楚的操作规程，所以在进行质量和安全控制时只要严格按照规定的标准进行计划和控制就能够得到有效的控制。而项目的进度和成本是项目管理过程中最大的两个变量，无论合同要求再严格，无论计划再周密也无法保证项目能够完全照计划执行。通过前面的分析，EPC 工程总承包项目中造成项目容易失败的两个最大因素也是成本超支或者进度延误。这就证明项目控制的两个核心目标应该就是进度和成本。同时这两个目标相互作用、相互影响、密切相关。所以这里讲到的项目控制就只是针对项目进度和成本的控制。而对于质量和安全的控制应该有项目独立的质量和安全管理部门进行计划和控制。

2. 项目控制对设计、采购和施工的协调职能

项目控制是通过对项目进度和成本的整合管理，来有效实现对项目主要实施活动设计、采购和施工的有效的计划和控制。项目控制的主要工具是项目控制计划、项目进度报告、项目成本计划、项目成本报告。项目控制计划和项目进展报告是大型复杂项目进行时间管理的最有效的两个工具。

项目控制计划包含设计、采购和施工以及试运行的所有工作包内容，并且必须使用具有逻辑关系的图表进行展示，是项目所有参与方都要使用的一个《项目总控计划》。这个控制计划的编制要通过所有项目参与方达成一致才能够成为可执行的计划，也是项目各方有条不紊地按计划执行工作的最重要的依据。项目进展报告的编制也需要得到所有相关方的进展数据，并对《项目控制计划》进行更新。这个报告也是项目进行计划纠偏的依据。通常按照月度进行项目报告，工期很短的项目可以使用周报告。

项目成本计划包含项目设计、采购和施工的所有工作包费用，也包含项目管理的间接费用和管理费用。项目成本计划（项目预算）的编制是在项目设计阶段开始一直到项目施工图完成才能够最终确定。在成本计划（项目预算）的编制过程中，预算的准确性是随着设计文件的不断细化而不断提高的。一旦施工图完成将最终确定项目的预算并作为项目成本控制的基准。间接费用和管理费用跟项目的工期和进度计划密切相关。项目的月度成本报告将通过收集各方的成本数据并进行合理的预测来完成项目的实际发生成本和预计完工总成本。成本报告是项目进行成本纠偏的重要依据。

由此可见，项目控制的两个职能是贯穿项目始终，并涵盖项目各阶段的两个核心职能。通过这两个职能之间以及与项目各参与方的积极互动能够对项目的设计、采购和施工形成有效的协调，使得各项工作都始终围绕计划进行。

3. 通过项目控制建立项目 EPC 的计划、控制和数据收集的框架结构及数据交换机制

项目控制职能的有效发挥必须通过建立一个有利于项目的计划、控制和数据收集的共同框架来得到实现。而现代项目管理理论就提供了一个非常理想的概念就是工作分解结构（WBS）。项目通过分解形成可以管理的单元。这些单元就是所谓的"工作包"。通过对工作包赋予时间、成本和资源就能够形成项目的进度计划和成本计划以及资源计划。同时这些被细分的工作包也是收集实际数据的单位，这些数据也将成为企业的历史数据。当然 WBS 的编制以及 CBS 的编制都有更加详细的程序和方法。但工作分解结构（WBS）以及 CBS 的使用将能够充分地实现对 EPC 项目的计划、控制和数据收集的这个重要功能，也能够建立项目的数据交换机制。

上面的简要描述说明了项目控制职能通过使用工作分解结构（WBS）这个工具能够对 EPC 工程总承包项目起到非常有效的计划、控制和协调作用，也能够在计划、控制和协调过程中建立一个非常有效的数据交换机制并系统地收集项目的历史数据。下面的内容将详细解释在项目控制中如何使用 WBS 分解和工作包这个概念来达到上述的目的。

5.5.4　WBS 及工作包在项目计划与控制中的应用

1. 概述

一般来说一个经理只能有效协调 7 个左右直接向他汇报的人员的工作。无论到底能够协调几个人，对一个人来讲他所掌控和管理的细节程度都肯定有一个极限。一个大型企业的总裁或一个大型项目的项目经理不可能掌握所有业务的细节。然而，对于基层管理，就要管理到所有工作的细节。而对于每一个更高的管理层，就需要在更概括层面进行管控，公司总裁或项目经理就需要进行宏观管控，只有在特殊的情况下才会涉及细节管理。而这正是组织机构产生的原因。

工作包理论就是对这一理念的应用。为了管理一项完整而又复杂的工作，这项工作必须根据渐进明细的原则分解成为有明确定义的工作单元。而在每个层级都要对每一个工作单元进行责任分配。通过这样的层级结构的安排，才能保证对整个项目完整的管理。

就像后面章节讲到的一样，工作包是能够运用于项目设计、采购、施工、试运行各个阶段的一个概念。它能够提供有利于进行进度计划管理、成本预算管理、项目监控控制和数据收集的工具。这些工具中包括工作分解结构、工作包、活动、任务、控制科目账户、科目账户编码结构和各式各样的管理文件和数据库——这些里面的每一项内容都将会在章节中得到说明解释。正如后面将展示的那样，工作包是为了高效地管理一个 EPC 项目而对项目的整合成本、时间和材料控制进行有效整合管理的绝对的必要元素。

2. 工作包的基本概念

（1）工作包是进行项目计划的工具

当我们谈到一个完整的 EPC 项目时，项目参与者通常包括业主、设计师、项目经理（如果需要单独雇佣）、承包商、分包商和供应商。项目策划必须考虑所有这些组织的需要——这是建立项目"团队"氛围非常重要的一步，而"团队氛围"是项目管理的必要条件。项目业主和项目经理会通过定义项目范围和明确项目里程碑节点要求来对项目策划提供基本的指导。然后，项目策划开始往下进行。对一个 EPC 项目，项目策划人员首先从业主要求的竣工日期开始倒排工期以粗略确定出调试与试运行、施工、采购、施工图设计，以及概念设计的进度计划。随着项目的范围定义变得越来越完整，项目策划的详细程度要能够把所需要的设计成果、所需要的施工合同、关键的材料采购以及项目试运行的前后顺序识别出来。为了有效地协调和整合这些需求进而满足业主要求的最终竣工日期这个共同的目标，这就需要建立起一个《项目控制计划》。这个控制计划将提供项目众多参与方需要采取的各项行动之间的顺序和逻辑关系。这个控制计划上的活动就是一个层级的工作包。《项目控制计划》将被参与项目的各个单位进一步的细化以完成他们各自的短期的详细工作计划（周计划、月计划）。同样地，他们也要使用工作包，但是在更加详细的层次。由此可见，工作包是构成一个完整项目的一个个单元，并且是所有项目参与者进行工作计划至关重要的工具。

工作包的作用不仅仅局限于手头的项目。我们都知道，对于 EPC 项目，一个项目能够成功的关键决定因素是计划的完整性。然而，能够进行完整策划的潜在因素在很大程度上取决于历史数据的完整性和准确性以及对这些数据的恰当运用。而数据库的完整性和准确性又取决于从施工现场反馈回来的数据的有效性。因此，就必须使用一个便于项目的策划、控制和数据收集的持续循环的结构体系。恰恰工作包就提供了这样一个结构体系。

（2）关键概念的定义

以下是对一些关键概念的定义。

1）工作分解结构（WBS）是一个完整的项目按照层级进行的分解，它的组成单元是根据层级不断细化的。

2）WBS 的元素是指在 WBS 任何一个层级上的组成单元。

3）成本分解结构（CBS）是一个项目的所有成本科目按照层级进行的分解，其中包括间接费用和管理费用。工作分解结构（WBS）被包含在成本分解结构（CBS）中。

4）工作包（work package）是经过详细定义的工作单元，以可交付的产品或完成的一项服务为标志。尽管工作包大小会有不同，但它必须是一个可以量化并可以控制的工作单元。为了完成一个工作包通常会执行一项或者多项任务。因此，一个工作包可能包含一个或多个班组或员工的工作。

5）任务 (task) 是由一个人、一个班组或者设备要完成的作业。这个作业是直接或间接完成工作包的需要。

6）控制科目是管理人员选择用来进行资源配置、生产效率管理和历史数据收集的基础。一个控制科目可以是 WBS 某个层级上的一个单独的工作包，也可以是一个任务，或可以是同一类工作包或任务的汇总。例如，在一个项目中可能有 10 种同样的钢筋混凝土基础。尽管在进行详细的进度计划安排时会把每个基础作为一个单独的工作包，但在进行成本测算、跟踪生产效率以及收集历史数据方面可以把它们作为一个控制包（控制科目）。

7）活动 (activities) 是与进度计划功能相关的名词，在双代号关键路径法网络图（ADM）中由箭线来代表，在单代号关键路径网络图（PDM）中以节点为代表或者在横道图中以横道为代表。一个活动可以是详细进度计划上的一个任务或者是更高层次进度计划上的一个工作包。

针对这些定义，关于工作分解结构（WBS）、工作包、任务、活动和控制科目可以提供如下进一步的解释：

1）对于工作包的详细程度没有硬性的规定。一个工作包可以是整个项目也可以是项目按照逻辑分解后的分部分项内容。因此，对于一个管理很多小项目的经理来说可以把一个项目作为一个工作包进行控制。而其中一个项目的土建主管就需要把每一基础看成一个工作包。

2）一个工作包

① 是在项目的设计、采购、施工和试运行过程中需要作为一个单位进行管理的产品或服务的集合包。

② 可以被认为是一个名词。

③ 可以按照包括的范围和元素进行描述。

④ 将需要一个或多个任务来完成它。

3）一个任务

① 将需要使用工人或设备和工具来操作，有的任务可能只需要时间。

② 可以被认为是一个动词。

③ 需要时间来完成。

④ 有一个明确的开始和结束时间。

⑤ 通常可以被分解成子任务。

⑥ 任务的分类格式要与进度计划 / 成本估算的数据库格式相一致，以便在执行任务过程中收集的数据在项目后续计划过程中能够使用。

4）一个控制科目

① 根据使用目的不同可以是一个任务或者一个工作包。为了收集信息作为历史数据的目的，使用一个任务作为控制科目是最合适的。而为了向业主提交过程状态的报告就应使用项目控制计划中的工作包作为控制科目。如果运用了恰当的编码结构的话，这两种控制科目可以同时使用。并且由于现代计算机软件的强大功能，运用起来也变得非常容易。

② 由于一个控制科目中的任务可能会在不同的时间点完成，所以使用控制科目作为进度计划的单元就不太合适。

5）进度计划的活动

活动可以是工作包也可以是任务。如果使用一个工作包作为活动时，计划人员就是在概括性的层面进行管理，把其中包括的任务进行了打包。例如，一个施工工作包可能是一个钢筋混凝土楼板，这在《控制进度计划》层面是可以接受的。如果这样表示，就应清楚这个工作包包含了所有的现场准备、支模板、绑钢筋、混凝土浇筑和收面、养护还有拆模。

（3）编制项目 WBS

为了编制项目的工作分解结构（WBS），计划人员从整个项目的范围开始，先按照主要职能进行分解（例如设计、采购、施工等），然后进一步细分。每个层级的每个部分都应与其他部分有明确的边界和区分。工作分解结构的每个层级的划分都要与实施这项工作的企业或组织的传统做法相一致。例如，工作分解结构的施工部分要与施工承包商的习惯做法相一致；也就是说，它必须能够使得承包商对施工工作进行符合逻辑的有效控制。

工作分解结构的第一个层级是整个项目，也就是层级 0。在一个 EPC 项目中，下一个层级就应是设计、采购、施工、试运行以及其他类别的关键支持性活动。然后这其中每一个职能都要按照逻辑来进行细分。就以施工职能为例，施工工作很有可能会先按照工区来划分。工区可以是根据现场的地理区域划分，或者是按照整个现场的同类设施的划分。例如，"工区 A 安装"将包括在工区 A 内所有的工艺设备的安装。然而，在工区 A 和项目的其他区域中会有道路、公用设施和围墙等，而这些工作最好是在整个项目基础上进行打包和控制。对于这些工作的分区可以叫做"公用设施"或"土建工程"。工作分解结构（WBS）的设计部分要与工作分解结构的施工部分相对应。

每下一个层次的详细程度要与构成 WBS 元素之间的逻辑相一致。再比如，一个建筑工程可以分解成为基础、主体结构、外装修、空调通风、电气、暖通等，然后对每一分项工程根据情况再进一步细分。值得注意的是，项目范围内的所有内容都要包含进去，并且每个单元之间必须要有明确的界限划分。

（4）生成工作包

工作包，顾名思义，就是为了建设一个工程项目而必须完成的工作任务包。这些工作任务将由设计人员、采购人员、施工人员、试运行人员以及其他项目管理人员来完成。

对于设计人员，需要他们提供的产品或服务是供应商或者施工人员要完成工作所需要的图纸、规范、程序以及相关内容。对于采购人员，需要他们提供的产品或服务是及时向设计人员提供供应商设备信息以便支持他们完成设计工作，还要及时地将材料和设备交付现场以便支持施工人员完成施工过程的工作。对于施工人员来说，需要他们提供的产品就是要向业主交付的工程设施。对于调试和试运行人员来说，他们的产品就是各个系统的运行认证文件。对于项目管理人员来说，需要他们提供的产品和服务就是那些与项目管理、质量控制、仓库管理等相关的内容。

对于整个项目来说，所有工作包的成本合计就是要完成项目所需的所有人工、材料以及机械设备的预计支出。通过这样的分类和组织，就可以建立起一个能够整合成本计划、进度计划和资源计划的组织结构。

（5）编码结构

现代的电脑软件可以利用复杂的科目编码来支持工作包的使用。尽管很多不同的编码格式已经证明完全够用，但在整个编码结构中下面这些元素必须能够被清晰地识别出来：

1）工作分解结构（WBS）。这个组织结构在不同的层级都包含了项目所有必须完成的工作，它对于每一个项目来讲都是独一无二的。它使用层级组织格式以便数据在任何层级都能够汇总。

2）成本分解结构（CBS）。它是工作分解结构（WBS）的扩展，包括了管理费用和间接费用的科目。

3）任务结构。这是一个对项目需要执行的设计、采购、施工、试运行和项目管理任务进行了分类列表的组织结构。对这些任务进行通用性的描述并且一个任务按照层级结构可以包含多个层次的细节。这些任务的编码结构在一个公司内一般有通用的标准，可以从历史数据库中获取。可以选择一个任务层级或多个任务层级用做控制科目来收集绩效数据以便补充到历史数据库中。

4）项目控制计划的工作包。这个结构列出项目控制计划中使用的工作包。为了这个目的，项目计划人员可以选择任何方便的分类体系，并且这个结构对于每个项目来说都是独一无二的。

5）资源。每种资源（人员、设备、材料）都必须有一个识别码。一个公司通常都会对人工费和机械费有一个标准化的编码科目。而对于建筑材料和永久性设备来说，这个编码的标准大概只能针对具体一个项目的材料商品和设备类型来确定。

6）其他内容。对于需要跟踪管理的图纸、规范、采购订单以及相关产品都应有一个独特的编码体系以便进行内部控制。

7）责任分工。只有对一个任务或工作包的计划和执行分配了责任人或责任主体，这个工作包的编制才能算完成。因此，在这些内容的编码结构中应当包括一个责任主体识别码。这几种编码结构可以在电脑系统的数据组中进行不同的组合使用。通过这些数据的相互联系，项目计划和控制人员就能够达到对整个过程的整体控制。

下面是关于工作分解结构和任务结构的简单例子。

1）工作分解结构

1000：整个项目；

1100：区域 01；

1110：基础；

1200：区域 02；

1210：基础。

2）任务

EC100：土建设计图纸的准备；

EC110：与土地平整相关的土建图纸的准备；

EC111：平面图；

EC112：剖面图；

EC120：与基础相关的土建图纸的准备。

PR000：采购活动；

PR100：询价准备；

PR200：供应商选择；

PR300：供应商图纸审查。

CC000：钢筋混凝土施工；

CC100：模板安装；

CC110：楼板；

CC120：墙；

CC200：钢筋安装。

ST000：调试和试运行；

ST100：压力测试；

ST200：回路检查。

HH000：管理人员活动；

HH010：监督检查；

HH020：设计；

HH030：质量控制。

3. 工作包在设计中的应用

（1）概述

工作包对于设计的重要性取决于工程施工的整体策略。如果要在工程开工前，所有详细设计需要完成，这种情况下工作包的重要性远低于详细的设计工作与采购和施工并行的情况。在第一种情况下，计划工作只需要考虑设计单位内部的需求——设计工作如何在各个专业之间进行有效的组织？后面一种情况下，设计单位内部的需求就是次要的——设计必须把满足项目试运行、施工和采购的要求作为更重要的考虑。就是在第二种情况下，工作包成为至关重要的计划工具。

设计的成果将要指导工程设施的施工以及设备和材料的制作与安装。为完成设计工作通常根据设计的各专业（土建、结构、电气）或者特殊服务（模型、采购、经济性分析）来组织专业人员进行设计。他们的产品（可交付成果）将是图纸、规范、模型、指导手册、研究报告和采购包。辅助设计工作的职能包括文字处理、复印、计算机、会计和人力资源管理等职能。

设计的成果通常提供给两组人员使用：设备（包括模型）和材料的供应商，以及施工建造人员。供货商需要使用图纸和规范来设计和/或制作设备及材料以交付到现场。施工建造人员需要详细的图纸、规范和操作手册来完成工程设施某一部分的建造。以上两种情况下，都需要设计成果包，并且在所有设计内容完成之前供货商和建造人员都不能有效地开展工作。设计工作包就围绕这些可交付成果包而构建。

（2）体系

　　一旦项目范围进行了合理的分解，设计单位就能够根据各专业的可交付成果进行设计工作量的估算。针对每类的可交付成果（例如图纸、规范）就可以建立可交付成果的登记簿。登记簿的编码体系可以根据可交付成果分类按序列号记录。

　　下一步，设计可交付成果必须与供应商和施工人员需要的工作包联系起来。这个过程的第一步工作就是识别出在《项目控制计划》中这些设计工作包将在哪里需要。然后，要确定每个工作包的内容。大多数工作包都包括多个可交付成果。有些可交付成果只在一个工作包中使用；有些其他的可交付成果可能会用于多个工作包。因此，正如在第 2 章所述，工作包需要一个单独的编码体系。另外，由于一个可交付成果可能不止用于一个工作包，因此将工作包的编码作为可交付成果编码的一部分是不恰当的。可交付成果和工作包之间的关系通过电脑的另一种资料组合来建立。

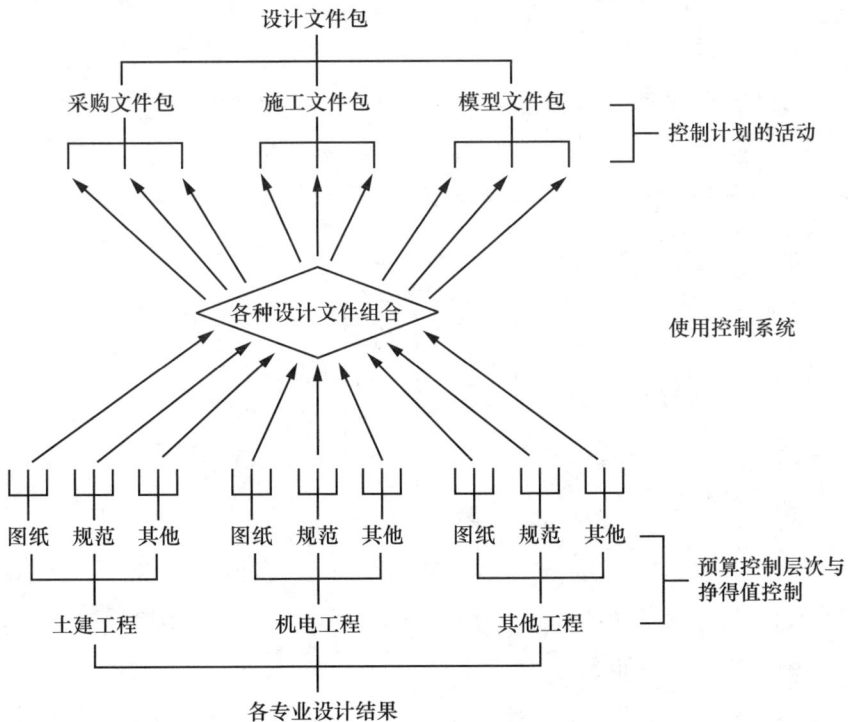

图 1　设计控制体系

（3）控制工具

以下的工具将作为工作包体系的一部分而用于工程的详细设计：

1）可交付成果登记簿。这些登记簿要识别可交付成果和它们的编码。

2）工作包登记簿。这个登记簿将列出所有的控制工作包以及包括在工作包中的所有可交付成果和这个工作包的需求日期。

3）项目控制计划。这个控制计划表明确了每一个工作包的需求日期。

4）设计计划表。这是一个详细的设计工作计划表，与项目控制计划相互联系。这个设计计划表详细列出每一个可交付成果的时间表。设计可交付成果的需求日期必须与它所在的工作包的需求日期相一致。

5）编码结构。设计任务、设计工作包、WBS 和资源的编码结构将在计划和报告工作中频繁使用。

（4）设计工作包的应用示例

下面描述了一个关于冷却塔循环泵的设计活动的一个简单例子来说明 WBS 概念在设计中的应用。在下图 2 中采用了一个编码体系来识别出工作包。如表 1 所示将采用一个 5 级的 WBS 组织结构和编码体系。这个演示是对一个现有工厂的改造项目。整个工厂是 0 级，分区识别号是 1 级，系统标识号是 2 级，组件标识号是 3 级，工作任务识别号是 4 级。责任人标识号并不是 WBS 的一个层级。如果需要，这个责任人识别号可以用来识别对这个工作包负责的组织或者个人。

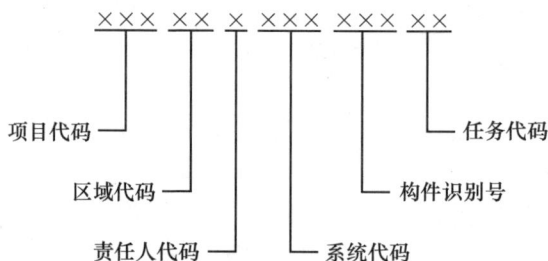

图 2　编码体系

例如，与冷却塔循环泵的设计相关的"图纸"工作包将编号如下：

100.05.B．005.100.50

在这个例子中，"图纸"任务（编号 50）被认为是包含在冷却塔循环泵工作包（编号 100）中，这又是冷却水系统的一部分（编号 005），且此循环泵位于冷却水区域（05）。此工作包由机电组（B）负责。此编码结构的层级决定每一个子单元与哪一个更高层级相关联。这些子单元预算的总和将成为项目成本控制的基础。

部分清单—活动编码　　　　　表 1

层级		帐户	编码
0	├─	电机组	100
1	├─	流程区域01	01
		流程区域02	02
		现有设施	03
		冷却水区域	05
2	├─	仪表气	001
		低压蒸汽	002
		高压蒸汽	003
		电力，13.8kVA	004
		冷却水	005
3	├─	冷却塔泵站	100
		冷却塔风扇	200
		冷却塔	300
4	├─	流向图	10
		线路图	20
		规范	30
		可研	40
		图纸	50

控制塔循环泵设计工作包的基本假设和预算参数的控制文件请详见图 3。从文件可以看出，工作包有一个开始时间为 1989 年 4 月 1 日和预计结束日期为 1989 年 4 月 16 日。这为工作包的控制提供了基准信息。

一旦计划工时数和成本工作包文件被发出，这个工作包就将划分成了几个单个的任务。一份显示所需工时和计划的任务书将交给负责这个工作的主管。对任务 100.05.B．005.100.50 的任务控制文件显示在图 4 中。时间范围也是 4 月 1 ～ 16 日。4 月 8 日被选定为报告监控日期。在任务文件中记录计划完成图纸数量、实际图纸数量、计划积累工时、实际积累工时。对冷却塔循环泵的其他设计工作包的其他任务也要以类似的控制文件进行填写。这些任务的汇总将反映在更高的层级（3 级）。

设计工作包收集表

工作包编号： 100.05.8.005.100

工作包描述： 冷却塔泵

发出日期： 3月10日，2019

计划开始日期： 4月1日，2019

计划完成日期： 4月16日，2019

任务	数量	计划人工时	每工时成本	计划时成本
图纸	5	250	15.00	3750.00
规范	2	20	15.00	300.00
研究	1	40	20.00	800.00
流程图	1	30	15.00	450.00

总预算人工时＝340

总预算成本＝55300.00

图 3　设计工作包收集表

设计任务状态报告

任务号： 100.05.B.005.100.50

任务描述： 5张图纸

发出日期： 3月10日，2019

报告日期： 4月1日，2019

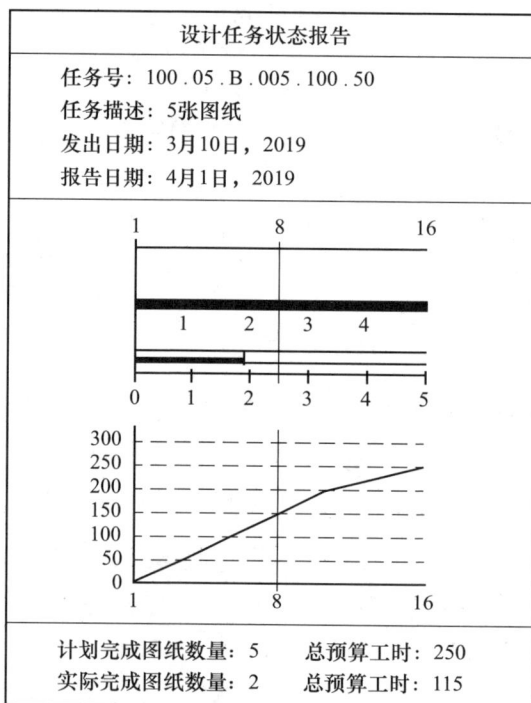

计划完成图纸数量： 5　　**总预算工时：** 250

实际完成图纸数量： 2　　**总预算工时：** 115

图 4　设计任务状态报告

项目在第 3 级进行控制。随着项目进展，把基准预算（所有工作任务预算的总和）与实际进展进行定期的比对。工作包控制文件提供计划的、实际的、预测的数据。从工作包文件中获得的数据分析使管理层能及时评估工作进展。基于被分析的数据，管理层可以查出那些工作超出预算的控制账目，并决定采取何种行动。

4. 工作包在采购中的应用

（1）概述

在正确的时间准备好正确数量的永久性材料和设备是项目管理主要目标之一。在很多项目中，尤其是 EPC 项目，采购责任会被分开。需要设计的和长加工周期的大宗物品会由设计（技术）部门或者项目经理自己负责的一个采购办公室来采购。其他物资将由承包商提供或由现场采购。

项目的永久性材料和设备可以分为三类：

1）现成的材料设备：这类商品可以从产品目录中订购或者从一个大宗材料供应商手中进货，通常这类材料能在短期内由供应商提供。这类商品很多在项目仓库里都有达到一定存货标准的储藏量。因为这类物品会随时需要使用，所以这类物资大多由现场采购，也就不会作为一个《项目控制计划》中的工作包。然而，这些材料的可用性在班组人员进行工作包的计划时需要考虑。

2）加工并交付的物资：这些由供应商加工并交付的物资要依据提供的图纸和规范进行。典型的这类物资包括木制屋架、加工好的钢筋、电缆套管、水管盘轴和钢结构构件。由于这些物资的制作需要时间，项目计划人员可能需要把其中的某些物资的采购作为关键路径工作，并把这些物资的采购作为一个工作包放在《项目控制计划》中。或者，至少要把里程碑节点日期填入《项目控制计划》中以表明项目需要的日期。那些没有包括在《项目控制计划》中的物资应按照现成材料（地材）采购进行管理。

3）设计、制作和交付的物资：这是最复杂的一种采购类型。按照要求，供应商要根据产品性能和书面规范要求来完成对产品的详细设计，然后制作这些产品，最后向项目交付。这些物资采购的时间计划非常关键，因此这些采购必须作为工作包列入《项目控制计划》中。

4）使用包括设计、制作、交付的物资采购作为最复杂例子，一个采购工作包将涉及如下的从开始到结束的工作步骤。

① 供应商资审，建立合格投标人清单；

② 招标文件准备；

③ 发出招标文件；

④ 投标书的审查；

⑤ 授标；

⑥ 供应商设计；

⑦ 供应商图纸的审查和批准（有可能需要重新提交）；

⑧ 制作；

⑨ 检查和验收；

⑩ 交货。

以上活动可能需要并行进而加快工作进度。

（2）体系

物资管理人员对于采购与仓库管理将有自己的一套流程。他们将在项目上有一个采购单的编码体系以及一整套库存控制的编码体系。有些采购单只包括一项物品，有些将包括很多物品。一个采购单与一个施工工作包之间往往不能形成一一对应关系。所以，采购控制作为"项目整体控制体系"的一部分应与企业内部的物资管理控制体系密切相关，但两个体系应该是分开的。

采购会受这两类潜在的需求日期的约束——一个是来自设计的需求，另一个是来自施工的需求。设计需求日期一般出现在采购包括供应商对于一个物品的设计（例如一个器皿），这个设计的完成是与这个物品相关的其他设计工作完成的先决条件（例如地基设计和管道的连接）。

施工对于材料和设备的需求日期是基于要使用这个被采购的物品的施工工作包计划开始时间。这些施工需求日期也就成为这些物品采购活动完成的里程碑节点（交付现场日期）。在某些情况下，一个采购单会包含为好几个施工工作包提供的一定数量的物品，因此最早的施工工作包的需求日期就具有决定性。在所有的采购中将施工需求日期作为采购合同的要求并包含一定的不可预见的时间余量是很重要的。

每一个"关键采购包"都将被作为一个工作包并且成为《项目控制计划》的一项单独活动。采购人员对每个"关键采购包"的详细控制是通过跟踪上面列出的采购工作的每个步骤并与项目进度控制人员进行协调来完成。在进行采购控制时要把《项目控制计划》上的需求日期作为控制目标。

（3）控制工具

以下的工具都将作为采购工作包体系的组成部分：

1）关键材料和设备清单：这些清单内容，都是需要进行供应商设计的产品，应识别出哪些物品需要在施工合同授予前就开始采购活动。

2）采购单／采购合同文档：这些文档能够提供完整的订货记录、订单的状态，以及每项物资所针对的施工工作包。

3）项目控制计划：这个计划将提供每项采购单的需求日期。

4）编码结构：采购任务、采购工作包、采购订单和物资的编码结构将在项目的计划和报告中频繁使用。

5. 工作包在施工中的应用

（1）概述

施工工作包的第一阶段的应用发生在项目整体计划过程中。业主的需求日期以及各个试运行的里程碑节点日期将是进行计划的起点。把这些日期作为目标，将各个主要施工活动使用具有逻辑关系的图表形式进行组织，以满足目标日期的要求。

每一个施工工作包都有时间和资源的要求——人员、工程永久材料、施工临时材料、施工设备。非常有必要把这些内容都识别出来以便编制合理可行的进度计划，并编制确保施工工作包按计划完成需要的资源计划。同时必须记着任何施工工作包的计划开始日期也直接影响着施工工作包的设计和采购工作包的计划。

施工工作包第二阶段的使用发生在短期的详细工作计划和项目实施过程中。在这个阶段，工作包是在班组层面并涉及对每一项任务的所有资源需求的识别，并保证在需要这些资源时可以得到。

（2）整体施工计划的体系

首先把项目施工分解成与即将编制的《项目控制计划》相匹配的细节层次。这个控制计划是一个中间层级的计划，但也足够详细，可以使用关键路径法逻辑关系（CPM）。然后生成一个《施工工作包登记表》，对每一个施工工作包的输入内容要包括如下的信息：

工作包编号：包括工作包的名称还有工作包的编号。

负责人：将记录实施工作的策略（分包或者自营）并列出负责的个人或组织。

工作范围：要描述包括的所有工作元素。描述要足够完整以便任何使用者将清楚这个工作包的边界以及所包含的工作内容。

关键永久性设备和材料：这是一个在这个工作包中将使用的关键设备和材料的清单。那些需要长订货周期或者材料受限的物品将是关键物资设备。对于那些与交付时间相关的特殊情况应当给予特别关注。

适用的设计成果：列出施工人员为了完成工作包所需的图纸、规范、程序或者其他适用的设计成果。

时间计划：应当把完成这个工作包的预计时间输进去。在估算时间时，应包括承包商选择（如果适用）所需的时间以及工作开始后完成工作包的时间。如果有任何重要的停顿检查节点，这些也应当在时长中反映并注明。如果把这个工作包的前置活动和后续活动表示出来，将对进度计划员很有帮助。

其他内容：为了完成这个工作包还可能有其他的条件。例如，特殊的运输设备和锁具设备的要求或者需要特殊的施工环境要求。

工作包登记表 施工		
工作包名称 _____ 修订号 _____		
工作包编码 _____ 日期 _____		
负责人 _____		
工作包范围		
总体描述		
边界及相关排除的内容：		
运用图纸，规范，其他技术内容		
关键设备或材料		
其他		
编制人	审核人	登记人

图 5　工作包登记表

（3）工作包在施工中的应用

在这个部分将使用一个简单的例子来说明工作包在施工中的应用。假设的项目是一个工厂的扩建。这个扩建项目涉及 6 个主要区域。

既有工厂：这部分需要为了工厂扩建而增加的机电改造工作。这个部分包括所有没有被其他区域包括的内容（例如，不同区域间的管道连接）。

厂区 01：这是工厂新建部分，包括土方工程、结构工程、空调、电气，以及这部分的主要内容设备安装。

厂区 02：这部分与厂区 01 比较类似，包括土方、结构、空调、电气和设备安装。

控制室：这部分包括土方、结构、给水排水、空调、电气和设备安装。

冷却水系统：这部分包括所有土方、结构、管道、电气，以及支持这个系统的设备安装。

连接设施：这是上面几个区域的连接系统。

根据一个 WBS 分解，0 级代表整个项目。1 级代表 6 个分区。2 级把项目根据专业细分成土方、结构、管道通风等。3 级代表每一个区域的各个系统或者组件。例如，既有厂区必须在通风管道和电气设备方面进行更新升级。管道通风工程包括设备通风系统、高压蒸汽系统、低压蒸汽系统（看表 2）。4 级进一步把这些系统划分成了实际的施工活动。3 级活动"高压蒸汽系统"将包括如下 4 级的子活动：

1）管道等高图（如果适用）；

2）管道加工；

3）管道安装；

4）管道桥架预制；

5）管道支撑；

6）系统冲水；

7）水压试验；

8）管道 / 设备密封。

第 5 级将在这些活动基础上提供更详细的细节。例如，4 级活动"管道安装"可以进一步划分成：

1）安装管子（安装—焊接）；

2）安装配件和阀门；

3）把管子连接到设备；

4）设置临时挂钩（如果适用）。

正像表 2 所示，对每一个层级的每一个单元都分配了一个编码，组合起来形成了一个七部分的代码（代表着 6 个层级的分解外加责任代码），这就能够识别出每一个工作包以及这个工作包所属的上一级工作包。

利用这种标准化的项目分解将产生上百个 4 级的项目活动以及上千个 5 级活动。如果只考虑既有厂区，项目分解在第 2 级包括通风空调和电气专业。再看通风空调系统，3 级包括设备通风系统、高压蒸汽系统，以及低压蒸汽系统。高压蒸汽又可以进一步分解成为它的组件和工艺流程。对其他的活动、系统、专业和区域可以进行类似的分解将生成一个完整的项目分解结构（WBS）。这个完整的项目 WBS 将被包括在 CBS 中以反映整个项目的成本。

成本编码结构示例　　　　　　表 2

××项目	××区域	××专业	××负责人	×××系统/构件	××活动	××流程

项目	01＝项目
区域	01＝流程区域01
	02＝流程区域02
	03＝现有设施
	04＝控制室
	05＝冷却水
专业	01＝坊
	02＝结构
	03＝管道
	04＝电气
	05＝仪表
	06＝材料控制
	07＝质量保证
	08＝项目管理
	09＝培训
	10＝其他
责任	A＝土建主管
	B＝机电主管等
系统	001＝仪表气
	002＝低压蒸汽
	003＝高压蒸汽
	004＝电力，13.8kVA
	005＝冷却水
	006＝润滑油
	007＝冷凝水
	008＝解冻
	009＝防火控制

最后，工作分解结构将与责任分解结构进行整合，班组将分配在 5 级任务上。为了这个例子的说明，对于管道安装部分将分配四个 5 级任务。

（4）成本估算

依据上面的例子，在既有区域的管道安装的成本可以根据工作包估算。为了获得一个尽可能详细的估算，考虑选择第 5 级。

利用从图纸中数量的计算，对每一个工作包的材料数量进行了估算。随着数量的确定和班组人数的确定，对工人生产效率进行了估算，以及对完成工作包所需时长进行了计算（见图 6）。根据这个时长和班组人数，人工成本就可以计算出来。最后，施工工具的成本将依据任务的估算时长进行计算。

整个的材料、工费还有工具／设备的成本将成为这个任务的总成本。对第 5 级的其他相关任务进行相似的估算，这些成本和时长加起来就成为第 4 级活动的成本和时间的估算。

由于在这个例子中的 5 级任务证明是非常简单的，将来作成本估算时可以考虑其他区域的第 4 级进行。

施工工作包收集表						
工作包编号：01.03.03.B.003.03.01					描述：安装管道(安装＋焊接)	
材料（M）						生产效率 生产率基本单位 LF 管道 总数量基本单位 600LF
资源号	描述	单位	数量	单价	总成本	
	管道 3″HP	LF	600	6.70/LF	4020.00	
	接头	EA	30	1.00/EA	30.00	
工费（L）					4050.00	
	直接工费	数量	成本/小时	工时	总成本	时长＝$\frac{600LF}{50LF/天}$＝12天
	焊工	1	18.00	96	1728.00	
		1	12.00	96	1152.00	(12天)(8小时/天)＝96小时
设备（E）					2880.00	成本汇总
	设备	需要数量	工时×工时费		总成本	(M)＝4050.00
	标准工具	1套	96×1.00		96.00	(L)＝2880.00 (E)＝　96.00
					96.00	7026.00

图 6　施工工作包收集表

（5）进度计划

利用在最初估算时确定的时长，用户可以检查这个确定的时长是否满足里程碑计划规定的时间要求。

如果第 4 级活动估算的时长显示工作不能在规定的时限内完成，那么第 5 级的过程就需要压缩以保证时长在限制之内，以及相关的工费增加将在预算中体现出来。也可以修订项目的逻辑关系来压缩时间计划。

（6）短期项目工作计划的体系

另外一个层次的工作包是在定期召开的现场周例会上制定的。在现场例会上确认目前的进展，制定下周的详细计划，以及制定未来一个月（或者其他合适的期间）的展望计划。

在编制展望计划时，《项目控制计划》是控制目标，目前的进展情况是起点。然后，针对各个不同班组的工作进行计划。这个计划中的每个班组的任务就成为一个工作包。这个计划必须通过两个方面进行确认。首先，涉及的主管、工长和分包商必须达成一致，这个工作计划的工作顺序是正确的，并与《项目控制计划》相一致，没有造成无法克服的干扰或者协调问题。第二，在任何任务被列入下周计划之前要确保每个工作包需要的资源是能够得到的。这样就要求负责这项工作的工长在任何工作包进入展望计划窗口后就对这个工作包生成一个《班组工作包控制文件》。图 7 是一个范例。可以看出，这个表格的设计是要罗列出所有资源需求以及其他的计划需要考虑的因素。一旦填好这个表格，所需物品是否能够得到可以与库管人员进行核对，并确定执行这个任务的可行性。这样做的目的是在这个任务将在下周准备实施之前要确保这个检查核对完成。一旦这个任务被确认列入下周的工作计划这个文件也可以用做《材料申请单》。

仓库管理将继续使用工作包概念。把《材料申请单》作为一个包，他们将找到所有的物品，可以是盒子、袋子、盘子或者其他类型的包装和分类，并为班组进行标记。最理想的是，仓库管理人员可以提前将班组需要的材料放置在要使用的区域，这样班组人员就不需要浪费时间去搜寻材料，并能够很快开始高效的施工生产。

当一个工作包的工作完成后，这个《班组工作包控制文件》就可以关闭并成为一个有用的历史记录。

（7）控制工具

项目控制计划：明确要实施的工作和时间计划。

工作包登记表：提供了要执行工作的详细定义。

编码结构：施工任务、工作包、WBS以及资源的编码结构将在计划和报告中频繁使用。

班组工作包控制文件：这些文件详细列出班组任务计划。

工人工作包控制表

工作包名称 ____________ 日期 ____________

工作包编号 ____________

区域 ____________ 系统 ____________ 高度/位置 ____________

适用图纸和规范：

	数量	单位	描述	汇总	备注

编制人 ____________ 日期 ____________

批准人 ____________ 日期 ____________

图7 工人工作包控制表

6. 工作包在开车（试运行）中的应用

（1）概述

在涉及工业和制造设施的项目中，开车必须是项目计划的一部分。就像参考资料4中解释的那样，这个阶段开始于施工阶段并且当业主确认了机电安装完成后才能结束。由于在各个系统和子系统之间的相互依赖关系，所以开车计划是特别复杂的。也就是说，一个系统要能够运行，通常好几个其他系统或者子系统必须能够运行。还有，也可能需要安装一些临时系统来支持试车工作。因此，试车工作计划必须是非常详细并且要与施工紧密联系。实际上，施工计划将由需要试车的日期来控制。

除了必须安装的临时系统，试车工作包一般仅涉及人员、试验设备、材料还有时间。

（2）体系

在一个控制计划中，每一个系统的试车通常作为一个单独活动（包）来处理。然后一个子计划将详细的提供试车的逻辑关系。这个详细的计划通常将是一个整体试车手册的一部分，这里面要详细列明试车的范围和目标、组织和责任、文件需求、报告、审计需求以及人员的培训。对每一个试验，需要生成一个程序，列出需要的仪器、限制条件和预防措施、试验方法、试验时所需要的设备状态、在试验时需要的系统情况、数据需求、验收标准。试车手册提供与试车阶段工作包目录相同的内容。

参考资料 7 针对处理，能源或者制造设施提供了详细的从区域到系统转换的内容。也包括涉及的工作包的讨论。

（3）控制工具

如下的工具将是试车工作包体系的一部分。

项目控制计划：建立了每个系统调试和试运行的开始和结束的里程碑节点。

试车手册：提供了每一个试验和试运行活动的时间表和细节。

编码结构：试运行任务和工作包编码结构将在计划和报告中频繁使用。

5.5.5 整体总结

工作包是管理学原则在管理中的应用，也就是一个整体可以通过分解成可以管理的单元进行更好的管理，并对每一个层级和元素分配了责任主体来进行详细的管理。在施工项目中，项目活动涉及设计、采购、施工还有试车。

一个项目的《项目控制计划》使用逻辑关系的形式来体现完成整个项目的计划。这是一个中间层级的计划，并具有足够的细节来建立逻辑关系。这个计划中的活动是从设计、采购、施工到试车过程中的项目控制层面的工作包。使用更加详细的工作包来生成更加详细的工作计划是由各个不同的项目参与人员来完成，主要用于短期间工作计划。

一个工作包将涉及一些人员、材料和设备的组合。它也涉及时间。通过对一个工作包以登记表或者数据表的形式来进行完整的定义，就可以建立起进度计划、成本预算和项目控制的基础。

对设计工作的计划就是为了满足采购和施工的需要。这就需要较早的对确定任何需要用来支持采购合同的以及用来支持施工活动的设计成果，并作为工作包安排在《项目控制计划》中。

采购工作的目标就是关键材料和设备及时交付现场。因此，把关键采购作为《项目控制计划》的工作包进行跟踪是工作包体系计划和控制体系的一个至关重要的部分。

施工工作，在建造工业设施的情况下，要把开车的里程碑日期作为计划的最终目标。如果项目没有开车阶段，那么业主需求的日期就是目标时间。在《项目控制计划》中的施工工作包将按照分区的概念进行，直到施工活动与试车活动开始搭接。到那时，试车计划将起决定作用。

试车在《项目控制计划》中是按照系统进行跟踪的。系统完成日期要满足业主对设施的需求日期。一个试车计划应当尽早准备并作为详细的试车活动的指导手册。

总之，工作包为项目设计、采购、施工和试运行的有效整合提供了一个组织形式。同时也为项目的成本、进度计划和材料控制的整合提供了需要的结构形式。

5.6 如何认识和管理国际工程中的风险

5.6.1 国际工程市场中的风险

国际工程市场与国内工程市场的不同之处就在于项目所处的环境发生了变化，由于人文环境、政治经济、风俗习惯、管理模式、法律法规、语言障碍等因素与国内市场的不同而给项目造成了更多的不确定性，因而风险因素和风险程度明显增加。

中国建筑企业在"走出去"的过程中基本都遵循了"摸着石头过河"的策略和思路，缺乏前期的战略研究和市场调研环节形成的信息和报告，因而大部分企业采取的策略是边走边看边解决问题的方法。在开拓国际市场的早期，由于业务规模小和经营模式简单且大部分项目处于落后国家，建筑企业并没有遭受太多风险带来的损失。随着中国企业在国际市场的份额不断增大、经营模式不断升级、国际局势的千变万化，企业必然会面临更大的风险和问题。近十年来，建筑工程企业在国际市场的风险案例和损失程度不断增加，不但给企业带来了不可估量的经济损失，也给中国企业造成了"冤大头"的印象。

　　国际市场存在的风险因素明显多于国内市场，这是不争的事实，在很多关于国际市场风险的书籍中也有更多的描述。根据经验表明，企业在开拓国际市场时面临的最大风险并不是这些风险本身，而是企业领导者漠视这些风险的存在造成的。这主要表现在如下的几个方面：（1）对战略和市场的研究不重视。中国企业在开拓国际市场前期对战略研究和市场定位方面的投入很少，大部分企业采取的是走马观花和跟随策略，因此大部分的企业并不能找到完整的市场调研报告作为参考。这与西方发达国家成熟的企业在开展跨国业务时的做法形成明显反差，日本企业在进入一个海外市场时往往至少要进行两年以上的调研才可以进入，而由于中国企业领导者对这些方面的不重视，也就缺乏相应的研究和报告。众所周知，在进入市场之前的前期调研投入相对于后期对项目的人财物投入而言微不足道，但这些调研和信息能够为企业对后期项目的风险规避和风险控制起到举足轻重的作用。（2）大多国际项目的决策者不是能够听到炮声的人。国际市场无论是业务模式、管理模式和项目文化都应是有别于国内市场的，然而，在中国企业的现实实践中，跨国业务板块并没有形成相对独立的管理模式，甚至在很多企业中海外业务的领导人员并不懂国际市场的运作规则。这样的情况与西方发达国家对跨国业务的管理也形成明显的反差。在不了解海外市场的经营和管理的规则情况下，按照国内项目运作的思维模式去对国际工程进行决策，必然导致决策的走偏，甚至是决策的失误。（3）对项目管理与国际接轨不重视。受中国建筑开发模式的影响，国内建筑企业的项目管理模式是采用设计—招标—施工的形式，而国际市场受西方发达国家建筑开发模式的影响，大多项目采用工程总承包（EPC、DB）、BT、BOT 等模式，这两者在项目管理思路上的差距甚远，这在本书的其他部分已经充分阐明。尽管中国建筑企业近年来对工程总承包模式的学习热情较高，但真正从组织、流程和制度几个层面的管理系统再造的企业领导者非常稀少，这样就很难解决企业在国际工程项目的管理无法与国际项目管理接轨的问题。

在梳理国际工程项目存在的风险时，本文不再重复其他文章或书籍中已经详细列举的譬如：政治、经济、社会、法律等方面存在的风险，因为这些风险其实在国内市场一样存在，只是由于企业在国内环境下长大，对中国的各个方面都比较了解，认为这些方面的问题都是理所应当的罢了，而到一个陌生的国家去开拓业务碰到这些风险时就感觉措手不及。当然，如果建筑企业能够从根本上解决思维方式问题、组织建设问题、项目管理问题，那这些其他风险也会通过管理本身而解决了。

5.6.2 企业处理国际工程风险的方式

众所周知，近些年随着中国建筑企业"走出去"的步伐加大、国际市场经营模式的升级、国际工程项目的大型化趋势等因素，国际项目中的风险和失败案例明显增加。在这样的环境下，大部分企业领导者并没有认真分析项目风险发生的原因，而是采取了不利于问题解决的方式和方法，致使国际工程项目的风险不但没有得到遏制，反而更加恶化。

管理的经验表明，大多建筑工程企业在培训和管理国际工程风险时使用的词语是"规避和转嫁"风险，从这两个词汇的使用就充分表明了企业领导者对于风险的态度是逃避风险，而不是应对风险。大量的案例表明，以采取"规避和转嫁"风险为主要思路的企业实际上到头来都没有把风险规避或转嫁掉，反而更大的风险降临在这些企业身上。

我们知道，无论上国际工程还是国内工程，风险存在于项目是非常普遍的共识，有些风险可以通过合同条款、项目计划来进行合理规避，但大部分风险是必须由企业承担并积极面对的，因为业主把项目交给一个建筑企业的目的就是希望企业去管理这些风险。试想，如果建筑工程企业把所有的风险都规避掉了，那这个企业存在的意义在哪里呢？另外，很多企业试图通过风险"转嫁"来降低企业本身的风险，虽然这在风险管理中是一个降低风险的方式，但很多建筑企业采取的"一包代管，包而不管"的管理模式就完全扭曲了转嫁风险的意思。"风险转嫁"是指把企业没有能力承担的风险让有能力承担的企业去承担，并不是指没有原则的低价转包或层层分包，这样的做法只能是大大增加了企业的风险，甚至大量案例表明，这种思想和做法给企业带来了重大损失或灭顶之灾。

再谈谈中国企业在风险发生时的处理方式。由于项目管理体系或贯彻的不完善，国际工程项目的风险往往在项目策划阶段并不能得到有效的识别和应对方案的策划，因此，企业领导者并不知道项目存在的风险是什么，甚至认为只要把任务交给了项目经理就万事大吉了。在这样的情况下，企业和项目就较难根据识别出的风险去一一化解、逐个面对，等到风险发生的时候就是问题很大的时候了。这时往往项目团队采取的是掩盖问题的策略，寄希望自己能够解决风险带来的问题，但随着风险的增加达到了项目部无法解决的时候才向上级领导反映，而这时就为时已晚，无论如何都会给企业带来较大损失了。

中国企业一个典型的处理国际工程项目风险的方式是更换项目经理和调整项目团队，这虽然在某种程度上是必要的做法，但有很多项目的问题并不是项目经理或团队的问题，而是项目无法得到有效资源的问题。所以，根据项目风险发生的具体情况认真分析，并采取恰如其分的措施才是有效降低风险损失的正确方法。在面对国际工程项目风险时，企业领导者务必做到客观实际，实事求是，不能简单地把风险"转嫁"给项目经理和项目团队，因为这样做的后果只能给企业带来更大的损失。

5.6.3 国际工程项目的风险分析

如上文所述，在国际工程市场中存在着太多的风险，例如：政治风险——政府换届、战争、内乱等；经济风险——经济下滑、汇率损失、通货膨胀等；社会风险——社会动荡、罢工、恐怖事件等；法律风险——劳工限制、政府法令等，当然也存在项目管理的风险等。在对国际工程市场风险进行分析时，首先要明确哪些是可控风险，哪些是不可控风险，然后才能知道如何去认识和管理这些风险。

通过分析会发现，无论是政治、经济、社会还是法律等方面的风险都是企业无法控制的风险，这些风险的发生很多时候，由于企业的认识水平很难预测到，因此对于这类风险，企业不应投入太大的精力去研究和试图管理。对于项目管理带来的风险往往是企业可以控制的风险，如果企业能够通过正确的学习、研究和组织，就能够克服很多由于管理带来的风险。

通过经验表明，在国际工程项目的失败案例中，造成绝大部分问题和损失的并不是政治、经济、社会和法律等那些不可控风险带来的，而 90% 以上是由于企业的管理不善而造成的。根据"存在两个矛盾以上时，抓主要矛盾"的原则，企业应该下功夫做的是强练内功，投入更大的精力去提升国际工程的项目管理能力，而不是花太多时间和精力去探讨企业根本无法控制的风险，只有这样，企业就能够不断增强抗风险的能力，风险发生概率和风险损失程度也会大大降低。

如果把企业比喻成一个人体，我们会发现体能好的人更容易抵抗各种疾病的侵扰，也更加能够抗击风寒，反之，在遇到疾病流行或严寒天气时就容易得病致死。同样的道理，企业的管理能力增强也一样能够帮助企业更好地克服由于那些政治、经济、社会、法律等不可控因素带来的风险，而管理不善的企业也最容易受到环境的侵害。

5.6.4　如何认识国际工程项目风险

1. 风险无处不在

无论是在国际工程项目管理还是在我们生活工作的其他各个方面，风险无处不在。常言道"人生不如意事常八九"，意思就是在人生过程中常常碰到的是由于不确定性带来的生活的不如意，就是这些不如意才成了人生的阅历，那些克服了极大的风险而成就了一番事业的人才得到别人的崇敬和膜拜。

如前文所述，国际工程项目存在的风险要远远多于国内项目，其主要原因是企业对于海外市场环境的不熟悉所致。试想，那些外国公司到中国来投资办厂或承揽工程项目，他们面临的风险和问题也会比中国国内企业要多很多，同样，他们的问题也是因为对中国环境不熟悉而导致。因此，无论是国内项目还是海外项目，都有各种风险的存在，只不过是由于国际工程项目环境复杂而造成的风险和问题较多而已。

建筑工程企业中最宝贵的人力资源就是项目经理资源，因为只有项目才是企业的利润来源。项目经理之所以宝贵是因为他们能为企业抗击风险和解决问题，换句话说，如果项目不存在风险的话，那项目经理也就失去了其存在的价值和意义了。由此可见，企业雇佣项目经理并赋予责任和权力，就是要求他们来管理风险的。项目管理的本质就是管理项目的不确定性或者叫项目偏差，那些能够完全按计划执行的项目是不需要管理的。

2. 风险背后往往是机遇

中国有个成语叫"塞翁失马，焉知非福"，这个成语故事就是告诉人们在风险的背后往往是机遇的出现。在我们的日常生活中，经常听到人讲"坏事变好事，好事变坏事"，也正是这样的转换才使得人生变得跌宕起伏、扑朔迷离，生活变得不再枯燥乏味、按部就班。

在众多的国际工程项目中，会发现大量的风险背后蕴藏机遇案例，也有大量的机遇背后满是风险的情况，风险与机遇的转换器就是企业的项目管理能力。项目管理之所以受到高度重视，就是通过项目管理的技巧常常可以把不利的环境变成有利的条件，把本来要遭受的损失变成了企业的盈利。

很多建筑企业在承接国际工程项目之初是信心满满、踌躇满志的，但项目最终的结果却不尽人意。例如，中铁建在承接沙特轻轨项目时，全公司都认为这个项目将是中铁建在中东地区站稳脚跟、打开市场的关键性项目，况且项目的签约有幸得到了时任国家主席胡锦涛和沙特国王的见证，这不得不说是一个千载难逢的好机遇。但由于项目在后期的管理中失误太多、漏洞百出，最终导致项目出现了巨大的亏损。

国际工程项目也不乏在承接之初不被看好，而最后取得巨大成功的案例。在这些成功的案例中，我们往往发现其项目团队运用的项目管理技巧是项目成功的关键。俗语说："天上不会掉馅饼"，成功故事的背后都有一份艰辛的努力。很多人可能会把这些项目成功归于"幸运"，也常常把项目失败归于"倒霉"，这样的说法是不科学的，因为没有项目管理过程中科学严谨的耕耘，取得项目成功的可能性会非常之小。而正是科学严谨的项目管理造就了项目风险与机遇的转化。

3. 积极面对还是消极逃避

在中国企业面对国际工程项目的风险时会有两种不同的态度，一种是认真筹划、积极面对，另一种则是视而不见、消极逃避。

由于中国企业的国际化程度较低，对国际市场运作方法了解不够，因此，采取积极面对的企业较少，而采取消极逃避的企业较多，这也是造成在国际市场众多失败案例的主要原因之一。在建筑企业的风险管理中，被讲的最多和使用最多的方法是"规避风险、转嫁风险"，从这个企业的指导思想就可以看出其对于国际工程风险的认识和态度。

通过经验表明，中国建筑工程企业在管理国际工程项目的过程中希望使用分包商来转嫁风险的情况比比皆是，这是一种"以包代管、包而不管"的态度，与项目管理承包商采取的战略性分包是截然不同的。前者对于分包商的后期管理很弱，基本依靠分包商来操作项目；后者对分包商的后期管理非常严格，要求分包商能够按照总承包企业的管理程序和节奏来实施项目。

4. 两种认识带来不同的结果

综上所述，项目管理的过程就是管理风险和偏差的过程，采取消极逃避的态度显然就将风险推了出去，项目管理过程自然就简化了，这就不难理解为什么很多国际工程总承包商在项目上仅有几个代表的原因了。在国际工程项目存在如此多的不确定性的情况下，仅仅依靠几个代表来上传下达，做所谓的"商务管理"，那项目结果也就可想而知了。因此，中国企业"走出去"过程中的所谓"窗口企业"是一个具有中国特色的现象，通过长期的经验表明，如果这些"窗口企业"没有通过长时间的改良而变成管理型企业的话，大部分在国际市场运作过程中是失败的。大量的失败案例表明，所谓的"风险规避、风险转嫁"都没有把风险规避和转嫁掉，反而最终给企业造成了更大更严重的损失。

综合性管理总承包商存在的最重要的意义应该是项目的策划与管理能力，而不仅仅是企业有什么社会关系或开具保函的能力。通过国际工程项目成功案例的分析，可以发现这些承包企业从项目接触之初就非常重视项目风险的分析与策划，在项目管理过程中对分包商和供应商的管理也相当严格，最终项目取得的良好效果也给项目的各个参与单位带来了荣誉和后续市场。

5.6.5　如何管理国际工程项目风险

1. 先抓住可控风险

一般来讲，可以把风险分为可控风险和不可控风险，可控风险是那些通过自己或组织的努力可以有效减少风险发生的概率和风险损失的风险及问题，不可控风险是指那些超出自己或组织控制范围的风险。

由于国际工程项目的风险分类较多、相对国内项目要复杂的多，因此，在分析和管理国际工程项目风险时更应抓住重点。通常，可控风险是通过努力可以克服的问题，那就首先要分析并识别出哪些风险是可控的，哪些是对于组织来说不可控的风险。对于可控风险要加大分析和策划力度、步步为营、严防死守，把其发生的概率和风险损失降到最低程度。工程项目的管理风险一般是可控风险，例如进度风险、成本风险、质量风险、安全风险、环保风险、合同风险等。工程实践的经验表明，国际工程项目的失败或损失绝大多数是由于管理风险而造成的，而并不是那些不可控风险造成的。因此，很多企业乐于讨论和研究那些因政治、经济、法律、社会等因素带来的风险，其主要目的应该是为了掩盖他们在管理中存在的问题。通过失败案例的分析，可以发现项目出现的一系列风险和问题都跟企业的某个管理环节薄弱有着直接关系，如果能够有效控制项目的可控风险，那就可以解决 90% 以上的问题了。

2. 对于不可控风险的态度和做法

对于项目的不可控风险来说，一般可以采取以下几种态度和做法：一是通过购买保险的形式来转嫁风险，这类风险通常是那些无法预见的政治风险或不可抗力；二是多了解和掌握国际宏观形势，通过战略和市场研究来适当规避在高风险地区的投资，这类风险通常是经济、金融、法律和社会等带来的风险；三是暂时忽略不计，这类风险主要是指那些不可预见的小概率事件带来的风险。

3. 积极面对风险，把风险转变为机遇，让自己利益最大化

综上所述，无论是在我们的生活中还是国际工程项目中，风险无处不在，而正是由于风险的存在而成就了项目管理的意义。项目经理和项目团队的首要任务就是管理风险，如果项目没有了风险，他们存在的重要性和

意义也就不存在了。可控风险都是通过管理可以有效降低或控制的，应作为国际工程企业和项目的管理重点，而对于不可控风险可以通过信息共享或风险转嫁等手段进行规避。

由此可见，项目管理能力是决定风险与机遇相互转化的最重要工具，符合逻辑的、科学严密的管理可以把风险变为机遇，而漏洞百出的、顾此失彼的管理必将会把大好的机遇变为企业的风险。

5.7　如何建设国际工程企业文化

5.7.1　企业文化的重要性

1. 企业文化的形成

企业文化的形成是伴随着企业的创立过程同时进行的。一般来讲，企业创始的组织或个人对企业文化的形成有至关重要的影响，有时就像人的遗传基因一样长期影响着企业的生存和发展，难以改变。

企业文化常常表现为两种形式：一种是僵化保守形式；一种是与时俱进形式。在第一种情况下，企业文化常常禁锢和制约企业的发展，因为这样的企业很难为创新而努力，也很少会被外面的世界所改变。在第二种形式下，情况就会大不相同，这样的企业文化没有非常固定的模式，往往会随着企业的领导者或外部形式而改变。在社会变迁极快的当代形势下，与时俱进的企业文化显然能够更快地改变自己、调整状态、适应形势。

这两类企业文化的形成都与企业的创始基因有关，也与企业的性质有关。一般来讲，处于垄断行业的企业更容易形成保守的文化，而充分竞争性行业的企业较容易形成善于改变的企业文化。善于改变自己是一种基因，也会形成企业员工的一种态度。在保守的企业里会常常听到"这个事情没有办法解决"等类似的话，而在善于改变的企业里却往往听到"我们想想办法来解决"等回答。这两种完全不同的态度就决定了企业是否能够适应市场，满足客户需求。

2. 企业文化对管理的影响

通常来讲，管理靠系统，而系统由组织、流程和制度组成。管理系统从某种程度上来讲仍然是容易解决的问题，因为可以抄袭、模仿、训练，属于企业硬实力范畴。而企业文化就大不相同了，它常常无形地影响着企业的管理和发展。

在现实生活中，我们经常发现很多企业抄袭或照搬一些优秀企业的管理实践到本企业中来，但终究并不能改变企业的经营状况。例如：很多火锅店模仿海底捞的管理；很多企业学习华为的实践，但为什么其他饭馆或企业就无法复制海底捞和华为的业绩呢？究其原因，还是企业文化在作怪，因为企业文化在严重地影响着企业的管理。

企业文化属于企业软实力范畴。我们知道"东施效颦"的故事，如果一个企业领导者不去修炼自身的企业文化，而仅仅是模仿别人的管理模式，那就与这个故事无异了。因此可见，企业不但要理顺管理系统，还要认真对待企业的文化建设，只有软硬兼施才能达到最终目的。

3. 企业文化决定企业的未来

在快速变化而浮躁的当今时代，很多企业更倾向于赚快钱，因此只有很少的企业家注重企业文化建设。但我们发现那些急功近利、只追求利益的企业常常会半途而废，很难做成百年老店。企业的长远发展必定与其企业文化密切相关，只有具备优秀文化的企业才能够不断地调整状态，适应环境，创造未来。

4. 企业文化是企业的软实力

如果把企业的管理比做一棵树，那企业文化就是扎根的土壤，没有适合的土壤就不可能长成大树。如果企业的管理组织、流程和制度是企业发展的硬实力的话，而企业文化就是企业的软实力。

在信息沟通异常发达的现代社会，任何企业的管理实践方法、流程制度都不是什么秘密，都可以被模仿、被照搬、被学习，只有企业文化很难模仿和复制。因此，我们发现有无数个高科技企业，只有华为异军突起；有无数个火锅店，只有海底捞做的风生水起。究其原因，还是企业领导者注入到组织中的文化基因在发挥着巨大的作用。

企业在构建和优化组织、流程和制度的同时，应用同样的精力去思考企业文化的建设和优化，因为企业软实力往往比企业的硬实力显得更重要。当年，中国人民解放军用小米加步枪打败了国民党的飞机大炮，靠的就是中国共产党所具备的共产主义信念这个软实力。因此，企业文化在激烈的市场竞争中的作用越来越显得重要，甚至常常是决定一个企业能够赢得竞争的关键因素。

5.7.2　中国建筑企业文化的基本特点

1. 中国建筑企业的基因和演变

中国建筑企业大多是从原来计划经济体制下的设计或施工单位演变而来，这些企业原来都隶属于某些中央部委或地方政府，企业的成立都明显带有专业和地方色彩。在近几十年的发展过程中，虽然很多企业的业务范围发生了较大的变化，但大部分企业本身的基因却很难改变，仍然从其企业文化中看到原来的影子。

起初的建筑工程企业基本是由设计院和施工单位组成，随着国家改革开放和基础设施建设步伐的加快，很多非建筑企业也加入到建设大军中来，这就造成了全民搞建筑、搞房地产的局面发生。在传统的建筑企业中，以设计院发展起来的建筑企业往往有其独特的设计院文化，以施工单位发展起来的建筑企业却有另外一种文化氛围，而那些随着建设大潮而新加入的建筑企业却无法磨灭掉它们原来企业性质的影子。

近十几年来，随着市场形势的变化，越来越多的建筑企业着手转型升级，尤其是在全民做房地产的年代，大部分的建筑企业都开始了房地产开发业务。这些企业忽略了企业的基因和性质，盲目转型升级到未知领域，最终并没有取得良好的效果。因此，企业不是不能转型升级，而是需要认识到转型升级的战略意义和其需要的战略保障，如果在没有做任何准备的情况下去转型升级到管理要求更高的领域，企业领导者必定使用固有的思维模式去管理新的业务，结果就可想而知了。例如，利用设计院或施工单位思维模式去做房地产开发必定带来管理系统上的漏洞，因为这是完全不同的两个行业领域，其关注重点明显不同。因此我们发现建筑企业在演变过程中，无论是设计院还是施工单位转型做房地产开发的企业成功的寥寥无几，这样的情况发生不得不说其失败与企业的基因有关。

2. 建筑工程企业的文化形成过程

中国建筑企业跟其他传统中国企业一样，都是自成一体、内部循环的模式。自企业创立早期到 20 世纪末，大部分国营建筑企业都保留着自己的内部小社会性质，企业员工的居住、办公、上学、就业都在大院内部，形成了明显的"大院文化"。这样形成的企业文化往往是保守的、封闭的、自成一体的。在企业进入市场经济模式时，人力资源流动就成了很大的障碍，除了企业内部土生土长的员工能够不断晋升外，新调入员工的晋升就基本被排除在外，这完全不利于人才市场化流动，也不利于企业进入新的业务领域时的人才引进。

尽管近些年随着市场和社会的变化这种"大院文化"在逐步减弱，但从这些企业领导者的思想中仍然保留着一堵围墙，还需要一段时间才能发生根本性变化。建筑企业文化的形成过程也决定了企业在走向海外市场时的文化塑造模式，因此，大部分建筑工程企业在海外市场仍然保持了封闭保守的文化形式。这就不难想象为什么中国企业的国际化和属地化进程进展缓慢了。

3. 建筑行业开发模式的影响

中国建筑行业一直以来采用的是比较传统的"设计—招标—施工"开发模式，这种模式的特点是设计、采购和施工是由不同单位独立操作，这样就造成了各个单位之间各自为政、缺乏协作。因此，在国内外建筑开发模式都发生了巨大变化的情况下，中国建筑工程企业原来的运作模式直接影响着系统性和协作文化的形成。

项目全生命周期的管理过程对管理的系统性要求很高，因此，中国建筑企业在国际工程项目管理时，经常出现的管理脱节现象就跟各自为政的企业文化有直接关系。系统性思维的形成不但跟企业的管理流程有关系，也与企业长期养成的习惯和文化有关。管理经验表明，仅仅在一个企业内套用一套流程并不能改变管理现状，因为根植在人们心中的企业文化经常成为系统管理的绊脚石。

4. 中国建筑工程企业文化的基本特点

综合中国建筑工程企业的基因、文化形成过程、建筑行业开发模式的影响因素，中国建筑工程企业的企业文化突出表现在以下几个方面：（1）传统的设计或施工单位都有相对保守和封闭的企业文化性质，这些企业往往有着优良的严谨作风和吃苦精神，但在新的市场形势下不善于改变自己，固守多年形成的企业文化和传统管理习惯，仍有较强的计划经济色彩。（2）改革开放以后新成立的建筑工程企业与传统建筑企业形成明显反差，这些企业成立的目的大多是为了扩大对外开放，有的是为了把国外资金技术"引进来"，如：中信集团；有的是为了更好地"走出去"，如：中土集团。这类企业主要是作为窗口单位进行对外商务活动，主要采用与传统建筑企业合作的方式进行市场开发，因此，他们的企业文化就相对比较开放，没有传统建筑企业的封闭和保守特征。但这些企业一个突出的特点是管理松散，人员浮躁。（3）中国建筑企业受传统建筑行业开发模式的影响，大多存在明显的系统性差和协作能力不强，在运作大型项目时内部推诿扯皮现象严重，大大影响了项目管理的效率。

5.7.3　传统建筑企业文化对企业国际化的影响

1. 较难做到入乡随俗

由于传统企业文化的影响，建筑企业较难摆脱固有的企业文化和管理习惯的影子，大多企业不能适应属地化的要求，不能真正做到入乡随俗。虽然企业的海外从业人员常常意识到这个问题的严重性，但由于国内外信息不对称或企业领导者长官意识较强，这个问题始终是一个比较突出的管理难题。

企业不能做到"入乡随俗"常常使得企业无法得到可持续性发展，因此，建筑企业在"走出去"过程中，半途而废、打一枪换一个地方的情况屡见不鲜。经验证明，开发国际工程市场的耐心和入乡随俗的思维模式是能够扎根潜在市场、获得可持续发展的最根本保证。

2. 较难吸纳属地化和国际化人才

按照传统建筑企业的思维模式，只有那些在企业中"土生土长"的员工才可能被组织信任，也只有这样的员工才能到达领导岗位，这种封闭和保守的领导思维模式基本就把属地化和国际化的人才拒之于门外了。

在经济全球化日益扩大的当今时代，企业的属地化和国际化已经成为制约中国建筑企业走向成熟的、可持续发展的国际化之路的主要障碍。任何事业的发展必须是"以人为本"，有了人才有组织，有了组织才可能谈管理，因此，一个不能解决人力资源属地化和国际化的企业何谈企业的国际化进程呢？

3. 妨碍企业的国际项目管理能力

国际工程项目与国内工程项目根本的区别在于合同模式的不同，国际工程市场以工程总承包（EPC、DB）、BT、BOT、PPP 等模式为主，这些合同模式的项目对承包商的综合管理能力要求较高；对项目各参与方的系统性协作能力要求更高。

由于受到传统建筑开发模式的影响，很多建筑工程企业缺乏项目综合管理能力的培养，也不具备系统性和协作性的企业文化氛围。因此，我们在分析大部分的国际工程失败案例时会发现，项目失败的主要原因并不在企业外部环境，而主要是来自于企业的内部因素。这些因素有组织的因素、管理的因素，当然更重要的是企业文化的因素，因为这是组织和管理问题的根源。所以，只有严肃对待和认真思考这些企业深层次问题的解决才能解决问题的根本，也才能做到"标本兼治"。

4. 阻碍企业的国际化进程

无论是企业文化的保守和封闭性问题，还是系统性协作能力差的问题，都是阻碍建筑工程企业国际化进程的主要因素。

企业竖起高高的围墙来阻碍人才的流动是使得企业越来越保守和封闭的根本原因，周而复始、恶性循环。经验证明，那些敢于开放企业的平台、敢于信任各方有志之士、敢于为员工提供发展机会的企业都得到了较好的发展，而那些始终封闭保守、墨守成规的企业只会走入发展的死胡同。

5.7.4 改善企业文化必须从领导者入手

1. 领导者思维模式的改变

虽然说企业文化的形成是一个长期的过程，其中包括企业的基因、历史沿革、发展过程、业务性质等因素都会对企业文化的形成产生影响。但随着时代的变迁，企业要做到基业长青，就不得不进行组织文化的变革来适应新时代的要求。

最能够影响企业文化的始终是企业的最高领导者，因此，只有最高领导者的思维模式发生改变，企业文化才有改善的可能，而仅仅希望依靠部门或外部咨询来宣讲和改变企业文化的想法无疑是本末倒置。

企业领导者必须从思想上认识到企业文化对企业长远发展的重要意义，并能够站在历史发展的角度去重塑企业的文化和习惯。经验表明，一个企业的文化是完全可以通过最高领导者不屑地努力来改变的，但领导者务必要做到言行一致、言必有中，说一套做一套的作风将不可能收到应有的效果。

2. 领导者必须以身作则

最高领导者的言行一致、以身作则是改善企业文化的最关键的因素，最高领导者的言行会对下属员工产生潜移默化的作用，久而久之，将对他们的工作习惯产生深远的影响。

无数的例子表明：那些只说不做的领导者不会真正得到下属的认同和跟随，只会给曲意逢迎的人创造投机的机会。而只有那些言行一致、以身作则的领导者才能真正改变企业员工的精神面貌，带领企业走上新的发展轨道。

3. 领导者必须要有耐心

企业文化的形成和改变绝不是一朝一夕即可完成的任务，领导者必须要有极大的耐心和执着精神。在改善企业文化的过程中，企业必须要能够树立标杆，通过宣传和激励来逐步改变其他员工的工作习惯。这是一个循序渐进的过程，操之过急必将半途而废。

很多例子表明，新官上任三把火烧过之后一切回归以前的模样，这主要是因为领导者没有耐心，在看不到变化的情况下自动放弃了自己的初衷。企业的主要负责人只有通过一以贯之的工作作风和坚忍不拔的意志和精神才能感染下属的工作作风，久而久之，这些工作习惯和作风即形成了新的企业文化。

4. 必须做到企业上下同欲

企业文化是指员工的主流信念、价值观、工作习惯和工作作风的集合，如果仅仅企业的领导者倡导这些理念和价值观，员工身上得不到体现，那就证明这个企业的文化并没有得到改变。

俗话说：上下同欲者胜。只有那些能够把企业文化灌输到基层员工的企业才能够更有战斗力和生命力。海底捞火锅店的员工就是一个最好的佐证，无论在海底捞的哪一家店，顾客都能够感受到每一个员工似火的热情和对工作的热爱，这无疑证明了海底捞的企业文化成就了其持久的成功。

5.7.5　通过制度来改变企业文化

1. 制度在企业管理中的导向作用

改变企业的文化不仅仅需要领导者的引领，更需要制度的激励和约束作用。邓小平同志曾经说过：好的制度能让坏人干不了坏事，不好的制度能让好人变坏。由此可见，制度不仅能够激励和约束员工，久而久之，还可以改变一个企业的文化。

企业文化的形成过程通常是通过宣传倡导、标杆学习、以身作则等手段，对员工的激励和约束性不强，因此，往往取得的效果不会太快。如果针对要改变的行为习惯和工作作风等问题采取严格的制度约束，就会起到事半功倍的效果。这样做的关键还是企业的领导者能够以身作则、率先垂范，否则就会破坏了制度的严肃性。

2. 利用激励手段来改善企业文化

制度的作用通常是激励和约束员工，而为了良性企业文化的形成最好多用激励性制度而少用惩罚性制度。激励性制度会对企业产生积极向上的风气，而惩罚性制度往往会带来消极影响。

激励制度的运用要做到有的放矢、切中要害，要奖励真正能够起到模范带头作用的行为和个人。很多企业在制定激励制度时常常不清楚激励的目的是什么，甚至制度的作用与企业的核心目标不相符合，这样的激励就是一种资源的浪费。因此，在制定激励政策时应反复讨论本激励制度的目的何在，是为了弘扬企业的什么价值观或行为，这样才能达到预期的效果。

3. 制度落地的重要性

企业制度的制定是非常重要的，制度的落实和贯彻却更加重要。很多企业在制度制定时没有经过严肃的思考和讨论，因此，制度的落实和贯彻又存在着各种矛盾和冲突，就导致制度不能落地的情况经常发生。

经验表明，如果企业的制度不能落实和贯彻比企业没有制度对管理的伤害更大，因为员工看不到企业领导者的严肃性。所以，制度的制定是企业管理很严肃的事情，绝不能敷衍了事，而制度的落实和贯彻是更严肃的事情，因为其将影响企业的文化。

4. 习惯成自然

企业文化的形成就是企业员工价值理念、行为习惯形成的过程，反过来讲，行为习惯的形成也就形成了企业文化。有句话说：习惯成自然。企业文化就是员工自然表露出来的，不是强加于人的东西。

所以，很多企业在塑造企业文化时也会采取正向的引导和宣传加上逆向的行为习惯养成两种途径，这通常来讲是最好的一种企业文化快速改变的方法。

5.7.6 开放包容的企业文化是企业国际化的必备条件

1. 管理系统与企业文化的关系

企业的管理系统包括组织、流程和各项制度，判断一个企业的管理系统的优劣主要看其是否具有自我修复和自我完善的功能。好的企业管理是能够自我修复和完善的，如果企业的领导者每天都在到处救火、解决问题，那就证明这个企业的管理系统存在缺陷。企业的管理系统是靠有形的制度和流程而存在的，而企业文化是无形的存在，那些写在文件中的标语、口号都不一定是企业文化。

企业文化通常只能通过员工的言行来感受到，甚至有时无法总结出来，但企业文化是影响一个企业能否健康可持续发展的关键因素，因此，企业的管理系统与企业文化是相辅相成、相得益彰的。经验表明，在企业规模尚小时，并不需要太复杂的管理系统，只要企业有积极向上的文化氛围，仍然可以快速地发展。在企业规模较大时，如果没有系统管理的手段，仅仅靠企业文化来维系员工的团结，就常常会因为管理的混乱而破坏企业的文化氛围。

2. 企业国际化进程的软实力保障

企业开拓国际市场本身就是一个较大的业务转型，因为海外市场的环境与国内市场环境有着巨大的区别。国际工程市场和项目的业主要求、政治经济环境、社会人文、法律法规等的不同决定了企业必须具备较强的实力，才能应付这些变化。

虽然本书内容大部分讲的是管理内容，但这里不容忽视的是企业文化建设，因为企业文化才是国际化进程的软实力保障。经营和管理国际市场与国内市场的共同点是企业经营和管理的原则、企业文化的保障原则都是不变的，只是针对不同的外部环境企业管理的模式与企业的文化特征需要改变而已。

3. 以开放包容的胸怀招揽天下人才

跨国经营的企业的最大特点就是要做到开放和包容，而通过上面的分析发现，这正是中国传统建筑企业缺乏的文化特征。试想，如果企业领导者在思想上就建造了一堵围墙，把外面的人才都已经拒之门外，那企业如何可能进行属地化和国际化的改造呢？

因此，中国建筑工程企业国际化进程的第一步是企业的领导者必须有开放包容地招揽天下英才的胸怀，把人才的品质和能力放在首位，而不是人才的出身。只有这样，企业的平台才能够对所有人才开放，企业的国际化进程也就有望了。

4. 开放包容的企业文化是企业国际化的必要条件

中国建筑企业经过了几十年的海外开拓，但目前仍没有一个企业能够达到欧美日韩企业的国际化程度，这不得不说是中国建筑企业国际化进程存在着严重的滞后。究其原因是，大部分建筑工程企业仍然不具备开放包容的企业文化，一堵无形的墙仍然无形地存在于很多企业中。

纵观发达国家建筑企业的国际化发展历史可以发现，开放包容的企业文化是企业国际化的必要条件，否则，中国建筑企业将还要在国际化发展的道路上走很远。

第 6 章

案例分析篇

6.1 沙特轻轨项目经验教训和分析

6.1.1 项目简介

1. 项目概况

为了缓解每年接近 300 万穆斯林朝圣给麦加带来的巨大交通压力，沙特阿拉伯政府决定修建麦加轻轨项目，项目起点位于麦加禁寺，经米纳、穆茨达里法赫，至终点阿拉法特站。正线全长 18.06 公里，环形折返线长 1.6 公里，其中高架线路长 13.36 公里，正线为双线，全线共设 9 座车站，其中高架站 7 座，另设车辆段、综合维修中心和控制中心各 1 座，房屋建筑面积约 15 万平方米。

项目经过国际招标程序以设计、采购、施工加三年运营（EPC+OM）的合同模式授予中国铁建负责项目实施，合同总价为 17.7 亿美元。项目工期分为两个阶段：建设阶段工期 22 个月，完成大部分的土建工程和系统安装工程，并确保在 2010 年 11 月的朝觐期达到 35% 的营运能力；第二阶段完成所有剩余土建工程，供应全部车辆，完成子系统调试以及运营准备，达到设计运能的 100%，高峰时的运输能力达 72000 人 / 小时。麦加轻轨项目是目前世界轨道交通建设史上，同类项目建设工期最短、客运能力最大的工程。

2. 项目结果

2010 年 10 月 25 日，上市公司中国铁建股份公司发布公告称，由于沙特轻轨项目管理问题，出现实际工程量比预计工程量大幅增加的原因，项目预计将发生 41.53 亿元人民币的巨额亏损。

根据中国铁建公告，按 2010 年 9 月 30 日的汇率折算，麦加轻轨项目合同预计总收入 120.7 亿元，由于工程量的增加，合同预计总成本 160.69 亿元，两者相差 39.39 亿元，加上财务费用 1.54 亿元，中国铁建预计该项目总亏损为 41.53 亿元。这则消息宣布之后，2010 年 10 月 26 日中国铁建复牌，A 股股价下跌至 7.59 元，H 股股价跌至 9.59 港元。

中国铁建表示尽管沙特轻轨项目亏损，并不会放弃与沙特阿拉伯政府未来的合作，更不会放慢国际化战略步伐。非洲和中东铁路市场目前规模小，但是，由区域性铁路建设带动的铁路基建市场潜力巨大，预计中东地区国家将在未来一段时间内投资 1000 亿美元发展本地区的铁路建设，必将迎来铁路建设的高潮。因此，中国铁建看好中东市场的潜力，如果麦加轻轨项目做得不好，失去信誉，就可能永远失去再进入中东市场的可能。如果麦加轻轨项目完成的好，中国铁建就可以借此敲开沙特和中东市场的大门。

6.1.2　项目中标过程

2008 年 6 月，沙特阿拉伯政府与中国政府签署《关于加强基础设施建设领域合作协定》，其中规定 31 家中国总承包商可以不用成立本地公司就可以参与当地基础设施项目的投标，中国铁建是其中的一家公司。

麦加轻轨项目在第一次招标过程中，沙特阿拉伯当地的承包商的报价较高，例如当地最大的承包商本·拉登公司的报价高达 27 亿美元。沙特阿拉伯业主为了增加项目的竞争发函给中国商务部，请求中国派出一支优秀的铁路建设企业参与项目的竞标，商务部决定推荐中国铁建参与本项目的投标。

2008 年 11 月下旬，中国铁建派出了由主管海外副总裁挂帅的项目考察团赴沙特阿拉伯考察麦加轻轨项目。在此期间，考察团拜访了中国驻沙特阿拉伯大使，并随大使拜会了沙特阿拉伯城乡事务部副部长。

麦加轻轨项目采用工程总承包合同模式，即国际比较通用的 EPC 项目模式。这种合同模式的特点是业主仅仅提供功能需求或概念设计，承包商需要完成初步设计和施工图设计。因此，对于工程总承包（EPC）项目，在投标报价时，承包商即需要完成项目初步设计，并由设计人员紧密配合投标报价人员进行工程量测算，以便比较准确地进行成本测算和组价工作。这种模式与中国传统的施工总承包模式不同，业主把项目的绝大部分风险都转嫁给了承包商，因此，对承包商的能力要求很高。

中国铁建最初报价是 22 亿美元。根据内部人士称，中国铁建在测算沙特轻轨项目成本时可能是根据国内广州轻轨的成本为依据，粗略估计了工程量，就得出来沙特轻轨项目的成本数据，并没有进行设计的深化。此后，沙特阿拉伯业主与中国铁建进行了议标，经过多轮谈判，最终合同金额确定为 17.7 亿美元，约合 66.5 亿沙特阿拉伯里亚尔，按照 2010 年 9 月 30 日汇率，约合 120.7 亿元人民币。根据中国铁建的成本测算，项目预计盈利 8%～10% 之间。这一价格比本·拉登集团的价格整整低了 10 亿美元。当时沙特阿拉伯舆论也是议论纷纷，不少人担心中国铁建的真正实力，沙特阿拉伯国王阿卜杜拉力排众议，支持中国铁建，并指定城乡事务部长曼苏尔亲王作为项目的总协调人。

麦加轻轨项目是两国签署《关于加强基础设施建设领域合作协定》之后的首个合作项目。2009 年 2 月 10 日在沙特阿拉伯首都利雅得，举行了隆重的项目签约仪式，中国铁建总裁与沙特阿拉伯城乡事务部部长兼麦加地区发展委员会主席签署了协议。正在沙特阿拉伯进行国事访问的时任国家主席胡锦涛和沙特阿拉伯国王阿卜杜拉出席了合同签约仪式，胡锦涛主席嘱咐中国铁建总裁一定要把这个项目做好。

6.1.3　项目实施

1. 项目设计

麦加轻轨项目采用的合同模式是"EPC+OM"工程总承包模式，在这种合同模式下，总承包商要对项目的设计、采购、施工以及运营全面负责。业主在合同中对设计资质要求甚高，并设定了严格的限定条件，全世界范围内可供选择的设计院非常少，基本相当于指定分包了。

根据业主限定的条件，中国铁建选定的中铁第一勘察设计院根本无缘中标，只能由一家法国公司中标。按照中国铁建的安排，中铁第一勘察设计院负责项目的技术管理、技术协调、补充优化设计、施工配合等工作。

工程总承包（EPC）模式的特点是承包商承担较大的工程风险，但通过承包商一体化的设计、设备选型和施工方案优化可以为承包商创造较高的利润。在国际承包工程中，设计工程师可以指定采购产品名录。由于麦加轻轨项目的设计分包商是法国设计公司，当然他们就倾向于选择欧美的材料设备供应商。由于中国铁建不能使用自己能够控制的设计分包商，这就可能造成项目成本失控，或无法准确估算成本和工程量的增加。

根据国际工程总承包的规则，承包商的设计文件都需要经过业主雇佣的咨询公司的审批后方可交付施工，而且每项设计都需要附带详细准确的设计计算说明书，有时一页图纸的设计计算说明书就有一本书的厚度，工作量大的惊人。例如，负责桥梁设计咨询的是英国阿特金斯公司，它是欧洲最大的设计和工程咨询机构。有的时候，一批设计文件提交后，咨询公司便提出多达数十条的质疑意见。这样，麦加轻轨项目开工后不久，设计进度就出现了滞后。

2. 采购问题

由于法国设计公司指定的材料设备供应商大多来自欧美国家，麦加轻轨项目出现了国际知名的西门子、泰雷兹、西屋、阿特金斯等分包商。由于来自多个国家，因此项目的设计、采购和施工等方面的技术协调工作量非常大。由于设计和采购滞后给项目造成的工期延误是非常巨大的。

3. 施工问题

虽然中铁建十八局已经在沙特从事项目施工多年，对沙特的情况也算比较了解，但在麦加轻轨项目上还是遇到了新的难题，主要原因是本项目所在地为伊斯兰教圣地麦加。以前在中铁建十八局的沙特项目上都可以使用中国劳工，然而，麦加轻轨项目却不是任何工人都可以使用的。由于麦加轻轨项目有一段要在麦加城内施工，这里是伊斯兰教的圣地，对于非穆斯林是关闭的，业主要求必须是穆斯林才能进入麦加城内施工。中铁建在沙特当地根本找不到穆斯林劳工，只能委托劳务公司在青海、宁夏和甘肃等地找来上千名穆斯林劳工送到麦加城内。

如何在圣地麦加管理这些穆斯林劳工也是一个很困难的问题。这些穆斯林劳工刚刚来到异国他乡，人生地不熟，之前也没有参与过海外项目施工，对沙特阿拉伯的恶劣施工环境也不了解，因此，出现了大量的劳资纠纷。

业主征地拆迁的延误也是影响施工工期的一个重要因素。尽管项目有沙特阿拉伯阿卜杜拉国王的支持，然后麦加轻轨项目沿线的各个地方政府出于自身经济利益考虑，并非一路绿灯积极配合拆迁。再加上沙特阿拉伯工作节奏很慢，很多商议好的事情也迟迟不见推进。

由于麦加是穆斯林圣地，中国铁建尤其要小心翼翼地尊重伊斯兰教的宗教习俗。麦加轻轨项目的合同工期中，先后经历了两个斋月和一次朝觐，还要面对穆斯林员工每日的五次祷告，这些都会影响施工进度。2009 年 11 月的朝觐前，中铁建制定了周密的计划和应急预案，把教育和严管相结合，使劳务队伍管理处于可控状态。特别是在对待穆斯林劳工朝觐问题上经多次研究，决定变"封堵"为"疏导"，想方设法为参加施工的穆斯林劳工办理朝觐手续，满足他们的夙愿。

6.1.4 面临困境

1. 标准差异

据悉，麦加轻轨项目最初中标方为法国、德国、英国等欧洲公司，这些公司将项目线路的基础部分设计完成后发现线路无法继续施工，他们宣布退出后沙特政府才联系中国政府推荐中国企业。因此，基于项目原来的设计，沙特政府要求土建工程执行美国标准，系统工程执行欧洲标准，完全有悖于之前双方签订的"概念设计方案"。

麦加轻轨项目的咨询公司是由世界顶级的英国达汗德森公司和德国德铁国际组成的联合体。从麦加轻轨项目一开始，咨询公司对中国铁建是否具备实施能力就持怀疑态度，最初的合作过程几乎是在挑剔中度过的。咨询公司要求中国铁建接受欧美双标准可追溯性的全过程系统安全认证，这在中国企业尚属首例。

这样的系统安全认证要求项目建设的施工过程，全部的设备、材料、产品、配件，甚至到每个螺丝钉都要按照欧美两个标准进行安全检验，并进行全过程追溯。

2. 设计困局

在工程总承包（EPC）项目中，设计是整个项目的灵魂和命脉，由于沙特轻轨项目选择的法国设计院承担全部设计，中国铁建对于项目的设计管理就异常艰难。往往由于设计标准的问题和对设计范围的理解问题造成较长的时间延误和费用索赔。

设计优化也是麦加轻轨项目的一大难题，法国设计公司认为进行设计优化需要中国铁建支付额外的"变更设计费"，否则就不会进行优化设计。这给中国铁建设计管理造成了巨大的沟通困难。常常在无奈之下，只能选择国内设计院单独进行设计优化工作。

3. 合同冲突

工程总承包（EPC）模式下，业主根据合同仅仅提出功能需求或概念设计，承包商签订合同后，根据业主的概念设计和功能需求进行深化设计，由咨询公司审批后方能实施。但是，随着项目的进展，双方在项目功能需求方面的理解差异逐步显现出来，导致设计工作很难进行下去。

例如，合同约定麦加轻轨项目在 2010 年 11 月 13 日开通运营，要达到 35% 运能；2011 年 5 月完成所有调试，达到 100% 的运能。在这一点上，中国铁建理解的开通 35% 的运能，是指在车站建设方面只需要开通四个车站就可以满足业主要求；但业主却要求项目的九个车站在 2010 年 11 月 13 日全部开通。还有，麦加轻轨沿线 9 个车站在环境温度、消防安全等级、旅客疏散能力等方面的要求与中国铁建的理解都相差甚远。为了适应高温和风沙等特殊的气候环境，项目所建设的车辆段除了功能现代化，要求各建筑物、维修库房全部密闭防尘，并使用特殊的沙漠空调系统。在项目投标时中国铁建按照北京的常规室外温度 38 摄氏度进行了空调设计，而在麦加夏季温度高达 50 摄氏度左右。根据一般习惯，中国铁建原来在车站没有考虑自动扶梯，但业主认为自动扶梯是必须的设备。另外，双方还在土建桥梁跨越道路形式、结构形式、车站面积、设备参数、功能需求等方面存在较多的理解上的差异。

4. 工期压力

项目面临的设计困局、合同冲突、采购受阻、圣地难题等原因已经给项目工期造成了巨大的压力。在这样的情况下，对于合同理解的冲突问题中国铁建要么接受业主的理解和要求，对设计进行修改，工程量和成本会大幅增加；要么中国铁建不接受业主要求，项目工期就无法得到保障。面临着工期的压力，中国铁建为了企业的声誉采取了前一种做法，不得不接受业主的理解和要求，对设计进行修改。其中仅土石方就由原来的 200 万立方米增加到 520 多万立方米，这一项成本就增加了 4 亿～ 5 亿元。

为了确保工期，中国铁建只能牺牲成本来保进度，无论是面对设计修改、欧美采购、施工人员受阻等难题，都采取了不惜一切代价保工期的措施。这无疑就会造成项目成本的失控，最终导致项目的大量亏损。

5. 政治影响

本项目是中国与沙特政府签署《关于加强基础设施建设领域合作协定》后的第一个项目，政治意义较大。另外，项目签约得到中国时任国家主席胡锦涛和沙特国王的共同见证，中国商务部对项目进展格外关注。

在项目进度受挫时，沙特政府专门致函中国政府，对沙特轻轨项目的按期完工提升到两国合作的战略层面。为此，中国政府责成国家商务部和铁道部成立专门领导小组对项目进行督导。

在这样的背景下，中国铁建作为中央骨干建筑企业只得首先确保政治影响和国家荣誉，在项目管理上就会违背合同管理原则，采取了大量的以成本保工期的措施，也因此丧失了很多的索赔依据和机会。

6.1.5 集团会战

1. 艰难抉择

面对着政治影响、国际信誉、艰难处境、工期压力，中国铁建总裁亲自对麦加轻轨项目视察后，概括为四句话："特点突出，初见成效，形势严峻，背水一战。"他强调，麦加轻轨项目建设犹如逆水行舟，不进则退，团结一切可以团结的力量，调动一切积极因素，背水一战，决战决胜。

中国铁建在衡量了各个方面的因素后，作出了上述的艰难的决策。这个决策对于能够按时完成项目至关重要，也将对中国铁建乃至中国建筑企业产生深远的影响。

2. 领导挂帅

2010 年春节期间，中铁建董事长飞赴沙特阿拉伯考察项目进展。在麦加阿拉法特山下，他详细询问了车站及车辆段、综合维修中心和控制中心的进度。他表示虽然突破了一些难点和重点工程，但剩余工程量仍然巨大，还有一些难点和重点工程尚未突破，艰巨的任务还在后面。他要求项目公司要确保 2010 年 3 月 31 日线下主体工程完工，保证麦加轻轨在 2010 年朝觐前按期开通。

根据中国铁建决策，在三次到麦加轻轨项目现场办公后，2010 年 5 月，中国铁建总裁挂帅亲征，坐镇指挥，调动全集团力量展开会战。他指出，项目工期仅剩 6 个月时间，全体参建员工务必坚定信心、背水一战、决战决胜、誓保工期，全力以赴组织强有力的突击，"集中优势兵力打歼灭战"，为中国企业创荣誉，为伟大祖国争光。

3. 多方支援

为加强大会战的统一组织协调，中国铁建还分别组建了企业最高级别的现场指挥部和两个工作组。在前方成立麦加轻轨项目指挥部，由中国铁建总裁负责；国内成立后方保障组，由中国铁建董事长负责，集团各个部门通力合作，昼夜加班，办理护照和签证等各种手续。麦加轻轨项目工作组在集团副总裁的领导下，随时解决施工难题。

麦加轻轨项目指挥部在铁道部专家组、督导组的指导下，对所有工程进行详细梳理，制定了"分步实施、突出重点、整体推进"的三大战略方案。迅速调集了中土集团、中铁十一局、中铁十二局、中铁十三局、中铁十四局、中铁十五局、中铁十六局、中铁十七局、中铁十八局、中铁十九局、中铁二十局、中铁二十二局、中铁第一勘察设计院、中铁建设集团、中铁建电气化集团、中铁建物资集团、中铁轨道系统集团、昆明中铁集团等 18 家单位集中参加麦加会战。另外，铁道部还协调中国北车长春轨道客车公司、中国铁路通信信号公司、北京铁路局等单位参加麦加会战。

4. 技术攻关

由于法国设计院对于优化设计的要价很高，常常使得中国铁建无法接受。例如，在麦加轻轨项目位于线路起点 2000 米处的国王门立交桥，法国设计公司在原设计中采用了 30 米简支梁横跨通往国王行宫的高速公路。但是，业主认为这一设计将影响到下方高速公路的畅通，而且与国王行宫周边景观不协调，要求承包商进行优化设计。而法国设计院需要半年时间，并增加 12 万欧元费用。中国铁建面对法国设计院的刁难，决定利用企业内部的中铁第一勘察设计院来突破技术难关，铁一院仔细研究了法国设计院的设计方案后，承诺 15 天提交基础施工图，25 天完成全部变更设计图纸。

在经得法国设计院的同意后，铁一院立即组织技术力量展开设计攻坚，提出用 50 米＋ 70 米＋ 50 米大跨度曲线连续梁替代原 30 米简支梁的设计方案。方案得到业主认可后，设计人员连续工作 10 余天，完成了相关施工图文件，满足了现场施工要求。

5. 全速抢工

在中国铁建总公司的全力领导和协调下，公司动用了几乎所有可以调动的力量进行全速赶工。麦加轻轨项目指挥部对制约工期的加马拉车站土石方工程等五个关键点进行了详细的部署，制定了冲刺阶段的周密计划，锁定节点工期目标，按照平行作业的原则，开展流水施工，空间占满，时间用足，全面铺开，整体推进。中国铁建内部的 18 个参建单位高度协调统一，加上各分包商、咨询团队、外籍劳务等，高峰期有来自 26 个国家的大量施工人员。麦加轻轨项目指挥部精心挑选搭配会战队伍，由综合施工能力很强的单位担当各个车站的主体施工任务；由机动能力强、专业全面的单位承担关键冲锋活动，支援关键工程。

麦加轻轨项目有相当一部分任务是由沙特当地或其他外国分包商承担，由于文化习惯差异和对项目工期紧迫的认识程度不足等原因，分包商的施工进度始终制约着整个项目的施工进度。由于国家、民族、文化、宗教的不同给项目施工组织增加大量的沟通和协调的困难。麦加轻轨项目指挥部面对僵局、正视现状，对尚有生产能力的分包商积极安排技术人员进行督促，力争提前或按时交货；对劳动力资源遇到困难的分包商，则在履行合同的前提下派出施工人员协助施工；对部分重点和关键分包商则通过商谈签署战略合作协议的方式，建立长期合作关系，促使其优先满足该项目的施工需要。通过各种各样的赶工措施，逐渐赢得了分包商和供应商的理解和支持，为按时竣工奠定了基础。

2010 年 6 月 15 日，中国铁建在麦加轻轨项目的车辆段工地，举行了麦加轻轨项目首列列车落地揭幕仪式。2010 年 10 月 5 日，沙特城乡事务部部长、副部长以及麦加市长等政要在中国铁建总裁的陪同下，来到即将开通的麦加轻轨项目工地，试乘了麦加轻轨。他们登上中国制造的轻轨列车，自阿拉法特 1 车站到加马拉车站，全程运行约 10 公里，用时 15 分钟。沙特城乡部长对麦加轻轨连连称赞，对中国铁建付出的巨大努力表示衷心感谢。

6.1.6 项目问题分析

1. 集团战略

战略是引领企业发展方向和指导各项工作开展的纲领性文件,是企业发展的风向标,但必须得有战术措施的具体保障才能落地。中国铁建作为中国大型国有建筑工程企业,无论是响应国家号召"走出去"或是提升中国企业的国际竞争力等方面都有着不可推卸的责任和义务。因此,中国铁建在成立之初即积极地开拓国际市场,参与国际竞争,尤其为非洲地区的基础设施建设作出了巨大的贡献。

中国铁建在跨入 21 世纪后,更加大拓展了企业国际业务范围,从传统的非洲市场走向了中东、南美、东南亚、中亚等区域市场,积极开展经营活动并参与市场竞争。中国铁建对于中东市场的战略布局格外重视,先后在沙特等中东国家承揽到了部分基础设施项目,也对石油催生出的中东建筑市场垂涎已久。在沙特政府主动邀请中国铁建参与轻轨项目竞标时,对于中国铁建来说简直是天赐良机,也是做大做强中东市场的绝佳机会。

然而,中国铁建在重视战略布局的同时,恰恰忽略了战术的配合。众所周知,一流的战略加上三流的执行往往会成为灾难。中国铁建在对中东建筑市场尚缺乏足够了解的情况下,匆匆上马如此高难度的项目必定产生大量的管理不适和问题的发生。因此,本项目出现的各种问题并不能说是因为中国铁建战略上存在较大失误所导致,而正是对战略的执行和落地存在的不足而造成。

2. 市场调研

市场调研是开拓国际市场必经的步骤之一,其主要目的是通过详尽地调查和研究来分析市场的可持续性,对市场上的习惯做法和各种风险作出分析,并准备好应对方案。国际工程市场属于劳动密集型行业,牵涉方方面面的利益相关方,其在实施过程中的风险更是远远多于其他行业,因此,前期对市场的理解和预判更显得重要。

中国铁建虽然有过在沙特阿拉伯的工程经验,但在施项目的规模和复杂程度与沙特轻轨项目不可同日而语。出于中国企业的管理习惯,中国铁建即便在沙特形成了一些零星的经验，也没有编制出详细的市场研究资料作为后续项目的参考。这就造成了沙特轻轨项目的承接相当于在一个毫无经验的市场一样，没有参考的依据和属地化的决策。这样的案例在中国建筑企业"走出去"过程中更是不胜枚举。

3. 投标决策

项目投标过程是企业要投入大量人力物力，针对业主的要求和意图，通过仔细的方案比选和成本测算向业主提交投标建议书的过程。这个过程对于企业来讲，是投入相对较少，但对后期收益影响最大的过程。投标过程付出的努力越大，项目后期就会越主动，付出的努力越少，项目后期风险就越层出不穷。

中国铁建在接到参与项目投标通知后，利用了很短的时间就完成了价格测算。从这个现象可以看出，企业并没有组织专业投标团队，在合理时间内去认真完成项目方案比选和成本测算工作。据了解，中国铁建投标团队是利用国内某项目的数据进行的类比估算，过程中对项目的设计方案、材料设备选择、施工技术方案等内容并没有仔细研究。例如，投标时对空调系统的考虑是按照室外温度 38 摄氏度考虑，而沙特最高温度可以到 50 摄氏度的现实情况并没有被投标人员所了解。

由此可见，沙特轻轨项目匆匆忙忙的投标决策是后期项目出现问题的根源。

4. 项目策划

俗话说：磨刀不误砍柴工，项目策划在项目管理中的作用也是至关重要的。项目策划的过程等于是进行项目预演的过程，项目团队通过对项目实施过程的认真策划可以把项目将遇到的问题和困难识别出来，并筹划出相应的应对方案。由于在这个阶段项目还没有进行实质性的投入，所以发现问题和解决问题的代价是最低的。这个过程付出努力的大小对后期项目实施的效果会产生直接影响，潦草的计划必将造成实施过程的忙乱，严谨的计划将让团队有章可循、有条不紊。同时，项目策划过程也是对项目投标文件的进一步优化，是项目信息顺畅流动的一个关键步骤。因此，忽视策划过程的项目往往会有不太满意的项目结果。

实践表明，中国建筑企业对项目的策划过程相对简化，甚至会忽略这个过程。沙特轻轨项目是后门关死的项目，因此中国铁建项目团队在时间紧迫的情况下，并没有看到对项目进行认真策划的迹象。由于项目团队对招投标文件比较陌生，所以在项目实施前期就造成了很被动的局面，常常受阻、处处受挫，这样的局面不但让项目团队士气低沉，也在前期耽误了大量宝贵的时间，因而造成后期大规模的工程赶工和项目成本的大幅度超支。

5. 项目组织

有效的组织是项目成功实施的保障。在大型国际工程项目中，由于工程内容庞杂，牵涉的利益相关方往往众多，因此，项目组织的难度远远大于国内大型项目。项目组织中各个相关方的利益冲突会给项目组织本身造成大量的困难和问题，这常常会成为制约项目顺利推进的主要障碍。

沙特轻轨项目属于高难度的国际大型工程项目，其中涉及的业主、监理、设计、供应商、分包商等单位大多来自西方国家，因语言和文化障碍而造成的组织难度就可想而知，再加上中国企业在大型国际项目管理中经验的缺乏，本项目的组织产生的问题和大量的冲突给项目带来的延误就可见一斑了。

中国铁建在进行沙特轻轨项目的组织建设时，采用的更多的是按照国内大型基建项目的组织方式，使用的管理流程和方法也是从国内项目照搬过去，因此，这样就非常不利于国外设计院和分供商的理解和配合。通常，国内大型项目会利用设置指挥部的形式来调动资源，进行项目协调，而在国际工程项目中，往往会由于指挥部与项目部之间的多头管理而产生更多内部冲突。

6. 工程实施

工程总承包（EPC）项目包括设计、采购和施工三个主要方面，其中设计是龙头，采购是关键，施工是目的。抓住了项目的设计和采购，项目就等于成功了一半以上，而忽略了设计和采购，项目就没有成功的可能。国际大型工程总承包商一般都有较强的设计管理能力和国际采购组织能力，甚至企业本身就有很强的设计能力，这对于 EPC 项目成功实施是非常关键的。

工程总承包商与施工总承包商的本质区别就是前者对项目设计、采购和施工的全过程管理能力远远高于后者，他们对于项目的进度和成本也需要具备超强的控制能力。

中国铁建从企业性质上来说，属于施工总承包商，企业对于工程总承包（EPC）项目的管理和实施缺乏经验积累和人才储备。由于对于工程总承包项目的理解不足，沙特轻轨项目指挥部简单地认为EPC项目就是E＋P＋C项目了，因此，从项目开始，就对项目设计的控制不够重视，随着项目的进展，对法国设计院的控制也就更加困难了。施工总承包企业承揽总承包项目很容易犯的一个毛病就是，过于重视项目的施工，而认为设计是设计院的事情，跟自己没有什么关系。由于这种思想认识，项目组织内部设计与施工部门之间的冲突常常是造成项目进展缓慢的主要原因。

7. 政治挂帅

承揽国际工程项目属于商业行为，商业行为需要按照商业规则去执行，如果把商业行为与政治联系起来，就往往导致很难解决的难题。西方国家的建筑企业在承揽国际工程项目时，基本都是按照国际商业规则进行投议标，然后按照双方签订的合同执行项目。无论业主是某国政府或大型财团，项目的本质仍然是以合同为契约的双方利益的结合，并不应当把政府项目与国家政治联系起来。

沙特轻轨项目签约虽然有两国领导人的见证，但也不应把项目与两国外交和国际政治联系起来。沙特政府通过向中国政府致函给中国企业施压的做法已经在情理之外，中国铁建作为国有企业自然在压力之下唯有采取不计成本的办法来力保工期。在多个政府工作组和督导组亲临现场的情况下，中国铁建也不得不政治挂帅，把一切与业主的合同争议都搁置一边，利用集团会战，不惜一切商业代价，保证了项目的按时交付。

8. 项目管理

由于中国建筑企业长期受国内项目管理实践的影响，项目管理的办法和流程与国际通用的项目管理体系差距较大。因此，中国建筑企业在走向国际市场的过程中常常面临着管理体系与国际不接轨的困惑，这也成为中外员工沟通困难的主要原因。

中国铁建在管理沙特轻轨项目时，无疑采用的也是国内大型工程项目的管理方法，甚至从项目的组织模式、人员配备、管理程序等方面与国内项目保持一致，这对于一个国际大型工程项目来讲，中外人士的沟通障碍就足以让项目进展困难重重。

沙特轻轨项目的系统复杂，功能要求极高，施工环境恶劣，即便在国内全部使用中国材料设备和中国工人也是一个难度很大的工程。而在项目进展的高峰期，据说有 26 个国家的人员在参与本项目的实施，对于这样近似联合国一样的项目团队，在没有形成统一的项目管理体系的情况下，其管理、沟通、协调的困难就可想而知了。

6.1.7 案例启示

1. 追根溯源

从沙特轻轨项目的案例可以分析出很多的问题，相信中国铁建在进行项目经验教训总结时也形成了厚厚的文件，但不知本项目的管理者和参与者们是否认真思考和研讨过出现问题的根源。在实际管理中，常常是人人都会提问题，但并不是人人都有问题的解决办法，这样造成的结果是，提出过的问题仍然接着出，经验教训一遍遍总结。

项目总结的目的是归纳以前成功的经验和失败的教训，为以后的项目提供参考和借鉴，但如果项目总结长篇累牍地提出的仅仅是表面现象，那不但无助于本质问题的解决，甚至造成恶性循环。沙特轻轨项目虽然看起来有各个方面的问题，但追根溯源，其根本性问题还是中国企业的项目管理系统性问题。虽然企业领导层会把责任推到项目经理或者其他人员身上，但如果不解决管理系统性问题，换任何一个项目经理都会有类似的结果。

2. 系统管理

系统管理解决的是系统问题，其主要特点是系统本身具有自我修复功能。通过上述案例的分析可以看出，沙特轻轨项目无论从前期到后期，都缺乏信息的顺畅流动，基本处于杂乱无章的处处救火状态，这足以证明中国铁建沙特轻轨项目部的管理缺乏系统性。

管理缺乏系统性导致的直接结果就是信息错误或丢失严重，管理混乱和问题层出不穷，这样的管理必然不会有很好的项目结果。因此，作为项目经理的首要职责就是要保证项目的管理是有严密的系统来保障信息的流动，这也应该是项目经理最重要的职责。在管理实践中，很多项目经理恰恰焦头烂额于处理日常事务和问题，忽略了项目管理的系统建设，这样的管理者无疑不会有好的项目结果。

3. 商业与政治

商业行为本身需要按照商业规则执行，沙特轻轨项目为中国政府和企业敲了个警钟，如果把政治与商业联系起来可能就会陷入别国政府的圈套。

中国企业需要在国际商业规则方面下功夫，充分了解国际通行的惯例和实践方法，应尽量不要把企业的商业活动与国家政治活动联系起来。这样才能保证企业能够按照国际规则争取到自己合法的权益。

4. 策划重要性

国际项目管理的实践方法更加注重项目计划的重要性，其理论依据是项目策划花费的时间和努力越多，后期项目实施就会更加顺利，最终的项目结果也会更好。

中国建筑企业在多年的项目管理实践中，对项目策划重视程度严重不足，因此，项目实施过程中的风险就会不时发生，处处救火的项目经理也就普遍存在。

通过上述案例分析，可以看出项目策划程度不够也是项目后期实施杂乱无章的主要原因之一。中国建筑企业应高度重视项目策划，尤其对于国际工程项目更应加大项目策划的力度，这样会大大减少项目管理的盲目性，也会大大降低项目存在的风险。

5. 标本兼治

提升管理水平的努力一直是企业永恒的话题，但如果仅仅关注于解决表面现象而忽略问题的本质，就必然导致治标不治本的情况发生。项目问题的出现亦是如此，没有项目管理的系统性必然导致项目管理混乱，问题重复发生。

中国建筑企业应大力加强项目管理的系统建设，从根本上杜绝项目管理的系统性问题，不应仅仅把希望寄托在优秀的项目经理身上，只有这样才能做到标本兼治，保证企业的可持续健康发展。

6.2 澳洲铁矿项目经验教训和分析

6.2.1 项目简介

1. 项目背景

随着中国经济的发展，中国的钢铁产量自 1996 年起成为世界第一。由于钢铁行业产能不断增加，中国铁矿石进口量也在迅猛增长，中国对外的铁矿石依存度居高不下，即使在经济不景气的 2008 年也达到了 49.5%。据资料统计，2004 年中国铁矿石进口 2.08 亿吨，5 年之后的 2009 年就达到了 6.28 亿吨，增长了 2 倍多。在这种情况下，世界三大铁矿石供应商——巴西多淡水河谷、澳大利亚的力拓和必和必拓占据了价格谈判的主导地位。

为了解决铁矿石资源的困境，投资海外铁矿石资源是一条可行的解决办法。日本钢铁企业从 20 世纪 60 年代就开始投资海外铁矿石资源，日本钢铁企业拥有的海外权益矿石已经占到进口比例的 60% 以上。因此，中国钢铁企业认识到了投资海外铁矿石的重要性，纷纷走出国门去寻找铁矿石资源。

中信泰富集团的时任董事局主席荣智健也意识到这个问题，为了不被别人在铁矿石上卡住了脖子，于 2006 年斥资 4.15 亿美元，分两次向澳大利亚 Mineralogy 公司购买了西澳大利亚州普雷斯顿磁铁矿 20 亿吨资源大约 25 年的开采权，并有权再获得 40 亿吨资源量的开采权，预计建成后的年产量约为 2400 万吨铁矿石。

2. 项目环境

西澳大利亚州位于澳大利亚西部，濒临印度洋，面积相当于整个西欧，占全国总面积的 1/3，是澳大利亚最大的一个州，而人口只有 200 多万人，仅占澳大利亚人口的 1/20，可谓地广人稀。西澳大利亚州的首府是珀斯。

西澳大利亚气候干燥，大部分地区是低高原，分布有三大沙漠区，只有西南角沿海地区有河流经过，大部分地区土壤贫瘠。距离首府珀斯向北1300千米，大约两个小时航程的皮尔巴拉有四个法国那么大，是世界上最干燥的地区之一，到处是光秃秃的红土丘陵，只能生长一些灌木。但是，1952年发现的富含高品位的铁矿改变了一切，这片红土地被探明大约蕴藏着240亿吨铁矿石。

现在，世界上大约1/3吨出口铁矿石来自皮尔巴拉，世界两大矿产巨头必和必拓公司和力拓集团瓜分了绝大部分的铁矿石资源。必和必拓在这里建有世界上最大的单体露天铁矿，开采的方法相对简单，只要炸开矿层之后，用装载机把铁矿石运到碎石机中。皮尔巴拉出产的铁矿石超过一半都出口到了快速发展的中国，而且铁矿石的价格连年上涨，使得采矿业这样一个夕阳产业成为利润丰厚的行业，西澳大利亚也成为澳大利亚最富裕的一个州。

和不断扩大规模的必和必拓和力拓公司不同，帕尔默成立的Mineralogy公司规模很小，只有十余名员工。他在1985年进入了皮尔巴拉的铁矿石业，从一家美国公司接手了卡拉沙镇附近一大片未开采的土地，买下了这片土地的开采权。

帕尔默一直在耐心地寻找合作伙伴转让开采权，对外宣称他的土地拥有超过1600亿吨铁矿石储量。但是，由于这些铁矿石是含铁量仅为30%左右的磁铁矿，在铁矿石价格猛涨之前，帕尔默公司一直无人问津。20年后，帕尔默终于等来了急需铁矿石资源的中信泰富。

3. 项目概况

中澳铁矿项目是一个项目群，是从采矿区开采磁铁矿石、建设开采及加工设施和基建设施，并利用这些设施将磁铁矿石加工成产品。

具体的项目主要包括磁铁矿开发及产品深加工、建设年产规模1200万吨的磁铁矿选矿厂（设计6条生产线）、年产规模600万吨球团厂、相应的采矿工程、选矿设施、45万千瓦的燃气发电厂、日处理量14万吨海水淡化厂、30千米的矿浆及淡水输送管道、年吞吐量为4000万吨的港口、临时营地、施工营地等相应配套工程。

从总体规模上看，中澳铁矿项目澳大利亚第一个大型磁铁矿项目，也是皮尔巴拉地区在建规模位于第二的项目。

　　简要地说，中澳铁矿项目具有的主要特点是环境新、规模大、范围广、技术难度大。

4. 项目相关方

　　中信泰富是项目投资方。中信泰富为了经营管理中澳铁矿项目，在澳大利亚成立了中信泰富矿业公司。

　　澳大利亚 Mineralogy 有限公司，项目开采权的转让方。该公司的控制人就是帕尔默。

　　中国中冶是中澳铁矿项目的 EPC 工程总承包商。中冶为了经营和管理中澳铁矿项目，在澳大利亚成立了中冶西澳矿业公司。

　　中信泰富与中冶在 2007 年签订了中澳铁矿项目的工程总承包合同，由中冶负责设计、施工、安装及试运行中澳铁矿项目采矿区的基建设施，此后双方又签订了若干补充协议。中冶下属的中冶北方工程有限公司、中国二十冶集团有限公司、中国二十二冶集团有限公司等几家企业参与了中澳铁矿项目。

　　中信集团是中信泰富的母公司。它是一家金融与实业并举的大型综合性跨国企业集团，主要业务集中在金融、房地产与基础设施、工程承包、资源与能源、制造业、信息产业和其他服务业领域。在中澳铁矿项目建设过程中，因为澳元衍生品交易巨亏 155 亿港元事件，2009 年 4 月 8 日荣智健辞去中信泰富董事局主席职务。其母公司中信集团不得不伸出援手，不但向中信泰富注入了大量资金，而且由中信集团董事长兼任中信泰富的董事局主席。

　　国家开发银行是中澳铁矿项目的主要贷款银行。由国家开发银行为主的银团向中澳铁矿项目提供了 50 亿美元的贷款。

　　其他相关承包商，海水淡化厂的承包商是以色列 IDF 海水淡化技术有限公司；磨机承包商是中信重工机械股份有限公司；取料机的承包商是德国蒂森克虏伯公司；发电厂的承包商是德国西门子公司；破碎机的承包商是德国蒂森克虏伯公司；脱水厂的承包商是芬兰美卓公司。

5. 项目结果

　　由于中澳铁矿项目进展不利，导致其投资方——中信泰富董事局主席荣智健于 2009 年 4 月 8 日黯然辞职，中信泰富母公司——中国中信集团不得不出手挽救。同时这个项目也使得其总承包商——中国中冶集团在 2012 年业绩预报中披露该项目预计 31 亿人民币的巨额亏损，随后中冶集团被国务院国资重组到五矿集团。

2013 年 12 月 21 日上午，满载中澳铁矿 4 万吨铁精粉的货轮，从南半球的澳大利亚出发，历时 11 天时间，成功靠泊中信泰富特钢集团扬州泰富港务码头。中信泰富在码头组织了中信泰富矿业首船靠港起卸仪式，中信集团董事长与江苏扬州市副市长、江都区委书记等出席。中信集团董事长表示：至此接通了中信泰富特钢项目生产营运等所有链条。

在项目建成这样一个时刻，中信泰富的领导层却难言喜悦。与原计划相比，中澳铁矿项目的现实情况非常严峻。

投资大大突破，原计划投资 42 亿美元，截至 2012 年年底，实际总投资已到达 91 亿美元，其中建设费用为 68 亿美元。高盛公司曾在一份报告中预计该项目总投资将达到 110 亿美元，较最初计划超出 2 倍多。

工期严重延误，原计划 3 年时间，实际延迟到了 7 年时间。

产能严重缩水，原计划建成 6 条生产线，实际仅仅完成了 2 条生产线。

更为不利的是，自从 2012 年开始，全球铁矿石市场开始进入了下行期，铁矿石的价格跌到 90 美元 / 吨左右，而高盛公司测算中澳铁矿的总成本为 115～127 美元 / 吨。在这样的市场环境下，中澳铁矿项目的盈利前景就变得异常渺茫。

2014 年 8 月 19 日，澳大利亚国会议员克莱夫·帕尔默在澳大利亚广播公司的一档节目中，指责中国企图抢占澳大利亚港口来盗取自然资源，并声称"不介意与中国杂种硬碰硬"。他的辱华言论引起轩然大波，受到各界的抨击，最后不得不正式道歉。而帕尔默正是因为与中信泰富的合作一度成为澳大利亚首富，中信泰富于 2006 年以 4.16 亿美元从他手中买下了中澳铁矿的开采权。

2015 年 3 月 24 日，中信股份公司年报确认，随着大宗商品价格暴跌，已对在澳合资企业——中澳铁矿进行了 25 亿美元的减值储备金，包括 17 亿美元无形资产减值和 7.94 亿美元的房地产和设备减值。根据外界测算，中澳铁矿的盈亏平衡点为 70 美元 / 吨，高于铁矿石现价 55 美元 / 吨，而必和必拓和力拓等铁矿石巨头，其保本价格低于 40 美元 / 吨。因此，中澳铁矿每生产 1 吨就给中信股份带来 10 美元的现金损失。

6.2.2 项目存在的问题

1. 项目前期

对于重大国际投资类项目，项目前期的调研和市场预测非常重要。由于中国缺乏对于国际工程项目的咨询机构，因此，中国企业对于海外市场的投资环境和市场分析大部分凭着企业本身的认识和理解。由于企业本身的知识和经验积累相对比较片面，因此在进行项目决策时，领导者往往根据国内的经验对海外项目进行判断。

另外，虽然中国对外开放已有 40 年历史，但到目前仍然没有成熟的咨询机构去研究企业"走出去"的路径和方法，因此，也就没有比较成熟的数据可以使用。这样的局面就未免使得中资企业进行对外投资决策时盲目和武断。

中信泰富作为中信集团的子公司，总部设在香港，对中国建筑企业的国际化项目管理能力认识不足。虽然中冶集团在国内有成功的经验，但他们在海外尤其是发达国家并没有运作和实施如此大规模项目的成功案例。因此，中信泰富在前期的投资决策和总承包商选择上，都存在想当然和风险转嫁的思想，这无疑就为项目后期的种种问题埋下了祸根。

2. 合同签订

在国际工程项目中，合同是项目起点。中信泰富在缺乏对澳大利亚 Mineralogy 公司进行全面尽职调查的情况下，匆匆于 2006 年 3 月与其签订中澳铁矿资源开采协议。从后期中信泰富与澳大利亚 Mineralogy 公司的官司纠纷来看，这份合同缺乏严谨的合同审查和法律咨询。虽然不了解具体出于什么原因，但从后面的结果来看，这家澳大利亚公司从开始就包藏祸心，在合同中就埋下了很多伏笔。由此可见，这份资源开采协议的签订是项目失败的根源之一。

中信泰富依托中冶集团的设计和报价形成了项目的可研报告，但对于中冶集团的技术可行性和经济可行性缺乏严格的审查。这不但使得中信泰富在项目后期的投资不断追加，也因为中冶的成本一再超支而遭受了更多的索赔。因此，作为国际大型投资集团，对于承担主要项目实施任务的工程总承包商过于信任，甚至认为风险可以转嫁于总承包商，这种思想认识也是项目后期结果与原计划发生重大偏差的主要因素。

3. 项目组织

中信泰富作为一家投资商，对大型国际投资项目并没有成功的管理经验。然而，中信泰富在自身缺乏管理团队的情况下，也没有聘请一家有当地经验的项目管理公司作为项目的管理代表对项目进行全面管理。在这种情况下，工程总承包商中冶集团就承担了项目管理的主体。

中澳铁矿项目是一个项目群，项目组织难度极大，其中还有大量的国际承包商参与项目实施。在这样复杂的形势下，项目组织就显得异常重要，而缺乏一个具有国际项目经验的管理公司作为项目的总协调就成了项目组织的致命缺陷。

项目组织之所以重要，是因为组织架构不当必定造成沟通的脱节和困难，而项目的顺利与否主要取决于项目沟通是否顺畅。本项目业主中信泰富显然对于国际大型投资项目的组织缺乏足够的认识，从开始就使得内外沟通不畅，甚至大量的合同纠纷和官司缠身成为了项目失败的直接原因。

4. 法律环境

澳大利亚对于环境保护、土著遗迹保护非常严格，由中信泰富负责的清场工作进展滞后，每一个有关的土著遗迹都需要和当地土著人进行协商并做好搬迁，这就大大影响了中信泰富项目中冶的场地移交工作。

在中国国内、非洲国家，中国企业在大型项目中往往都能得到当地政府的大力支持，政府通常都会在征地拆迁、海关通关、物流商检、人员签证、税收等方面给予优惠政策。但是，在投资环境比较成熟的澳大利亚，政府不会突破现行的政策框架，往往是中信泰富提出了要求，澳大利亚有关部门只是礼貌地听取，仍然按照原有的政策执行。例如，所有的进口设备不仅要符合欧洲的 CE 标准，而且必须符合澳大利亚标准，每一张设计图纸都要具有澳大利亚资质的工程师签字。

澳大利亚对于施工安全和环境保护的规定异常严格，使得中冶的施工成本大大增加，工期一再延误。有一个"螃蟹桥"的案例，施工中有一段公路要通过当地一片螃蟹保护地，按照澳大利亚的规定必须为螃蟹建一座桥梁，保证螃蟹能够自由来去，而且为了保护生态，必须全部采用钢管桩，结果这座"螃蟹桥"就耗资 6000 万澳元。

澳大利亚的法律环境给施工带来影响的例子不胜枚举，由于中信泰富与中冶集团在项目前期的调研和认识不足，对项目工期和成本的预测自然就差之千里了。

5. 劳工政策

中冶当初的报价中前提是使用中国工艺、技术、设备和员工，但是澳大利亚劳工签证非常严格，其中有一条硬杠杠，就是进入澳大利亚劳工的英语雅思必须考到 6 分，电工、电焊工等专业人员必须通过专门考试。这等于是要求中国员工都能考到大学毕业生的英语水平。另外，即使中国员工拿到签证到了澳大利亚，中冶也必须执行"外籍员工与当地工人同工同酬"的规定，而皮尔巴拉地区的工人工资是澳大利亚最高的，年薪大约是 15 万澳元。

澳大利亚的工会力量强大，工人的工资是按照小时计算的，不能轻易加班，而且实行"9 + 5"模式，工作 9 天，休息 5 天。中国通常的赶工期战术，例如"五加二，白加黑"的挑灯夜战办法根本行不通。

工人不仅工资高，而且营地的住宿条件也非常高。中冶最初根据过去的传统做法，计划安排几名工人住一间宿舍，做了 3000 万美元的预算。然而，澳大利亚要求营地的每套宿舍面积约 10 平方米，每套宿舍配备单人床、写字台、衣柜、空调、电视、冰箱、卫生设施和淋浴，整个营地还建有健身房、游泳池、体育场、24 小时娱乐室、零卖店和酒吧。结果的支出是 3000 万美元的 10 倍，达到了 3 亿美元。

以上这个劳工政策，中冶在前期成本测算时并没有考虑，这不能不说中冶在市场调研和投标阶段的重大失误，甚至可以说是投标人员的重大失职。

6. 资源紧张

由于全球铁矿石价格一路走高刺激了必和必拓、力拓等矿业公司纷纷上马新项目，势必导致了资源的紧张局面。在这种情况下，各种材料和设备市场异常紧张，供求关系完全逆转，已经不是"采购"，而成了"抢购"。再加上中澳铁矿项目的很多大型设备需要专门定制，不仅价格高而且周期长。这无疑导致了中冶的采购成本急剧增加。

中信泰富和总承包商中冶集团在进行项目可研时，对由于新项目上马而可能引起的材料上涨因素缺乏考虑。虽说市场和投标人员认为这是不可控现象，但对于有经验的企业是完全可以预测到的结果。

7. 技术难关

因为中澳铁矿项目是第一个大型磁铁矿项目，技术难度非常大，没有成熟的工艺流程方案，本应由中信泰富确定的项目方案和设备选型却多次变更，这就使得工程总承包商中冶的设计工作难以开展，这也是中信泰富多次与中冶签订补充合同追加合同总额的原因。

为了攻克技术难关，作为金融专家的中信集团董事长亲自上阵、带领团队走访国内有磁铁矿采选经验的钢厂，针对技术症结，进行研发攻关和设备调试。例如，中信泰富进行自磨试验时，机器运转不到2小时，坚硬的铁矿石就能把磨机的漏斗砸穿，所以磨机制造厂商就要调整磨机的材料强度，而且这些材料都必须达到澳大利亚政府的环保标准。最终，中信泰富采用了铁矿石磨选技术和设备组合方案，这样才能适应中澳铁矿硬度极高的矿石打磨，通过破碎、筛选、研磨、分选、过滤和干燥等数十道工序，把坚硬的磁铁矿石磨成"像新西兰奶粉一样细"的精矿粉。

中信泰富在前期的可行性研究阶段缺失了一项重要工作，就是应该将中澳铁矿的矿石样本运回国内进行工业化生产的试验和论证。由于中澳铁矿项目采用的是全新的生产工艺和流程，这样的缺失可以说是致命的。

在大型国际工程项目中，技术难度常常给项目造成巨大的实施困难。由于中信泰富对于项目技术的重视程度不够，无形中给企业带来了巨大的损失。

8. 项目冲突

自项目开始，中信泰富与总承包商中冶的冲突就不断。2011年年初，中信泰富在北京召开中澳铁矿项目计划会议，中信集团董事长亲自主持会议，主要的工程承包商、设备制造商、材料供应商都参加了会议，研究制定各个项目的具体计划。会议确定中冶负责在2011年7月进行第一条生产线的运行调试。然而，中冶没有能够按照计划完成第一条生产线的运行调试。中信泰富公开表示了对中冶的不满和失望，但是中信泰富也是骑虎难下，更换中冶可能带来的损失更大。所以中信泰富只能加大了管理力度，一方面调整了中冶的合同范围，把中冶负责的6条生产线缩减为2条生产线，另一方面，中信泰富直接负责中澳铁矿项目所有采购工作。

2013年1月22日，中冶发布2012年业绩预亏公告，宣称中信集团已发布书面函件，认可合同成本从34亿美元调高至43.57亿美元，而中信泰富随后发函否认。双方的矛盾就此公开化，互相认为责任在对方。中信集团认为中冶不了解澳大利亚开发大型矿山的实际情况，想当然地套用、照搬国内经验，严重低估了中澳铁矿的施工难度；而中冶董事长则表示，造成中澳铁矿项目延误的原因是多方面的，中信集团与中冶双方责任同等，而且中冶将不会参加中澳铁矿项目第三至六条生产线的总承包团队。

9. 官司缠身

根据澳大利亚当地媒体的报道，为了不让帕尔默得知消息，2013年12月2日中澳铁矿项目的首船仪式并没有邀请当地媒体参加。帕尔默正在向法院起诉要求禁止中信泰富从普雷斯顿海角港向中国运送精铁矿石粉。澳大利亚政府起初将普雷斯顿海角港的运营管理权授予给了帕尔默，经过西澳大利亚政府的斡旋，澳大利亚政府才给中信泰富开了绿灯予以放行。

截至2014年7月，关于专利费、出入工地自由权、港口运营管理权和环保证归属，中信泰富和帕尔默共打了6场官司。面对帕尔默的不断挑衅，中信泰富一直在采取有效行动保护自身的利益。首船启运能够举行就说明中信泰富所采取的措施是有效的。

帕尔默之所以能够发起这些诉讼，根本原因还是由于当时双方签订的合同不够严谨。帕尔默正是利用这些合同里一些模棱两可的用语，通过澳大利亚法律不断向中信泰富制造麻烦。以双方的专利费之争为例，澳大利亚土地中的矿产资源属于政府，企业每年缴费就能够申请一个勘探许可然后进行勘探。如果发现了矿产资源，企业就可以将勘探许可证转成采矿许可证，然后找合作或合资方，因为有前期投入，就可以收取一部分专利费。

2006年，中信泰富与帕尔默控制的Mineralogy公司签订的合同中规定，为了获得中澳铁矿的开采权，中信泰富除了要向Mineralogy公司支付4.16亿美元之外，还要在开采铁矿时，按照每吨0.3澳元价格向Mineralogy公司支付专利费。此后，双方关于"矿石"的定义和计算产生了严重分歧，中信泰富认为只有经过初级碎石机能够使用的才是矿石，而帕尔默公司只要冻土挖出来的就是矿石。

类似的法律纠纷问题常常给项目的进展造成极大的伤害，因此，合同签订阶段的谨慎和自我保护意识是有效避免后期纠纷的主要措施。

6.2.3 项目问题分析

1. 可行性研究

国际大型投资项目的可行性研究的完备性是项目能否成功的第一关键要素，所花费的时间和精力越多，项目后期的风险就会越小，项目成功的可能性也就越大。虽然没有了解到本项目的可研编制的过程，但从项目后期的各种进展不顺利可以看出，在项目的可研报告编制阶段并没有收集到足够的信息，也没有经过详细的分析和研究，这些都是导致后期技术可行性差和成本一再超支的主要原因。

由于国内近些年经济增长过快，无论是投资房地产还是其他实业，因经济增长带来的投资增值完全掩盖了可行性研究存在的疏忽大意。这就给中国投资企业造成了一种现象，那就是可研报告可以堆凑数据、为了可行而可行，编制人员的严谨态度值得怀疑。这些现象在经济形势下行、投资回报普遍低迷的今天，已经让很多投资企业尝尽了苦头。

澳大利亚是投资环境非常成熟的国家，各种市场规则也非常完善，这就要求企业在进行投资决策时必须认真地收集各项有利和不利的条件，经过严谨的分析和研究，才能有相对的成功可能性。而粗犷的、拍脑袋的管理模式在发达国家进行投资必然遭受挫折和失败。

2. 合约意识

在澳大利亚这种发达国家，合约管理和法律意识非常重要。中澳铁矿项目的合约签订过程相对比较草率，无论是与澳大利亚帕尔默公司的合作开采协议还是与中冶签订的工程总承包合同，都存在相当多的漏洞，这不得不说中信泰富领导层的合约意识较差，存在照搬在国内的合约意识到国外的现象。

虽然近些年来，中国国内法制化建设取得了飞速的发展，但中国企业的契约精神与合约意识仍然与发达国家存在较大差距。从这个案例以及最近发生的其他案例都可以看到中国企业因合约意识薄弱而造成较多的被动和挫折。

中国企业常常把商业和政治联系起来，想当然地认为作为大型投资商就应该得到当地政府的各方关照，通过政府关系可以解决一切障碍。而在经济发达的澳大利亚，政府一般不会介入商业行为，他们对于企业间的纠纷也束手无策。因此，只有做到入乡随俗，强化契约精神和合约意识，加强合约管理，才能达到商业运作的目的。

3. 属地化管理

由于中国企业的国际化程度普遍较低，因此，多年以来仍然奉行"走出去"的思路和方法。中冶在投标报价时的前提条件就是：带中国人、带中国物资、带中国设备，基于这样的前提条件去实施中澳铁矿项目，无疑将是困难重重的。在经济发达的澳大利亚市场，他们对投资者的要求肯定是：带资金、带技术、带管理，其他东西都应该在当地解决，这样才符合他们解决当地就业、振兴当地经济的目的。

随着国际经济形势的变化，各个国家的劳工政策也都越来越倾向于保护当地就业的方向。中国企业必须要从原来的"走出去"向"国际化"转变，没有国际化当然就很难属地化，无法属地化的企业自然是不被当地政府和社会所欢迎的。因此，为了解决这个根本性的转变问题，中国企业必须忍痛进行改革，系统性地进行企业改造，这样才能达到逐步走向国际化道路的目的。

4. 项目策划

项目策划的成果是形成一套项目计划，编制项目计划的目的是能够让项目实施有计划地进行。项目策划的过程就是项目预演的过程，可以提前识别和预测项目的风险源，准备风险应对的方案，以便降低项目风险的影响。

由于受传统管理模式的影响，中国企业在项目管理过程中，往往忽视项目策划的作用，即便根据上级要求编制了项目计划，也根本达不到指导项目实施的目的。经常看到的现象是，编制的计划束之高阁，实施人员另起炉灶，这就严重违背了项目策划的原则和初心。

中澳铁矿项目自项目可研报告的编制到项目实施前的计划准备，都存在着较多的漏洞，这可能有着这样或那样的原因，但这些疏忽和漏洞给企业带来的损失是无法得到宽恕的。项目管理者肯定有很多委屈和难言之隐，但历史总是为成功者立传，从不为失败者树碑。

项目策划作为项目管理最重要的过程之一，应受到中国企业高度重视。

严谨负责的计划过程不但不会耽误项目的时间，反而是节省工期的最有效方法。没有详细计划就匆匆开工的项目大多没有好的结果，这已经通过无数个案例得到了证明。

5. 项目实施

中澳铁矿项目从设计到采购到施工的过程都充满着艰辛，其最核心的问题是中信泰富对于项目方案的变来变去给中冶的设计工作造成的影响，进而造成较多的合同谈判和价格索赔，其次是物资设备的定制和采购给项目带来的延误，最后才是施工人员的组织和效率。

中信泰富作为项目投资方和业主缺乏对项目的控制，无论是对于工期还是成本，都没有形成一套科学的控制机制，无法抓住项目的关键路径，从而造成了项目各方无法形成统一的协调和配合，这是项目工期和成本一直处于不可控状态的根本原因。

中冶在实施中澳铁矿项目时，希望照搬国内施工的方法通过"大会战"来解决工期问题，但事与愿违，在澳大利亚根本无法执行。这也是很多中国企业在国际工程项目管理中常犯的一个错误，本项目也为其他企业敲了一个警钟。

6. 项目管理

中冶集团是国内大型的施工企业集团，拥有丰富的国内工程项目的施工管理经验，但其工程管理的体系并没有与国际规则接轨。因此，在如此大型并有众多国际承包商参与的项目上，没有一套成熟的国际化的项目管理体系来作为各方沟通机制的话，势必造成管理混乱、各说各话的局面。

中国建筑企业在实现国际化的过程中，无法绕开的就是管理体系的国际化，因为项目管理体系才真正是项目各方沟通的统一语言。因大型国际项目往往涉及相关方众多，各个企业都有自己的管理体系和规则，目前在国际项目中通用的项目管理体系是以美国项目管理协会编制的 PMBOK 为原理的管理流程和办法。中国企业受国内传统管理模式的影响，绝大部分企业没有做到与国际项目管理体系接轨，这是造成项目管理内外脱节的关键因素。

7. 火线点将

在项目陷入困境时，火线点将和临时换人是中国企业经常采取的补救措施。企业领导者会把项目出现问题的原因推到项目负责人身上，他们并不去深究出现项目问题的根源所在。虽然对企业这种做法无可厚非，但从经验来看，换人并不能解决项目的真正问题，往往是后任把问题都推到了前任的身上。当然，在项目负责人确实不能承担起项目责任时，换人无疑也是正确的决定。这里想提醒的是，企业领导者在考虑换人的同时，更要深挖项目问题的本质，只有从根源上解决问题，才能真正使项目走向正轨。

中澳铁矿项目在进展受阻、四面危机的情况下，临时火线点将，更换了更高职位领导来担任项目负责人，但新任项目领导对于澳大利亚和本项目的熟悉时间要很长，这不但无助于解决项目的困境，甚至使得项目进展更加艰难。

因此，中国企业在项目危机面前应保持冷静的态度，在充分分析出问题的原因之前，不应仅仅指望靠换人来化解项目的危机和风险。

6.2.4 案例启示

1. 战略决策

中信泰富根据当年钢铁市场的走向作出了开发中澳铁矿项目的战略决策，从企业的战略目的和当时的市场情况来看，这无疑是正确的选择。但在战略选择以后，企业对于战略的落地显得有点急于求成和盲目冒进，在这样的心态之下，中信泰富的管理层对于达成目标所存在的风险就相对忽略了。从项目后期的情况看，当时对于合作伙伴的选择是草率的；对于澳大利亚各种环境的分析是不够严肃的；对于钢铁市场的未来走向是过于乐观的，这充分表明企业的各级管理层在项目投资决策上都有相应的责任。

中国企业普遍存在的一个问题是，企业都有高大上的战略目标，但大多缺乏战略落地的措施，中信泰富在本项目的表现也充分证明了这一点。一个企业的战略管理绝不仅仅是制定战略目标，更重要的是找到实现目标的方法，否则再高大上的战略口号也只能是一纸空文，无助于企业的可持续良性发展和目标的达成。通过这个案例的学习，希望中国企业能够有效克服上述战略管理上的不足，加大战略落地措施的研究和落实，才能够达到吸取教训和持续提高的目的。

2. 系统管理与国际化

中国企业在走向海外市场的过程中，大多起初选择的是亚非拉等欠发达地区，这些地区市场相对不太成熟。随着中国企业的发展，进入发达经济体的市场已经成为可能，但从非洲地区积累的海外经验照搬到这些地区显然是不能奏效的。

另外，中国大部分企业的发展壮大，都是基于国内经济的高速发展的情况，不属于外向型经济发展模式。因此，大部分企业的管理模式也是以国内市场的管理模式为主，把中国经验照搬到落后地区尚能支撑，而对于有成熟管理模式的发达国家就很难适应。

总之，透过现象看本质，中信泰富在本项目的表现透露出两个核心问题：一是项目管理体系不健全，没有形成科学的信息收集和分析的机制，也没有形成项目信息顺畅流动的管理流程，这就使得项目领导层遇到的问题层出不穷，且措手不及。二是企业的国际化程度低，没有能够有效把当地资源为我所用，甚至造成了与当地势力对立的局面。这两个方面的原因使得中信泰富陷入了内外交困的困难局面。

如前文所述，中国企业的项目管理体系未与国际市场接轨是制约中国企业走向国际化的主要障碍之一，因管理体系不一致而给国际工程项目造成的问题不胜枚举。因此，中国企业在开拓海外市场过程中，除了需要改善的其他因素外，应切实沉下心来抓项目管理体系建设。只有具备了国际化的项目管理能力，才有可能真正成为国际市场的弄潮儿。

中国企业的国际化之路任重道远，但只要有了正确的方向并采用了正确的方法，相信在不久的将来就会获得丰厚的回报。

6.3 哈萨克斯坦中油大厦经验教训和分析

6.3.1 项目背景和概况

1. 项目背景

哈萨克斯坦地处亚洲中部，土地面积 272 万平方公里，居世界第九，地下石油和天然气储存丰富，是世界上石油产量最多的国家之一，以石油天然气能源开采出售为经济支柱和发展导向。很多国家与哈萨克斯坦在油气开发领域进行战略经济合作，以中国石油天然气股份公司（以下简称"中石油"）为龙头的中国企业已经在哈萨克斯坦落地生根，在阿克纠宾市成立了中石油阿克纠宾油气股份有限公司，先后完成了四个大型油气处理站和众多油井项目的建设。为便于区域性的集中管理和统一调度指挥，中石油阿克纠宾油气股份公司成立了生产技术指挥中心，并决定建造中石油阿克纠宾中油大厦（以下简称"中油大厦"）。

2. 项目概况

阿克纠宾油气股份公司中油大厦工程位于哈萨克斯坦阿克纠宾市 312 步兵师大街 3 号，由中铁建工集团承担 EPC 工程总承包（包括设计、采购和施工），2004 工程监理有限公司监理。建筑面积 34831 平方米，地下一层，地上十层，总高度 48.6 米，结构形式为地下钢筋混凝土结构，地上为钢结构。建筑设计新颖，自动化程度高，采用中国式的对称结构布置，屋面采用一大两小仿石材 GRC 板对称穹顶造型，取自天圆地方的寓意，满足西方古典主义建筑的三段式设计，糅合了中国式风格与哈萨克民族文化，既古典厚重，又极具现代视觉效果（图 6-1）。

图 6-1 阿克纠宾油气股份公司生产技术指挥中心鸟瞰图

3. 项目实施意义

阿克纠宾油气股份公司中油大厦工程是中石油自 1998 年以来在哈萨克斯坦投资的首个大型建筑工程，同时也是阿克纠宾的标志性建筑之一，从投资到设计、建设、运营均使用中国标准，在 2013 年 12 月评为国外建筑鲁班奖。该项目同时也是中铁建工集团与中石油合作以来的首个大型项目，为日后在中亚市场的开发与发展奠定了良好的业务基础。

6.3.2　投融资模式

建设资金由业主方自筹，中铁建工集团为 EPC 总承包单位。

6.3.3　项目前期运作总体情况

为了进一步拓展哈萨克斯坦市场，中铁建工集团于 2007 年在哈萨克斯坦成立了中铁建工集团哈萨克斯坦有限公司阿克纠宾分公司（以下简称"阿克纠宾分公司"），负责阿克纠宾市周边地区的业务开拓及管理。

阿克纠宾分公司与中石油阿克纠宾油气股份有限公司有着长期良好的合作，双方共同对项目进行了追踪开发。项目开发历经两年，从初期可研方案编制到最终项目立项的过程中，阿克纠宾分公司为业主提供了大量建设性意见，对功能性要求、设计规范、项目成本予以了充分考虑。

中铁建工集团是在哈萨克斯坦有着丰厚底蕴的多年施工经验的中国施工企业之一，熟悉当地政治、经济、文化环境以及各种政策、规范和市场情况。中铁建工集团此前已经成功实施多个中石油阿克纠宾油气股份有限公司在当地的项目，获得了业主的高度满意。

该项目为国际公开招标，竞标企业除阿克纠宾分公司外，均为哈萨克斯坦本土大型施工企业。阿克纠宾分公司凭借独特的设计方案、融合中西方文化的建筑造型、极具优势的报价和预估工期，在竞争中脱颖而出，获得了该项目的总承包权。

6.3.4　项目执行总体情况

1. 工期情况

本工程合同工期为 2011 年 5 月 1 日～2013 年 4 月 30 日，计划工期目标为合同工期，实际竣工日期为 2013 年 4 月 25 日。

2. 成本情况

工程结算金额为 47276 万元人民币，成本计划为 43399 万元人民币，目标利润率为 8.2%。实际总成本 42870 万元人民币，盈利 4406 万元人民币，利润率 9.32%。

3. 质量情况

严格按照鲁班奖的质量要求进行精密策划和精细施工。

4. 安全情况

无重伤及死亡事故，无环境污染、食物中毒、传染病、消防事故。

5. 获奖情况

该工程获得"中国中铁杯优质工程奖"；2014 年荣获中国建设工程鲁班奖（境外工程）；"气体管道密闭性检测器"获得国家实用新型专利。

6.3.5 市场开发

1. 哈萨克斯坦建筑市场总体情况

自 1992 年中哈建交以来，中国企业在哈萨克斯坦承包工程领域取得一定发展。哈萨克斯坦政府制定了基础设施、工业和住宅等领域的发展规划，鼓励外资进入。哈萨克斯坦承包工程市场竞争较为激烈，私营建筑企业占承包工程企业总量的 78%，外国承包商约占 21%，国营企业仅占 1% 左右。受国际油价下跌影响，近年来中石油、中石化等中国大型企业对哈萨克斯坦油建市场投资放缓。目前哈萨克斯坦经济正处于调整复苏和向市场经济过渡阶段，比较欢迎中国公司参与当地基础设施建设。由于缺少资金，哈萨克斯坦政府希望中国企业带资与其开展经济技术合作。当地外籍劳务准入政策苛刻，报批手续繁琐，需大力实施属地化管理。

2. "以现场保市场"理念的贯彻

中铁建工集团始终坚持以实干的精神向业主提供专业化服务，用实际的项目业绩坚定业主和市场信心。在前期阿克纠宾油气股份有限公司货场三期、职工公寓等项目的实施过程中，克服了严寒季节施工、物资运输极度困难等挑战，不放过每一个细枝末节，按期保质完成项目，出乎业主意料，获得了业主的充分信任。在中油大厦的投标过程中，阿克纠宾分公司作为唯一入围的中国企业，成功中标。

在项目的施工过程中，阿克纠宾分公司克服各种困难、强化科技攻关、协调外部关系，最终提前完成项目，且结构工程、装饰工程和安装工程质量都得到了业主的充分认可。工程竣工后，哈萨克斯坦阿克纠宾州州长、阿斯塔纳州州长和阿克纠宾市市长先后到指挥中心办公大楼视察，称赞项目工程质量一流，建设工期创造了哈萨克斯坦工程史上的奇迹。该工程的成功实施，为中铁建工集团后续承揽埃米尔油田油气联合站项目及中华人民共和国驻哈萨克斯坦使馆新建馆舍工程等项目奠定了坚实的基础，形成了良性循环。

6.3.6　投标报价

1. 投标报价背景

哈萨克斯坦建筑市场鱼龙混杂，各国建筑公司竞争激烈，很多建筑公司在进行项目施工时存在着拖沓、施工功效低、无条件的要求回款、低中标价高施工风险等弊病，致使部分业主在选择承包商时顾虑重重。中铁建工集团自进入哈萨克斯坦市场后，本着为业主服务的宗旨，以合理的价格、专业的服务、可靠的工期和质量保证，圆满完成既有项目，给项目业主留下了深刻印象。因此，中石油阿克纠宾油气股份公司诚邀中铁建工集团阿克纠宾分公司参与投标并寄予厚望。

2. 投标组价依据及方式

该项目为固定总价模式，投标组价依据及编制方式如下：

（1）以哈萨克斯坦当地施工概预算定额为基础进行转化和组价。

（2）当地装饰和安装材料匮乏，除地材外，我公司以国内市场材料设备价格为组价依据。

（3）充分考虑中国劳务、当地劳务的工资标准，进行人工费的综合组价。

（4）制定合理的国内材料运输线路，计算材料设备在港口集货、装箱、商检及报检、报关、换装、清关和交关税等各项费用，转换成当综合运费。

（5）施工机械考虑公司自有、国内采购运输及当地租赁等方式相结合，进行分类计算和组价。

（6）依据哈萨克斯坦的施工政策、人员签证政策、社会安定环境及财政税法制度，进行施工管理费用的组价。

3. 投标报价基本做法

结合当地税金比例标准，按照人、材、机、措施费和间接费及管理费用测算工程预算总价，确定价格后由当地预算人员按照预算定额进行转化，加上税金标准转化成符合当地要求和标准的报价文件。

4. 技术标编制

严格按照技术标投标流程，确保标书内容完整，格式、内容完全符合业主要求。在投标之初，对工程重点难点进行深入研究讨论，制定针对性措施。国际工程技术标编制与国内略有不同，在此主要对不同点进行介绍。

国内工程技术标通常要求承包商编写的施工组织设计尽可能详细为好，需把施工方法和现场指导文件编写在一起，类似为业主提供的工程施工作业指导书。

国际工程技术标为问答形式。承包商应严格根据招标文件的技术要求逐一进行编写，不可有超出招标文件要求的改动和增删。国际工程的施工组织设计更注重施工整体部署，工程中的重点难点、对应措施和安质环保必须遵守当地相关政策。施工方案的编写应以把握方向为主，而不宜过细；宜以定性为主，而不宜过分定量。若投标文件与招标文件中技术条款不符，业主会认定承包商未认真阅读标书、对规范不熟悉、技术素质不过关，导致废标。

5. 经济标编制

项目是固定总价合同，经济标编制严格按照招标文件要求的经济标组成内容进行编制。在投标阶段，核心内容是响应业主要求，做好设计方案及相应的标前成本测算，由直接费和间接费两部分组成。根据前期调查掌握的现场情况，分析人工价格、材料单价、专业分包费，并依据复核后的工程数量测算工程直接成本。临设、施工机械、周转料、管理人员工资、现场办公、质量检测、安全措施、财务费用等列入间接费成本。根据测算的总成本和预期利润确定投标报价。标前成本估算是确定投标价格的关键因素。

6.3.7 设计管理

1. 设计的重要性

本工程为 EPC 项目，设计是项目管理的重点。设计对项目的进度、成本、质量起着关键性作用。采购需要的数量、规范、标准和施工需要的图纸、规范、范围都需要从设计产生。因此设计管理是决定项目施工是否成功的关键因素。设计管理贯穿于工程项目全生命周期的各阶段：项目前期阶段（项目策划、概念设计、方案设计）、项目准备阶段（工程设计、方案审批、施工招标及谈判、设备采购及招标等）、项目实施阶段（施工配合、设计变更及施工、监理协调等）、项目运营阶段（总结评估、售后服务等）。

建筑工程项目设计管理的意义在于：

（1）在项目规划阶段、设计阶段，通过精心组织设计单位和设计人员按业主要求落实项目的标准和规模，并控制工程投资、质量及工期。

（2）在项目实施阶段、试运营阶段，通过组织设计单位和设计人员做好项目施工的配合服务工作，确保项目顺利实施，并满足项目功能需求。

设计管理是一项筹划和监控的活动过程。通过设计管理，有效落实业主的意图和要求，确保工程项目的标准和规模，保证项目进度、质量及投资控制，顺利达到运营目标，从而实现全生命周期的成本控制以及进度质量的管理。

2. 设计管理组织机构

现场配备设计经理 1 名，配备专业设计工程师，同时设计院派 2 名专业设计人员驻场负责现场指导。我方专业工程师及设计院驻场设计人员负责与当地及国内设计院间沟通及协调（图 6-2）。

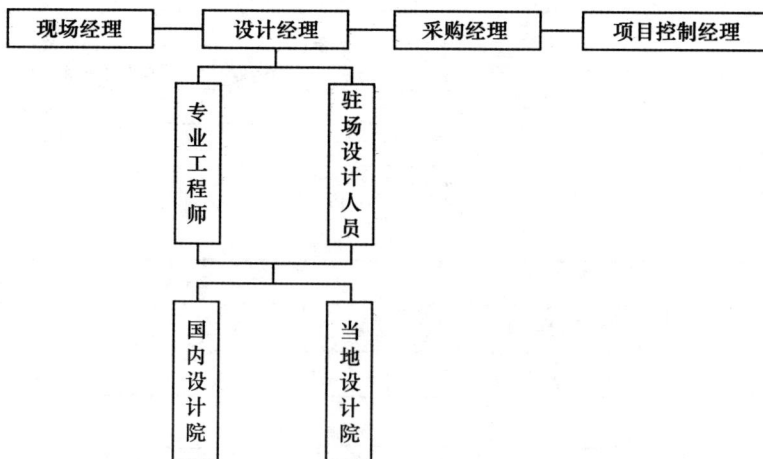

图 6-2　设计管理组织机构

3. 设计管理流程

设计管理流程如图 6-3 所示。

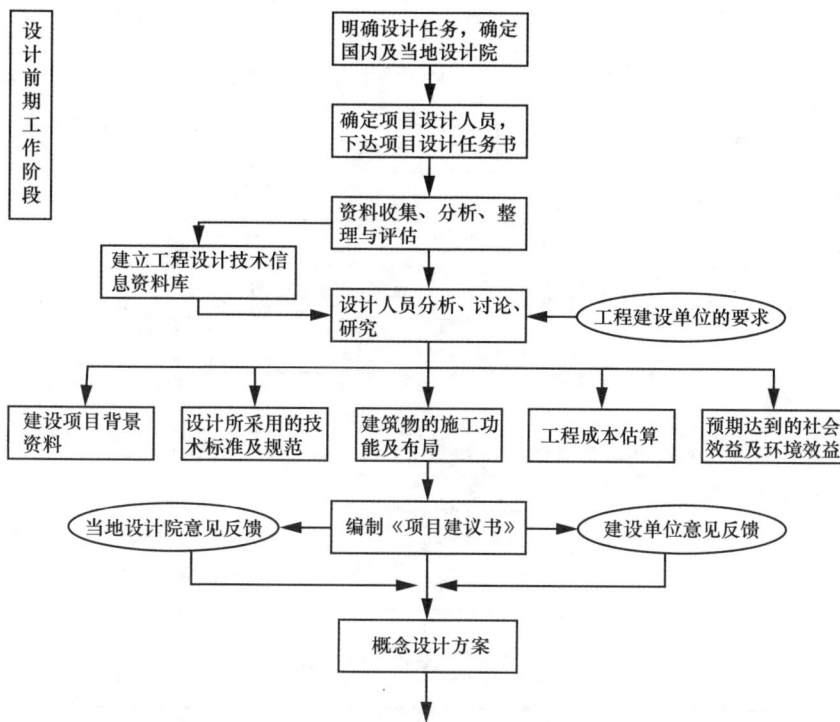

图 6-3　设计管理流程（一）

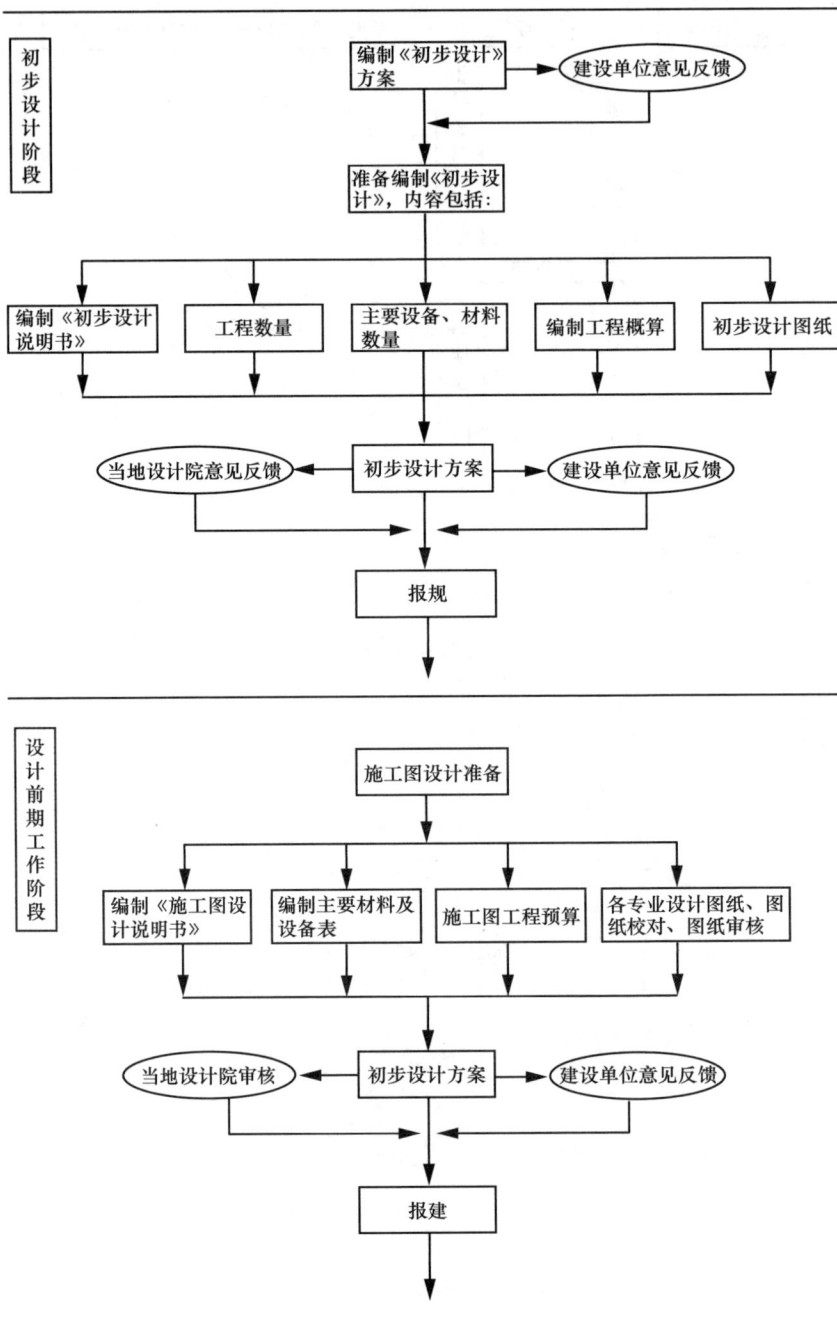

图 6-3　设计管理流程（二）

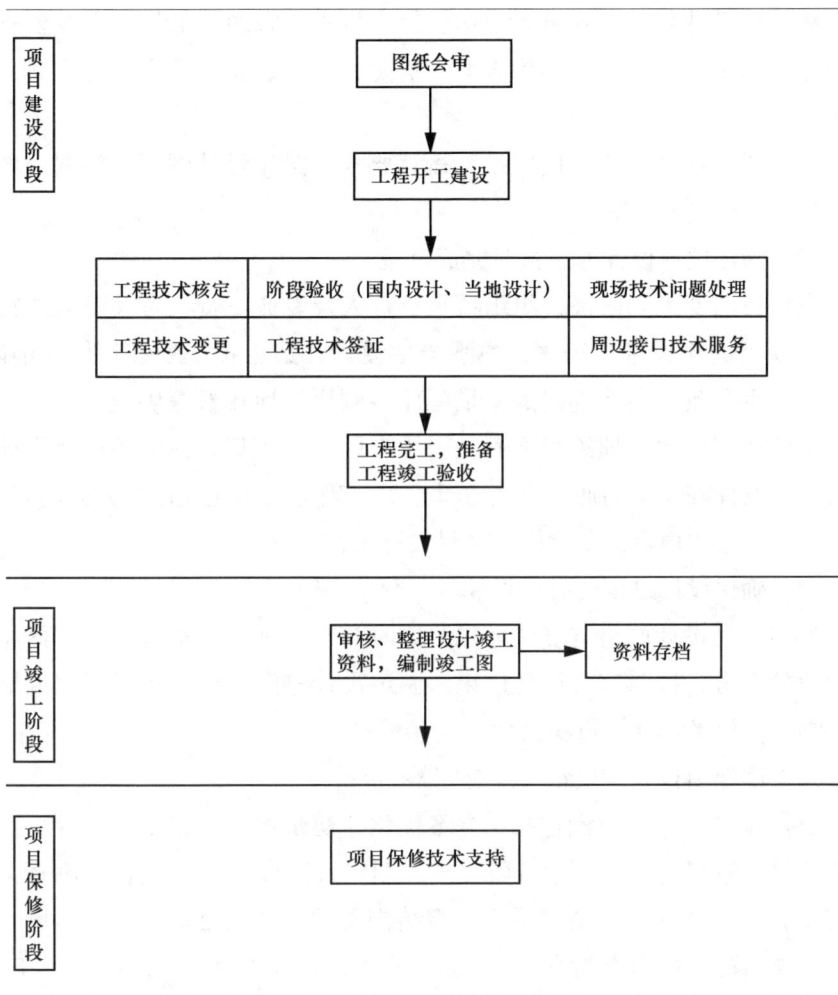

图 6-3　设计管理流程（三）

4. 设计管理实施情况

（1）确保项目投资、工期及质量的总体可控

首先要求设计院成立高水平的项目设计团队，明确项目总负责人、专业负责人，不得随意更换。制定各个设计阶段的进度计划，编制项目设计网络进度图，明确各个阶段的设计成果文件。

其次方案设计阶段，要求专业负责人提出专业需求，建筑方案平面必须体现结构受力构件及设备机房等功能性房间。

在初步设计阶段，建筑、结构、给水排水、暖通、电气等专业要有方案比选，确定经济合理的结构方案、消防、强电、弱电及水暖等方案，编制项目投资概算。

施工图设计阶段严格按照投资概算要求，深化设计图纸，根据当地施工工艺，选择施工方案。

（2）确保项目设计方案按时完成审批

在项目前期策划阶段，组织项目负责人及专业负责人考察阿克纠宾地区工程项目的建设管理程序，熟悉当地设计方案申报规划和环保、消防、交通、卫生等政府主管部门的审批程序，调研当地建材等供应情况，要求设计团队按照当地习惯绘图而不是引用中国标准图集。并组织项目设计团队与当地设计院及时沟通，落实审批意见，确保及时完成设计方案的审批，便于设计方案的稳定并及时推进项目设计工作。

（3）确保设计进度的有序可靠

按照项目设计网络进度图要求，定时与设计项目负责人沟通，落实设计阶段的划分，按时完成设计成果。制定设计进度及经济指标等完成情况奖惩制度，提高设计人员积极性。

（4）确保项目设计质量及系统完整

设计单位的工作范围包括：方案优化、初步设计、施工图设计、室外道路管网；过程包括：设计阶段、施工图审查阶段、施工配合阶段直至项目竣工验收全过程。钢结构屋面、钢结构雨棚、玻璃幕墙、装饰幕墙、预埋件、外门窗、装饰构架等内容均包括在内，不允许存在二次设计内容。

（5）确保设计服务工作及时到位

设计配合的及时性和有效性是项目顺利实施的有力保障，也是项目投资控制的有效手段。主体施工期间现场应有结构或建筑专业负责人驻场指导；装饰及安装施工期间，确保相关专业有设计人员驻场指导，以便根据现场情况消除沟通障碍，及时解决设计问题。在项目实施阶段，定期组织设计协调会，及时解决现场设计技术问题，有效控制项目投资，确保工期及质量。

5. 技术创新成果

在施工过程中，积极推广应用了建筑业 10 项新技术中 7 大项，18 子项，创新技术1项。

（1）推广应用建筑业10项新技术一览表（表6-1）

建筑业10项新技术一览表　　　　　　　表6-1

序号	类别		项　目	说　明
1	混凝土技术	1	高耐久性混凝土	结构施工混凝土
		2	混凝土裂缝防治技术	地下室混凝土底板及地下室外墙，采用防裂技术
		3	轻骨料混凝土技术	楼板
2	模板及脚手架技术	4	插接式钢管脚手架及支撑架技术	外墙围护架采用插接式钢管脚手架
3	钢结构技术	5	深化设计技术	钢结构建模、设计、受力分析和下料采用CAD、CAM、TEKLA软件，三维建模并应用在加工和安装工程中
		6	钢与混凝土组合结构技术	楼板为压型钢板混凝土组合板
		7	模块式钢结构框架组装、吊装技术	钢结构半圆形屋顶
4	机电安装工程技术	8	管线布置综合平衡技术	依靠计算机辅助制图手段，在施工前模拟管线走向及位置，详细深化，模拟安装
		9	金属矩形风管薄钢管法兰连接技术	通风工程风管制作
		10	变风量空调技术	应用于智能建筑系统调试
		11	管道工厂化预制技术	管道定型加工完毕后直接运至现场安装
		12	预分支电缆施工技术	按要求在工厂内完成加工，完成主干线电缆与分支电缆的连接
5	绿色施工技术	13	预拌砂浆技术	砌筑及抹灰使用
		14	外墙自保温体系施工技术	外墙采用加气混凝土砌块砌筑

续表

序号	类别	项目		说明
5	绿色施工技术	15	外墙保温隔热系统施工技术	外墙 100 毫米厚岩棉板保温
		16	铝合金窗断桥技术	外窗及幕墙采用断桥铝合金
6	建筑防水新技术	17	聚氨酯防水涂料施工技术	卫生间及浴室采用聚氨酯防水涂料
7	信息化运用技术	18	施工现场远程监控管理及工程远程验收技术	施工现场布设监控设施，随时掌控现场情况

（2）自主创新技术 1 项

连廊玻璃加热系统：当地气温低，为保证连廊顶部融雪，采用自制玻璃加热系统，在玻璃夹层内布置金属加热线，加热温度达到 40 摄氏度（图 6-4）。

图 6-4　玻璃连廊加热融雪系统

6.3.8　施工生产

1. 施工管理组织

施工管理组织图如图 6-5 所示。

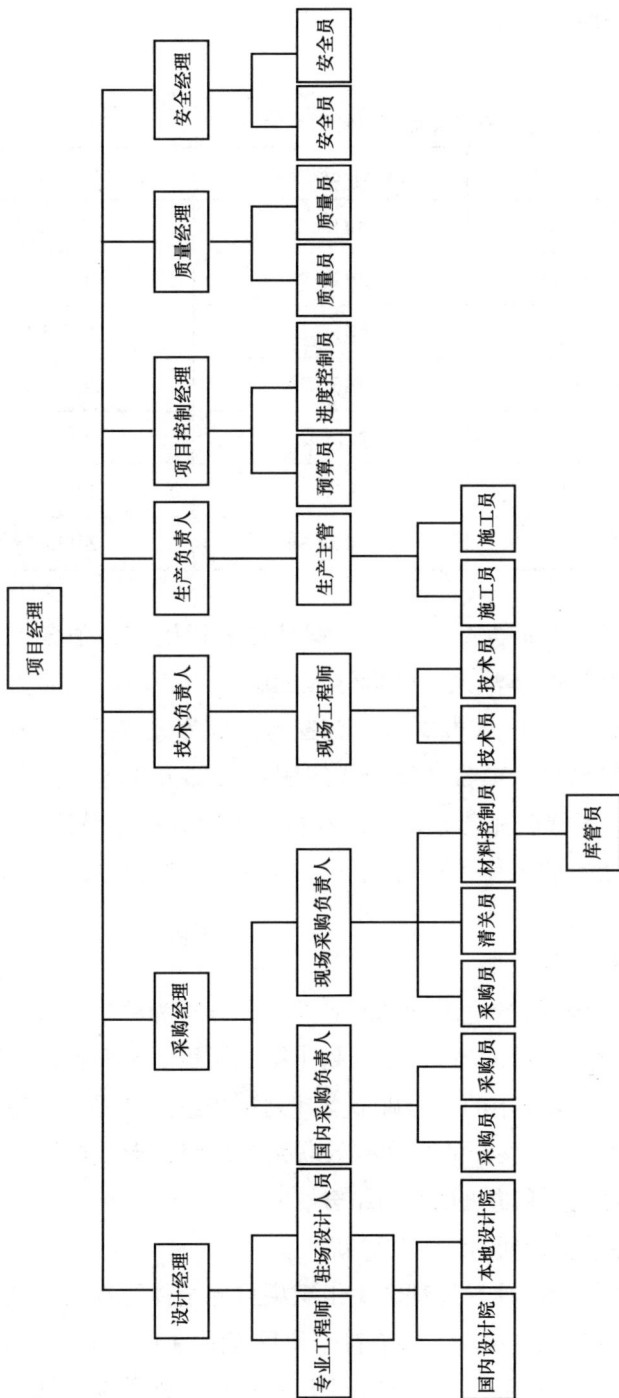

图 6-5　施工管理组织

2. 施工进度管理

项目关键里程碑节点情况见表6-2。

项目关键里程碑节点情况   表 6-2

序号	里程碑节点名称	计划完成时间	实际完成时间
1	基础工程完工	2011.6.25	2011.7.15
2	主体结构封顶	2012.6.20	2012.6.10
3	装饰工程完工	2013.3.20	2013.3.10
4	机电安装工程完工	2013.3.30	2013.3.20
5	室外工程完工	2013.4.5	2013.4.15
6	调试清理	2013.4.25	2013.4.20
7	验收	2013.4.30	2013.4.25

项目所在地属寒温带大陆性气候，钢结构工程施工正值冬季，钢结构安装及焊接施工难度非常大，质量管控面临严峻考验。同时，为保证冬期施工顺利开展，需进行楼栋封闭，门窗封闭成为关键因素。鉴于以上项目管理及实施的难点，项目经理牵头组织项目部分析施工图纸，全盘考虑实际情况，反复修改完善施工组织和技术方案，优化总体进度计划，重点关注关键路径上的工作，提前组织安排人机料等资源，按需求进场施工。

（1）项目三级进度计划

项目部使用三个层级的进度计划实施控制，分别为项目里程碑节点计划（第一层级）、项目总控 CPM 进度计划（第二层级）和操作层进度计划（第三层级），从管理层使用的里程碑节点计划逐步细化到操作层使用的详细任务计划，通过收起 / 展开的方式有效联系各层级，形成应用一致的项目 WBS，实现项目范围和进度的有机结合。

（2）项目总控进度计划的编制与更新

在总包合同签订后，项目经理牵头组织项目部全体管理人员共同进行项目总控 CPM 进度计划的编制，形成符合项目范围的工作分解结构，并反复进行优化调整。在经过业主及公司管理层审批后，该进度计划即成为项目总体进度控制的依据。

在每月末进行项目进度测量后，项目进度控制人员将最新的进度完成百分比输入项目总控 CPM 进度计划，根据完成情况进行关键路径分析及项目趋势分析，组织项目相关人员召开月度进度分析会议，提出进度纠偏措施和意见，控制总控计划偏差。

（3）部门工作计划的编制与应用

项目部各部门在总控 CPM 进度计划的基础上，结合部门工作，编制符合实施需求的部门工作计划。工程部门明确需要深化设计的内容及深化设计图纸需要的时间，列出所需进行的工作，细化形成设计进度计划；物资部门按照总控 CPM 进度计划的要求及物资设备采购申请单，根据时间节点倒推，细化形成采购进度计划、物流计划；各供应商根据总控 CPM 进度计划的要求，形成材料设备的加工及供货计划。

（4）项目进度报告与进度纠偏

整理汇总每月进行的进度测量、关键路径分析、进度趋势分析和进度计划更新工作，形成月度项目进度报告和更新后的项目总控 CPM 进度计划。进度报告经项目经理批准后上报给业主及公司主管部门，汇报项目前一阶段工作取得的成果、存在的问题、预计采取的纠偏措施和对后续工作的安排，同时项目各部门也根据进度报告中的要求，落实执行纠偏措施。

3. 项目成本管理

生产技术指挥中心工程为 EPC 项目，项目管理团队在中铁建工集团及阿克纠宾分公司的指导下，对工程成本的管理划分出两个阶段：一是在项目设计阶段，确定成本控制目标；二是在采购与施工阶段，对成本进行分析、纠偏。

（1）项目设计阶段

成本控制的核心工作在设计阶段。公司组织项目管理团队编制初步设计概算，控制在 44203 万元人民币以内。经管理团队研究讨论，在设计方案未确定之前，通过以下措施来优化初步设计，降低成本控制目标：

1）通过技术方案经济性评价，确定最优方案

合同文件中业主未对结构类型作出规定，只规定了使用年限，在主体结构设计阶段，设计人员提供了钢筋混凝土结构和钢结构两种方案。钢结

构比钢筋混凝土结构的成本略高，但施工工期短，可极大降低间接费成本。综合分析后，项目管理团队确定采用钢结构框架形式。通过与业主充分沟通，最终业主同意使用钢结构方案，避免了哈萨克斯坦长达半年的冬期施工对于混凝土结构施工的进度影响。

2）采购管理前置到设计阶段

按照 EPC 项目的管理流程，采购人员在设计阶段依据设计人员提供的设备、材料清单进行询价，寻找优质供应商资源，召开材料选型会议，配合技术人员针对工艺流程、设备价格、施工难度及供货周期进行综合分析，最终确定选用的设备及材料。

3）利用专业分包资源，参与设计审查，降低施工风险

项目管理团队在设计阶段邀请钢结构、精装修、幕墙、强弱电、通风空调、电梯等专业分包单位参与到设计方案的讨论审查中，及时发现各专业设计界面交叉的问题，避免施工阶段各专业作业面工序冲突的情况，有效降低成本管理风险。

通过上述措施，成本控制目标降为 43399 万元人民币，减少成本 804 万元人民币，缩短工期 4 个月。

（2）项目采购及施工阶段

项目在采购及施工阶段主要是以成本计划为控制目标，依据成本计划进行限价控制。成本控制人员组织相关部门每月编制成本报告及成本分析报告，根据完工预测数据加强对整体成本情况的分析力度，并进行预警，制定下一阶段的成本纠偏措施。具体采购与施工阶段成本管理措施如下：

1）成本计划编制及应用

依据经过业主审批通过后的施工图图纸、项目总控进度计划、采购询价单等文件编制成本计划。项目团队在编制成本计划时，以技术人员提供的 WBS 分解及采购包划分为基础对成本结构进行分解。成本计划编制完成后，项目部及上级公司进行分级审批，确定成本控制基准。成本控制经理将成本计划与项目各部门进行交底，确定各部门成本控制的目标，在采购及分包招标阶段将各项成本费用严格控制在计划范围内。

2）月度成本报告

每月成本人员组织各部门人员对项目完工总成本进行预测，具体工作如下：

① 统计已签约合同或订单的金额

成本控制人员对已签订的采购订单、分供合同、项目实际支出等成本数据汇总，对劳务和专业分包已经签约的合同金额以及设备、材料、机械签订的合同或订单的金额等在成本报告中进行更新。

② 统计截至核算节点的实际成本及主要材料消耗情况

根据财务成本开累的实际支出、分包分部结算、材料现场盘点及调拨，汇总整理各项成本支出，确定实际成本，同时进行消耗量核算，确定主要材料的实际使用量与应消耗量的偏差，分析节点成本控制情况。

③ 预测至完工还需确定的成本，形成预计总成本，识别偏差

通过对已完工程成本情况、更新的总控进度计划以及建筑市场的价格波动的分析，对未完工程部分的成本进行预测，确定预计总成本，并与成本计划进行对比，找出成本的偏差。

3）成本分析与纠偏

每月月底完成成本报告的编制之后，针对成本的偏差，成本控制经理组织各部门从消耗量和价格变化两个角度进行分析，从政府政策、业主管理、项目管理、市场价格的波动四个方面确定成本增加的原因，形成分析报告，最终将纠偏措施补充到成本分析报告中提交上级公司，协助项目监督纠偏实施情况。

4）项目施工阶段成本控制的具体措施

① 加大属地化力度，降低人工成本

当地劳务与中国劳务的工资水平比例为 1：4，综合工作效率比例为 1：3，因此项目大力推行属地化管理，减少使用中国劳务。项目通过对哈萨克斯坦劳务的培训，有效提高了劳务素质和工作效率；通过制定属地化激励制度，大大提高了属地劳务的积极性。最终人工成本较成本计划降低 186 万元人民币，并降低了受外汇波动影响的风险。

② 优化方案，缩短工期，节约成本

工程技术人员与设计人员紧密配合，充分论证，通过与业主的积极沟通，将屋面变更为装配式结构屋面，降低成本 121 万元人民币。

综上所述，项目部通过优化设计施工方案、进行成本分析并及时进行纠偏，在项目成本控制上取得了较好成效，最终实际成本 42870 万元人民币，较计划成本节约 529 万元人民币，较初步设计成本节约 1333 万元人民币。

4. 施工采购与物流管理

（1）采购管理的重要性

采购是设计与施工之间的桥梁，是影响项目成功的关键因素之一。采购和物流的重要性在生产指挥中心项目中尤为突出。

本项目包括钢结构、安装设备、装饰装修、通风空调、强弱电工程、给水排水等各专业施工，材料类别多、专业性强、涉及面广、采购量大，材料成本比重占总预计成本 50% 以上。当地采购的材料一般为地材，大部分的周转材料、机械设备、装修材料、机电安装的材料和设备都需要从国内采购并组织运输到现场，采购上的任何失误都会产生严重影响。

（2）采购管理组织机构

采用由现场采购部门、国内后勤组联合办公的采购组织模式，现场采购部门负责当地物资采购和国内物资清关等工作，国内后勤组负责国内物资招标采购、合同签订、物流筹划、发运等工作。

（3）采购与物流管理实施情况

国内物资采购以成本为核心、计划为主线、质量为底线，通过高效的团队组织，圆满完成整体采购任务，保障了现场的施工生产，为项目画上圆满句号作了巨大的贡献。

5. 质量管理

（1）质量管理组织机构

现场配备质量经理及专业质量管理人员，负责对设计、采购、施工进行全过程质量管理。

（2）质量管理的程序及达到质量要求的要点

针对项目质量保证的重点难点，对于设计、采购、施工三方面进行详细的创优策划，确保整体工程质量符合鲁班奖要求。

1）设计质量管理

制定了严格的设计管理程序、完善的设计任务书以及设计计划，对设计过程严格控制，对设计结果进行多次优化，降低施工成本，确保设计文件的可实施性及施工的便利性。输出的设计文件需通过设计院内部审查以及哈萨克斯坦地方审查，从设计源头进行质量控制。

2）物资采购质量管理

严格按照中铁建工集团招标采购制度，结合哈萨克斯坦的实际情况制定项目采购招标办法和计划，严格执行样板存样制，招标过程中按照鲁班奖标准及设计要求确定材料样板。材料及半成品加工过程中派驻专业技术人员驻厂监督。材料运输过程中做好防护措施，材料进入现场后做好材料储存以及成品保护工作，避免材料损失。

3）现场施工质量管理

严格按照中铁建工集团相关要求，制定项目施工质量管理制度和完善的质量策划。每个工人入场前必须按照鲁班奖标准进行质量培训，分项工程同样按鲁班奖标准做好施工方案和技术交底。施工过程中严格执行样板首件制、三检制、旁站制，通过施工测量、检验试验、过程验收、质量通病防治、关键工序控制等流程，严格进行过程控制，确保每一道工序严格按方案及交底完成。并且根据工程重点难点（寒冷地区混凝土浇筑、钢结构焊接及安装、设备安装及管线布设、重点场所装修方案、物资运输等）编制专项方案，确保项目重点难点工序施工质量（图6-6～图6-9）。

图6-6 外立面石材

图 6-7　大厅效果

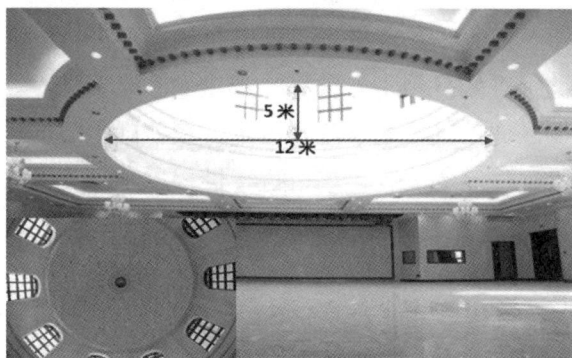

图 6-8　多功能厅穹顶

图 6-9　报告厅穹顶

6. 施工安全管理

（1）安全体系建设

项目部设置安全保证体系管理机构。按照"一岗双责"的原则，结合当地法律法规，建立健全项目安全生产保证体系（图 6-10）。

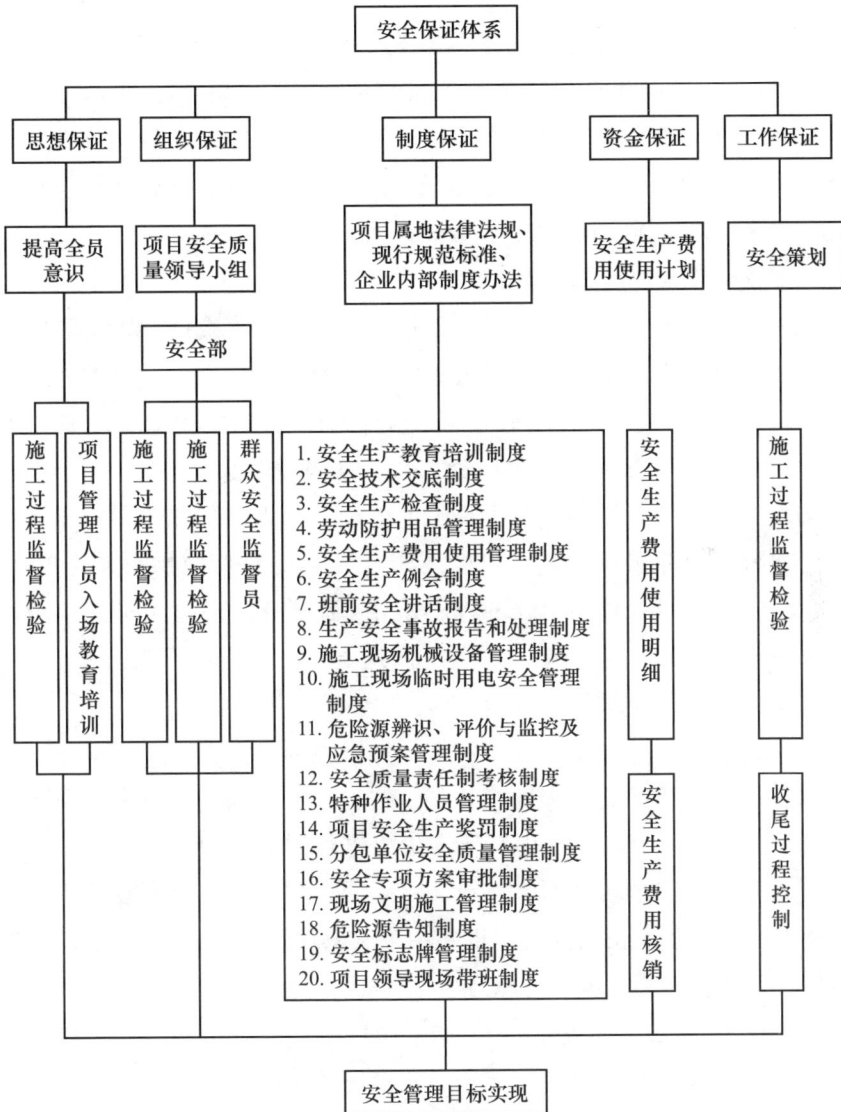

图 6-10　安全保证体系图

（2）安全专项资金投入

1）项目投入安全专项保障资金770万元人民币，运用到安全生产管理、技术保障措施两方面，有效保障了安全生产教育培训、重大事故隐患的评估监控和治理、事故应急救援物资投入、事故应急救援演练、个人安全防护用品和安全防护设施的配备、安全装置维护和保养、消防器材的购置等；施工现场文明施工措施费各项保障措施的实施效果显著。

2）项目除安全生产保障金外单独设立反恐措施费76万元人民币。哈萨克斯坦存在恐怖主义威胁，因此独立储备和专项使用防控措施费，以雇用安保人员、购买应急通信设备、安装安全隔离装置、保障人员出行、执行应急撤离计划、进行应急供电供水等。

（3）安全生产风险源辨识

在施工作业前，组织各方对所承担施工范围内存在的危险源和环境因素进行了广泛辨识评估，建立了《重要职业健康安全风险及其控制措施一览表》《重要环境风险及其控制措施一览表》和重要危险源台账，跟踪监控危险源，并针对性地编写了安全技术措施和管理方案。

为最大限度地降低不可控事件造成的损失和人员伤亡，制定了《项目部综合事件应急救援预案》《境外工程社会安全事件应急预案》等10项预案，成立了以项目经理为组长的应急领导小组及应急管理办公室，定期进行突发事件处置演练，形成了较为完善的应急救援体系。

（4）安全生产教育培训

对所有人员开展安全培训。中方人员出境前，由上级公司安质环保部培训人员开展赴哈萨克斯坦安全培训；到达施工现场后，再由项目部安质部进行入场教育；上岗前，由其所在班组进行岗前教育。订购了安全生产相关书籍和职业安全培训影像教材，将不同语种的学习材料发放到基层作业班组，强化施工人员的安全意识和法律意识。

（5）施工安全生产检查考核

1）推广专项安全检查表格化

在执行上级公司安全生产定期稽查考评要求的基础上，对安全检查表格进行对应语种编译，便于外籍管理人员及现场作业人员对标执行。在专项检查过程中依照检查表逐条排查，对于发现的问题建立起发现—整改—反馈—复查的闭环管理。

2）开展文明施工互查互评活动

针对境外项目采取多种互查互评形式，定期在不同的施工区段间开展评比活动，通过对安全施工生产的互查打分定期评比活动，奖优罚劣，进一步提升分包商及外籍员工文明施工的标准意识，进一步调动各层级管理人员的积极性，拓宽文明施工管理渠道，全力营造安全、文明、有序的施工环境。

（6）境外突发事件应急工作

做好项目的风险识别、风险评价和风险应对工作，结合当地施工生产环境，制定《境外项目突发事件应急响应预案》，防范和应对各种突发事件。

组织突发事件应急演练，通过演练验证各个应急环节的管理程序是否合理，确保应急预案的可操作性。

7. 现场文明施工和环境保护

施工完成后迅速恢复临时占地原地形地貌，使施工活动对周边环境的影响降至最低。选用绿色材料、新工艺。实施"废弃物管理计划"，不可循环使用的废料进行清洗后方可弃置到废物箱内。建立水资源再利用系统，布置导流沟渠、车辆清洗池、污水沉淀池，充分利用雨水和清洗用水，生活污水通过市政管污水线进行排放。裸露地带种植草皮，进行临时绿化，减少裸露地表面积，降低水土流失率。材料实行限额配给，分析预算材料的消耗量和实际施工材料消耗量，适时调整采购计划。临建设施充分利用废旧集装箱、废旧钢筋、废旧模板、余料混凝土，减少材料消耗。设置封闭半封闭的钢筋木料加工场，切断施工噪声的传播途径；施工过程中，严控施工工序，减少人为噪声，做到昼间低于 65 分贝、夜间低于 50 分贝。

6.3.9 财税策划

本项目财税管理重点关注资金管理和税务管理。

1. 提升资金管理水平，为项目施工提供资金支持

生产技术指挥中心工程施工难度大、施工工期短，因此需及时购置固定资产和材料物资。为了确保资金有效运转，主要从以下几个方面加强资金管理：

（1）积极与业主沟通，及时取得预付款，为项目前期准备工作提供资金支持。

（2）充分利用与供货商、专业施工队伍的良好合作关系，合理控制结算比例及付款时点，适当延迟资金支付。

（3）制定周密的采购计划和详细的施工方案，做好物资采购及工程分包招投标工作，从源头上控制项目成本。

（4）严抓工程进度，按时向业主报送验工结算，积极催收工程款，确保资金流入。

（5）加强资金支付管理，所有款项支付申请必须经中铁建工集团哈萨克斯坦有限公司总经理及财务负责人签署，确保资金安全。

（6）加强项目的收尾管理工作，严格按照合同及时向业主催收应收账款及工程质保金。

加强境外工程项目资金管理，提高资金使用效率，对提高企业效益有非常重要的意义。阿克纠宾油气股份公司生产技术指挥中心工程项目累计完成营业收入4.7亿元，全过程依靠业主拨款，如期履约，实现了较好的经济效益。

2. 加强税务管理，做好税务筹划

本项目涉及的主要税种有：增值税、企业所得税、关税和个人所得税，均由中铁建工集团哈萨克斯坦有限公司（独立法人）办理税务申报和缴纳税金。税务管理主要从以下几点进行筹划：

（1）项目中标后，中方财务人员和外籍财务人员针对重点税种进行了一定程度的税收筹划。从总体上严格按照所在国税收制度，按时办理各项税务申报，缴纳税金。对于增值税，重点关注日常业务中进项税的取得、销项税和进项税的期间匹配；对于所得税，重点在做好所在国税务申报的同时，考量与境内税收抵免的衔接，合理筹划境内外利润实现。

（2）由于本项目税金与哈萨克斯坦有限公司其他项目税金汇总由哈萨克斯坦有限公司统一申报。为了满足内部管理需求，针对各项目所得税和增值税，按月做好会计核算和台账管理，分别核算各项目每月的进销项税，便于测算项目的实际税负。关税、个人所得税等其他税种，均按照当地的税法要求，按时申报和缴纳。

（3）哈萨克斯坦有限公司委托当地的会计师事务所负责申报纳税，确保税务申报准确合规，避免因语言和财税制度的差异造成偏差。

3. 加强财务管理属地化建设

在项目施工期间，聘请的会计师事务所有两名财务人员专项负责与中方财务人员对接，负责项目各项税款的计算以及向当地税务部门报送报表，做好税务登记和管理。同时会计事务所依据哈萨克斯坦当地的税收法规、会计准则等并结合我司实际业务情况提出相关的财税管理方面合理化建议。

6.3.10　商务工作

1. 主合同管理

（1）项目经理是项目主合同管理的主要负责人，在项目伊始明确项目各职能部门在主合同管理方面的主要职责及分工。积极调动合同相关方对合同条款的理解与重视，并按合同条件严格执行。

（2）项目运作过程中严格履行合同管理程序，在每一阶段响应并满足主合同要求。具体流程为：

1）梳理与业主关系，同时与项目主要管理团队进行交底沟通。就业主、设计方、监理方等相关干系人的工作范围、相互关系、组织结构、与项目相关的费用需求等加以分析梳理，以图表形式明示。

2）合同交底：合同签订后第一时间组织项目团队仔细研读合同，并将合同、合同的修订内容、合同来往的信函文件等分发到主要人员手中。项目经理组织召开合同交底会，讨论交底内容，明确项目对外对内的责任分解，对重点、难点、风险点依据职责划分制定防范措施。同时形成合同交底会议纪要，进行资料归档。

3）项目合同文档管理：合同经理建立合同管理文档，负责合同文件和合同相关资料的保存归档。

4）合同履行及收尾管理：合同部门每月将履行情况及存在的问题详细记录并形成《合同履行风险动态监控季（月）度报告》，向项目经理反馈并及时整改完善。在具备竣工验收条件后，正式移交之前，就施工合同总体履行情况进行履约评审，完成《合同完工评审记录》。

2. 分供合同管理

（1）项目合约规划：根据项目策划和施工进度制定"项目合约规划"，主要包括需要分包的工作范围、长周期材料以及关键路径上的材料、预计进场时间等。

哈萨克斯坦为保障本国公民就业，对外籍劳务人员限制严苛，工作签证获取十分困难。因此在项目合约规划阶段，便对分包资源的取得进行详细策划。专业分包项由专业厂家（通风空调、室外绿化等）派遣技术人员指导，由当地劳务人员实施，避免了签证困难对工期的消极影响。

（2）分包资格预审：在正式招标文件发出前，由项目部发出资格预审邀请函，通过对分包方填报的资格预审表进行评估，从而确定拟投标的分包单位。

（3）分包考察：根据资格预审情况由项目部决定对分包单位进行现场考察，对其资格预审中各项信息的真实性、准确性进行符合性考察，并出具相应的考察报告。

（4）分包招投标管理：项目部严格履行分包招标流程，保证项目分包招标公开公平，最大程度地降低了项目成本。

（5）分包合同管理：依据项目实际情况起草分包合同，组织合同评审与签订，完成内部分包合同交底；履行过程中加强合同文档管理，建立分包合同台账，编制月度《分包合同履约报告》，全面掌握分包履约状态；坚持完善分包最终验收及合同收尾工作，杜绝分包反索赔。

6.3.11 风险防控

1. 项目风险清单

（1）冬期施工风险：阿克纠宾地区属寒温带大陆性气候，历史最低气温零下 47 摄氏度，低温条件下混凝土施工、钢结构吊装焊接、防水施工等都是工程难点。

（2）外籍劳务准入风险：哈萨克斯坦对外国劳务人员实行严格的工作许可证制度。在哈萨克斯坦从事有偿劳务的外国公民必须获得劳动部颁发的工作许可，否则将被罚款、拘留直至驱逐出境。哈萨克斯坦劳动部门对外国劳务实行总量控制、按州发放。虽然哈萨克斯坦每年的劳务配额不少，但由于对劳务的严格控制和签证手续的繁琐，劳务配额的使用度较低。

（3）物资供应风险：当地用于工程建设的水泥、砂石等地材产量不高，需提前预订。建设用的钢材、木材短缺，需大量进口。其他建筑材料、装修材料也以进口为主。当地建筑市场除水泥、砂石、砌块等地材外的装饰装修材料、机电产品大部分都来自中国、俄罗斯以及欧洲。当地市场为卖方市场，订货周期长，一般都在3～6个月时间。

（4）物流风险：哈萨克斯坦为内陆国家，一般通过国际铁路联运进行货物运输。物流包括工厂包装出厂、从工厂到港口运输、集港、中国境内运输、阿拉山口转运、哈萨克斯坦境内运输、到达目的地、清关后到项目所在地的运输，运输环节多、周期长、过程不可控。物流风险主要包括质量风险（货物的损坏）和时间风险（若货物无法在预定的时间内到达，将导致停工待料）。

2. 项目风险管控措施

针对以上风险，项目部采取了如下措施：

（1）针对冬期施工风险，在低温高寒条件下，经多次试验，调整混凝土配合比及外加剂，保证混凝土强度满足设计及规范要求；进行焊接工艺试验，确保1700米焊缝均达设计要求，满足一、二级焊缝国标；在项目设计初期就施工选材与设计院进行沟通，保证选用材料的抗严寒性。

（2）针对外籍劳务准入风险，尽量使用当地劳务，中外用工比例最高达到1：10。在对当地劳工的管理过程中，充分考虑哈萨克斯坦实际情况，积极发现工人中积极好学者并重点培养成小队长，充分发挥哈萨克斯坦员工在施工中的作用。

（3）针对物资供应风险，根据设计图纸，有针对性地对项目所需材料进行专项考察。除商品混凝土、水泥、砂石、砌筑材料等地材外，其余材料、机电设备从中国采购订货，并运输至施工现场。在项目策划阶段制定提前采购计划，合理安排采购时间，做好充足的运输准备，做到建筑材料提前备货到场。

（4）针对物流风险，首先要在合同条件里对包装要求进行明确规定，必须要满足长途国际运输及多次倒运的要求，并对出厂包装进行检查，对于不满足要求的包装要更换。其次在装箱的过程中要进行加固，保证货物在集装箱内的运输质量。物流时间控制上，要制定好整体的发运计划，适当增加弹性空间，同时做好关键环节的控制。选择好合适的货代，保障全过程可控，最后选择好目的港清关代理，确保货物抵达后能及时清关完毕。

6.3.12 经验启示

1. 项目成功的标尺

（1）工期保障为业主安心之选

本项目是业主为实现哈萨克斯坦持续发展战略目标的基础保障项目，建成后将极大地提升业主的外在形象和业主人员的办公条件，因此能否按期交付使用是业主至为关心的要素。我方从设计角度充分考虑了工期的优化，采用钢结构组合楼板并充分使用工厂预制化的装修材料。面对哈萨克斯坦长达半年的冬季，采取多种措施保障冬期正常施工。做好物流筹划，确保国内采购的产品设备按计划到达现场。加强对当地工人的培训和管理，避免出现不合格的工序。经过不懈的努力，最终提前 5 天竣工，确保了业主的按期使用。

（2）优良质量是业主满意根本

项目承接之初，阿克纠宾分公司就确定了项目的质量目标：按照鲁班奖的质量标准进行管理，编制了工程的质量策划，与全体参建人员进行交底，严格过程管理，严格样板制，狠抓技术攻关和细部节点，确保了工程结构的安全可靠、装饰工程的外表美观和安装工程的功能使用。业主至今仍对本项目的工程质量表示高度满意。

（3）功能完善为业主提供良好的使用体验

本项目根据业主的需求，结合中国五星级办公楼的智能化标准进行设计，既保障功能使用，又确保外表美观。最终达到了业主要求的智能化水平，且业主使用体验良好。

（4）HSE 管理是项目管理的重点

由于哈萨克斯坦劳务指标的限制，该项目大部分工人为当地人。在施工过程中，针对性进行培训教育和安全管理，培养出一批稳定的当地劳务队伍，助力后续工程的劳务使用。设置专人对安全、环保和职业健康进行管理并定期检查考核。最终本项目实现了 HSE 管理目标。

（5）成本管理是项目管理的核心

在过程管理中，开源节流、控制风险，最终实现了近 10% 的利润率。

2. 项目成功的经验启示

项目的成功最主要的体现就是合同履约的成功。本项目在业主关键的目标如工期、质量和功能上都严格执行合同的要求，得到了业主的高度认可。在成本管理上严格按照成本计划控制成本，满足了成本控制目标，达到了预期的项目利润目标。安全与文明施工管理扎实有效，达到了零伤亡的安全目标。

本项目成功的经验可以总结如下：

（1）高度重视组织建设，组织建设是目标实现的最有力保障。

在项目启动阶段，由于项目涉及设计、长周期采购和物流、高寒地区施工等难点重点，工期紧、任务重。公司根据项目的设计、采购和施工的管理职能配备了强有力的管理班子，对项目管理团队进行了明确的分工，对项目的实施提供了组织保障。项目经理领导下的团队合作精神是本项目取得成功的关键因素。

组织分工明确是项目能够有序开展的另外一个关键因素，项目部根据项目特点从设计管理、采购管理、施工管理、进度管理、成本管理、质量管理、安全管理等方面配备了具有专业能力的团队，同时对各项管理职能之间的界面关系进行了明确划分。

（2）高度重视合同，一切管理活动都以合同为出发点。

以项目经理为核心的项目管理团队高度重视合同的履约，对合同的商务条款、技术条款进行深入的研究和交底，确保项目所有人员都对合同有充分认识。项目团队一切活动都以合同为出发点，把业主要求、合同条件作为工作指南。从合同执行开始就与业主以及监理单位形成了高度的共识，在项目的质量、进度、成本、安全等方面都以合同要求作为工作基础，为项目的成功提供了全方位的支持。

（3）风险提前规划，强化项目过程风险管控。

当地法律风险的尽职调查对于境外项目实施成功至关重要。本项目实施前重视对当地法律法规的研究，有效化解了潜在的法律风险，维护了自身合法权益。聘请了当地律师共同研究当地法律法规，严格遵守当地的劳工法、税法等法律法规。充分发挥哈萨克斯坦员工在施工中的作用，加强对项目执行过程中的质量和进度控制。

（4）以时间为项目管理的主线，有效保证项目按期完工。

以项目进度计划为时间管理工具，对项目各个部门进行了有效协调。尤其抓住了设计和采购两项关键性工作，对项目的进度计划有效执行起到了至关重要的作用。

（5）加强属地化管理，降低人工成本。

1）在经营管理中要去理解和适应当地文化。项目在制定各项管理制度的时候，时刻考虑文化差异给当地员工带来的影响。完善管理制度，强化激励约束机制。在项目实施过程中，为减少文化、习俗习惯和劳动法制等方面的差异带来的不良影响，项目部首先把签订劳务用工合同作为规范劳务队伍的基础，本着公平、公开、公正的原则，在招用当地员工时均依法与其签订劳务用工合同。在员工工资待遇和安全管理上设置了多样化的激励约束机制，坚持开展员工评价活动，建立员工业绩档案。

2）当地员工受教育程度不高，专业技术水平低，人员流动性大，上岗前均要进行专业培训工作。

3）施工现场自然条件恶劣，施工任务重，突发情况多，对于当地员工的管理需时刻注意，需聘请翻译人员处理对外事宜及现场翻译工作，谨慎处理各类问题，稳定当地员工情绪。

4）在雇用当地人员之前，首先要对被雇用对象进行考核，一旦确定要雇用，要对其进行登记，登记内容包括启用日期、家庭住址、岗位、工作地点、工资标准，雇员签字并按手印。

5）在试用期结束时，对试用情况征求使用部门的意见，依据哈萨克斯坦劳动法与表现较好的人员签订雇用合同，并在劳动办公室备案。工作期间加强考勤管理，依据出勤记录发放工资。

6）注意与当地员工保持良好关系，避免发生不必要的冲突，对于工作比较好的员工给予嘉奖，带动积极性。

7）倡导中外员工平等，加强沟通建立和谐雇用关系。

（6）以成本控制为核心，实现盈利目标。

紧紧围绕成本控制展开各项工作。以投标成本预算为依据，在设计的各个阶段编制成本测算文件。在施工图完成后，编制施工图预算，作为项目的成本基准计划。

项目成本管理员每月根据实际成本情况和对未完工程的成本预测编制项目成本报告，通过与成本计划的对比不断地发现偏差并进行纠偏。项目经理高度重视成本报告的使用，根据报告的内容不断调整管理的思路和措施，始终把项目总成本控制在项目预算之内。

（7）以质量管理为底线，满足业主要求。

根据公司的质量方针，树立底线思维，在组织上、程序上和制度上提供了保证。在过程控制上严格按照规范要求进行检验和试验，以严肃认真的态度确保达到了合同的质量目标。

（8）以 HSE 管理为高压线，保障员工职业健康。

在项目组织、管理流程和制度上明确规定 HSE 相关内容。在执行过程中，项目经理作为第一责任人对安全管理严密部署、严格要求，确保了零伤亡目标的实现。

通过中铁建工集团、阿克纠宾分公司和项目的三级管控，该项目最终在质量、成本、安全、进度、环境等方面达到了业主的要求和我方既定目标，并为当地民众提供了更多的就业机会。中铁建工集团也因此获得了良好的业主口碑，提升了阿克纠宾市政府领导和相关部门对中国建筑企业的认可度，在当地形成了一定的社会影响力，为公司在中亚地区的可持续发展奠定了基础。

后　记
||||||||||||||||||||||||

　　昨天写完最后一个案例的分析，标志着本书主要内容已全部完成，似乎是多年前作为项目经理在一个项目接近竣工时而有的如释重负之感，又似乎是一个初生的婴儿在怀胎十月之后的呱呱坠地。之所以如释重负是感觉半生的经验积累终于编辑成册，无论如何也会给后来人以启示和帮助，而似初生的婴儿是感觉编写本书仅仅是万里长征的第一步，而后需要更大的努力才会结出硕果，回报社会。

　　回想构思本书时，我尚在中铁建工集团担任国际公司总经理，正是这个国际公司总经理十年的责任让我为企业的前途辗转反侧、夜不成寐，也是为中国建筑企业如何才能走向国际化而徘徊和郁闷。在这十年中，我牺牲了所有与家人团聚的时光而穿梭于各个培训的讲堂，徜徉于无边的书海，目的是找到答案和真理。我曾一度陷入其中而不能自拔，我看不到通向未来的企业国际化之路，也看不到企业如此发展下去的一丝亮光，我只是感到身心俱疲、抑郁和彷徨。就在我即将迷失之际，偶遇了加拿大项目管理专家保罗·哈维兰德先生，他40多年工作经历基本是供职于美国大型国际化建筑企业如福陆集团等，他具有丰富的国际化项目管理经验。之后，我们开始了长达两年的密切合作，哈维兰德先生是作为项目管理专家来指导和改造我们的项目管理体系，我在负责公司全面管理的同时还兼任他的翻译。经过两年不分昼夜、没有节假日的艰苦的研讨、分析、学习、培训，不但为企业改造了管理流程体系并大大加强了企业的国际化能力，而我也成为整个过程最大的受益者。我结合西方建筑企业项目管理体系和中国企业项目管理实践，形成了本书概念的雏形，也为两年以后编辑成册打下坚实的基础。

　　自去年11月底从中国化学工程集团辞职后，我便着手本书的策划与编写，半年时光转瞬即逝，《中国建筑企业国际化之路——破解国际工程企业

"走出去"困境的策略与方法》一书也基本终稿，在得到中国建筑工业出版社同志对书稿的认可后，一颗悬着的心也稍稍安静下来。在这半年中，家父于年初悄然离世，在为父亲的去世哀痛之余，也为老人未能目睹儿子的第一本书而感到遗憾。我因患了腰肌劳损症，上半年最为严重，但在想起书稿未完时便无法入睡，因此，大部分内容皆在夜深人静的凌晨写成。回头看看，似乎真如毛主席诗词所说"世上无难事，只要肯登攀"，再大的迷茫和困惑只要坚持不懈定能拨开云雾、重见蓝天。

本书能够形成主要源于我 25 年中铁建工的工作经历，是中铁建工的领导们给予我实践的平台和成长的机会。十年的国际工程项目经理历程让我掌握了基层工作的所有经验，十年国际公司总经理岗位让我懂得了战略管理是如何的重要，在此，深深感谢那些赏识、提拔和重用我的领导们！此时，我也想起了中铁建工国际公司的同事们，是与大家团结一心、攻坚克难的日日夜夜让我积累了如何领导和管理国际工程企业的经验，在我为企业前途彷徨和抑郁时，是你们给了我莫大的鼓励和鞭策。这些个点点滴滴都是本书成稿的源泉，也正因为本书来源于实践，也将更能够服务于实践。在此，也非常感谢我的前同事严叶丽女士、白莉女士利用业余时间为书稿所做的编辑工作，也感谢中国建筑工业出版社的封主任和毕编辑对书稿提出的宝贵意见！

书稿形成的过程也是我的思想不断升华的过程，每写一部分都会有新的认识和感受，这是我始料未及的。由此可见，总结归纳是何等重要，而这恰恰是很多企业所欠缺的一环，这也是本书所倡导的管理每个环节都应有经验教训总结作为阶段性成果之一。希望读者仅以此例便能触类旁通，"计划—实施—控制—总结"应是做每项工作的基本原则，也是本书中项目管理体系的基本原理，通过反复实践与总结定能使个人和企业的能力在循环往复中不断提高。

中国建筑企业多年的海外实践经验需要总结，只有总结经验和教训，才能求变而提升。相信国际工程界的很多同仁们与我有同感，这种对海外事业的追求和梦想积攒在心，终有爆发的一天。我也希望谨以此书来抛砖引玉，激发更多国际工程界的实践者们放下胸中的郁闷，认真总结经验，为中国建筑企业国际化之路贡献我们应有的力量！

写于北京

2019 年 7 月 4 日